読鉄全書

池内紀・松本典久 編
Osamu Ikeuchi　Norihisa Matsumoto

東京書籍

読鉄全書　目次

II 鉄道に生きる

III 鉄道でみつけたもの

Ⅳ　旅と人生

＊は書き下ろし

凡例

◎ルビ（ふりがな）は原則として底本に準じていますが、読みやすさを考慮し、適宜加除をおこないました。
◎かなづかいは原則として底本の表記とし、漢字は新字体に統一しました。数字表記は底本の表記を尊重しましたが、作品内で適宜統一をおこないました。
◎既出作品のなかには、現代の観点からは不適切とも思われる表現がありますが、作品の時代背景を考慮し、また著者が物故者の場合もあり、原則として底本のままとしております。
◎各巻の著者解説は、松本典久および編集部が記しました。

読鉄全書

まえがき——室内七里靴

池内紀

旅行は好きだが混み合うのはイヤ。出歩くのはいいが人出は好まない。なろうことならひとり旅で、団体はまっぴら。みんなが右へ行くなら左をめざす——そんなヘソ曲がりには、日曜をはさんで五連休といった日取りが苦手である。天下晴れて人が遠出するのを尻目にかけて、家から一歩も出ない。部屋にこもっている。

だからといって息を殺しているわけではない。楽しく旅行をしている。書物旅行という方式で、古ぼけた紀行記や巡行記からカラー写真どっさりのトラベルものまで、いろいろと用意している。目的をもった旅の記録も悪くないが、何のつもりで出ていったのやら、よくわからない旅行、あるいは漫遊モノがよろしい。当人にも定かでなかったようで、とにかく乗り物に乗って出かけたまではいいが、あとは行き当たりバッタリ、その間のとりとめのなさがつづってある。

要するに出かける理由さえあればよかったまでで、目的はあとからのこと。旅好きとは、そんな人種をいう。それが証拠に、とりとめのない漫遊にも何げないことばの背後に、遠足の日の子どものような純なよろこびがあふれている。

マニアというほどではないが鉄道好きであって、どんなに遠くでも飛行機には乗らない。よほどのことがないかぎり鉄道で行く。そもそも文筆という自由業のありがたさで、よほどのことなどついぞない。九州であれ北海道であれ、トコトコと列車を乗り継いでいく。

マニアの言い方では「乗鉄《のりてつ》」にあたるらしい。とすると書物旅行は「読鉄《よみてつ》」になる。自分ではひそかに「室内七里靴」と称している。ドイツの民話に出てくるが、一歩あるけば七里を行くという魔法の靴で、ゆるりと足を運ぶだけで、まわりの風景がクルリクルリと変わっていく。読鉄旅行者は、せわしない乗鉄派とはちがって、息せき切って駅に駆けこんだりしなくてもいい。寝椅子に寝そべって珈琲を飲みながら、あの駅に佇《たたず》み、この乗り物に乗っている。昨日は富士山の麓を走っていた。今日は那須連峰を左に見ている。書目を取り換えると、すぐにも上州の山々が近づいてくる。わが七里靴には、キレイな飾り紐がついており、さながら極上のグリーン車にいるがごとしだ。まわりが広くとってあって、スッポリこの身が、ひとりきりの空間につつまれたぐあいである。

線路の上の即席宇宙船が飛ぶように走っていく。それが特有の夢見ごこちを誘うようで、少し眠りがまじっていても寝入ったのではない。意識はちゃんとしている。旅行者に特有のあの感覚であって、体とともに心も浮遊している。無重力のなかにいるかのようで、とりとめのない思いが雲のようにあらわれ、また雲のように消えていく。

太宰治は「東京八景」を書いた。戸塚の梅雨、本郷のたそがれ、八丁堀の花火、芝の満月と数えあげて、少々軽はずみな男の軽はずみな東京暮らしを、風景に託して語っていった。

　同じ伝で「鉄道八景」がつづれるだろう。あの駅この駅——そういえば駅に降り立ったとき、いつもひとりだったわけではない。それなりにドラマめいたことがなくもなかった。やるせなく、断腸の思いでホームに立っていたこともあれば、地方駅のしらしら明け、まるでひとけない駅舎に二人して一番列車を待っていたこともある。五能線艫作《へなし》の朝霧、七尾線羽咋《はくい》の落日、羽越線酒田の茹で卵……太宰のような石版画風の詩情は乏しいが数だけなら八景をこえて、どんどん指をおって数えることもできる。心ならずもの出会いと別れ。旅には無数のドラマがある。

　さて読み終わると、スコッチの小壜を少々。室内七里靴の効用で夢見ごこちのまま、好きなようにウロつける。距離もまた伸縮自由。鉄道ばなしをたどりながら、スコッチをチビチビやっていると、見なれたわが家のすわり慣れた椅子にあっても、さながらこの身が、パリのホテルにいるような気分がするのである。

I　乗るたのしみ

過ぎゆくもの――ＳＬ挽歌

谷川俊太郎

何ものの合図だろう
のろしのように一条の煙は地平にあがり
かすかなリズムは
私の胸の鼓動そのままに
大地を伝わって響いてくる

くる
近づいてくる
まっすぐに
一筋に
私に向かってくる

まるで予感そのもののように
ときめきに満ち

しかもすでに思い出のかたちして
無骨な
律気な
この力あるもの
何かしら限りなく一生懸命なもの

哀しみをひきずり怒りを押し
歓びを叫び愛と憎しみをのせ
それはひとつの時代の歌を歌う
歌いながら過ぎる
過ぎ去る——

そうしていつか春の野に
ゆっくりと戻ってくるこの静寂

『空に小鳥がいなくなった日』（サンリオ）より

房総鼻眼鏡　房総阿房《あほう》列車

総武線・房総西線・房総東線ほか

内田百閒

1954年

一

今度は向きを変えて、手近かの房総へ出掛けようと思う。

東京やその周辺に住んでいる人人に取って、房総半島は馴染《なじ》みの深い所だろう。鉄道の沿線なら、大体どこでも日帰りが出来るし、東京へ通勤している人もある。しかし私は、千葉へすら行った事がない。況《いわ》んやそこから先は、どこへ行くにしても初めてと云《い》う点で、長崎や青森と変りはない。あっちの方の線では、千葉の手前の市川、船橋までしか知らないので、その先の旅程を考えるのは、大変新鮮な興奮を覚える。

房総で手近かだと云うのは、東京にいてそう考えるだけで、日本中の東京でない所にいる人人には丸で意味はない。私は東京にいるけれども、今まで房総に対して東京にいる事を利用しなかったから、未踏の地へ出掛けると云う意味で、だから、気持の上では千葉も秋田も博多も同じ事である。

さて旅程を考える。総武線の電車は御茶ノ水から出るが、汽車は両国駅が起点である。両国駅始発の汽車に乗り、千葉までは電車も走っている同じ線路の総武本線で千葉を過ぎ、成東《なるとう》を廻って銚《ちょう》子《し》へ行く。銚子から犬吠岬《いぬぼうさき》へ出る。それを第一日の旅程とする。

次の日は、銚子から成田線で成田を廻り、昨日通った千葉へ戻って一泊する。

三日目は千葉から房総西線で館山《たてやま》を廻って安房鴨川《あわかもがわ》まで行き一泊する。

四日目に安房鴨川から房総東線で勝浦、大網を通って又千葉へ帰り、稲毛《いなげ》に一泊して、五日目に東京へ帰ると云うつもりにした。

近い近いと云っても、前後五日の行程で、天皇陛下の御巡幸よりも手間が掛かる。

陛下は朝早くお立ちになるが、こっちはそうは行かない。従ってこの日割りを縮める事は出来ない。

初めの日に千葉を通って成東へ出て銚子へ行き、次の日に銚子から成田を廻って千葉へ帰って来るので、そっちの側に楕円《だえん》を一つ描く事になる。

三日目と四日目で千葉から出て千葉に帰るもう一つの楕円を、東京湾沿いの内房州と太平洋岸の外房州とで描くから、楕円が二つ出来て、千葉を鼻柱とした鼻眼鏡の様な旅行である。

その全部の粁程《キロてい》は、両国を出て両国に帰る迄《まで》で、〆《しめ》て四百六十五粁、東海道本線で東京から西へ行くとすれば、大体米原《まいばら》の少し先ぐらい迄の距離である。特別急行の第一列車又は第三列車では、六時間余りしか掛からない。それを今度の旅行では五日に割って、知らない所へ方方で泊まり、お蔭《かげ》で随分草臥《くたび》れる事だろう。

この前長崎へ行った時は、東京駅を発車して長崎に著くまで、二十七時間四十五分の間同じ汽車に乗り続けた。それが今度は一日の内に、二時間半か三時間ぐらい汽車に乗ると、その日の行程を終って宿屋に泊まる。翌《あ》くる日又物物しく支度を調えて出発し、少し走るとすぐに降りて、又知らない所に寝る。じれったい様だが、無理に汽車を乗り継ぎ、或《あるい》は夜汽車で走って急いで見たところで、どこ迄行ってもどこにも用事があるわけではないから、ただ鼻眼鏡の縁をぐるぐる廻って、余り急げばすぐにもとの両国駅へ戻ってしまう。両国から立って両国へ帰るのが早いのがよかったら、初めから行かない方がいい。

房総半島の線路は、先に挙げた様に、総武本線、房総東線、房総西線、成田線、まだその外に色色の名前の線があるが、勿論どれも所謂《いわゆる》幹線ではない。急行列車は走っていない。寝台車をつないだ列車もない。全線が大体三等編成で、たまに半車の二等車を聯結《れんけつ》した二三等編成の列車があるだけである。三等旅行はきらいではない。あんまり混んで来るのは迷惑だが、それも止《や》むを得なければ、止むを得ない。

三等と云っても昔の東海道線の神戸行三等急行、特別急行「富士」「桜」の出来た当初の三等ばかりの特別急行「桜」、今の特別急行「つばめ」「はと」「かもめ」に聯結する三等車なぞは、設備がよく掃除も行き届いて申し分ないが、田舎の岐線の三等車はきたない。古くてきたないのも止むを得ないけれど、その古い車輛の編成の中へ、木に竹をついで、きたない木造車の間に、鋼鉄車のびっくりする程きれいな新らしいのが混ざっていたりする。段段きれいな車輛ばかりにする途中の一時的の事に違いないが、見た目は古い車ばかりの編成より、なおいけない。

しかしそう云う汽車に乗って見ても、そこいらで乗り降りする田舎の人は、特に新らしい綺麗な車にばかり集まると云う風でもない。田舎の汽車がきたない、きたないと口八釜《くちやかま》しく云うのは、都会から田舎へ出掛けた人の文句であって、綺麗なのに越した事はないが、古いのを捨ててしまうわけにも行かないだろう。

一昨年の秋、鉄道八十周年の行事で、私は東京駅の名誉駅長になった。当日そのつもりで駅長室に這入《はい》って行くと、新聞社や放送局の諸君が待ち受けていて、インタヴィウをすると云う。その時書き留めておいた文章がある。私自身が書いたものだから、遠慮なく引用する。

て来た。

『燐寸《マッチ》箱ぐらいな四角い物を手に持って、後についた紐を伸ばして引っ張って、私の口の傍へ持って来た。

それは何だと云うと、録音ニュウスのインタヴィウだと云う。私は今までラジオはみんなことわって、一度も応じた事はないが、ニュウスとして取ろうと云うの迄ことわる筋はないだろう。それで観念した。

「よく云われる事ですが、東海道線や山陽線の様な幹線の列車は、設備もよくサアヴィスも行き届いている。然《しか》るに一たび田舎の岐線などとなると、それは丸でひどいものです。同じ国鉄でありながら、こんな不公平な事ってないでしょう。そう云うのが一般の輿論《よろん》です。これに就いて駅長さんはどう思いますか」

「表通が立派で、裏通はそう行かない。当り前のことでしょう」

「それでは駅長さんは、今の儘《まま》でいいと云われるのですか」

「いいにも、悪いにも、そんな事を論じたって仕様がない。都会の家は立派で、田舎の百姓家はひなびている。銀座の道は晩になっても明かるいが、田舎の道は暗い。普通の話であって、表筋を走る汽車が立派であり、田舎へ行くとむさくるしかったり、ひなびたり、いいも悪いもないじゃありませんか」

感心したのか、愛想を尽かしたのか、四角い物を持って、向うへ行ってしまった。』

その時のはずみで、そうは云った様なものの、余りにむさくるしい三等車は恐縮する。

しかし出掛けた先に、そう云う汽車しかなければ止むを得ない。何しろ今回は鄙《ひな》びた阿房列車、先《ま》ず詰め合って乗り込む事にする。

二

スケジュウルはヒマラヤ山系君と合議してきめる。彼はそれに従って行動を起こし、面白くもなさそうな、面白くなくもなさそうな曖昧な顔をして、私をせき立てに来る。借りて来てある交趾《こうし》君の鞄《かばん》に旅具を詰め、自分の鞄の様な顔をして、と云っても中身は私と山系との物ばかりだから、人目に触れる部分だけが人の物なのを自分の物の様な顔をすると云うのに骨が折れるわけもない。そうして近所の町角で自動車を拾い、両国駅までと命じて、さて一服する。

自動車の窓から眺める向うの空は、半晴である。今年の冬は暖かい。師走の半ばを過ぎているのに、今朝の室内温度は十五度半であった。ストウヴに火をつけたら、すぐに二十度を越した。こうして厚い外套を著て出るのが可笑《おか》しい様である。

厚い外套にくるまって出立ちの自動車に揺られる。少少寝が足りないけれども、それはどこかへ出掛ける時はいつでもそうなのだから仕方がない。両国駅は両国橋の向うにある。両国橋までは、私の家を出た所から一本道であって、九段の通を九段坂上に出て、神田の表筋を通り、柳原を通り、浅草橋を通り、両国橋に掛かる。大正十二年の大地震の時、本所《ほんじょ》石原町で焼死したらしい私の女弟子を、何度目かに探しに行った帰りに、両国橋の袂《たもと》から俥《くるま》に乗ろうと思った。市内電車はまだ動いていなかったので、歩くのがいやだったら人力車に乗る外はない。しかし私の家は小石川の雑司ヶ谷なので、その間をみんな乗ると高そうである。懐《ふところ》工合を考えた挙げ句、俥《くるま》屋にここから小石川雑司ヶ谷へ行く間の、どこでもいいから七十銭だけ乗せてくれないかと云ったら、すぐに梶棒をあげて走り出し、九段の坂下まで来て、はいこれで七十銭と云った。

自動車が九段坂を降りた時、車内で山系君にその話をした。

「ここから両国橋まで、その位の距離なんだよ」

「その位って」

「人力車で七十銭さ」

「ああ、そうか、人力車の料金なんか、僕には解りません」

「乗った事はありますよ」

「どうだかな」

「そうですね、一ぺんか二へんくらい」

「僕は両国駅は初めてなんだ。電車で通った事はあるけれど」

「何だか、ごちゃごちゃした感じです」

「貴君は千葉は知ってるの」

「知ってるって、何遍行ったか解らない位です」

「何しに」

「仕事を持って出掛けたり、会議をしたり、だから町の様子なぞ、あすこの曲りっ角がパチンコ屋で、その隣りが葬儀屋で」

「いやだね、向うから霊柩車《れいきゅうしゃ》が来たじゃないか」

「はあ」

「あれが目についたので、そう云ったのではないか」

「違いますよ、千葉へ行ったらその葬儀屋へ御案内しましょう」

往来から這入って行って、見当違いの所に入口がある様な気のする両国駅へ来た。もう改札の前に人が列《なら》んでいる。出札口で三等切符を買い、荷物を持ち分けてその行列に列んだ。なんにもする事がなく、ぼんやり突っ立っていると、寝が足りないのがよく解る。

列の横で大きな声がするから振り向いたら、いい年をしたルンペンが、頭が少しおかしいらしい、向うにある売店の前に突っ起《た》ち、手を振り足を踏ん張って、演説を始めた。売店の中にいる者に向かって云っているのか、行列に列んでいる我我に聞かせる様に、説を述べているのか、その見当はよく解らない。何を云うのか、その言葉も丸で聴き取れないが、調子は素晴らしく立派で、堂堂たる抑揚と、高く挙げた手を斜にさっと下ろした後の頓挫《とんざ》の語勢なぞ、崇拝す可きものがある。私が解らない演説に聴き惚《ほ》れて、伊太利《イタリー》語の独唱を鑑賞する様な気持になっていると、どこかで所論が一段落に来たと見えて、彼は起っている位置でくるりと向きを変え、入り口の方へ向かって肩を怒らして、大手を振って闊歩《かっぽ》して行った。

出て行くと同時に、その同じ入り口から、もじり外套を著《き》た、見馴れぬ風態の見送亭夢袋《けんそうていむたい》氏が這入って来た。金貸しの手代然としている。

傍へ来て、「ども、どうも」と云う。

来るとは云っていたが、現にこうして来たのは恐れ入る。

「三等旅行のお見送りで、済みませんな」

「いえ、今日は日曜ですから」

「おかしな様子で、僕は初めてお目に掛かる」

夢袋氏は自分で片袖《かたそで》を引っ張って見せて、

「僕はもとから、これが欲しかったのです」と、どこかの釣るしを掻《か》っ払《ぱら》って来た様な事を云った。

婦人用和服コオトに男子用とんびの襟を附けたような形の物、と云うのが金田一編明解国語辞典のもじり外套の定義である。

山系と私ともじりの紳士と三人列んで、改札を通った。行列の長さから考えて、余りこむ様ではないが、しかし三等車で座席が無くては困る。山系君だけ一人、先にどんどん馳《か》け出し、窓から首を出しているからそこへ来いと云った。

私だって気がせかないわけではないが、馳け出すのは苦手である。階段を登り、又登り、ホームに出たら三一九列車が乗客を待っている。最後部が荷物車で、その横腹を伝って歩いて行くと、次は半車の二等車である。おかしいなと思う。二等の青い帯の青が、色があせて剝《は》げて、頼りない水色になっている。一寸《ちょっと》立ち停まって、窓から中を見た。何かの都合で特別に聯結したのかと考えて見たが、そんな風でもない。三等代用の二等車と云うのがある。それかとも思ったが、そんな札は懸かっていない。中にはまだだれも乗っていない。がら空きだから好都合である。遠慮なく這入って、古ぼけた天鵞絨《ビロード》の座席を占拠した。

それはいいけれど、山系君はずっと先の三等車に乗り込んで、窓から首を出しているだろう。夢袋氏が、僕が呼んで来てやると云って、そっちへ馳け出した。

山系君が帰って来て、

「二等車があったのですか」と不服そうに云う。荷物をそこに置き、そそくさと又出て行った。

「切符を代えて来ます」と云った。

ホームを行ったり来たりしていたが、大分経《た》ってから、鮨とサンドウィッチとキャラメルとお茶を買って帰って来た。

「まだ車掌が出ていないのです」

「切符の事なら、後でいいだろう」

「はあ。しかし切符は三等ですから」

「変な物を仕入れて来られたな。キャラメルはだれがなめるのだ」

「僕が食べます」

「へえ、これは驚いた」

「咽喉《のど》が少し変ですから」

列車の進行中に、窓の外を見ながらキャラメルをしゃぶり、しゃぶり終ったら空箱を座席の横の通路に投げ棄てる。これが三等旅行の風情であって、彼はその気分を出そうと思ったのかも知れない。

後から二三人這入って来たが、まだ方方の座席が空いている。半車の車内がそれで広広しているだけでなく、向かい合った座席と座席の間が馬鹿に遠い。余程古い型式なのだろう。

車内に這入っていた夢袋氏は、お茶を飲んでから出て行った。

十二時四十四分、ここは最後部から二輛目だからずっと前の方で、C57か8からしい汽笛の音がして、銚子行三一九列車は見送りの裡《うち》に発車した。

三

両国駅を発車してから、汽車は人家の屋根の上に架かった橋の様な所ばかり走る。つまり高架線なのだが、東京駅から新橋又は神田へ行く高架線とは工合が違う。走っていて橋を渡る様な音がするから、何となく旅情を誘う。今日の行程は銚子まで百十七粁《キロ》余、二時間四十五分でお泊りとなる。

汽車が地面に下りてから、今度は本物の川に架かった大きな鉄橋を幾つか渡って、曾遊《そうゆう》の市川、船橋を過ぎ、電車区間はどこにも停車せず走り続けて千葉に著いた。初めて見る駅だが大きな構えで、無闇《むやみ》に人がごみごみしている。一廻りして来て明日の晩降りる事になっているけれど、余り気持のいい所ではなさそうな気がする。尤《もっと》も千葉にしろその他どこの駅でも町でも、私なぞの気持とその存立とは、丸で関係はない。

千葉を出て暫《しば》らく走ってから、いよいよ田舎へ来た様な気分になった。線路に近い雑木林が車窓を辷《すべ》り、鴉《からす》が土くれの上にとまっている。そう云う物を見ていて、大体汽車が走っていると云う気はしない。しかし、じっとしてもいない証拠に、いつの間にか又次の駅が来る。ゆっくり揺られながら、馬が走るよりは早いかも知れないと思う。つい子供の時教わった唱歌を思い出した。

汽車の走るは馬より速し
またたく暇に五里十里
ごとごと、ごとごと
便利の機械も学問の
力を借らでは成り難し

両国駅発車以来、ヒマラヤ山系君はキャラメルの小函《こばこ》を一人でしゃぶり尽くし、稲荷《いなり》鮨を一折平げ、サンドウィッチは後の楽しみかと思ったら、続け様にむしゃむしゃ食べてしまった。驚いてそのわけを尋ねずにはいられない。或は腹を立てて食っているのではないかとも案じた。

「貴君はふだん、なんにも食べないじゃないか」

「はあ」

「今日はどうしてそんなに無分別に食う」
「風を引きそうなのです」
「永年のおつき合いだが、キャラメルを食うのを見るは今日が初めて」
「はあ」
「キャラメルをしゃぶる顔じゃないね」
「そうでもありません」
「稲荷鮨はどう云うわけだ」
「風を引きそうだからです」
「それで稲荷鮨を食って、それでどうなる」
「つまり、風を引きそうだからです」
「サンドウィッチも風の薬か」
「兎《と》に角《かく》食べた方がいいのです」
「なぜ」
「腹がへっているといけません」
「すると、前提として、腹がへっていたわけか」
「腹なぞへっていません」
「あんまり食うから、立腹しているのかと思った」
「僕がですか」
「それでいろいろ召し上がった後の腹加減はどう」
「いいです」

「まだもっと食べようと考えていそうに見える」

「飛んでもない、もう沢山です」

「そうかね」

「はあ」と云って曖昧に窓の外を眺めた。「先生は犬吠岬と云う事を知っていますか」

「犬吠岬は今日行く所だろう」

「その犬吠岬と云う意味です」

「わからないね」

「歌を歌って調子が外れるのがいるでしょう」

「音痴か」

「そう云うのを犬吠岬と云うのです」

「どうもよく解らない」

「銚子の外れにありますから、だから調子っぱずれです」

なあんだ、貴君の様なのかと云いかけたが、失礼だからよした。

「昔からそう云いますよ」と云って山系氏は澄ましている。

成東を出てから、車窓が明かるくなった。半晴の空に残った雲が次第に消えて、右手遙《はる》かの向うに長く延びた森の先は、見えないけれども空の明かりの工合で太平洋らしく思われる。

小さな駅やいくらか大きな駅を幾つも過ぎて行ったが、ここいらの駅はどこにも陸橋がないらしい。汽車で通学する中学生が五六人、二等車に這入って来て、窓を開けたり閉めたり、座席を跳び廻ってうるさく騒いでいたが、どこかの駅で停車すると、銘銘降りる仕度をし、鞄《かばん》なぞを抱えておとなしくなった。しかしだれも降りて行かない。汽車は停まったなりで、じっとして静まり返っている。向うから来る汽車を待つのだろうと思う。その内に遠くの方から微《かす》かな地響きが伝わり、短かい汽笛が一声聞こえたと思うと、その合図を待っていたらしく、中学生の一団がさっと起ち上がり、急いでホームへ出て行った。交換の列車が来る迄は、車外へ出ても、陸橋がないから線路を渡る事が出来ないのを彼等は承知しているのだろう。

段段に銚子に近づき、少し風が出て、間もなく銚子駅の構内に這入った。終著《しゅうちゃく》の大きな駅であるが、本屋《ほんおく》全体の感じが倉庫か格納庫の様で、少し薄暗く、よその駅とは丸で工合が違う。駅長室に小憩して、呼んで貰った自動車で犬吠岬へ向った。

駅前の広い通を走って行って、道が曲がると屋根の向うに帆柱が見える。海辺かと思ったら利根川の河口に近い川岸であった。黒龍江《こくりゅうこう》やアマゾン河を見た事はないし、又それに比べる話ではないと思うけれど、それでもこの河口程の大きな景色は私には珍らしい。向うの沖から太平洋の背の高い浪《なみ》が、浪頭に繁吹《しぶ》きを散らしながら逆巻いて来て、利根川の水を押し戻そうとする。河口が九十九里浜と鹿島灘《かしまなだ》との境だそうである。

太平洋の暗い空に圧せられた様なその川岸を過ぎ、漁師町を通り抜けて、自動車が砂の丘を登って行くと思ったらじきに荒蓼《こうりょう》たる浜辺の道に出た。暗い色の砂原がどこまでも続いている。一たん晴れかけた空に又雲が垂れて、荒荒しい浪の音が自動車の窓に響いて来た。

横手の砂浜から、大きな黒い犬が砂煙を蹴立《けた》てて跳び掛かって来た。自動車の車体に噛みつきそうに吠え立てる。吠えながらどこ迄も追っ掛けて来た。その吠え声と浪の音とが一緒になって、車の中で心細くなり、早くお酒が飲みたいと思う。

銚子の燈台を左手に見て松林の中に這入り、宿屋の裏手の石段の上で停まった。

宿屋の建物は新らしい。設備も行き届いている様である。案内されて座敷に通ると、途端に頭の中が捩《ね》じれて、目先が縺《もつ》れた様な気がした。奥の間の海に向かった障子の桟が、みんな変な工合に曲がっている。曲げてあるので、捩じらして一つの効果を出そうとしたらしい。心理学の錯覚の円を見る様で、初めて通された者はだれでも面喰うだろう。いやだから開けひろげてしまった。そうして閉めて寄せれば何でもない。障子の外はヴェランダ風に張出した縁側で、硝子《ガラス》戸の向うは太平洋である。

綺麗なお風呂があるらしいけれど、省略してすぐに始めた。今日の行程は疲れると云う程の事もなかったが、汽車があんまり走らなかったり、利根川が大きな川だったり、砂浜の色が暗かったり、犬が追っ掛けて来たり、いくらか気を遣わなかったわけでもない。山系氏も、早く始める事に異議はなかった。矢張り早いに越した事はない派であって、だからすぐに始めたが、彼が利根川や黒犬で疲れているとは思えない。

「そうそう、貴君はお風気味だったが、どうです」

と云って私が差した。

「もういいです」

「俳句に薬喰《くすりぐ》いと云うのがあるね」

「はあ」

「稲荷鮨やキャラメルが利いたかな」

「そうです」

澄まして彼は私に酌をした。

御馳走だったが、しかし女中は時化《しけ》で魚が不自由だと云った。海のそばだと却《かえ》ってそう云う事になるかも知れない。まだ明かるい内に始めたのが、じきに暗くなって、左に見える燈台が廻転しなから、ぴかりぴかり光り出した。

夜に入ってから雨が降り出した。雨滴が海の風に乗って、ぱちぱちと硝子戸を敲《たた》く。

「そうれ御覧」

「何ですか」

「雨が降り出した」

「はあ」

「はあは無責任だね」

「降ってもいいです」

傍にいる女中が、何のお話しだと聞く。

「この人は雨男なんだよ。この人が降らしているんだ」と云うと、怪訝《けげん》な顔をして山系の額《ひたい》のあたりをしけじけと見た。

暗い海に向かった左手の出鼻で光る燈台の明かりを見ながら、外の所の景色を聯想《れんそう》した。ここはこうして坐っている所から燈台までの間が余りに近いが、それでも夜の浪を越えた左にあかりが見えると云うのが、何だか取りとめのない遠い昔の悲哀に通う様な気がする。東海道の由比《ゆい》、興津《おきつ》の夜は、線路につながった蒲原《かんばら》の辺りの燈火が、清見潟《きよみがた》の波の向うにちらちらする。青森の手前の浅虫では陸奥湾《むつわん》の暗い海波の左手に、闇に沈んだ出鼻の岸を伝う夜汽車の燈火が隠見した。東須磨の夜は左に見える和田ノ岬の遠い燈が、明石海峡の向うに明滅して、中学五年生の私の旅愁をそそった事を思い出す。

まだお膳が片づかない内に、と云うのはまだ杯をおかない内に、雨が歇《や》んだ様である。そうして浪の音が荒くなった。空が明かるくなったと思うと、切れ雲の間から、白いまん円い月が浪の上にきらきら光り出した。今日は旧暦の十一月十五夜である。

四

枕許《まくらもと》の桟のねじれた障子の向うで、夜通し濤声《とうせい》を聞いた様に思う。しかしその為に眠れないと云う事はない。いつもの通り、いやいつもよりはもっと長く、十時間半寝続けて、枕にひびく浪の音の中で目をさました。よく寝られるのは難有《ありがた》いが、あんまり長く寝た後では、根が利口ではない、のではないかと自分で疑わしくなる。

起き出してヴェランダの椅子に腰を掛け、外を見ると、昨日よりはもっと脊の高い大きな浪が打っている。空は綺麗に晴れ渡って、暖かい微風が海の方から吹いて来る。師走の風とは思えない。

女中を呼んで、山系君にすでに起きている事を届け出てくれと頼んだ。知らない宿の朝、彼がどこにいるかと云う事は、私には見当がつかない。

間もなく雨が上った朝の様な顔をして這入って来た。下の別の座敷で朝食を済まし、もう朝風呂にも這入ったそうである。湯殿の隣りの砂浜の上に、硝子張りのサン・ルームがあって、そこの腰掛けに腰を掛けていると、小さな犬が向うの腰掛けに腰を掛けて、こっちを見たと変な事を云う。

「この下に見える、そらあすこに犬がいるでしょう。あの犬です」

「犬が腰が掛けられるかね」

「そうですね、しかし掛けました」

女中がお茶を持って来て、今日も沖は荒れていると云う。こんなにお天気がいいではないかと云うと、陸のお天気と海が荒れるのとは関係がないと云った。

丁度上げ潮で、宿のすぐ下まで大きな白浪が打ち寄せる。燈台の出鼻の下に、突怒偃蹇《とつどえんけん》と云った恰好の怒った様な岩が連なり、こっちから見ると向うの海を低く遮っている。その岩の向う側に敲きつけて砕けた大浪の繁吹《しぶ》きが、岩の蔭から宙に舞い上がり、爆弾の様だと先《ま》ず思ったが、日清戦争の石版刷りの地雷火が炸裂した所の様でもあり、又少し離れているし、硝子戸を閉めているので浪の音は聞こえないのに、そう云う壮烈な景色が展開するのが、昔の活動写真の戦争の場面を見ている様な気もした。

どこの宿屋の女中でもそうだが、私が起きたきりで、なんにも食べないから、いろいろと気を揉んでくれる。いらないんだよと云っても、彼女の方はそれでは済まされないらしい。然《しか》らば牛乳はあるか、牛乳があるなら持って来てくれと云うと、畏《かしこ》まって降りて行った。

女中の持って来た牛乳を飲んでいる傍で、山系君が僕も飲もうかなと云い出した。女中を呼んで、もう一本持って来いと彼が命ずると、気の毒そうな顔で、もう御座いませんと云った。

後で山系の偵察した所によると、「先生は、一本しかない女中の牛乳を飲んでしまったのですよ」と云うのであった。

なんにもしないで、と云っても、もともと何もする事がない、だからなんにもしないでいる内に午《ひる》になった。今日の汽車は二時五十一分の銚子発、三時に近い。まだゆっくりしていられるけれど、車中が二時間半余り、そうして夕方千葉に著き、宿に落ちついてお膳に坐る迄、さっきの牛乳一本きりで済ませるのは少しおなかの虫に気の毒である。面倒だったら我慢して出来ない事はないけれど、しかし相手の山系が、腹をへらして風を引いては困る。宿屋のお午のお膳に坐るのはまっ平だが、そんな事でなく、どうしようと相談を持ち掛けた。紅茶でトーストを食べておきましょうと云う。それがよかろうと云うので、女中を呼んだ。

紅茶があるかと聞くと、紅茶はないと云う。珈琲もないと云う。紅茶も珈琲もなくてトーストを嚙るのは困難である。牛乳がもうない事はすでに判明している。しかし何も面倒な事を云い出したつもりではないので、それなら番茶でいい事にしよう。或はただの水だって構わない。トーストの方は間に合うのかと聞くと、麵麭《パン》は今すぐ買いに走らせるけれど、バタが買えるかしら、と云う。銚子っ外れ程あって万事が田舎びている様である。そう云えば昨夜もお膳の上でゆでた海老にマヨネーズをつけたいと思って、そう云ったけれどなかった。なければなくていいので、別に難題を持ち出してはいないのだが、女中の方はそうは行かないのだろう。一一《いちいち》恐縮して不行届をあやまる。

　使が麵麭を買って来たそうだが、バタはなかったと云う。ありふれた物が間に合わないのは、今はここいらが繁昌する季節でないからであろう。焼いた麵麭に塩をつけて、焙《ほう》じ茶で昼飯をすませる事にした。女中がコンデンスミルクを溶かして来てくれたので、ぽそぽそした麵麭がいくらからくに食べられた。

　それから支度をして宿を立った。昨日は駅から海岸を遠廻りして宿屋へ来たが、今日は真直《まっす》ぐに駅へ行く。しかしその行きがけに、ついそこに見えている燈台の下まで寄って見る事にした。

　昨日来た時は宿の裏から這入ったが、今日は表玄関から出た。松林の中の砂道で待っている自動車まで行く間、大浪がついそこへ打ち寄せている渚の道を歩いた。瀬戸内海だったら小豆粒ほどの綺麗な小石が縮緬波《ちりめんなみ》に濡れている所に、ここの波打ち際では湯婆《ゆたんぽ》ぐらいもある大きな石が、矢張りさざれ石の恰好に角は取れ平ったくなって、ごろごろしている。余っ程一つ二つ拾って来ようかと思ったけれど、これから鼻眼鏡の片方の後の半分を今日廻り、明日明後日はもう一つの楕円を廻るのだから、その間大きな石ころの荷物を持っているのは利口ではないと考えたので、思い止《とど》まった。

　一たん自動車に乗って、岬の鼻まで行って降りた。白堊《はくあ》の燈台は傍で見ると随分大きい。塔の中に九十九段の段梯子《ばしご》があって、登り切ると燈台のランプの所に出る。ランプの大きさは人の脊丈《せたけ》ぐらいだと云う話であったが、登って行くのは面倒だから、話だけ聞いて済ませた。

自動車の助手席に一緒に乗って来た宿の番頭が、向うの下に見える曲浦を指さし、あれが君ヶ浜です。本当は霧ヶ浜と云ったのが、いつの間にか訛《なま》って君ヶ浜になりました。波打ち際の浅い所から沖へ流れる非常に速い潮流があって、水面は穏やかに見えていても、一たびその渦に巻き込まれるとどうにもならない。三富《みとみ》さんの別荘が君ヶ浜にありまして、坊ちゃんがお友達と二人で水死されましたと云った。

三富さんの坊ちゃんと云うのはよく解らなかったが、後で知った所によると、私なぞの古い記憶にも薄薄残っている早稲田派の新詩人三富朽葉《きゅうよう》と、その友達と云うのは今井白楊《はくよう》で、二人は大正六年、共に二十九歳の夏、この君ヶ浜の逆渦に巻き込まれたのであった。あすこにその涙痕《るいこん》之《の》碑《ひ》が建っていると教わった。

五

銚子駅仕立ての四二六列車がもう這入っていると云うので、駅長室から出て行った。銚子駅にも陸橋はない。勿論地下道なぞはない。線路の上を歩いて横切って、後部の三等車に乗り込んだ。今日の列車は本当の三等編成である。しかし私共の乗ったのは新車で綺麗ではあるし、混んでもいない。

二時五十一分、定時に発車した。今日のコースは成田経由の成田線である。これで夕方千葉へ著けば、鼻眼鏡の片方が成立する。

知らない所ばかり通るのだから、珍らしい筈だが、余り目先は変らない。車窓の右に水郷の景色を眺めた位のものである。

ただごっとん、ごっとんと走り続けて、時間が経って、成田の辺りから暮色が迫って来た。

車窓から見る成田と云う町は、丘や谷の多い所らしい。その崖《がけ》の陰や、方方の凹《へこ》みから、無暗《むやみ》に夕餉《ゆうげ》の煙が立ち迷っている。成田に何の縁故も思い出もなかったと考えている内に、鈴木三重吉《みえきち》さんの事を思い出した。漱石先生の「坊ちゃん」の様な恰好で、三重吉さんが成田中学の英語教師に赴任したと云う事はその当時知っていたが、私が東京に出て来て、漱石先生の許に出入りする様になってから、或《あ》る木曜日の晩の漱石山房で、成田の三重吉さんを見舞って来た小宮豊隆《とよたか》さんが、その話を先生にしているのを傍から聞いたのを思い出す。

三重吉さんは成田で、お酒を飲んでいたのか、喧嘩か、それとも単なる怪我か、その間の事情は私は知らなかったが、目の上に大変な負傷をして入院したと云う事件があった。

そのお見舞に小宮さんが成田の病院へ行っていると、その中学校の校長が矢張り見舞に来て、病室へ這入って来た。

「三重吉の奴、畏まって、一《いっ》に私の不徳の致すところで、と云うのです」

小宮さんが面白そうに、いくらかその口跡を真似て話す。漱石先生も可笑しくて堪《たま》らない風であった。三重吉さんと云う人は正義感が強く、徹底派で、そう云う通り一遍の挨拶なぞふだんは口にしない人柄であった。突然教育家振って、柄にない事を云い出し、不徳の致すところで、なぞと来ては当時の弱輩の私だっておかしい。

成田の丘の間では、今にも暮れてしまいそうであったが、それから先、まだまだいくら行っても中中暗くならない。薄明かりの田圃《たんぼ》に太い煙を流して、三等列車が一生懸命に走った。そうして到頭夜となり、昨日通った千葉駅へ帰って来た。

こちらの管理局の甘木《あまき》君に案内されて、町中の宿屋へ行った。雨が降ったと見えて、道が濡れていて、往来が狭く、明かるい所と薄暗い所とがあって、ごたごたしている。宿屋は有名な家だそうで、昨夜の犬吠岬の女中も知っていたが、来て見ると、何よりも廊下の狭いのが気になった。甘木君の外に、もう一人招待してわいわい燕語《えんご》しながら夜を更《ふ》かした。図に乗り過ぎて寝たのは丑満《うしみつ》頃である。中途で起《た》った時、廊下の硝子戸の外には雨が降っていた。雨が降っても構わないし、山系君が一緒にいる限りそれは亦止《またや》むを得ない。

翌《あ》くる日の朝は曇りで小雨が降り出し、後に本降りになった。寝不足と飲み過ぎで、ふらふらである。旅行に出るのもいいが、こう云う朝は実につらい。旅先でお酒は一切飲まない事にしたら、道中がどんなにさわやかだろうと想像する。

今日は千葉から房総西線で、木更津、館山を通って、安房鴨川まで行く。鼻眼鏡の一方の玉の縁を半分行く予定である。千葉駅の発車が十一時三分だから、大変早い。昨日一昨日の様なわけに行かない。雨は降るし、寝は足りないし、身のまわりが寒く、しけた気持で、千葉駅の待合所の風の当たらない隅にちぢこまって、ふるえていた。

漸《よう》くその時間になって、雨のホームに両国仕立ての一二三列車が這入って来た。今日のは二三等編成である。半車の二等車の座席に、塩をなめた目白の様な恰好でうずくまり、発車と同時に寝ようと思ったが、時時うつらうつらするだけで、中中本式には寝られない。前の席にいる山系氏も、こちらに劣らない不景気な顔をして、時時魚が死んだ様な目をしている。

知らない所を走って行って、内房州の海辺を伝い、景色は変って来るが眺める気もしない。午後遅くなってから、空が晴れて車窓に日が射して来た。上総湊《かずさみなと》と云う駅を出ると、それから先は小さな隧道《ずいどう》が幾つも続き、隧道と隧道の間に見える海面には、黒ずんだ雨雲が低く垂れて、立ち騒ごうとする波を押さえている様である。

南三原から和田浦に行く間に太平洋の岸へ出たらしい。しかし暗い遠くの沖の方に、山が連なっている様に見える。そんな筈はない。雨を残した雲が垂れているのだろう。

和田浦で、山系君の知人が駅にそう云ってよこしてくれた花束を貰った。黄菊白菊、赤いのも混じえた新鮮な色が、朦朧《もうろう》とした目を見張らした。花を貰って気がついて見ると、この辺りは車窓の両側が一面の花畑である。

六

鴨川では、陛下の行宮《あんぐう》になったと云う宿屋に落ちついた。その前で駅から行った自動車を降りて、輪奐《りんかん》の美に目を瞠《みは》った。こんな小さな漁師町に、なぜこう云う立派な宿屋があるのか、私には合点が行かない。

通された座敷の縁側の欄干から、すぐ下の太平洋の波打ち際を眺める。随分長く遠い渚で、砂の色も明かるい。大きな浪が、後から後から打ち寄せて、その砂浜で崩れる。じっと見つめていて、浪は何をしているのだろうと思う。人の脊丈ぐらいあって、大きいけれど犬吠岬の浪の様に怒ってはいない様である。渚に近い海面から、小さい無数の波がこちらへ打ち寄せようとしているらしい。そこへ沖から大きい浪が来て、浪頭のうしろに小さな波を残し、自分だけ先に来て大袈裟《おおげさ》にどどどと崩れる。どう云う料簡《りょうけん》だか解らない。東京へ帰って二三日経ってから、ふとこの鴨川や犬吠岬の大浪の事を思い出した。私はもう帰って来てこうして外の事をしているのに、あの辺の浪は矢っ張り大変な姿勢で、浪頭を振り立てて、大きな音を立てて、寄せては崩れているのだろうと思うと馬鹿馬鹿しい。丸で意味はない。無心の浪と思うのも滑稽である。

例によって早くから始め、中途からお客様もあって、暗くなった太平洋を見る目がうろうろして来た。向うの沖の遠い左手の方に、いさり火がずらずらと連なっている。何を捕っているのだと聞いたら、女中があれは浜続きの小湊《こみなと》の燈火だと云った。

この宿は廊下が広く手洗いも清潔である。白い朝顔が幾つか列《なら》んでいる。お酒が廻ってから、何度でもそこに立ったが、気がついて見ると、別に選択しているわけではないのに、いつ来ても同じ朝顔の前である。そう云えばどこの宿屋へ行っても、そうするらしい。そう云う事は私だけではない様で、つまり犬が同じ電柱に小便を掛け、小鳥が同じ枝を渡るのと同じ事かも知れない。

翌日は房総東線で、大原大網を経て千葉に帰り、これで鼻眼鏡の両方の玉が完成する。鴨川の発は午後二時二十九分の二二四列車である。しかしこの二二四列車と云うのは、実は昨日乗って来た一二三列車と同じ物であって、ただここで列車番号を変え、行先札を懸け代えるに過ぎない。昨日著いたのが二時二十二分、今日立つのが二時二十九分、だから矢張り半車の二等車がある。

その時間に合わして宿を立とうと思っていると、帳場からどうしても自動車が間に合わない、何しろこの町にタクシイは二台しかありませんので、と云って来た。幸いまだ時間があったので、山系君と二人でふらりふらりと町を歩いた。お天気はいいし、そう遠くもないので、苦にはならなかった。

定時に発車して、太平洋の海波を堪能する程眺め、無数の隧道を抜けて、段段夕方になり暗くなってから千葉に著いた。これで鼻眼鏡は出来上がったが、私はこの辺りを丸で知らないので、今夜は稲毛と云う所に泊まって見て、明日東京へ帰ると云うつもりにしている。千葉から自動車で稲毛へ行き、甘木君の案内でその宿屋へ這入った。島崎藤村、徳田秋聲、上司小剣《かみつかさしょうけん》なぞが来て、小説を書いた家だそうである。尤も看板は同じだが代が変って居り、建物も昔の儘ではないと云う話だが、そんな事はどうでもいい。

中が大変ざわざわしている。方方の座敷に酔っ払いがいて、通された部屋の障子が破れている。著換えのどてらに真赤な紐が添えてある。おやおやと思う。

兎に角落ちつくと、台十《だいじゅう》（註・台のついた、炭を運ぶ道具）に炭火を持って来た。火鉢に移すのに火箸でなく、杉箸を使う。だから先が焦げて段段煙って来る。あぶないなと思っていると、畳の上に火を落とした。あわてて杉箸で摘まみ上げたが、こぼれた灰はその儘にして拭《ふ》きもしない。

お膳が出たから杯を挙げた。甘木君を加えて三人である。その間に火鉢を一つずつ置いたから二つある。じきに別の女中が来て、あっちのお座敷に火鉢が足りないから、一つ貰って行くと云って持って行った。

お酌に坐った女中が、真先に煙草を吸い出して、お膳の上に煙を吹き散らす。手洗に起つとスリッパがぐっしょり濡れていて、気持が悪くて穿かれない。

「貴君、逃げ出そうか」と云ったら、山系君が賛成した。
まだ夜が更けてはいない。稲毛駅から電車に乗った。電車の中で山系は私の神速果敢なる決心を褒めた。永年のつき合いだが、彼から褒められた事は滅多にない。

電車は速い。電車がこんなに速いとは思わなかった。沿線のあかりが火箭《かせん》の様に飛んで行く。電車の走るは汽車より速し、またたく暇に五里十里、ごとごと、ごとごと、と電車の床で足拍子を踏んだ。

内田百閒（一八八九年～一九七一年）

作家。「目の中に汽車を入れて走らせても痛くない」というほどの鉄道好きである。国鉄職員の「ヒマラヤ山系」こと平山三郎を供として、無目的、ただひたすら汽車に乗るという旅を続け、「阿房《あほう》列車」という鉄道紀行シリーズを多数著わしている。この経緯については、本書の関川夏央氏の文章に詳細な記述がある。「房総鼻眼鏡　房総阿房列車」は一九五四年に「文藝春秋」で発表された作品で、のちに単行本『第三阿房列車』に収録されている。おもな行程は両国（総武本線）→銚子（自動車）→犬吠埼〈原文は犬吠岬〉（自動車）→銚子（成田線）→千葉（房総西線〈現・内房線〉）→安房鴨川（房総東線〈現・外房線〉）→千葉（自動車）→稲毛（総武線電車）→御茶ノ水（と思われる）と、題名にあるように千葉県内の国鉄線を8の字のルートで巡る。当時、総武線は千葉まで電車（現在の中央総武緩行線）が走っていたが、ほかはすべて非電化で多くは蒸気機関車が牽いていた。また、東京側のターミナルは両国駅で、ここから千葉県内各方面に向かう汽車の旅が始まった。なお本文は『第三阿房列車』（新潮文庫、二〇〇四年）によった。

汽車は永遠に岡山に着かない——内田《うちだ》百閒《ひゃっけん》

東海道本線、山陽本線ほか　２００６年（単行本）　**関川夏央**

内田百閒《ひゃっけん》の名前は、四十歳以上の人なら思い当たるだろう。どういうふうに思い当たるかといえば、随筆の名人、謹厳な顔で強情、ヘソ曲がりな老文士、そんなところか。

芸術院会員に推されたのに断った。なぜ断るのかと問われて「いやだから」と答えた。なぜいやなのかと重ねて聞かれ、「いやだからいやだ」と言い放った。

百閒の汽車好きも比較的知られている。『阿房《あほう》列車』という紀行文がある。一九五〇年代前半、国内を汽車に乗って旅したとき書いた。

その冒頭は、こんなふうだ。

「阿房と云うのは、人の思わくに調子を合わせてそう云うだけの話で、自分で勿論《もちろん》阿房だなどと考えてはいない。用事がなければどこへも行ってはいけないと云うわけはない。なんにも用事がないけれど、汽車に乗って大阪へ行って来ようと思う」（「特別阿房列車」）

阿呆《あほう》ではなく、阿房である。始皇帝の壮大な無駄遣い「阿房宮」からとった。要するに、まったく実用性のない贅沢《ぜいたく》な遊びだといいたいのである。「特別阿房列車」は一九五一（昭和二十六）年一月号の「小説新潮」に載った。それが前後五年、十四回におよんだ旅（連載は不定期十八回）の第一回目の旅である。このとき内田百閒は六十一歳だった。

第三列車に乗って大阪へ行くという。第三列車は12時30分東京発、20時30分大阪終着の特急「はと」である。特別急行列車だから「特別阿房列車」と命名したのだろう。東海道本線はまだ全線電化されていない。浜松での五分停車の間に蒸気につけかえ、八時間で大阪と結ぶ。国鉄はついに戦前の水準を回復したのである。このことが内田百閒の旅行欲、というより乗車欲を刺激した。彼は、たんに特急「はと」に乗ってみたかったのである。

終戦直後に成立した東久邇宮稔彦《ひがしくにのみやなるひこ》内閣の大蔵大臣秘書官は大平正芳、その部下の秘書官事務取扱は宮澤喜一だった。ふたりとものちに首相になった。焼野原と化した東京を見やりながら三十五歳の大平正芳がまだ二十五歳の宮澤喜一に、「どうも日本は何もなくなっちゃったが、何かをかたにして金を借りるとしたら、日本の鉄道がちゃんと動いているけれど、どうだろう」といった（御厨貴、中村隆英編『聞き書　宮澤喜一回顧録』）。

鉄道と汽車は、空襲にもっとも耐久力があった。宮澤喜一は疎開《そかい》先の熱海から東京の大蔵省に通っていたのだが、一九四五年七月と八月のふた月で鉄道が不通だったのは二日しかなかった。かねがね国鉄の健闘に感心していた彼は、ハリマンのことを念頭に置きながら「鉄道を質に出すのもいいのかな」と考えた。

ハリマンは、日露戦争で日本が経営権を獲得した南満州鉄道の共同経営を申し入れてきたアメリカの「鉄道王」である。戦費支出で財政破綻《はたん》状態にあった日本政府は、将来の出費を軽減するもくろみでハリマンと覚書を交わしたが、講和会議の全権であった小村寿太郎《じゅたろう》外相の強い反対で白紙に戻した。南満州鉄道をハリマンとの共同経営にしていたら巨大国策会社「満鉄」はなかっただろう。満州にはアメリカの影響力がおよび、まったく異なった満州の歴史がつくられていたはずだ。

しかし今次大戦の終戦後は、ハイパーインフレと預金封鎖で国民生活は破壊されたが、積もる借金が相対的に小さくなった国家は救われた。鉄道の質入れをしなくても済んだ。そうして日本の復興を支えたのは、戦前から引継いだ造船技術と鉄道の輸送力であった。石炭不足に耐えながら、国鉄は一九四七年四月から東京―門司間の急行列車と二等車を復活させた。四八年十二月には、東京―大阪間に寝台車を走らせた。四九年五月、東海道線は浜松まで電化が完成した。

一九四九年七月、復員者を迎え入れて六十万人にまでふくらんだ国鉄の大量人員整理が発表されると、その月のうちに下山事件、三鷹事件、八月には松川事件と国鉄をめぐる怪事件が続発したが、九月、一等展望車を連結した戦後最初の特急「へいわ」が東京―大阪間を九時間で結んだ。「はと」の登場は五〇年五月である。

汽車好きというより戦前好き

内田百閒は汽車好きというより戦前好きである。「はと」に乗りたかったのは、戦前とおなじ旅ができるようになったからだろう。

百閒は十年近く汽車旅をしていなかった。一九四二年晩秋、ひさびさ郷里の岡山へ帰った旅が最後だった。旧友の弔問のためだが、このときは夜行列車で行き、夜行列車で帰った。岡山での滞在時間は二時間四十五分、街区も歩かず実家にも顔を出さなかった。顔を出せなかったのである。

百閒が東京と岡山の間を繁く往復したのははるかな昔、明治末年から大正年間だった。「僕は学生時分から、度度《たびたび》東海道線を往復したので、汽車の中で居睡《いねむ》りをしていて、どこで目がさめても、目がさめた途端に見えた窓の外の景色で、ここは何処《どこ》の辺《あた》りだと云う事が解《わか》る」とは百閒自身が「特別阿房列車」の車中で同行者に語っているところだ。

同行者は平山三郎、百閒が法政大学教員であった時分の教え子の国鉄職員、広報誌の編集者である。百閒の担当者かといえば、そうでもあり、そうでもない。少なくとも『阿房列車』シリーズは「小説新潮」の不定期連載だったから直接の関係はない。同行者というか、助手である。助手というより執事のようである。ヒラヤマはヒマラヤに通じる。百閒は平山三郎を文中で「ヒマラヤ山系」とか、たんに「山系」と呼んだ。

「元来私は動悸《どうき》持ちで結滞屋《けったいや》で、だから長い間一人でいると胸先が苦しくなり、手の平に一ぱい冷汗が出て来る。気の所為《せい》なのだが、原因が気の所為だとしても、現実に不安感を起こし、苦しくなるから、遠い所へ行く一人旅なぞ思いも寄らない」(「特別阿房列車」)

神経質な人なのである。そのうえ、元来が「王様」である百閒は、「家来」なしにはどこへも行けなかった。ならば旅行などへ出掛けなければよい。国鉄の広報部員を他誌の仕事のためにともなって用事をさせる料簡はわかりにくい。

「ヒマラヤ山系」こと平山三郎は『阿房列車』の前後十四回、合計九十日の旅のすべてに同行している。そして平山三郎の上司、のちにサラリーマン・ユーモア小説「目白三平」シリーズを書く中村武志が、十四回の旅の出発すべてを東京駅に見送った。中村武志には文中で「見送亭夢袋《けんそうていむたい》」の異名が与えられて登場人物のひとりとなっている。『阿房列車』は、全体が百閒老人の「わがままの記録」だともいえる。しかし彼はこのときまだ六十一歳。なのに老人としてふるまえ、かつ「文士」のわがままを世間がみとめてくれた「よい時代の記録」でもある。

百閒自身も文士らしくふるまった。偉そうにしていた。トラディッショナルな三つ揃《ぞろ》えにソフト帽、ステッキだけを手にしていた。自分の荷物は平山三郎のかばんに入れた。靴は、人が見たら「枢密院《すうみついん》顧問官」ではないかと思うような、立派な「キッドの深護謨《ふかゴム》」である。それは昭和十四年に三越であつらえて三十三円だった。長い間履きつづけて横腹にあいた穴を修理した。ただし足首を縮める「深護謨」の端がささくれだっているのに、ドイツからの輸入がいまだとどこおったままの現状では取り換えがきかない。残念である。

百閒は威張っている。

「用事がないのに出かけるのだから、三等や二等には乗りたくない」

三等料金の二倍が二等で、三倍が一等、戦後は少し違ってくるが、戦前の計算はすっきりしていた。ほかに特別急行料金がかかる。

「はと」は大阪に20時30分に着く。三十分後、21時ちょうど発の寝台急行「銀河」の一等寝台で帰ってこようという計画だった。目的を持つのがいや、見物するのがいや、ただ汽車に乗っているだけという「純文学」のような汽車旅である。

旅の費用は借りた。

収入はあるのだが、なにしろ無駄遣いが多い。余分な金はない。戦前は高利貸との戦いに明け暮れた。戦後はどうだったのだろう。あるいは日本国とおなじようにハイパーインフレでむしろ助かったか。

借りる先での問答はこんなふうだった。

「大阪へ行って来ようと思うのですが」「急な御用ですか」「用事はありませんけれど、行って来ようと思うのですが」「御逗留《ごとうりゅう》ですか」「いや、すぐ帰ります。事によったら著《つ》いた晩の夜行ですぐに帰って来ます」

百閒はいう。「あんまり用のない金なので、貸す方も気がらくだろう」

それはそのとおりかも知れない。「一番いけないのは、必要なお金を借りようとする事」である。

「放蕩《ほうとう》したと云うではなし、月給が少くて生活費がかさんだと云うのでは、そんな金を借りたって返せる見込は初めから有りゃせん」から誰も貸してくれない。たしかに道理である。

では百閒は、人が安心して貸せる「用のない金」を誰に借りたか。新潮社の社長である。しかし「小説新潮」に書くことが決まっていたのだから、これは「経費」にあたるのではないか。現に東京駅には「小説新潮」の編集者「椰子《やし》君」が、「多分今日あたりの見当だろうと思って」と「お見送り」に現われている。「椰子」は「小林」を省略した呼び名である。

一方「ヒマラヤ山系」の旅費はどうなっているのか。このときは日曜日に出発、月曜日は「ヒマラヤ山系」はたまたま休暇をとっているというが、ほんとうに「たまたま」か。百閒のわがままに献身的につきあうのも国鉄広報部員の仕事の一環であるようだ。

彼は国鉄職員だから三等乗車証を持っている。出張の手続きをすれば二等にも乗れるという。しかし同行させるには一等でないと意味がない。なにしろ百閒は「五十になった時分から、これからは一等でなければ乗らない」と決めているのである。一等車の「ボイ」(ボーイ)に命じて、これこれこういう男が何輛《りょう》目の三等車に乗っている。話したいことがあるからと最後尾の一等展望車まで連れてこさせよう、などと百閒は思案する。あとはお茶でも運ばせてゆっくり話しこんでいればよい。話さなくてもよい。だから「山系」は三等でよい、と決める。ぜいたくなのだかケチなのだかわからない。

当時の一等寝台料金は高かった。二人分は痛い。宿屋よりよほど高くつく。そこでやむを得ず「銀河」はやめた。そのかわり平山三郎も「はと」の一等に乗り、大阪で一泊して帰ることにした。しかし意地でも大阪では見物をしない。

とはいうものの大阪行「はと」の切符は買っていないのである。百閒は旅行前に東京駅へ出向いている。そして、当日になっても切符が買えそうかどうか案内所でわざわざ尋ねている。あぶない、といわれたのに前売りを買わなかったのは、「先に切符を買えば、その切符の日附が旅程を決めて、私を束縛するから」である。やはり「純文学原理主義者」である。あるいは「頑固な老人」の真骨頂である。くり返すが、百閒はまだ六十一歳にすぎないのである。

百閒は笑わない。少なくとも笑った写真は流布《るふ》していない。「僕は体裁屋である」と自身でいっている。

「車中ではむっとして澄ましていたい」。だが見送られたりすると、「最初から旅行の空威張りが崩れてしまう。僕は元来お愛想のいい性分だから、見送りを相手にして、黙っていればいい事を述べ立てる。それですっかり沽券《こけん》を落とす」（「鹿児島阿房列車」）

沽券という言葉が懐《なつ》かしい。

百閒は威張っている。「家来」の平山三郎にはことさらに威張る。東京駅で待ち合わせたときのことである。

「うしろから近づいて行って、ステッキの握りで頭を敲《たた》いたら、振り返った。澄まし返って、にこりともしない」（「区間阿房列車」）

威張るのは老人の義務、横着は文士のあるべき姿だと心得ているふうだ。気の毒なのは平山三郎で、「どぶ鼠《ねずみ》」「曖昧《あいまい》」「泥坊のような顔をしている」「要領を得ない」「いるかいないか解らない」と、シリーズ全体を通じてひどい扱われようである。「山系」君の「主体性」を限りなく薄めることによって、逆に主人公・百閒の輪郭がはっきりしてくるという方法なのだろうが、それを貫徹させるには、図太い神経が必要だと思う。

「はと」に乗る旅では、番町の土手下の家まで平山三郎が百閒を迎えにきた。市ヶ谷から東京駅へ向から省線電車の中で、吊《つ》り革《かわ》につかまった百閒が平山三郎にさっそく説教する。

「永年貴君《ながねんきくん》とお酒を飲んで、どの位飲めばどうなるかと云う加減はお互によく知っている。相戒《あいいまし》めて、旅先でしくじる事のない様にしましょう」

大柄な百閒は小柄な平山三郎を見おろしている。「貴君」とは百閒の好んだ二人称である。

「しくじると云うのは人に迷惑を掛けると云う事でなく、自分で不愉快になり、その次に飲む酒の味がまずくなると云う様な、そう云う事を避けようと云う意味なので、僕は六《む》ずかしい事を云っているのではない。いいですか」（「特別阿房列車」）

汽車はなかなか出発しない

東京駅に着くと特別急行の切符は売り切れていた。三等まで一枚もない。そういう事態も「かねて期《ご》したる所なれば、この儘家路《ままいえじ》に立返り、又あした出なおすに若《し》くはない」はずだが、「今までのはずみで、どうもそうは行かない」と百閒はいう。

「何が何でも是が非でも、満員でも売り切れでも、乗っている人を降ろしても構わないから、是非今日、そう思った時間にたちたい」

老人はわがままでせっかちなのである。

ではどうするか。駅長室に泣きつくのである。もちろん平山三郎を先に立てている。「今日の第三列車の一等を二枚、お願い出来ませんでしょうか」というと、どこかへ電話で連絡したのち、不思議なことに「御座いました」となるのである。

内田百閒は『阿房列車』シリーズで国鉄の広報に大いに貢献した。二年後にはその功ゆえに東京駅の「一日駅長」に任ぜられた。五二年秋、鉄道八十周年記念行事の一環である。

汽車も好きだが、官僚好き位階好きである百閒は、前日届けられた制服制帽姿で、「一日駅長」を喜んでつとめた。このとき駅員一同に行なった訓辞はこんなふうだった。

「命《めい》に依《よ》り、本職、本日著任《ちゃくにん》す。

部下の諸職員は、鉄道精神の本義に徹し、眼中貨物旅客なく、一意その本分を尽くし、以《も》って規律に服するを要す。

規律の為には、千噸《トン》の貨物を雨ざらしにし、百人の旅客を轢殺《れきさつ》するも差閊《さしつか》えない。本駅に於ける貨物とは厄介荷物の集積であり、旅客は一所に落ちついていられない馬鹿《ばか》の群衆である」

「駅長の指示に背く者は、八十年の功績ありとも、明日馘首《かくしゅ》する」

署名は「東京駅名誉駅長従五位内田栄造」

百閒はこの訓辞ののち、ホーム上で二年前の「特別阿房列車」とおなじ12時30分発の特急「はと」に、一日駅長として発車合図をした。見送ってめでたく業務終了となるはずが、動き出した「はと」の最後尾、展望車にひょいと乗ってしまった。そのまま熱海まで行き、数時間後、東京駅に別の列車で引き返してきた。国鉄や東京駅の偉い人たち、それに他の駅の名誉駅長をあてがわれた文士たちは、一杯飲みながら百閒の帰りを待った。祝宴が予定されていたのである。

百閒の「稚気」として知られた挿話《そうわ》だが、百閒は特急列車の去った、祭りのあとのようなホームのさびしさに耐えがたかったのではないか。そういう敏感なところが、あるいは小心なところが百閒にはあった。

「訓辞」中の一文「背く者は、明日馘首」とは穏やかではない。しかし「即日馘首」ではないと百閒自身がいっている。「明日になれば、私は駅長室にいない」

ところで、コネでとれた「特別阿房列車」すなわち「はと」の切符を買いに行くのは当然平山三郎である。百閒は改札口のところでステッキを手に待っている。日曜日だからひどい人出だ。「何の為にどんな用件でこうまで混雑するのか解らないが、どうせ用事なんかないにきまっている」と百閒は「にがにがしく」思うわけだが、自分も用事のない群衆のひとりなのだから、これが反語的ユーモアなのか本音なのか迷う。おそらく両方なのだろう。

「はと」はなかなか動き出さない。一等車のコンパートメントの前の座席に紳士と秘書がいる。紳士は、「これを〆香《しめか》に渡してだね、こう云っといてくれないか」などと秘書につたえている。遠慮するべきなのか、それとも聞いていてやった方が紳士の自尊心は満足するのか、というもっともな悩みがあって、やっぱり遠慮しようと展望車へ移る。すると編集者が見送りにくる。トイレへ行きたくなったが、汽車が動いているときしか行ってはいけないと子供の頃から教わっているので、がまんする。昔の汽車のトイレは、おそろしいことに直接落下式だった。

全部で六十枚弱の「特別阿房列車」のうち、発車するまでに四十枚かかっている。大阪までの道中が十枚、だいたい食堂車でビールを飲んでいる。いつの間にか大阪へ着く。宿屋はやっぱり駅長室で紹介してもらった。翌日の「はと」の上りの切符は平山三郎が「なんとかした」。そこらあたりが最後の十枚分である。

要するに内田百閒は、汽車に乗るまでが好き、乗ったら食堂車に長い尻《しり》を据えて酒を飲むのが好きなのである。乗りものの中で飲む酒は酒好きには格別であろうが、「鉄ちゃん」の祖先としては異端である。彼のふるまい書きぶりを「かわいい」と見るか、実年齢に見合わぬ「傲慢《ごうまん》」と見るかは人によって異なる。しかし誰しも「時代」を感じるだろう。

「一等」に象徴されるような戦前的階層が生きのびていた時代、そして老人であることそれ自体が

「文士」にとっては権力の源であった時代の懐かしいにおいがそこにある。

意地でも急いでやるものか

百閒は汽車に乗る前に、駅のホームを歩いて長い列車の全体像を眺めてから乗る。汽車好きの「鉄ちゃん」にこのへんは通じるが、その余は違う。車窓風景にはさしたる興味がない。

「隧道《ずいどう》を出ると、別の山が線路に迫って来る。その山の横腹は更紗《サラサ》の様に明かるい。降りつける雨の脚を山肌の色が染めて、色の雨が降るかと思われる。ヒマラヤ山系君は、重たそうな瞼《まぶた》をして、見ているのか見ていないのか、解らない」（「奥羽本線阿房列車」）

秋田県横手と岩手県黒沢尻を結ぶ横黒線《おうこくせん》（現在の北上線）の雨の紅葉の記述である。風景描写がめずらしいから引用してみた。

一九五一年十月のこの旅で、百閒は生まれて三度目の温泉に浅虫で入ったという。最初は三十六歳のとき、静養中の師・漱石に借金しに行った湯河原で入った。二度目は戦前の台湾旅行の際だという。百閒は温泉にも観光にもやっぱり興味はないのである。

汽車に乗るとすぐに食堂車へ行く。そこで酒を飲む。平山三郎などを相手に喋《しゃべ》りながら、酔眼で汽車に揺られているのが好きなのである。

しかし普通列車に食堂車はないから仕方なく外を眺める。

「走り出してから、駅の構内を離れた時に、展望車代用の後部のデッキから眺めて、もう一つ意外な事を知った。御殿場線は単線になっている。いつからこんなみじめな事になったのか知らないが、東海道の幹線であった時分、馴染《なじ》みの深かった私に今昔《こんじゃく》の感を催させる。線路を取り去った後の道に、青草が筋になって萌《も》え出している」（「区間阿房列車」）

内田百閒は一九五一（昭和二十六）年三月十日、東京11時00分発３２９列車に乗り、定刻12時33分より少し遅れて国府津《こうづ》に着いた。国府津で御殿場線に乗り継ぐつもりだったが、連絡していたはずの12時35分発の列車に間に合わなかった。

御殿場線は一九三四年まで東海道本線だった。急坂の路線だから国府津で蒸機を列車最後尾につけて押した。急行の場合は、その蒸機を走りながら御殿場で切り離した。複線から一線撤去したのは戦時中のことだが、長い間汽車に乗っていない百閒は事情を知らない。

百閒が東京駅から乗った３２９列車は、たしかに御殿場線の列車に連絡したのである。なのに百閒は乗れなかった。それはなぜか。

「乗り換えですか。早く早く、この列車は遅れて著《つ》いたけれど、あっちのは、それを待っていないから、すぐ出ますから早く早く」

国府津の駅で駅員が百閒をせかした。せかされるとむっとする。

乗り継ぐ乗客はみな地下道へと急ぐ。御殿場線沼津行は反対側のホームで待っているのである。同行した「ヒマラヤ山系」こと平山三郎が、走りましょうかといった。百閒は、いやだ、とこたえて常のごとくの歩調をかえなかった。

地下道をたどってもう少しで歩廊（ホーム）に達するというとき、汽笛がぼうと鳴った。あっ、発車すると思ったら、いっそうむっとした。

「人がまだその歩廊へ行き着かない内に、発車の汽笛を鳴らしたのが気に食わない。勝手に出ろとは思わない。乗り遅れては困るのだが、向うが悪いのだから、こちらに不利であっても、向うの間違った処置に迎合するわけには行き兼ねる」

ホームに上がると汽車はもう動き出している。とはいうものの、客が乗るのを見込んでの最徐行である。乗り継ぎ客のあらかたはもう乗っている。地下道の階段で百閒と平山を追い越した男がデッキにとびついた。その男と同時に上がってきた女性を、駅員がふたりがかりでデッキに押し上げた。前の方では、助役が別の客を荷物車に乗せた。

百閒は意地でも急がない。「動き出している汽車に乗ってはいけない」「乗ろうと考えてもいけない」と「昔からそう云う風に鉄道なり駅なりから、しつけられている」からだ。平山三郎はつねのように「曖昧《あいまい》」だったが、百閒の態度にあわせてあきらめた。

徐行しつづける汽車の機関士が半身を乗り出してホームを見ている。助役の合図を待っているのだ。助役はホーム上を見わたし、百閒と平山には乗る気はないと見切ったうえで合図した。すると汽車は速度を上げた。

ふたりはホーム上に残された。

ベンチに腰をおろし、股《また》の間に立てたステッキに頤《あご》をのせて黙っていると、だんだんに不愉快さがつのってきたので、駅長事務室へ文句をいいに行くことにした。

事務室には、さきほど徐行する汽車のすぐ脇《わき》で百閒らをもの問いたげに眺めた助役がふたりともいた。

「私共は今の沼津行に乗り遅れたのですが」

「乗れなかったのですか」

「乗れば乗れたかも知れないけれど、その前に汽車は動いていました。動き出している列車に乗ってはいけないと云う事になっているでしょう」

「御尤《ごもっと》も」

というようなやりとりで、百閒の気は一応済んだ。沼津へ行かれるのでしょう、と助役が尋ねた。そうだとこたえた。

「それでしたら、熱海線（東海道本線）からいらっしゃれば、いくつも列車はありますけれど」

「いや、御殿場線から沼津へ出るのです」

「ははあ、するとこの線の途中に、御用がおありになるので」

「用はどこにもないのです」

「成る程」

それから百閒と平山三郎は、ホームの屋根の雨垂れを眺めながら二時間ベンチで待った。


「区間阿房列車」には全部で百枚あまりの原稿量があるが、御殿場線14時35分発沼津行に無事ふたりが乗るまでに全体の三分の二を費している。旅行は三月十日から三月十二日までだが、起稿は二月十日、出発前に二十枚分を書いてしまっているのである。原稿の完成は旅行から帰ったほぼひと月後である。

百閒が旅行前の紀行文を書いていた一九五一年三月五日には、山形県の新制中学校教師無着成恭《むちゃくせいきょう》が編集したクラス文集『山びこ学校』が青銅社から刊行された。この本はやがて記録的ベストセラーとなった。出発の前日には三原山が大噴火した。雨が降っていたので車窓から噴煙は見えなかった。

帰宅後の三月二十一日、日本初の総天然色映画『カルメン故郷に帰る』（監督・木下恵介、主演・高峰秀子）が公開され、三月三十一日銀座の街燈が戦中以来八年ぶりに復活した。百閒が原稿を書きあげた四日後の四月十六日、トルーマン大統領に占領軍総司令官職を解任されたマッカーサー元《げん》帥《すい》が離日し、長谷川町子『サザエさん』第一回が朝日新聞に載った。

百閒は沼津でも駅長室を訪ねた。駅長は土曜日なので品川の自宅に帰っていた。沼津の千本松原でも見物したあと駅長と一杯やって泊るつもりでいたが、「どうもこちらの気持が纏《まと》まらない」のでいっそ興津《おきつ》まで行くことにした。が、現地に行くと酒好きのはずの興津駅長は、あいにく仕事で体があかないということだった。あてははずれた。仕方がないので平山と飲んだ。宿は駅の紹介である。

翌日はひと駅だけ東京方向に戻って由比《ゆい》に行った。ここでも駅長室へ行ったのは、紹介状をもらってあったからだった。きょうは浜で大謀網《だいぼうあみ》がある、ご案内しましょうと駅長がいった。「面白そうではあるけれど、行けばそれだけ経験を豊富にする」、なにごとにつけ知識を増やすのは阿房列車の「標識《ひょうし》に背く」ことになるから、よした。

平山といっしょにふらふらと海岸におりてみた。すると汽車が通り過ぎた。きのう乗った329列車米原行である。

百閒は、「昨日たしかに乗せて出たのに、国府津で降りて、それから今迄《いままで》、どこで何をうろうろしているんだろう。そう思っているぜ、きっとあの汽車は」「貴君はそう思わないか」と平山三郎に同意をもとめた。平山は、「僕ですか、僕がどう思うのです」と問い返した。

つぎに大阪行特急「はと」が通過した。「はと」は329列車より一時間半遅く東京を出たのだが、もう追いつきそうである。すると今度は上り東京行「つばめ」が走ってきた。よい汽車をたくさん見られてよかった。そう百閒は思った。

「つばめ」が去ったあと海岸の岩を見ていたら、記憶がよみがえった。それは車窓からの眺めであった。

「学生の時分から通る度に、気にとめるともなく見馴れた形を覚えている。そう思って見れば今も同じ姿で、何十年も過ぎた思い出が、満ちた潮の波をかぶって、今日の事の様に新鮮である」「若い時の事が今行った汽車の様に、頭の中を掠《かす》める。命なりけり由比の浜風」

「いやだからいやだ」

内田百閒は二十三歳で結婚した。まだ大学の二年生だった。相手は岡山第六高等学校時代の親友の妹で、大恋愛の末のことである。やがて百閒は、結婚して半年もしないうちに生まれた男の子をかしらに、五人の子持ちとなった。ほかに年寄りをふたりかかえていた。

一九一六（大正五）年、二十六歳のとき陸軍士官学校のドイツ語教師となり、ついで芥川龍之介の推輓《すいばん》で横須賀の海軍機関学校にも勤めた。三十歳で法政大学のドイツ語担当教授に就任した。折りからの雑誌ブームに投じてつぎつぎに創作を発表、貧乏を脱したどころか年収五千円以上というから、現在の価値に直して二千万円ほども稼ぐようになった。それでもお金が足りなかったのは「坊ちゃん育ち」の浪費癖と、借金の下手さ加減からだった。高利貸しばかりを相手にしていたし、五円の金を借りるのに車代を十円使うといったぐあいでは救われようがなかった。

一九二六年、家を出て下宿屋にひとりで住んだ。要するに家族への責任を放棄したのである。その後一九二九（昭和四）年、三十九歳のとき佐藤こひと市谷仲之町に同棲《どうせい》した。こひは十八歳下の芸者で、百閒は最後までものがたいこの人といっしょにいて、離婚しなかった正妻が亡《な》くなった一年後、一九六五年に入籍した。そのとき百閒は七十六歳だった。一方、捨てられた家族の方は、妻の兄の援助で暮らしを立てた。

百閒の死後、次女の伊藤美野はつぎのように語っている。

「(父は) 専任の人がいなければ駄目なんです。それも一人では足りない位。おこいさんの場合にもおこいさんと妹さんと二人がかりでしたから。それがいつも要るんでございますよね。それで心を乱さないように全部ついててやっててあげないと、父は書けないんです。ですから後年母は私達に、その段階で私は子供をとって、お父さんはもう誰かに委《まか》せた方がいいと思った、とそう申しておりました」(「父・内田百閒」)

麹町《こうじまち》五番町の百閒の戦後の家は、三畳を横に三部屋並べた小さな家だった。すわり机の上は、きちんと寸法を合わせて切ったメモ用紙が一定の高さに積まれ、几帳面に削って並べられた鉛筆の前には、チリ紙がまたきちんと置かれていた。なんであれ部屋の中のものは、畳の目一つ二つと数えて決まった場所に置かれなければならなかった。そんな神経症的な男の面倒を見るのはたいへんな苦労であったことだろう。

百閒が汽車の旅に出て数日家をあけてくれることがおこひさんの救いだった。彼女は百閒のいないとき、たまりにたまった家の仕事をこなした。

一九六七年、百閒は芸術院会員に推薦されたが、「いやだからいやだ」と辞退した。さすが先生、と世間は感心したふうだった。しかし官僚好き栄誉好きの百閒にしては異なことである。娘の伊藤美野にいわせれば、芸術院会員というグループにくくられては自分のわがままが通せなくなるという恐れのほか、家族との別居があからさまになることを嫌ったからである。そのためこひさんは、大学を辞めて久しいのに浪費のやまぬ百閒のせいで苦しい家計の助けとなるはずの年金をもらいそこなった。百閒が長年故郷岡山を恋いながらも帰れなかったのも、これが理由であった。

一九五一年三月十一日の夜、百閒は由比に泊った。「先を急ぐけれど」「何事によらず、明日にのばせる事は、明日にのばした方がいい」と書く彼だが、それにしてもその日の移動はひと駅分六キロにすぎなかった。

翌日は月曜日である。「味爽七時《まいそう》」に早起きした。だが乗ったのは127列車京都行12時03分発だった。三十分足らずで静岡に着き、そこで降りた。また少し東京から遠ざかった。

静岡では平山三郎が駅に勤める友人を訪ねるといったので、ついて行った。しかし友人は留守だった。もうすることがない。百閒はソバを食べたいと思ったが、面倒だからとやめた。平山がレモンジュースを飲みたいといった。それも面倒だ。よそうじゃないか、と百閒がいうと、そうですね、と平山はつぶやいた。

平山の荷物を駅の一時預けに預けた。荷物といっても中身は駅売りのお茶の小さな土瓶などである。それは百閒が持って帰れと命じたのである。昔、お茶の土瓶と釜飯《かまめし》の釜はどこの家にもあった。しかし再利用したという話は絶えて聞かない。

今度こそほんとうにすることがない。駅のベンチに黙って二時間半すわっていた。東京行急行34列車は15時34分発である。時刻になったので、預ける必要のなかった荷物をうけだしてホームに行った。反対側のホームに例の米原行329列車が停まっているのが見えた。おなじ汽車に三度も会って、さすがに少し決まりが悪かった。

東京行が走り出し、興津、由比を通過した。百閒は平山をともなって食堂車に行った。東京駅まで腰を据えて酒を飲んだ。百閒の汽車旅行のパターンである。飲んでいるうちふと気づくと、汽車は彼を当座の目的地に運んだり、東京に連れ戻してくれたりするのだった。しかしそれでも、汽車は永遠に岡山にはたどり着かないのである。

老人「鉄ちゃん」はかわいいか

一九五六年十一月十九日、六十七歳の内田百閒は九州に行った。すでに『阿房列車』のシリーズは終っていたのだが、十一月十九日は東京―博多間を走る寝台特急「あさかぜ」が走りはじめる日であった。「事有《ことあ》れかし」と待っていた、すなわち汽車に乗る理由が欲しかった百閒は「機逸《いっ》す可《べ》からず」と「あさかぜ」に乗りに行った。お供はやっぱり平山三郎である。「雨男」で聞こえた平山だが、この日は晴れた。見送亭夢袋こと中村武志も例のごとく見送りに現われた。

東京駅のホームには、すでに「あさかぜ」が入線していた。

「世間に汽車好きは多いと見えて、この初下《はつくだ》りの機関車のあたりには見物だか見学だかの若い連中が大勢いる」（「八代紀行」）

百閒もそのひとりであった。乗る前に長大な列車の編成の最前部から最後部までを眺めないと気がすまない百閒だが、この日はホーム上が特別に混雑している。

「外から横腹を眺めて歩くのを止めて前部の三等車から車室に這入《はい》り、中の通路を伝って丁度乗り込んで来る乗客に多少の邪魔をしながら後部まで歩いた」

「あさかぜ」は18時30分、「夕風の中から」発車した。百閒は平山三郎を連れて食堂車へ行った。例のごとく尻の長い酒を飲んで、車室へ帰った。しかし寝心地はあまりよくない。夜中の停車駅ごとに目をさますような状況だった。岡山でもむろん起きただろう。カーテンを片寄せて闇《やみ》に目をこらす百閒の姿が見えるようだ。しかし懐《なつ》かしい岡山は見えない。百閒の雅号のもととなった百間《ひゃっけん》川《がわ》は、百間幅の両堤を保ったまま児島湾に達する不思議な枯川だそうだが、それも見えない。

冬至まで一ヶ月の時候だから夜明けは遅かった。広島をすぎたあたりであったろうか。関門トンネルを抜けると、九州の空は秋晴れであった。「あきかぜ」は11時55分、博多に着いた。目的地というものはとくにないが、「阿房列車」時代に投宿していたく気に入った熊本・八代の松浜軒《しょうひんけん》にした。七度目の投宿であった。

翌一九五七年初夏、百閒はまた汽車で九州に旅した。

このときはようすが少なからずへんだった。玄関まで送りに出た奥さん（こひさん）に、百閒は「それでは行って来るよ」といえなかった。「前へ向いた儘《まま》、頰を伝っている涙を見せない様に」するのが精一杯だった。百閒、このとき六十八歳。

なんの涙か。行方知れずになった飼い猫「ノラ」を思う涙である。

その二年前の夏、野良猫の子が、猫の額ほどの庭で奥さんにじゃれかかった。人懐っこい猫で、最初は外猫として飼っていたが、病気になったとき不憫《ふびん》だと家の中に入れた。以来一年半、百閒は猫を猫かわいがりした。その「ノラ」がある日、家を出たきり姿が見えなくなった。

百閒は文字どおり狂乱した。新聞に迷い猫の広告を出し、三千枚のチラシを印刷して三度にわたって近所一帯に撒《ま》いた。その経緯は黒澤明の映画『まあだだよ』にくわしくえがかれている。百閒も百閒役の松村達雄も、それから黒澤明も老いの色が痛々しいほど濃い。もはや威張る気力も失《う》せている。五七年初夏の九州行は「ノラ」行方不明から二ヶ月半後、猫探しにもかり出された平山三郎らが、尋常ではない嘆きかたをつづける百閒を旅にいざなったのである。

このときも「あさかぜ」に乗った。初夏の日永とはいえ、東京駅を出発してしばらくすれば日は暮れる。その日暮れを百閒は食堂車で見た。早くも彼は平山三郎や編集者の「椰子《やし》」（小林）などと盃《さかずき》を傾けている。ノラの不在を忘れていられるのは飲んでいるときだけだ。

〈晩の闇を裂いて「あさかぜ」が走っている。どうも朝風という名前はおかしい〉

いつものごとく吐言《こごと》が出る。

〈「いつお立ちですか」

「あしたの晩の朝風です」

この名前を決定した係りの諸氏は、こう云う挨拶《あいさつ》で身体のどこかが撚《よ》じれる様な気持はしないのだろうか〉（「千丁《せんちょう》の柳」）

「あさかぜ」は美しい名前だ、と私は思っていた。福山、尾道あたり、遠く瀬戸内の海岸を朝風を割って走る列車のイメージがあざやかである。夜をつらぬいて走った列車はなにごとかをなしとげた、そのしるしが「あさかぜ」という命名だと考えていた子供の「鉄ちゃん」にいわせれば、百閒の言は見当違いである。もっとも、百閒はなんでもいいからひと言いってみたかった。それだけのことだろう。

たのしく談笑しても、寝台車に戻って眠ればノラの夢を見てまた泣く。枕《まくら》がぐっしょり濡《ぬ》れている。お昼少し前に博多に着いた。その日は博多に泊って翌日またまた八代へ行った。

八代は熊本細川家初代忠利の父三斎ゆかりの城下町で、三斎没後は家老の松井氏が治めた。その別荘であった松浜軒は一九四九年、九州御巡幸とき行宮《あんぐう》となり、五一年から旅館営業をはじめた。建物も庭も立派の一語に尽きる。しかし士族の商売どころか殿様の商売なので、宣伝はしない。使用人、出入りの職人、床屋、写真屋、すべて旧藩時代の家来の筋である。みな主人を殿様と呼ぶ。これでは客の方が恐れ入る。

百閒が最初にここに泊ったのは一九五一年初夏「鹿児島阿房列車」の折であった。百閒もまた殿様なので恐れ入らない。静かで、わがままが通るのはまことに結構と、以来西へ向かう旅ではつねにここを仮の目的地とし、このときが八度目であった。

この翌年五八年六月、九度目に宿泊したのが最後、そして同時に彼は松浜軒最後の客となった。静かなのは道理、百閒が泊ったとき相客があったのは一、二度のみ、とうてい商売にならないと、その年限りで営業をやめたからである。実はすでに五月いっぱいで旅館は休業ということになっていたのだが、「格別の御贔屓《ごひいき》」の百閒先生のためにわざわざ開けてお迎えしたのだ、と主人はいった。すでに高潮の気配を見せていた高度経済成長の波のなかに、古い旅館も旧時代の文士も没するのである。

松浜軒で眠ってもやはりノラの夢を見た。小石川江戸川橋の矢来町寄りの街角で、奥さんがノラを抱いて立っている。熱があるようだ、と奥さんがいう。なでてみると毛が濡れてごわごわした手ざわりだった――そういう夢である。

百閒は翌日、熊本から博多へ行った。夜行寝台急行「西海」に乗り、だいたい二十一時間かけて東京へ戻った。前後五日間の旅だった。

「家へ帰って玄関に入ったが、ノラはまだ帰らぬかと聞く迄《まで》もない。今日でもう八十八日目である。沓脱《くつぬ》ぎに腰を掛けた儘《まま》、上にも上がらず泣き崩れた」(「千丁の柳」)

内田百閒の本質は、威張りん坊と泣き虫の振幅の中にある。天真爛漫《らんまん》と脆《もろ》い精神の混合物であったともいえる。百閒は、必ずしも老いの規範とはなり得ない。だいいち、いまの文士はこんなに威張れない。威張れば失業するばかりだ。

『阿房列車』には、六十一歳からもう老人になれたよい時代を見るのが賢明であろう。それは百閒が、自ら帰れなくした岡山を通過する山陽本線の車窓に少年期を垣間見《かいまみ》て、彼方《かなた》へ去った明治を追懐するのとおなじ気分である。

関川夏央

一九四九年、新潟県生まれ。作家。明治以来の文学者をはじめ、近代の日本と文化人についての評論、ノンフィクション作品を多く発表。また本書の南伸坊氏の文章中にもあるように、部類の鉄道好きとしても知られる。著書には『汽車旅放浪記』、『寝台急行「昭和」行』、『ソウルの練習問題』、『海峡を越えたホームラン』（講談社ノンフィクション賞）、『昭和が明るかった頃』（講談社エッセイ賞）、『白樺たちの大正』、『家族の昭和』、『人間晩年図巻』など多数。司馬遼太郎賞受賞。本編は二〇〇六年に刊行された『汽車旅放浪記』（新潮社）に収録された。なお本文は新潮文庫版（二〇〇九年）によった。

汽車旅の酒

東海道本線・八高線ほか
1951年／1954年　吉田健一

酒を道連れに旅をした話

何の用事もなくて、どこかに旅行することが、戦後、原稿に追われ通しの何年間かの夢だった。何の用事もなしにというのには、訳があって、終戦直後には疎開先の家族を東京に連れて来る為に、又その後も二度ばかり荷物を引き揚げに、東北本線で福島の方まで行ったことがある。旅などと言えたものではなかった。切符を手に入れるのが一苦労で、その切符で汽車に乗るのが又一苦労、乗れば今度は目的の駅で降りられるかどうか解らないという始末で、今思い出して見ても旅などという考えとは凡《およ》そ縁遠い終戦後の混乱の延長だった。それでも用事があれば、出掛けて行かなければならない。それで、用事も何もなしに、そしてその上に昔のようにゆっくり汽車に乗ってどこかに行くというのが、とても実現出来そうもないことだけに、昔の洋行位の魅力で旅へと心を誘った。

緊急の目的があるもの以外はどうとかいう、戦争中の合言葉が、客寄せの国鉄の広告に変って、特急「つばめ」が復活したり、その展望車の天井が桃山時代の豪奢な様式のものだとか伝えられたりしたことが、旅の時代が既に戻りつつあることを知らせてくれた。変らないのはこっちの生活状態で、そうなると、今度は、宝籤《たからくじ》が当ることが夢みられたりした。

よくしたもので、そうしているうちに或る時、出版社の弱みに付け込んで、この原稿を書き上げたら京都に旅行させて貰うという条件を出す機会が生じた。原稿の最後の分を徹夜して書き上げて、その晩、東京駅に駈け付けたのが、昨年の秋、と言っても、こっちの気持の上では、恰《あたか》も春だった。旅行するのは前から、関西と決めていた。そのもっと前の度々の経験から、日本の鉄道の中で東海道線が最も馴染み深くて、又戦後の京都がどんなになっているかということも、郷愁に似た関心を唆《そそ》って止まなかったのである。

原稿と言っても、それが千三百二十枚という大仕事だったことを、ここで断って置きたい。だから東京駅に着いた頃は、仕事が終った安心と、その安心に基いて一日中、飲み続けた酒とで、全く陶然として何か黙し難い気分になっていた。だから、春みたいだったと書いたのである。

乗った汽車は八時半にたつ「銀河」だった。確かに、これは東北本線を貨車に積まれて行った時代には、とても考えられなかったような代物である。この夜行は切符が制限されているのかどうか知らないが、兎に角、早く行ったせいか、空いている席の方が多い位で、発車の時刻になっても、混んでいるという感じはしなかった。窓の下を見ると、灰落しが壁に取り付けてある。旅の時代が戻り、煙草の時代も戻った訳である。終戦直後は、東京駅のガード下に、何と度々十本二十円のモクを買いに行ったことだろうか。それと同じ値段で、兎に角モクよりはましな煙草を、今は駅で売っているのだから世話はない。この灰落しも気に入った。

その同じ灰落しで思い出したが、その後、始めて湘南電車の二等車に乗った所が、その方が「銀河」の客車よりも更に立派なのには驚いた。やはり窓の下の壁に灰落しが取り付けてあって、その恰好も「銀河」のに似ている。併《しか》し席の坐り心地はもっとよくて、それにどういうのか、「銀河」

よりも車内が明るい感じがする。「銀河」が夜行だからではない。湘南電車に乗ったのも夜である。そして乗っていて、これで又京都まで行けたらと思ったものである。

併し「銀河」に、これが「銀河」という急行なのだと思いながら乗った時は、そんなことは知らなかった。広々としていて、席の背は後に反り返り、窓の下には灰落しが付いていて、その上にこの汽車に乗って京都に行くのである。いい気持だった。ただ残念だったのは、噂に聞いたように、生ビールを呼び売りする売子がいなかったことである。これもその後に解ったことであるが、汽車が発車するこのフォームの、有楽町寄りの階段を降りて行くと直ぐ左側の売店に、その生ビールを売っている。その時知っていたならば、汽車が出るまでにまだかなり時間があったので、二、三杯は飲めた筈である。併し、又、その時の心理から言えば、出掛けて来る前に出版社で飲まされたジンがまだ体をぽかぽかさせていて、積極的に生ビール屋を探そうという気も起らなかったのである。

発車の時刻が来て、汽車が動き出した。これは、予《あらかじ》め楽みの一つに数えていたことではなかったが、汽車が、まだ振動を感じさせない速度で前に進むにつれて、フォームの柱が一本毎に後へ後へと行くのを見ると、或る記憶が甦って来て、懐しい気がした。戦争前に、小遣いが七十円溜ると、早速「つばめ」の三等で京都、奈良の仏様を拝みに行っていた頃、朝の九時少し前に東京駅に円タクで乗り付け、「つばめ」の指定された客車に納ると間もなく、ベルが鳴って、汽車が動き出し、今と全く同じ具合に、フォームの柱が一本、一本、後退して行った。そうすると、書き掛けの原稿や、ヴァレリーの解らない箇所などの重荷を忘れて、ああ、これから旅に出るのだと、決って思ったものだった。そしてその頃は、もう忽ち今度は食堂車から昼飯の予約注文を取りに来るのが待ち遠しくなった。その食堂で昼飯に出される変に脂っこくて塩辛い南京豆が楽みだった。

「銀河」に食堂車がないとは知らなかった。その意味では、八時に出る二、三等急行の方を選ぶべきだった（この急行には、食堂車が付いているという話だったようである）。併しもっと期待を掛けていたのは、東京駅は兎も角として、大きな駅ならどこでも売っていると聞いた生ビールで、この期待は裏切られなかった。最初にそれを見付けたのは小田原駅で、早速二杯買った。厚いボール紙の容器に蓋が付いているのに入っていて、この容器が普通ビヤホールの中ジョッキよりは少し小さいから、一杯百五十円では決して安いとは言えない（尤も、その後値下げになったかも知れない）。併しこっちはその時は、千三百二十枚の大仕事をやった後である。一人で両手に二杯しか買えないのが惜しい位だった。直ぐ飲めばよく冷えている。そのうちにボーイさんがやって来て、次の駅では、ボーイさんに二杯買って貰い、自分で二杯買って、合計四杯ずつ都合して行った。序《つい》でに何か肴を買って来てくれと頼んだら、塩豆を一袋持って来たのには失望した。生ビールを冷やしたのがあるのなら、鳥の手羽焼き位売っていてもよさそうである。併しそのうちにどこかの駅で、実に旨い焼売《シュウマイ》を見付けた。大きくて、肉がたっぷり入っている上に、胡椒がよく利いている。それがどこの駅だったか、覚えていないのは残念である。静岡だったかも知れない。

要するに、小田原駅で最初にビールを買った後は、どことどこの駅でビールを売っていたかということも、よく覚えていない。帰りの汽車で見ていたら、小田原の次は熱海であるが、熱海に着いた時は、まだ小田原のビールを飲んでいたようである。焼売は買い過ぎて、何しろもう深夜のことではあり、遂に朝までに食べ切れず、京都で降りる時に一箱、汽車の中に残して来た。

この晩の印象を今言うならば、汽車がごとごと、ビールをがぶがぶ。汽車が駅に止る。ボーイさん、すまないけれど又ビールを買って来て下さい。――どうも有難う。いや取って置いて下さい。発車のベル。汽車がごとごと、ビールががぶがぶ。そのうちに席の廻り一面にビールの白っぽい紙の容器が溜って行く。他の客はもう大概寝ているから、気にするものもない。そのうちに、流石《さすが》に眠くなって、昼間ならばもう山の形や町の恰好が、段々、関西風になって来ているのがはっきり解る辺りまで来ていると思われる頃から、眠ってしまった。併しその次に目を覚して、朝風に吹かれて降りて見た駅が米原だったのだから、余り長くは眠っていなかったらしい。米原から先は外がもう明るくて、琵琶湖も、京都に着く前に潜るトンネルも、それを通って汽車から見え始める京都の景色も、昔と少しも違っていなかった。

或る田舎町の魅力

何の用事もなしに旅に出るのが本当の旅だと前にも書いたことがある、折角、用事がない旅に出掛けても、結局はひどく忙しい思いをさせて何にもならなくするのが名所旧跡である。極めて明快な一例として、鎌倉に旅行した場合を考えて見るといい。余り明快でそれ以上に、何も言う必要はないだろうと思う。

勿論、名所旧跡がある場所でも、見物しに行かなければいい訳であるが、そういうものがある場所の人間は習慣から、観光客を逃すまいとしてきょろきょろしている癖があり、それがその町の空気を変なものにして、何もしないで宿屋で寝ていてもどうにも、落ち着かなくなっていけない。その昔、何年振りかで又パリのルーヴル博物館の中庭に立つことになり、頻りにそのもっと昔を懐しんでいると、アメリカ英語を話すガイドが早速やって来て案内をしようと言い、不愉快に思って黙っているのに向うも勝手に腹を立てて、悪態をついて行ってしまった。

尤《もっと》も、パリ位の大きさの町になれば、大きいだけに町の人間が観光客ばかりを相手にして暮してはいなくて、ルーヴルのガイドでもない限り、大体、放って置いてくれるが、普通に名所旧跡で知られている場所は、殊に日本では、その他に何もなくて、それがそこの気分を旅人にも慌しく感じられるものにする。箱根では温泉であり、吉野では桜であり、奈良がいい町なのは名物の寺や仏様が本ものの名物だからで、従ってこれは例外である。

それで、何もない町を前から探していた、と言うよりも、もしそんな場所があったらばと思っていて見付かったのが、八高線の児玉だった（高崎線の本庄からもバスで約二十五分で行ける）。幾ら何もないのが条件でも、それには更に条件が付いているのは説明するまでもないことで、例えば、筆者が今これを書いている新宿区払方町の三十四番地も何もない所だが、余り何もなくて、こんな所に旅までして行く気は少しも起らない。やはり、何もない上に、何かそこまで旅に誘ってくれるものがなければならないので、昔は秩父街道筋の宿場で栄えた児玉の、どこか豊かで落ち着いている上に、別にこれと言った名所旧跡がない為ののんびりしたい心地にそれがある。併《しか》しその前に、どうしてこの町があることを知ったかを説明しなければならない。

要するに、三年か四年前に、児玉の高等学校から（そういうものは児玉にもある）、講演に来るように言われたのである。これはチャタレイ裁判の縁だったので、伊藤整氏が八高線の終点の八王子附近に住んでいたのがやはり講演を頼まれ、そのお相伴にこっちも呼ばれて行くことになった。そして伊藤さんは間際になって来られなくなって、それでこっちは二人の持ち時間一杯、喋らされて息も絶えだえになったが、そのお蔭で児玉がどんな町か知ったのだった。後で御馳走になった料理屋の前が児玉の大通りらしくて、向う側の薬屋には昔ながらの、二階の屋根と同じ高さ位の中将湯の看板が二階の障子を隠していた。戦争で焼けなかった児玉にはそういう店がまだ残っているのが、何とも懐しく感じられた。その店を見付けたのが丁度夕方になった頃だったこともその気持を手伝った。随分、沢山の講演料を貰ったことも覚えているが、この方は伊藤さんの分も入っていたのだろうから、別に不思議ではない。
それから何年かたって今月、児玉のことを思い出して、又行って見たくなった。無理すれば日帰りで行ける所に一泊するのも、横須賀線で乗り越してよく田浦辺りで一泊していた頃の記憶を甦らせてくれていいだろうと考えた。それで「旅」の編集部の岡田さんに頼んで児玉のことを調べて貰った。三、四年前とは様子が違っているかも知れないし、八高線の汽車が出る時間ももう覚えていなかったからである。

岡田さんが提供してくれた資料のお蔭で、児玉は本庄からバスで行くことも出来ることが解ったが、やはり八高線で行くことにした。八高線というのは八王子から高崎まで、聞いたこともないような駅ばかり通って行くがら空きの線であるのから見るとどうも昔、軍事上の必要から作られたものではないかと思う。併しそれだけに、これものんびりした線で、これで行って児玉の駅で降りる所に何とも言えない味いがある。序《つい》でに、八王子までどうして行くか知らない人の為に書いて置くが、やはり岡田さんに教えられて、浅川行きの国電が八王子を通ることを知って驚いた。浅川行きというのはいつも見ているので、八王子はそのもっとずっと先にあるのだと思っていた。前に鎌倉から行った時は、横須賀線から横浜線に乗り換えて八王子に着いたのだった。

八王子で八高線に乗り換える頃から、児玉行きの気分が始る。兎に角、乗客が少くて二等はないが、英国の汽車と同じことで三等で楽に行けるから、二等車など付ける必要はない。始発十一時三十分、終発が十五時二十二分で、日に四本しか出ていないのもこの線らしい。だから軍用でなければ全く鑑賞用で、その他に今日では、沿線の基地に住むアメリカの兵隊さんが利用している。

八高線の景色も変っていて、信越線で通る関東の平野は如何にも関東風に寂しいものであるが、この八高線はそのどこか裏を通っているようでもっと人間臭くて、早くから開けた昔の街道か何かがこの辺にあったのではないかと思う。そしてそんな積りで懐古的になっていると、急に洋風の住宅がやたらに現れて、どこの飛行場なのか、真黒に塗った四発の飛行機がずらりと並んでいたりする。乗客にしても、何を話しているのかちっとも解らないのがこの辺の方言で、よく解るのでどこの国の言葉だろうと思って考えて見ると、それが英語だったりする。

併しやはりのどかな、眠くなるような景色が主で、児玉まで八王子から二時間半以上も掛るから、今度は心得て菊正の壜詰めを一本と毛抜き鮨を一箱持って行った。八王子を十四時に出る汽車を選んだのである。前に行った時はお天気で、実際に眠くて嬉し涙が出そうな、きらきら光る小川の脇に萱葺きの屋根ばかりの村があったりしたが、今度は曇っていて、それがどこだったか気が付かなかった。その代りに酒と毛抜き鮨があって、汽車の速度は八王子まで乗って来た国電の後では日本一にのろいものに感じられた。余りゆっくり進むので、コップを席の肘掛けに置いても、転げ落ちる心配がないのも有難かった。児玉に行こうと思う人には是非この八高線をお勧めする。上野から本庄まで信越線で行けば、準急ならば直ぐに降りなければならない。

児玉には宿屋が一つしかないが、これは田島旅館という、部屋が二、三十はある立派な旅館である。前の時は無理して日帰りしたので、こんな旅館があることは知らなかった。三階建てで、三階の眺めのいい部屋に通され、それで又、児玉という町の懐しさが戻って来た。百年はたっただろうと思われる銀杏の大木が目と鼻の先に聳《そび》え、見降ろす家並みのどの屋根も上質の瓦で葺いてあるのは、つまり、昔の東京もこういう町だったのである。その向うに緑を拡げているのが鎮守の森だった。遠くから豆腐屋が昔通りの節で喇叭《らっぱ》を吹いて廻るのが聞えて来そうで、部屋で飲んでいるうちに喇叭の音は聞えて来たが、あの節だけはどこでも戦争中に忘れられてしまったらしい。

その眺めを前にした廊下と反対側の窓からは秩父山脈ではないかと思われるものが見えた。下を覗くと、家に挟まれた広い横丁で、誰も通らなかった。広い場所に人間が少くて、始めて文化と呼ぶに足るものが生れる。それはどうでもいいとして、こういう児玉のような町に来ると、やっと時計がカチカチ言うのが気にならなくなって、つまり、一人でゆっくり酒も飲める。思えば、漢詩などを読んでいると、ここにこそ文化の本質があるという感じがするものだが、洛陽の都に何十万、或は百何十万の人間が集っていたにしても、洛陽にはそれだけの広さがあり、支那はその何層倍も広かったということに対して、誰もが知らん顔をしているのは不思議である。

という風な優雅な考えに耽りながら、お風呂に入ってから宿屋の部屋で飲んだ。菊正の飲み残しがあったのでこれをお燗して貰い、それがなくなってから児玉で作っている千歳誉という酒を飲んだ。これは旨い酒である。例えば酒田の初孫や新潟の今代司《いまよつかさ》と同じく、これもこの地方の需要を満すだけで、余り沢山は作っていないようであるが、児玉に行ったらこの酒を頼むといい。尤も、この酒はその蔵元である児玉の町長さんの所に行って、特別に譲って貰って来たのだという宿屋のおかみさんの話だったから、いつでもあるとは限らないのかも知れない。どうしておかみさんがそんなことをしてくれたのか、この前に来た時の飲み助としての評判がまだ児玉の町で忘れられずにいたのだとすれば、酒はなるべく飲んで置くものである。

児玉という静かな町に、何故こんなに大きな旅館があるかということも、この辺で説明しなければならない。おかみさんの話では、この辺は軍人に作戦の演習をさせるのに非常に適した地形なので、終戦までは将校演習に多勢の人間が児玉に来てここに泊り、その時は廊下にまで蒲団を敷き並べたものだということだった。序でに児玉の歴史に就てもう少し書くと、ここは昔、武蔵七党か何かの一つだった児玉党の本拠だったので、城趾の濠が池になっている傍を、この前に来た時に通った。後には秩父銘仙の集散地としても相当なものだったらしくて、信越線が開通してからその商売を本庄辺りに奪われたのではないだろうか。併しそのお蔭で、今は我々でもそこの旅館の一番眺めがいい部屋で、文化は人口が少い所に限るなどと太平楽を並べることが出来る。

第一、児玉の町は静かでも、一向に寂びれているという感じはしない。この前来た時から映画館も増設されて三つになり、パチンコ屋も三軒あるということだった。郵便局の建築が洒落ていて近代的なのは、どこかの新聞に写真入りで出たそうである。それに、焼跡の拡張ではなしに、と言うのは、両側に落ち着いたたたずまいの家が並んでいて、道が広いのが気持がいい。並木などなくて雨模様の空の下を燕《つばめ》が飛んでいるのも、昔の東京を思い出させてくれる。これは併し、並木というものがいけないというのではなくて、町が焼けてぴかぴかの新しい建物ばかりが建ち、道の幅が倍も拡げられたりすれば、並木も必要になって来るし、道も舗装されなければならなくなる。児玉という町は、何も舗装道路や、並木や、ジャズをやっている純喫茶だけが例の、文化とか何とかいうものではないことに気付かせてくれる点で、或はそこにいる間だけでも、そういう見方が横行していることを忘れさせてくれる意味で、珍しく豊かなものを持った町である。併しこれも、東京から来た通りすがりの人間の勝手な見方かも知れない。

児玉には何もないと言ったが、名所旧跡がどうしても欲しければ、この町には塙保己一の生家があって、行けば色々な宝物を見せてくれる。それから車で二十分ばかり行った所に金鑽《かなさな》神社があり、これは山が本殿になっている形式の、日本に三つしか残っていない神社の一つで、その境内は新緑でうっとりする位美しかった。神鹿が寄って来そうな別天地である。併しそれは児玉という町が別天地であるのとは意味が違う。最後に、東京からの往復の汽車賃を入れて、一泊して特級酒を一升ばかり飲んで三千円掛らなかったことを記して置く。

吉田健一（一九一二年〜一九七七年）

英文学者、評論家。ヴァレリイ、ロレンス、エリオット等の多くの翻訳と文学評論で知られるが、酒と鉄道にまつわるエッセイの人気も高い。内容は思索的ではあるが、飲みすぎて乗り過ごすなど失敗談も多い。著書には『シェイクスピア』、『ヨオロッパの世紀末』、『酒に呑まれた頭』など多数の他、『吉田健一全集』がある。読売文学賞、野間文芸賞などを受賞。本編の「酒を道連れに旅をした話」は「旅」一九五一年四月号、「或る田舎町の魅力」は同一九五四年八月号に掲載された。本文は『汽車旅の酒』（中公文庫、二〇一五年）によった。

酔漢

東海道本線　小林秀雄
1950年

私の呑み仲間は、酒品のないのがそろっていて、早く酔っぱらって了《しま》う者がいつも結局得をする。私は、大たいこの原理を忘れた事はないのであるが、近頃は深酒をしまいと注意しているので、時々へまをやる。先日、河上徹太郎と彼の郷里岩国へ旅行した時、失敗をした。

二人は、夜の八時の門司行急行に乗っていた。汽車は未だ東京駅を出ないのであるが、窓際に並べたサントリイの壜《びん》の一本は、もう三分の一ほど減っていた。彼には近頃いろいろな心労があり、久し振りで、私と気楽な旅に出る事になって、何んとなくほっとしている。私はそう推察していた。推察されて了っては、格別の口のききようもないので、彼は黙って酒を呑んでいる。友達も長い間つき合っていると、友達たる事にお互にテレるものである。誤解というつき合いの大事なきっかけがお互に消失する為か。「汽車は、まだ出ないんだぜ、岩国まで廿《にじゅう》時間ある。君子の交《まじわり》は水の如し、という具合に行こう」「だから、勝手にやっているではないか」。それが、飛んだ事になった。

大船を過ぎる頃、彼はもう怪しくなって来たのである。以後の彼の酔態は、くわしく描写する価値がない。もう関ヶ原と覚《おぼ》しいあたりで、彼はやっと静かになった。つまり寝たのであるが、隣りの客に手伝ってもらって、何度も椅子の上に寝かすが、やがて落ちて来るので、今は床の上でのびているのである。忌ま忌ましいが、冷えて来るので外套《がいとう》をかぶせる。そうして置けば、もう落ちる気づかいはない、と隣りの客が実に詰らぬ事を言う。私は口をきかない。この辺りで、伊吹山が見える筈《はず》だ、と仕方がないから一人で考えている。東海道線に乗って眺める山で、富士は別だが、こんな美しい山はない。平凡な様でいて、大昔から人間が放っては置けなかった容姿である。残念乍《なが》ら暗くて見えない。こう冷え込むところから考えると、初雪をかぶっているかも知れない。酔いはさめ、眼が冴える。

この酔漢は、一体何が言いたかったのだろうか、と私は退屈まぎれに考えた。彼は、夜中、同じ事を喚《わめ》いていた。何やら訳のわからぬ事を喋《しゃべ》っていると、必ず、「魔笛」はいいぞオ、「夜の女王」はいいぞオ、こら、ザルツブルグという処を知ってるか、という科白《せりふ》になる。汽車の中だから、逃げ出すわけにもいかず、私は、このいつ果てるともわからぬ寝言の反復を我慢して来たのである。旅に出る前、彼は、ケルケゴオルの「ドン・ジョヴァンニ論」を読み、ひどく心を動かされた様子で、モオツァルトについて書きたいから、「魔笛」のレコードを貸せというので、貸したのだが、こんな目に会うとは知らなかった。

以前、モオツァルトについて書いた時、私はケルケゴオルの「ドン・ジョヴァンニ論」を知らなかった。聞いてはいたが、本が手に入らなかった。其後、芳賀檀《はがまゆみ》君の訳書で読み、面白かったが、モオツァルトの天才は「ドン・ジョヴァンニ」に集中されて存するのであり、以外の作は、すべて偶然の産物であると断じているのは、随分勝手な説だ。モオツァルトの晩年のシンフォニイや室内楽を聞く機会は、当時のケルケゴオルには無かったのではあるまいか、と思われた。無論、彼の独断は、彼の独創に通じているのだから、それはそれでよいのであるが、私が動かされたのは、彼のディアレクティックではなかった。それは、私も痛感した事なのだが、モオツァルトの音楽という対象の、あまりの純粋さに、心の動揺が抑え難い、そういうところが実によく現れているという事であった。ただ音楽を通じて得た認識は、ただ音楽を通じて証明出来るだけだ、という苦しい意識がある。不思議な事には、音楽について何かを語る事が出来るとするなら、そういう意識の御蔭なのである。つまり、そういう苦しい意識ほど、どうしても語りたいという欲望を挑発するものはないのである。その辺のところが「ドン・ジョヴァンニ論」によく現れているのが面白かった。ケルケゴオルは、苦しまぎれに確かこんな意味の事を言っていた。「私をこの仕事に駆り立てたものは、物を言ってみたいという喜びでもなく、其の道の専門家に出し抜かれる恐れでもない。私が急いだのは、もし私が黙っていれば、石だって口を利《き》かずにはいまいという恐怖からだ」。物を言う能力とは又、物を言わす能力でもあろう。石だって遂には口を割るだろう。言葉に狩り立てられて、音楽は、ケルケゴオルの言葉を使えば、遂に「脅かされた野獣」の様に飛び出さずにはいられまい。恐らく、物を言うという天恵こそ彼の真の恐怖だったのである。

狩り出された野獣は、エロティックなもの或《あるい》は魔的なものと名付けられた。精神的なもの内省的なものという命題を立てる事は、自然的なもの端的なものというこれと対立する命題を同時に創り出す事だ。併《しか》し、ケルケゴオルにとっての此の重大問題も、モオツァルトにとっては、一片の対位法に過ぎなかったかも知れない。前者の表現の本質的な媒介は言葉だという考えは、後者の表現の媒介は言葉以外のものでなければならぬという考えを生む。もはや音楽が鳴るのではない。音楽を絶対的な対象とする官能的天才という概念が鳴るのである。幸福の理解は、幸福の漠然たる予感より、上等なものであったか。併し、追い出された獣は、再び元の棲処《すみか》には還らない。ケルケゴオルは、モオツァルトという人間から、又、不安とか絶望とかいう新しい獣を狩り出さずには置くまい。ケルケゴオルの様な精神の内省運動には、何かしら魔的なものがあったと考えざるを得ない。仮りにモオツァルトをエロティックな天才だとしても、あんな途轍《とてつ》もない耳を持った男には、音というものが、どんな精神的な内省的な意味を持っていたか誰が知ろう。それはそれとして、何故、例えば俺の様な凡庸人に、彼等怪物どもが気にかかるか。

窓外が白んで来た。やがて京都である。私は、下の酔漢を、一と先ず椅子の上に移すという手間のかかる凡庸な仕事に取りかかった。彼は、眼を覚まし、黙ってチビリチビリやり出した。不機嫌な真面目臭った表情なので、正気付いたか、やれやれと思っていると、突然、「こらッ姫路城ってのを知ってるかア」と来た。汽車は未だ大阪に着かない。「今に見えるから教えてやるぞオ」「ああ、教えてくれ」「こらザルツブルグてえのを知ってるかア」――以下、前と同じ理由によって描写は省略するが、又々、彼の口から「夜の女王」の歌だと主張する寝言の如きものが、獣の吠《ほ》えるが如く聞えて来るに及んで、私は、この酔漢には全然異常なところはない、という結論に達した。彼も亦《また》一匹の獣を狩り出しているのである。アルコオルが消滅させたものは、彼の社交性或は社会性であって、彼の理性ではない。外観の異常は、本質的難問に遭遇した時の理性の、正常な孤独な動きを語る。が、要するに、これら窮余の解釈も果敢《はか》ない空想であって、酔漢のエネルギイには抗し難い。

糸崎を過ぎて間もなく、彼はグッスリ寝込んだ。私は、もう空想する元気もない。食慾もない。睡眠慾はあるが、ここで寝たら、二人は門司まで行くだろう。岩国で、どうしてうまく起すかが問題である。起す準備行動などというものはあり得ない。出来るだけ長時間眠らせて置く事が、先ず必要であるから。ただ無暗《むやみ》に呑ませて置いた水の利き目が頼みで、運を天に任す事にした。処《ところ》が、岩国だと言って、宮島辺りで起したら、眼を覚まして意外におとなしい。酔眼は、何を見ているか、未だ不安心であるが、モオツァルトという固定観念は、岩国という観念に見事に追い出された様子であった。

翌日遅く眼を覚まして二階から下りて来ると、彼はいかにも寝が足りて満足と言った顔で、ちゃぶ台に頬杖《ほおづえ》をついていた。錦帯橋《きんたいきょう》に案内してやると言うので、素晴しい秋日和のなかに、ぶらりと出る。日頃、名物というものに信を置かないのだが、これは又名実共に備わった異例である。青い空に緑の山、豊かな清流に真っ白い河原という単純鮮明な構図のなかに仕組まれた頑丈な又まことに繊細な大建築である。

「名橋だな。先ず小言の言い様はない」と言うと、彼はしばらく黙っていたが、「モオツァルトの様だろう」と言った。「おい、本当に汽車の中の事覚えていないのかい」と聞くと「覚えていないね」と彼は泰然として答えた。「俺は御蔭でいろいろ考えたよ」「何を考えたんだ」「ちょっとうまく言えないがね、つまり、われわれ凡人に於ける認識の適量と言った風な事だ」「何アんだ。酒の適量ではないのか」

小林秀雄（一九〇二年〜一九八三年）
東京生まれ。批評家。東京帝大仏文科卒。東西の文化・思想・文芸・美術などについて縦横に筆を振るい、日本における「批評」の地位を確立した。意外にも、スキーや登山、旅についての記述も多く、本書中の河上徹太郎氏と上越にスキーに行ったというエッセイもある。著作には『私小説論』、『ドストエフスキイの生活』、『無常という事』、『モオツアルト』、『考えるヒント』、『本居宣長』などがある。読売文学賞、日本芸術院賞などを受賞、文化勲章受章。本編は一九五〇年一月「文學界」に発表された。なお本文は『小林秀雄全作品17』（新潮社、二〇〇四年）によった。

にせ車掌の記・食堂車の思い出

1955年（単行本）／1973年（単行本）／2004年（文庫）

山陽本線ほか　**阿川弘之**

にせ車掌の記

私はかねがね、一度列車の専務車掌に化けてみたいと思っていた。いわゆる一日車掌とか一日駅長とかいう名誉職ではなく、実際に乗務をして、検札のパンチを持つ乗客専務としての仕事をしてみたかった。それが「旅」の編集部のすすめで実現することになった。私はうれしくて何人かの人に話したが、するとみんなはゲラゲラ笑う。どうして笑うのだろう。誰でも子供の時には、電車や汽車の車掌さんになってみたかったことがあるにちがいない。その夢を三十何年持ちつづけているのは、やはりおかしいだろうか。それからは私は、

「明日ちょっと関西へ行って来ます」

「へえ。何の用で？」

「いや、すぐ帰って来るんだ」としか言わないことにした。東京駅へ見送りに行ってやるという連中には、真っ平《まっぴら》お断りして、乗る列車も教えないようにした。東京駅頭でゲラゲラ笑われては、乗客専務の威厳にかかわる。

しかし化けるということは、何とたのしいことであろう、――殊に自分の好きなものに化けるのは。かくれみのの話や、狸や狐の化ける話は、昔の人が化けるたのしさを夢に托したものにちがいないと私は思う。前にも書いたが、職場でも学校でも笑われるのが落ちだから、みんな大ッぴらには云わないのだろうが、鉄道に趣味を持っている大人の数というものは意外に多いのである。それは月々の交通公社の時刻表の投書欄を見ればよくわかる。この人たちは、私が車掌に化けて神戸まで行って来たことを決して笑わないだろう。私は、私のにせ車掌の報告記を、この人たちに捧げたい。鉄道に趣味を持つのがおかしければ、切手を蒐集《しゅうしゅう》したり、時計に興味を持ったりするのだって、やっぱりおかしい。諸君、そうではないか。

ただ、国鉄としては結構なことだろうが、私として少々残念なことに、私の乗務した列車は、その日、盗難もなく病人もなく、不正乗車というべきものも、乱暴な客もおらず、要するに太平無事で、時刻表通り一件の事故もなく終着駅にすべり込んで、そのため私はあまり面白い報告の記事は書けそうもない。本物の専務のKさんも、

「こんな無事な乗務はめったにありません」と云っていた。

列車は、七月某日二十時三十分東京発の十三列車「銀河」。編成は御承知のように前から「スニ三〇の七五」「マイネ四〇の一七」「マイネ四一の九」（一等から格下げになった二等寝台車は未だマイネの記号のまま黄帯を巻いていた）、それから「スロネ三〇の二」、「スロ五四の一一」「スロ五四の四七」「オロ四二の一」（これは例の新しく出来た普通二等車で蛍光灯がついていて、特別二等車に劣らない美しい車で、私は初めて見た）、そのあとに「スハ四三」が「四七七」号車から順番に「四八一」号車までついていて、最後尾が「スハフ四二の二六〇」、十二輛の編成である。「銀河」は東海道線

の夜行の花形列車で、昔の十七列車十八列車にあたるもので、この列車に乗りつけている客は、だんだん常連になって、他の列車には乗らないという人が多いそうである。そのかわり、「東北線の三等車に扇風機が四つついているのに、どうして『銀河』に二つしかついていないのか？」などという苦情を出す客もあって、この日は三等車にも各車輛四箇ずつ扇風機が廻っていた。

夕方五時半、東京駅降車口の上にある東京車掌区に出勤する。区長のN氏の部屋で、本物専務のKさんに引き合わされ、麻の開襟の上着と、赤い「乗客専務」の腕章と、紺のズボンと、それから麻の日覆のついた国鉄職員の帽子を身につける。何とか云っても、鏡に向うと、さすがに少々照れくさかった。軍隊から帰って十年ぶりで、制服というものを着た。しかし、この服装は、今までの車掌の服装とは段ちがいに気のきいたもので、東海道線の特急と、「銀河」その他特定の幾つかの列車の専務以外は、未だ着せられていない。それから、時間になって助役のところへ行って「敬礼」をして、放送室のカギを受け取り、注意事項をきき、鞄を持って東京駅十一番線に上る。私の鞄の中には洗面道具の他は格別何も入っていないが、Kさんの鞄には、車内発行の補充券や、色々な料金表、粁《キロ》程表、パンチ、鉛筆、時刻表、カギ、救急薬などが一杯につまっている。そして十一番線の外側に停っている、先程九州から到着した「きりしま」に乗り込む。これで品川の操車場まで行って「銀河」に乗るのだ。その日の二十時十五分発の一〇〇五列車「早鞆」に乗る専務さんと同道であった。廻送の「きりしま」は動き出した。私は前の晩からおぼえこんできた「銀河」の各停車駅の到着時刻と、停車時間と、到着フォームが右か左かということを、もう一度くりかえして暗誦する。

「えーと、浜松着一時十九分、二十五分の発車。名古屋到着三時二十一分、九分間停車。……」何しろ、もし不都合があって、朝日新聞の「もの申す」欄などに車掌の悪口など出されては大変だから、私は懸命であった。

K専務はボーイ時代から、三十七年間この仕事をやってきたという人で、東京車掌区にいる十四人のAクラスの専務車掌の一人である。すべてを心得ていて、何の危な気もない。こういう人でも、しかし私用で旅行する時、二等に乗れるようになったのは、――つまり二等パスが出るようになったのは、ごく最近のことだそうだ。国鉄には踏切番や保線工夫や、工機部の工員や、機関士や、下積みで黙々と働いている人が沢山いるが、やはり東大法科出万能で、実際に列車電車を動かしている人は、あまり厚くは報いられていないらしい。三十二号俸から二等パスという規定があって、ところがその人員が多くなって来ると、規定は三十五号俸から、二等パスということに変えられ、運の悪い人はいつまで追っかけていても「あこがれ」の二等パスにはならないと、こぼしている人があった。

品川操車場には、その晩出る急行列車が、綺麗に洗われて、幾本も並んでいる。私たちは「銀河」に乗り込む。五人のボーイたちはもう乗っていて、寝台を作ったり、暗がりの中で夕食をしたりしていた。Kさんについて、電灯のスウィッチをひねりながら、客車の中を廻る。Kさんは洗面所の水や水石鹸の具合や、便所や灰皿の整備状況を見て歩く。船でいえば事務長で、なかなか権威があるらしい。ボーイたちとKさんの間では、先頃出たボーナスの話もはずんだりしていた。元の一等寝台車では冷房装置が動き始める。間もなく電気機関車がつく。乗客のリストを見ると、以前からの二等寝台、現在の「ロネのC」は相当に客があるが、一等寝台の格下げになった「ロネのA」「ロネのB」方はごく僅かしか乗り手がない。今までの暑くるしい狭い二等寝台の下段を取るのと、冷房装置のあるB室の上段を取るのとでは、料金は僅かに百二十円しかちがわないのだが、七月一日からこうなったばかりで、未だ人がよく知らないらしいということであった。上りはしかし、相当に混んでいるという。大阪の人間はこういうことはすべて早いそうだ。大阪から東京へ来れば、また大阪へ帰るはずで、変な話だが、やはり上りの方が、この気持のいい二等寝台の利用者が、不思議と多いのだそうだ。

新橋で荷物車に荷物を積み込んで、東京駅十四番線へ、八時ちょっと過ぎに到着する。私はフォームへ下りる。途端に忙しくなった。

「四号車というとどこかネ?」

「こちらでございます」

「君、八時十五分発一〇〇五列車というのは、これじゃないネ?」

「ちがいます」

「どこから出る?」

「向うのフォームです」

「向うってどこだ?」

「えーと、あいつは何番線だったかナ」化けの皮がちょっとはげそうになったが、何とかごまかす。

「車掌さん、電報を打って下さい」

「えー、この列車は八時以後の出発ですので、普通報ですと、明朝八時以後の配達になりまして、大阪市内は、お着きになるのと、ほとんど同じになりますが、どうなさいます。至急報になさいますか?」

「ははあ、そうかネ。じゃあ急報にしてもらおう」

「千円おあずかりします」私はフォームの電報受付へすッ飛んで行く。こんなことをしている間に思ったのだが、何しろこちらは新米だから、一生懸命親切にしているけれども、その親切に対して

「ありがとう」という言葉はめったに聞かれない。「ふうん」とか「あー」とかいう声と一緒に、無意味な薄笑いをうかべるという人が存外に多い。学生や若い女性の視線は相当専務車掌に集中して来る。平素旅行のとき、絶えてこういう視線にぶつかったことがないところからすると、これはやはりユニフォームに対する興味らしかった。

八時半、定時に「銀河」は発車した。その前に、飲料水の中には、消毒薬の錠剤が二つずつ砕いて、投入されていた。飲料水のコップや、ひどいのになると真鍮の痰壺を持って行く客があるという話も聞いた。

品川発車二十時四十二分。そのあと放送室から到着駅の案内を放送して、それから検札である。寝台車の客はもう浴衣に着更えて寝支度を始めているので、寝台は除いて、特別二等車から始める。「ご面倒様でございます。乗車券並びに急行券を拝見させていただきます」――これはKさんがいう。私はKさんのあとにくっついて、帽子を取り、またそれをかぶって、切符を見て歩く。昔は神戸行の急行が多く、「つばめ」も「かもめ」も神戸止りだったが、今は神戸終着の急行は「銀河」だけで、やはり神戸までの客が多かった。三等車に家族づれの人で、清水までの切符を持っている人があった。「銀河」は清水には止まらない。急行券は持っていない。K専務は親切に事情をきいて、結局このあとの大阪行の普通列車に乗るより仕方がないから、小田原で駅員に引きついであげるから、普通に乗りかえるようにと教え、小田原ではそのことを駅の人に話していた。朝鮮人らしい人で、松山まで通しで行くという人がある。これも、あとの二十一列車「安芸」か、二十三列車「せと」に乗った方が都合がいい。急行券は本当は一回かぎりしか通用しないのだが、この人にも、乗りかえるなら乗りかえを認めるからと、すすめていた。検札に約一時間かかる。特別二等車には、寝台から来て連れと話し込んでいる、何だか見たような顔の人がいて、あとで河上丈太郎氏と教えられた。国会議員のパスは河上氏の他にも大分見うけられた。私は誰か知人に会うとちょっと閉口だと思っていたが、幸い誰にも会わなかった。

「紀勢《きせい》西線への連絡はどうなっていますか？」ときかれる。

「ちょっとお待ち下さい。すぐ調べて参りますから」私は自分の荷物を置いてあるところへ飛んで帰り、

「紀勢西線、紀勢西線……」と大あわてで調べて、それから詳しく説明しに行ったら、そのお客は喜んでいた。白浜へ行くというので、八時一分天王寺発の白浜口行にはちょっと無理だろうと思うので、八時二十分天王寺発和歌山行の特急電車があるはずだから、それを利用して、東和歌山で、天王寺八時一分発の列車に追いつくのがいいでしょうと、しかし自信がないから、「なお、天王寺の駅で係員によくおたずね下さい」と云っておく。

熱海、沼津、静岡。時間の経つのがおそろしく早い。長年つとめたボーイや車掌は、カーヴの感触、鉄橋を渡る音、ちらりと見える景色でも、いまどこを走っているかということがすぐ分るそうである。

ひどく咽《のど》がかわいて、停車する度に、私は生ビールのスタンドが気になって仕方がないが、専務がフォームでビールの立ち飲みをしているわけにはゆかないので、我慢した。夜更けになったら飲んでやろうと思っていたが、三等車の客たちは夜中でも駅につくと、半分ぐらいは眼をさまして、外を眺めているので、どうにもならなかった。発車すると私は、デッキに立って、フォームを過ぎて行く助役や駅員に敬礼したり、されたり。向うはしかし、「ハテあんまり見かけない専務だが——」というような、不思議そうな顔をしているのもあった。

空いている寝台でK専務やボーイたちとしばらく話をする。この列車には今日は一人も乗っていないが、アメリカ兵の柄の悪いのには閉口するような話であった。殊に占領時代はひどかったらし

い。また、先日新聞を騒がせた、大部屋女優の売春問題では、実際に自分の眼で見たところから推して、大分ＮＨＫの肩を持ちたいような口振りでもあった。

それからまた、私は車内を巡廻する。途中から乗った人に、急行券や電報を頼まれる。通路に坐っているのは、人が二人分の席を占めて寝ていても起せない気の弱い連中だ。一応たずねてから、席を作ってあげる。電報は発着信ともいちいち記録を取らねばならない。

浜松を過ぎて、Ｋさんと共にちょっと仮睡する。名古屋で起きて、岐阜でまた起きて、それから私は京都が近くなるまでぐっすり寝てしまった。京都の手前では、大津山崎間の定期で「銀河」に乗っている小柄な男がつかまって、Ｋ専務に少々油をしぼられていた。

「いつからこれをやってるんだ？」

「これどすか？　初めてやがな。無茶云わんといて。改札で注意してくれへんもん」

「改札じゃあ、そりゃいちいち注意はしないよ。今日は勘弁してあげますが、これからは駄目ですよ」こうなるとお客様と係員の立場並びに態度は逆転する。

京都着六時四十五分、私がフォームに出ていると、

「天の橋立に行くのには？」と聞く人があった。

「十分のお待ち合せで、宮津線回り城の崎行がございます」まではよかったが、それがどのフォームから出るか分らず、またボロを出しかけた。一人中年の紳士で、「車掌さん、御苦労さんでした」と頭を下げて行く人があった。にせ車掌といえども、やはり悪い気はしない。

大阪。寝台車の検札をして、外人が二人いるが、至極物静かで、何事もない。前夜三等車で日本人の娘と抱き合って寝ていたアメリカ兵も下りた。三の宮、それから神戸終着八時二十五分。「銀河」はそれから鷹取へ廻送になって、宮原操車区に入り、その晩の「銀河」十四列車になってまた

東京へ帰って来るのである。Kさんたちは宮原で事務を済ませて三、四時間眠って、またその晩の勤務につくのであるが、私は神戸で失礼し、自分の服に着かえて、その日の「はと」で帰って来た。平穏無事で、特別な事件は何もなかったが、たいへん面白かった。

広津和郎先生

モハ80型系のいわゆる湘南電車が、東京、熱海、沼津間を走り出したのは、昭和二十五年のことである。

あの緑とだいだい色の塗装は、伊豆の名産みかんを象徴したものだと言われた。

列車も電車も、それまでくすんだチョコレート色一色だった国鉄に、早くてきれいな新しい湘南電車が登場した時には、

「ああ、戦争に負けた日本も、だいぶ復興して来たな」

と、たいへん明るい気持ちがしたものだ。私にとっては、のちに新幹線の開通した時より印象的であった。

熱海の住人だった広津和郎先生は、東京の行きかえりに、いつもこの湘南電車を利用していた。

東京―熱海間一時間二十分の湘南特急が出来ると、これがまたお気に入りで、

「君、便利になったねえ。熱海から出て来るのに、実に早いんだよ」

と、子供のように喜んでおられた。

ところで、広津さんくらい、乗りものの中によく忘れ物をする人もちょっと珍しかった。

調べたわけではないから正確には知らないが、洋がさ、財布、人からのプレゼント、およそあり

とあらゆる品物を、電車やタクシーの中へ、のべつ忘れて来られたようである。

話好きで、話に夢中になっていると、特にその傾向がひどくなった。

「安倍能成は、ありゃ、相撲に全然興味がないらしいね。このあいだ志賀さんが『柏戸の押しが……』って言ったら『ああ、そうかネ』って。ハッハハ。――君、ちょっと失敬。いや、僕の財布がね……。おかしいな。どうもタクシーの中へ、また落として来たのかネ。金を払う時はたしかにあったんだが。僕は君、だめなんだよ」

という調子であった。麻雀《マージャン》でも、松川事件のことなど話し出したら、

「三、三、三、三、二。おかしいね。僕は一枚多いな」

と、きっとチョンボをされた。

落とし物の大家の、この広津先生が、ある時、人の落とした金をひろって交番にとどけたことがある。


広津さんは、いつものように湘南電車で熱海へ帰ろうと、新橋駅前の横断歩道を渡っていた。ふと見ると、一枚の千円札が風に吹かれて自分の眼の前をヒラヒラ飛んで行く。

「ちかごろの若い者はと言われると、自分のことを言われてるような気がして不愉快になるネ」

というくらい気の若い人だったから、手をのばして上手に、パッとそれをつかまえた。

「だれか千円落とした人はいませんか？」

雑踏《ざっとう》の中からは、だれも答える者がない。

つかまえたものの、広津さんは困ってしまった。

熱海行きの発車時刻は近づいているが、そのまま自分のポケットへおさめて電車に乗る気にはな

れない。

やむを得ず、近くの交番まで届けに行くことにした。

「おじいさん、感心だねえ」

と、交番の巡査が言ったそうである。

「今どき、千円札一枚ひろって、正直に届けて来る人はめったにいないよ」

広津さんは苦笑いのていで、

「それじゃあ」

立ち去ろうとしたら、

「ちょっと待って下さい」

と呼びとめられた。

警官としては、拾った人の住所氏名を聞いて遺失物拾得届けを作成する義務がある。

厄介な話だが、仕方がないから書類の出来るまで待って、乗るはずの電車には乗りおくれて新橋駅の方へ引き返して来た。

何気なくズボンのポケットに手をやると、ハンカチがはみ出していた。

「なアんだ」

と、広津さんはやっと気がついた。くだんの千円札は要するに自分の落としたのが風に舞っていたのである。今さら取りかえしにも行けないので、そのまま湘南電車に乗ってしまった。

その後新幹線が出来て、熱海と東京の行き来は一層便利になったが、やはり広津先生は時々失敗をされるようであった。

東京駅から、「こだま」に乗ったつもりで「ひかり」に乗って名古屋まで連れて行かれ、

「それでも熱海へ帰って来て、まだテレビで野球が見られたよ。便利なもんだねえ」

とごきげんであった。

駅弁

「駅弁は汽車の中で食うとうまいが、家へ持って帰って食うとまずい」

という名言を吐いたのは、亡くなった梅崎春生である。

しかし、汽車の中で食う駅弁にも、駅によってかなりいい悪いがあった。

昔、東海道線では沼津、静岡、山陽線では岡山の駅弁がうまかった。

岡山のは、内田百閒先生の名作に残る三好野の弁当で、家へ持ち帰って食っても結構おいしかった。

客はよく知っていて、食事時が過ぎても列車が岡山へ着くまで空腹を我慢している。だから急行の停車中、岡山駅のホームはいつもお茶と駅弁を買う人でごったがえした。

杉村楚人冠《そじんかん》だったか、東京を出て西下する時は、小田原で一つ、静岡で一つ、豊橋で一つという風に駅弁を買って、網棚《あみだな》の上へ上げておく。名古屋を過ぎたころ、やおら飯の折りを一つにおかずの折りを三つひらいて食いはじめると、居ながらにして三県の珍味を一ツ時に味わうことが出来るという人もあった。

冷房の無い時代、

「氷、氷」

と、おへぎに入れたブッカキ氷を駅で売っていたのも、夏の汽車旅の風物であった。

氷売りがいなくなり、オープン・デッキの展望車が姿を消し、客車の窓があかなくなったころから、駅弁を買うのは段々むつかしくなった。

新幹線にいたって、ついに駅弁の楽しみが消滅した。ホームの売店や車内販売で手にはいることはいるけれど、やはり、

「すしに弁当、サンドイッチ。お茶、お茶」

「弁当、弁当」

とダミ声で来なくては、生きた駅弁の感じがしない。

デパートで全国駅弁コンクールが催されても、死んだ駅弁を買いに行く気にはならない。

駅ごとに弁当を買って駅弁のはしごをするという噂の臼井吉見さんなぞは、さぞかし御不満であろう。新幹線のビュッフェで、めしのはしごは風情《ふぜい》が無さすぎる。

駅弁は多分に「なつかしのメロディ」的なところがあるとしても、新幹線が博多や北海道までのびたら、せめて食堂車の楽しみぐらいは復活してほしいような気がする。

食堂車の思い出

広島駅を出た山陽本線の下り列車は、間も無く太田川《おおたがわ》の鉄橋にさしかかる。その鉄橋のすぐ近くに、戦前の我が家があった。上野や長崎のような始発駅とちがい、広島では「本日列車の運転はもう終りました」ということが無い。蒸気機関車牽引《けんいん》の旅客列車貨物列車が、二十四時間発着したり通過したりしている。したがって私は、物心ついて以来夜となく昼となく、鉄橋渡る汽車の音を聞き、鉄道土手の上遠ざかっていく汽車の煙を見ながら大きくなった。列車の編成と運行に興味が生

じるのは、自然の成り行きだったろう。

　さまざまな列車のさまざまな車輛《しゃりょう》のうち、特に関心の深かったのが食堂車である。当年の「汽車時間表」を見ると、和食堂連結列車には、盆の上へ白い飯茶碗《めしぢゃわん》と黒い汁椀《しるわん》を載せたマーク、洋食堂車連結の特急や急行には、ナイフとフォークさしちがえのマークがつけてある。今から思うに、私が中学生だった昭和十年前後は、日本の鉄道の食堂車全盛時代らしく、広島を深夜通過する下関発京都行の、各駅停車に近い鈍行１０２列車１１２列車ですら、それぞれ和食堂車を一輛つないでいた。ただし、汽車好きの少年の憧憬《しょうけい》のまとはナイフとフォークの洋食堂車の方で、これはつけている列車の本数が限られる。特別急行と雖《いえど》も「櫻《さくら》」は二、三等編成だから和食堂、広島を通る山陽本線の上りで言えば、一、二、三等特急２列車「富士」、同じく一、二、三等編成の普通急行８列車東京行、此《こ》の二本しか無かった。

　きょうも鉄橋渡って行くあの列車のあの食堂車で、洋定食食べてみたいなあという望みを、初めて親に叶《かな》えてもらったのがいつだったか、それは記憶に無いけれど、自分独りで食堂車へ入って、あらぬ疑いをかけられた時のことはよく覚えている。

　中学三年の夏休み、山岳部の仲間たちと飛騨《ひだ》へ山登りに行った。燕《つばくろ》岳から槍《やり》ヶ岳へ、いわゆる北アルプス縦走を上高地で終り、名古屋へ出て皆と別れたあと、一と晩大阪の伯母の家に泊めてもらうのだが、それには翌日、広島へ帰るについて、乗るべき列車のお目あてがある。かねて憧《あこが》れの、洋食堂車を連結した一、二、三等急行７列車下関行、大阪駅発午前十時四十分——。

　通し切符に三等の急行券を買い足し、六分停車のこれに乗り込んで、姫路を過ぎる頃、わくわくする思いで食堂車へ入って行って席に着いた途端、白服蝶《ちょう》ネクタイのボーイが寄って来た。

「此の時間、一円のお定食になってるんですがね」

子供が独りで坐る場所じゃないんだよ、金はあるのかいと言わんばかりの態度に、私はむッとなった。分ってる、そんなこと、その「お定食」が食べたいからこそ此の7列車を選んだんだ、金は伯母さんに貰《もら》ったお小遣だけでも内ポケットに充分ある、黙って先《ま》ずスープを持って来いと、こちらも態度で示した。何とまあ横柄《おうへい》な薄ぎたない餓鬼だろう、軍需成金の馬鹿《ばか》息子か、それとも無銭飲食常習のちんぴら、あとで突き出されるの承知の上かと、ボーイを始め周りの大人たち、みんなそう思っただろうと、今にして思う。家族と一緒ならともかく、田舎中学生の制服姿だけで怪しまれて当然なのに、その制服が山登りの汗と土埃《つちぼこり》で泥だらけだったのである。

蝶ネクタイの給仕は、どう納得したのか分らないが、渋々コンソメ・スープ、魚料理の皿、肉料理の皿と、順に運んで来た。デザートのコーヒーを飲み終って席を立ち、私はこれ見よがしに会計もきちんとすませて三等車へ帰って行った。誰が考えてもいやな感じの憎々しげな少年だが、私にすれば折角の夢の食堂車へ、入っていきなりけちをつけられたのであった。白身の魚のムニエールや牛肉のシチューがどんな味だったか、さすがにあとで思い出せなかった。相当カッカとしていたに違いない。

此の小生意気な鉄道マニアの中学生が、五年後、広島高等学校を卒業して東大の国文科生になる。帝国大学の制帽をかぶっていれば、もはや無銭飲食を疑われたりはしない。帰省の時乗る列車は、東京駅午後三時発の特急「富士」と決めていた。静岡着五時四十七分、浜松着六時五十三分、そのへんの時間帯で洋食堂車の席を予約する。夏休み、正月休み、春休み、その都度「富士」に乗ってフルコースの夕食を食べるから、白エプロンの清楚《せいそ》な、美しい女給仕《きゅうじ》と顔馴染《なじ》みになった。名も名告《なの》り合わず、住まいも聞かず、どんな境遇の何処《どこ》の人か知らなかったけれど、多分私より一つ二つ齢《とし》上だったと思う。食堂車へ入って行って眼が合うと、

「あら、又乗っていらっしゃいましたの」

という風に、にっこり会釈《えしゃく》してくれた。

淡い間柄のまま、何事も無く二年半が過ぎた。何事も無くと言っても、その二年半の間に対米戦争が始まる。戦時下の特別措置で大学の修学年限が六ヶ月短縮され、海軍兵科予備学生採用試験を受けて合格した私は、昭和十七年九月末の繰上げ卒業式をすませたら、その足で、五日後には佐世《させ》保《ぼ》海兵団へ集結するよう命ぜられていた。

途中広島の生家へ寄って、慌《あわただ》しく両親に別れを告げ、早朝広島駅発の特急「富士」に乗った。此の年九月の「富士」は、以前の下関止まりとちがい、開通したばかりの関門海底トンネルを潜《くぐ》って九州へ直行する長崎行特急であった。その長崎行下り1列車の、食堂が開くのを待って、朝飯を食べに入ったら、偶然にも又々彼女が乗務していた。

いつも夜の明ける前、従業員仮眠中に下りてしまう大学生が、三田尻《みたじり》を過ぎ小郡《おごおり》を過ぎ、あと一時間ほどで関門トンネルへかかる時分に食堂車へあらわれたから、向うは不思議に感じたらしい。

「九州へ御旅行ですか」

註文を取りに来て尋ねた。

「いや」

機密保持上も黙っていよう、黙って姿を消すのがサイレント・ネイビーだ、一旦《いったん》そう思ったくせに私は、食事を終って金を払う時、レジスターのところで、実はこれから海軍に入隊するんです。あなたと会うのもこれが最後だと思いますという意味のことを彼女に告げた。

美しいウェイトレスは、はッとした様子であった。伝票を処理しながら、伏し眼になって、励ましのような餞《はなむ》けのような言葉を二た言三言、ちらと口にした。

「ありがとう。じゃあさよなら」

それで最後のつもりだった私が、四年後命永らえて焼け跡の郷里へ帰って来る。日本の鉄道に、食堂車だの寝台車だのいうものは一切無くなっていた。車輛自体が焼き尽されたわけではないのだが、「サヴァンナ」とか「ジャクソンビル」とか、全部横文字のついた進駐軍専用車に様変りしていて、一般の日本人は乗ることを許されなかった。

列車食堂営業再開まで、敗戦後四年かかる。工業施設の殆《ほとん》どが壊滅していた国にしては割合早かったような気もする。サンフランシスコ講和条約締結二年前の昭和二十四年九月、先ず東海道線に特急が復活した。「平和」号という時流に媚《こ》びたようなその列車名が、翌年、昔のままの「つばめ」に改まり、「はと」と並んで食堂車展望車を連結して走り出す頃、私は時々「富士」の、あのウェイトレスを思い出した。海軍入隊を告げて別れた時から、八年が経《た》っていた。佐藤春夫の、

「あはでむなしく過ぎにける
汝《な》がむかしこそ憾《うらみ》なれ
夕月あはき梨花《りか》にして」

と、それほど哀切な気持でもないけれど、思い出せばなつかしかった。しかし、東京で一応作家生活に入った私が、関西行きの用あって「つばめ」「はと」に乗ってみても、車内でその人を見かけることは、絶えてもうなかった。戦前の食堂車のテーブルや花挿《はなさし》や扇風機のかたちと共に、我が瞼《まぶた》の隅へ面影残す彼女が、もし空襲で焼け死んだりせず、私同様不思議に命永らえて、今も健在なら、八十歳か八十一、二歳のお婆《ばあ》さんになっている。

実はもう一人、心に残る食堂車の女給仕がいて、こちらは人種がちがう。高等学校生徒の時、夏休み、満洲《まんしゅう》旅行に出かけ、大連発哈爾浜《ハルビン》行一、二、三等特急11列車、全車輛冷房つきの「あじあ」

に乗った。それだけでわくわくものなのに、食堂車へ入ったら、私の席のサービス係が若い美しい白系ロシア人であった。満鉄の列車に和食堂車は無いから、むろん洋食堂、内地の特急よりはるかに速度の速い、揺れに揺れるテーブルへ、肌色の透き通るほど白い、均整のとれた体骼《たいかく》のウェイトレスが、しっかりした足取りでにこやかにボルシチを運んで来た。「へへえ」と思ったので長く記憶にとどめているのだが、一期一会《いちごいちえ》の此のロシア娘も、満洲国崩壊の騒乱の中を無事生き延びたとすれば、やはり今、八十幾つかのお婆さんである。

追憶の中の美しい人たちが、真実若く美しかったのはほんの束《つか》の間《ま》、その後約六十年の歳月は、実に驚くべき早さで流れ去った。「駅長驚《ナ》クコト莫カレ時ノ変改ヲ」、千年昔の、鉄道なぞ存在しなかった時代に、菅原道真《すがわらのみちざね》が同じ難《なげ》きを詩のかたちで述べている。千年後の、間に大戦争をはさんだ列車食堂の「一栄一落」も、太宰府配流《だざいふはいる》の途上天神様が駅《うまや》の長《おさ》に詠じ聞かせた所信の例外ではなかった。

編年史風に記すと、昭和二十八年、山陽本線に特急の再運行が始まって「かもめ」と名づけられる。昭和三十一年、日本のブルー・トレインと呼ばれる東京・博多間の寝台特急「あさかぜ」が誕生する。東海道新幹線の工事が完成し、新大阪行「ひかり」「こだま」の営業運転開始が昭和三十九年。それから十一年後、昭和天皇の御在位五十年目に、新幹線は博多まで延びて、もう一度日本国有鉄道の食堂車全盛時代が来る。

少年の頃のように食堂車を恋いこがれる気持はもう失《う》せていたけれど、相変らず鉄道が好きで、大抵の列車は新設早々、用が無くても乗りに行ったし、それのつないでいる食堂車で、必ず一度は食事をした。

じゃあ、一番おいしかったのはどの列車のどんな料理でしたと聞かれると、困ったことに、はっきり答えられない。昔、無銭飲食の嫌疑をかけられても食べたかった一円の洋定食に始まり、新幹線食堂車の、作り置きをあたため直して出す西洋料理の数々に至るまで、こんにちの日本人の味覚水準からすれば、総じてかなり程度の低いものだったのではなかろうか。むしろ和食堂車の朝の、蜆《しじみ》の味噌汁《みそしる》の方が印象に残っている。

大都市と大都市の間、短時間で結ぶ高速列車の中で、あまり旨《うま》くも無い食事を落ち着いて味わう気にはなれないという客が段々多くなり、食堂車の全盛時代が去って行くのは、これ又早かった。二十世紀最後の年、平成十二年三月限り、新幹線の全列車が食堂の営業をやめてしまい、依然食堂車をつないで走っているのは、上野・札幌間、大阪・札幌間の「カシオペア」、「トワイライトエクスプレス」、「北斗星」の僅《わず》か数本だけになった。

海外でも同じ傾向が見られるらしく、優等列車の編成から食堂車は次第に姿を消しつつあるという。ただし、鉄路の旅そのものを、何日もかけて楽しんでもらうのが目的の豪華観光列車は別で、イタリア人のコックが三人乗っていて、メニューに料理長と主任のサインがしてあって、毎食賑《にぎや》かにおいしいものを食べさせてくれた「郷愁のオリエント急行」(Nostalgie Orient Express)のよき思い出を、私も持ち合せているけれど、筆をそちらへ向けると話がこんがらかる。対象を専《もっぱ》ら、「あじあ」も含めた日本の食堂車にしぼって書いているのに、残念ながらその列車の美味が語れない。私の本当に好きだったのは、洋食の定食が出るスシ型式オシ型式の鉄道車輌で、もしかすると料理自体は二の次三の次だったのだろう。今回どうも、出来上ったのは食味風々録脱線篇のようである。

阿川弘之（一九二〇年〜二〇一五年）
広島市生まれ。東京帝国大学を繰上げ卒業し、兵科予備学生として海軍に入る。戦後、『春の城』で読売文学賞を受賞。戦争と人間をめぐる多くの小説のほか、食や旅についてのウィットに富んだエッセイで知られる。鉄道には青年時代から思い入れが強く、一九五五年の本書『お早く御乗車ねがいます』では一日車掌の業務を本格的にこなしているが、一日機関士にもなった。『きかんしゃ　やえもん』はベストセラーとなった。主な作品に『軍艦長門の生涯』、『山本五十六』、『米内光政』、『井上成美』などがある。読売文学賞、毎日出版文化賞、日本芸術院賞恩賜賞などを受賞。文化勲章受章。
なお本文は、「にせ車掌の記」（一九五五年）は『お早く御乗車ねがいます』（一九五八年中央公論社）が中公文庫（二〇一一年）に、「広津和郎先生」「駅弁」（『乗りもの紳士録』一九七三年ＫＫベストセラーズ）は中公文庫（二〇一七年）に、「食堂車の思い出」（二〇〇四年新潮文庫）は『食味風々録』（中公文庫二〇一五年）によった。

夢の山岳鉄道

上高地鉄道・志賀高原鉄道

1993年 宮脇俊三（単行本）

上高地鉄道

上高地は天地自然がつくりなした名園である。活火山焼岳《やけだけ》の火砕流や土石流が山峡の川を堰止《せきと》め、中部山岳地帯の中枢部に細長い盆地を形成したのが上高地であるが、その結構《けっこう》は申し分ない。

堰止湖の大正池、梓川《あずさがわ》の清流、ケショウヤナギの群生、点在する愛らしい湖沼。そして、前面に聳《そび》える穂高の峰々と背後に迫る荒々しい山容の霞沢岳《かすみざわだけ》……。

私がはじめて上高地を訪れたのは昭和一八年の夏だった。戦争中のこととて、バスは途中の沢渡《さわんど》までしかなく、登りの砂利道を、三、四時間歩かねばならなかったが、こんなに美しいところが日本にあるのかと感心した。

いらい上高地へは幾度も行っている。松本から高山へ車で抜けるときなど、かならず中ノ湯で分岐して上高地に立寄っているので、一〇回ぐらいになっていると思う。

そのたびに上高地の清冽《せいれつ》な自然美が眼や心をなごませてくれるのだが、交通事情は悪くなるいっぽうだ。車が溢《あふ》れて、中ノ湯から上高地の駐車場へ入るのに何時間もかかるようになってきた。

上高地は狭いところである。そこへ年間一七〇万人、夏の最盛時には一日に一万五〇〇〇人もが訪れるという。しかも、その数は増えつづけている。一九九八年には長野冬季オリンピックが控えているし、その頃《ころ》までには開通する予定の国道158号線の安房峠《あぼう》の新トンネルは高山―中ノ湯間の難路をいっきょに短絡し、中京、関西方面からの客を激増させるにちがいない。

そうなれば、上高地はパンクしてしまうだろう。すでに週末や夏季・秋季のマイカー乗り入れは禁止されているが、そんな規制では追いつかない。上高地へ入るためには、事前に環境庁へ「入場願書」を提出して許可を受けるとか、入口の釜《かま》トンネルの手前で徹夜で行列するとか、まるで桂《かつら》離宮の拝観や東京ドームの巨人戦のごときありさまになるかもしれない。

ただし、これは上高地への輸送手段を乗用車やバスのみに頼る現状の話であって、他の有効な交通機関があれば解決できそうに思える。それは鉄道である。

なあんだ、鉄道マニアのお前が例によって鉄道優先主義を持ちだしてきたか、とページを閉じないでいただきたい。上高地にかぎらず、クルマ社会と鉄道との役割分担については、私なりに関心を持ってきた。その一つの提案が「上高地鉄道」なのである。

論文調になってしまった。私の柄《がら》ではない。それで閑話休題とする。

私の家の隣りに住む北杜夫《きたもりお》さんは、ご承知のように変てこりんな人だが、かつては昆虫《こんちゅう》や原っぱや山を愛する清純な青少年だった。だから旧制松本高校に入学し、捕虫網を持って山々を跋渉《ばっしょう》した。もちろん上高地へも行っている。そのあたりの事情は『どくとるマンボウ青春記』に詳しい。これは青春を描いたエッセイとして秀逸な作品である。

その北さんに、先日、

「上高地への鉄道をつくれという提案をしようと思っているのですよ」

と言った。

「鉄道なんぞつくったら、ますます上高地が荒されてしまうじゃないですか」

と北さんは答えた。

「いや、その逆なんです。上高地の自然を守るためにクルマを締め出そうという……」

しかし北さんは私の説明を聞こうとせず、

「むかしの上高地は静かでよかったですよ」

と言ってから私に酒をすすめた。話はおしまいになった。

往時の上高地を懐《なつ》かしむ人は多い。私もその一人だが、すでに時代がちがう。みんなが行きたがっているところを一部の人びとの独占にするわけにはいかぬだろう。

問題はいろいろあるが、ポイントを一つにしぼれば、やはり輸送手段だと思う。

鉄道は細い路盤で大量輸送ができる。それに対してクルマの非効率ぶりはどうか。大都市の住民ならよくわかっていることで、通勤鉄道なくして東京も大阪も機能しない。しかもクルマは排気ガスをまき散らし、交通事故の大半はクルマによって惹《ひ》きおこされる。

上高地の状況は大都市よりも悪い。狭い地域に人びとが殺到しようとしているのに、交通手段は道路とクルマだけなのだ。

これだけ申し上げれば、明敏な読者は、そうか、お前の言いたいことは解《わか》ったと仰《おっしゃ》言ってくれるだろう。夢の線路図と苦心の作の列車ダイヤも添えたし、これで十分である。

だが、「旅」の編集部は、もっときちんと書けと言う。

マッターホルンの見える村として有名なスイスのツェルマットへ行った人はご存知だろうが、この観光地はクルマを拒否している。

ツェルマットへは鉄道と道路の両方が通じているのだが、一般のクルマは進入できない。出入できるのは、消防車や清掃車などの公共用自動車だけである。

マイカーや観光バスの客は、ツェルマットの八キロ手前のテッシュというところで降ろされ、鉄道に乗りかえてツェルマットへ入るという仕組になっている。テッシュは氷河のつくったU字谷の底の村で、谷の両側は岩壁がそそりたっているが、広く長い平地があり、大駐車場が設けられている。テッシュ―ツェルマット間は二〇分間隔で列車が運転されている。

ツェルマット村内の交通機関は電気自動車と馬車である。電気自動車はクルマの一種であるけれど、力が弱く、動力費は高くついて、とても石油燃料のクルマには敵《かな》わないのだが、排気ガスや騒音のないのが特色である。

ツェルマットの標高は一六二〇メートル、上高地は一五〇〇メートル。狭い谷を遡《さかのぼ》って別天地が開けるという点では、よく似ている。が、内燃動力車を拒否したために、観光客がひしめいているのに、のどかさがある。

スイスという国は、どこかヨソヨソしいところがあって、私はあまり好きではないが、自然の保護についてはツェルマットにかぎらず見習うべきところが多い。

さて六月六日（一九九一年）木曜日、新宿発8時00分の特急「あずさ7号」で編集部の児玉直子嬢とともに上高地へ向う。

10時51分に松本に着き、松本電鉄のノンビリした電車に乗りかえて11時28分、終点の新島々《しんしましま》着。できることなら、この鉄道を延長して上高地まで通じさせたいのだが、それではクルマとの競合区間が長くなって、採算がとれそうにない。私といえども採算を度外視するほど暢気《のんき》ではない。私が夢みる上高地鉄道の起点は、ここから二五キロ先の沢渡《さわんど》である。

新島々からバスで五、六分行くと、山が迫って、梓川の谷口《たにぐち》に開けた島々の集落に入る。ここは安曇《あずみ》村の中心で、村役場がある。上高地は安曇村に属する。

役場を訪れる。「グリンデルワルトの姉妹都市」と大きく書いてある。姉妹都市ばやりだが、スイスと手を結ぶならツェルマットのほうがよかったろうにと思う。

産業観光課長の加藤忠義さんにお目にかかる。知りたいのは上高地への観光客の増加とその対応、沢渡―上高地間の主たる地権者は誰かなどだが、そのためには訊《たず》ねる理由を述べねばならぬ。

「じつは、上高地からクルマを締めだして代りに鉄道を敷いてはどうかと考えまして。これは私の勝手な夢ですが」

ときりだした。

妙なことを言う奴《やつ》が来たと怪訝《けげん》な顔をされるのを覚悟していたが、意外にも加藤課長はすこしも驚かず、

「上高地へ鉄道を敷こうという計画がありましてね。私どもも検討しているところです」

と、信濃毎日新聞（一月一五日）の記事を見せてくれた。それによると、計画したのは大阪の建設会社M組で、沢渡と上高地の中心の河童《かっぱ》橋との間に九・三キロのトンネルを掘って電車を走らせ、上高地への交通難を解消するとともに、上高地からクルマを排除して自然環境を守る、とある。

おなじことを考える人があるのだな、という嬉《うれ》しさと、先を越されたか、オレは十年も二十年もまえからそれを考えていたのだぞ、という口惜しさとが重なる。後者のほうが強くて、私は上高地へ行くのをやめて引返したくなった。

だが、沢渡―河童橋間を一直線のトンネルで結ぶのは、よろしくない。トンネル掘削技術が進歩

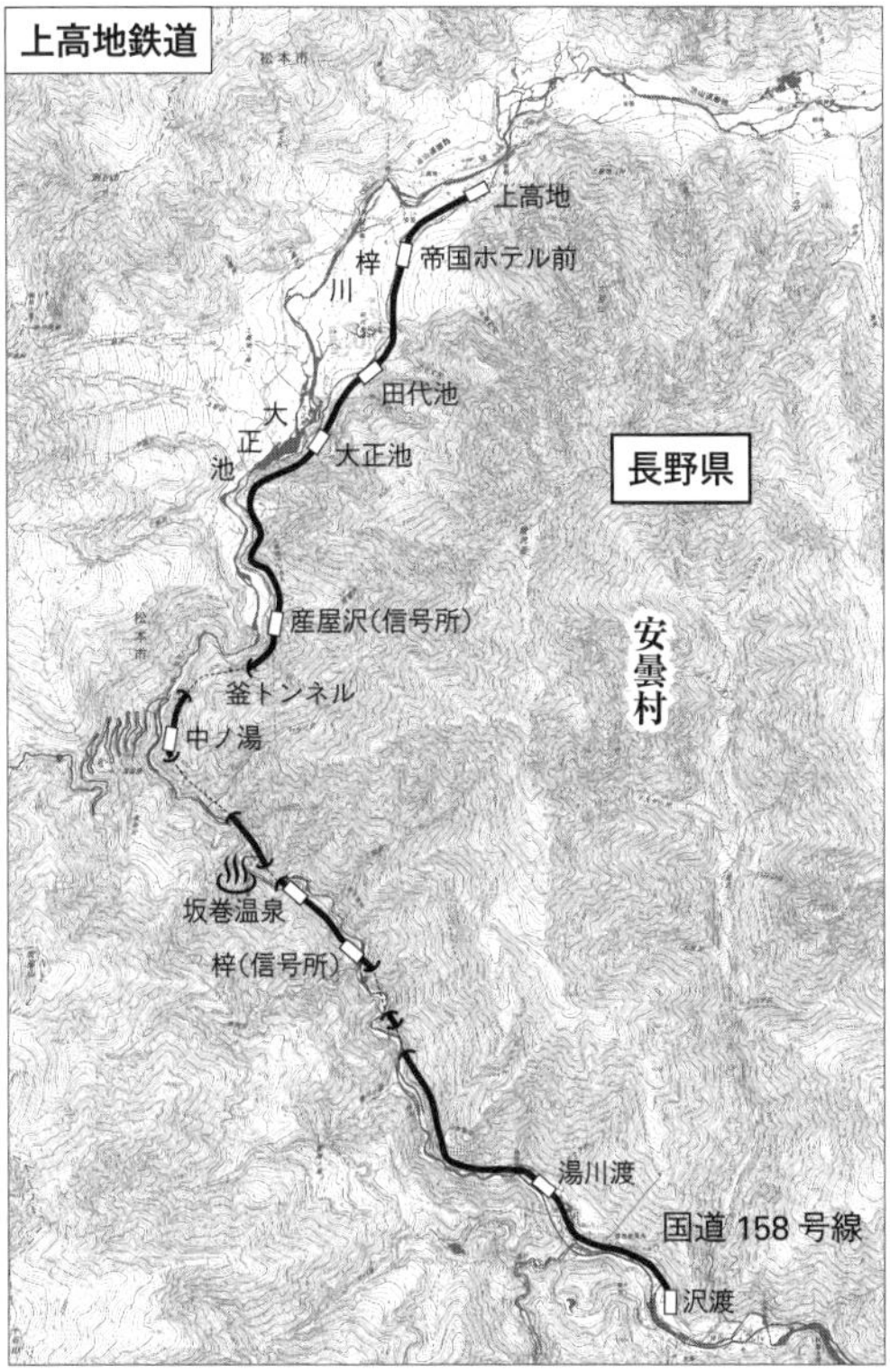

上高地鉄道のダイヤ

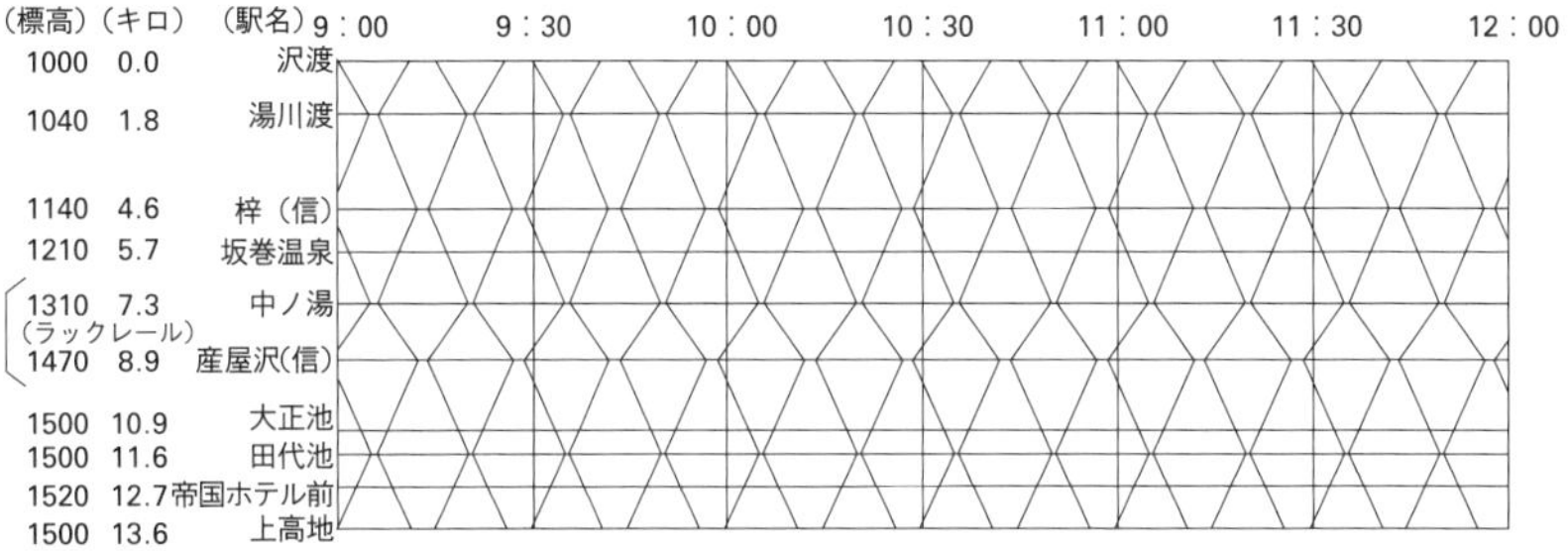

配線略図

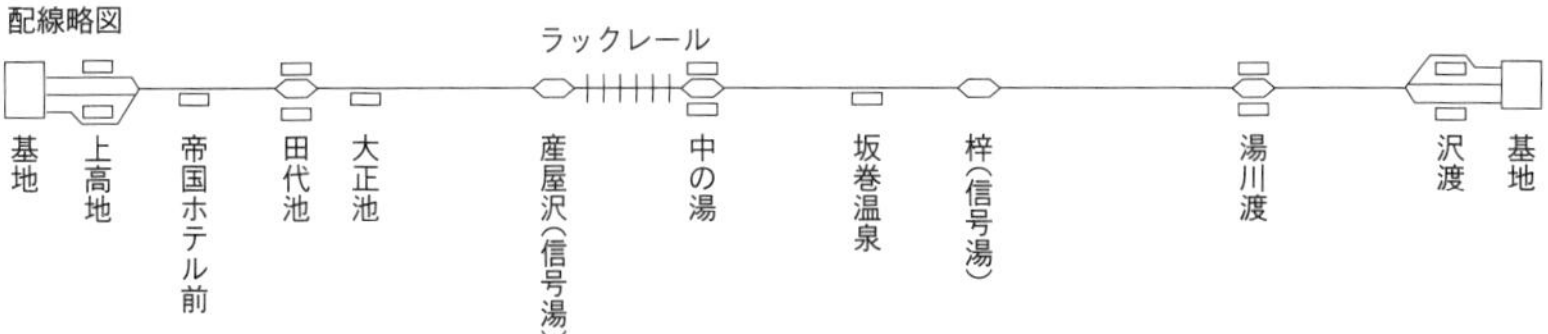

した現在では、そのほうが安直なのだろうが、秘境の上高地へは梓川の峡谷美や大正池を眺《なが》めながらジワリジワリと進入すべきだと私は考える。

気持をとりなおして、安曇村役場前から上高地行きのバスに乗る。六月上旬の木曜日という閑散日なのに満員で、車内に入るのに難渋するほどであった。

バスは高山への国道158号線を走る。峡谷の崖《がけ》っぷちを行くかと思えば巨大なダムが現れ、それを過ぎると細長いダム湖に沿う。

島々から三〇分ほどで沢渡に着く。右から霞沢、左から根木沢が合流するところで、平地が広がる。

私は、あのスイスのテッシュを見習って、沢渡に五〇〇〇台を収容できる駐車場をつくり、「上高地鉄道」の起点にしようとここに白羽の矢を立てたのだが、大阪のM組も、この沢渡を起点としている。敵もサルものだ。

だが、ズバリ一直線のトンネル案と進入経路尊重の私とは、ここで分れる。わが案は梓川沿いである。

こちらのほうが景色はよいが、遠回りなので、上高地まで一三キロ以上ある。トンネル案は九・三キロだ。

しかし、建設費は私の案のほうが格段に安いはずである。国道158号線の改修によって廃棄された旧道が随所に残っている。これを路盤にすれば安くつく。

建設費がいくらかかるか私にわかるはずもないが、あえて言えば一五〇億円以下だろうと思う。それに車両費など加えて二〇〇億円ぐらい。年間一七〇万人、将来の二五〇〇万人以上の乗客を想定すれば、往復二五〇〇円の現在のバスなみの運賃で採算がとれそうである。それで赤字ならば黒字になるまで運賃を値上げすればよい。上高地への独占交通機関だから、値上げによって客が減ることはないだろう。

沢渡―上高地間のルートとダイヤは別掲のごとくで、このナマクラ原稿とはちがう労力を要した。単線鉄道だから、すれちがいの駅や信号場をどこに設置するかが難しかった。

中ノ湯―産屋沢《うぶやざわ》間の釜トンネルでは勾配《こうばい》が一〇〇パーミル（一〇〇〇メートル走るあいだに一〇〇メートル登る。‰の記号であらわす）に及ぶのでラックレール（登坂力を強め、スリップを防止するための歯型のレール）を併設することにした。旧碓氷《うすい》峠や現在の大井川鉄道にならってアプト式を採用しよう。ラックレールというと、日本では機関車をつけ替えたりして大仰なことになるが、山岳鉄道の大先輩のスイスでは手軽にやっている。つい半月ほどまえに私はスイスに行く機会があったので、「上高地鉄道」を念頭におきながら観察してきたが、動力車の股《また》グラに備えられた歯車が、ちょっと徐行しただけでラックレールに嚙《か》み合うのである。技術的なことはよくわからないが、先輩に見習えばよい。頭の固い日本国の運輸省が認可するかどうか。

輸送量が多いのも難題であった。夏の最盛期には大都市の近郊鉄道なみのピストン輸送をしなければならないのである。

私の夢のダイヤは一五分間隔としてあるが、これは単線鉄道としてはギリギリのダイヤである。ゲージ（軌間）はJRの在来線とおなじ一〇六七ミリだが、急カーブが多いので、車両を短くしなければならない。長さ一二メートルの車両を六両編成とし、最盛時には立つ客を含めて一編成で六〇〇人を運ぶことにした。駅や信号場のすれちがい用の有効長は、将来の増結にそなえて九両分で設計する。あるいは同一方向への列車を何本か連続させる運転（続行運転）のための側線が必要になるかもしれない。

車内の設計には配慮したい。眺めのよい梓川側は四人掛けのクロスシートとし、山側はロングシートにする。梓川側の窓は天井までガラス張りにする。

なお、最後尾には貨車（運転室つき）が連結される。生活物資、電気自動車、ゴミを積むためである。

梓川の渓谷《けいこく》に沿って、夢の上高地鉄道は走る。高山への国道158号線は目障りだが、峡谷美を楽しむ。

中ノ湯でラックレール区間となり、速度が下って急勾配の釜トンネルに入る。トンネルを抜け、産屋沢でラックレールから解放されれば、左に大正池、前方に穂高岳という上高地ならではの絶景が展開する。乗客はみんな、席を立って左窓に集まるだろう。そして景勝を観賞しつつ、爽《さわ》やかな林に入り、一〇分ほどで終点の上高地に着く。あとは好きなだけ上高地を散策すればよい。

だが、現実の私はバスに乗っている。

一車線の釜トンネルの入口で一五分待たされる。このトンネルがネックとなって上高地へのクルマの進入が規制されており、その効果は大きいが、やはり鉄道専用のトンネルにしたほうが、万事がすっきりする。

釜トンネルを抜け、大正池を過ぎるとクルマの渋滞。きょうは閑散日のはずなのに、このありさまである。

左窓に見える穂高岳の秀峰と残雪。だが、大都市なみの渋滞とイライラ。そして排気ガス。やはり上高地は鉄道が似合う。わずか二・五メートル幅の路盤で、林のなかを見え隠れに走って、自然破壊は最小限、輸送力は抜群なのだ。

ようやくたどりついた広い駐車場を眺めながら、ここに小さな駅をつくり、あとはカラマツか何かの林に戻したいと、私はあらためて夢を見た。

志賀高原鉄道　草津白根線・奥志賀線

「夢の山岳鉄道」と題して連載しているけれど、「夢」と称するには夢に乏しく、既存の観光道路をつぶして単線鉄道に転換しようという案ばかりであった。

排気ガスをまき散らすクルマを締めだし、道幅の半分を自然に戻そうとの意図は、大いに評価すべきことだと自分では思っているが、毎回、既設の観光道路をトレースするだけでは、ものたりない。

本当を言うと私は、日本の山々に好き勝手に山岳鉄道を敷設したいのである。富士山の頂上まで登る鉄道、上高地から北アルプスの峰々を縦走して黒部峡谷へ下る鉄道などをつくってみたいのである。現在の技術をもってすれば可能だろうし、採算もとれるだろう。しかし、いまや、そんなことを考えるべき時代ではない。夢であっても許されない。だから、じっと我慢して、「自然保護」に賛同・迎合しつつ、観光道路を鉄道に転換するとの案に終始してきた。

ところが、「夢」を語ってよい事情が発生した。今回の「志賀高原鉄道」の二線のうち、「草津白根線」は従来の観光道路つぶしであるが、「奥志賀線」のほうは、道路とはまったく無関係な、このシリーズ初の、本当の新線なのである。

その理由については、あとで述べる。もったいぶるわけではない。あとで述べざるをえないお粗末な事情なので。

連休の混雑が過ぎるのを待って、五月六日（一九九二年）水曜日、上野発10時09分の新特急「草津号」に乗る。

この時点での私の心づもりは上信越高原国立公園の「志賀草津道路」（草津―上林《かんばやし》。四一・五キロ）を鉄道に転換しようという、従来の型を出るものではなかった。

上越線の渋川から吾妻《あがつま》線に入って、長野原草津口着12時36分。すぐ接続する草津温泉経由白根火山行のJRバスに乗る。連休は終ったのに客は多く、空席はほとんどなかった。

三〇分たらずで草津の大きなバスターミナルに着いた。客の大半が下車し、あらたに乗る客は少なく、バスはガラ空きになった。ここからの「志賀草津道路」はマイカーや貸切バスが主役で、路線バスの利用客は少ないようだ。この傾向は全国共通のように思われる。

わが「志賀高原鉄道」の起点は草津であるが、駅をどこに設けるかが厄介《やっかい》である。

バスターミナルを起点とするのが最上だが、これだと草津の家並の密集した地区を通り抜けねばならない。

それで草津町の中心の湯畑の北側の台地の上に起点駅を設置することにした。宿泊客にとっては便利だが、バスから乗りつぐ客には不便、という位置である。標高は一一七〇メートル。

草津から一・二キロの新線を建設し、天狗平《てんぐだいら》で国道と接続する。ここは駐車場用地が確保できそうである。バスはここまで乗り入れてよい。鉄道の車両基地も天狗平に設ける。

天狗平からは志賀草津道路の転用区間になる。これから標高二一五二メートルの渋峠（群馬・長野の県境）まで登り、志賀高原へ下ることになる。現在の道幅は七・八メートルあるが、鉄道の路盤は三・五メートルでよいだろう。その差の部分を自然に戻し、木や草を植える。標高一四〇〇メートルあたりまではカラマツが多い。それを切り倒して道をつくったにちがいないので、復原部分にはカラマツの苗を植えよう。育ちのよい木なので、一〇年で枝を電車の上にひろげるようになるだろう。

登るにつれて眺望《ちょうぼう》がひらける。スキーのリフトが何本も見えがくれする。

このリフトは、シーズンになれば客が長い列をつくる。わが志賀高原鉄道・草津白根線にはスキーを積むための小さな無蓋《むがい》貨車を連結し、客は暖かい車内、スキーは貨車という方式にしたいと考える。

冬でも運転するつもりか、と思う人もあるだろう。志賀草津道路は冬期の五ヵ月は草津―白根火山―渋峠―熊《くま》ノ湯《ゆ》間が積雪のために閉鎖される。全線の三分の二にあたる区間が通行不能となるわけだ。

これに関して、ひとこと言わしていただきたい。

毎年、四月になると、各地の山岳観光道路の「開通」が伝えられ、雪の壁のあいだを行く観光バスなどが放映される。志賀草津道路も、その一つである。

だが、鉄道ファンたる私としては「開通」という用語にこだわる。鉄道は、いったん「開通」したならば年中無休で運転するものである。雪の冬は休むというがごとき、だらしないことは許されない。豪雪地帯の飯山《いいやま》線（長野県・新潟県）、只見《ただみ》線（福島県・新潟県）、米坂線（山形県・新潟県）、深名《しんめい》線（北海道）だって冬も走りつづける。春になるたびに毎年「開通」するようなだらしない観光道路とはちがうのだ。

鉄のレールと鉄の車輪による鉄道は、ゴムタイヤで平面を走るクルマより格段に雪や凍結に強いのである。

しかし、一夜にして一メートルもの積雪があるようでは除雪車を配備しなければならぬ。冬期は

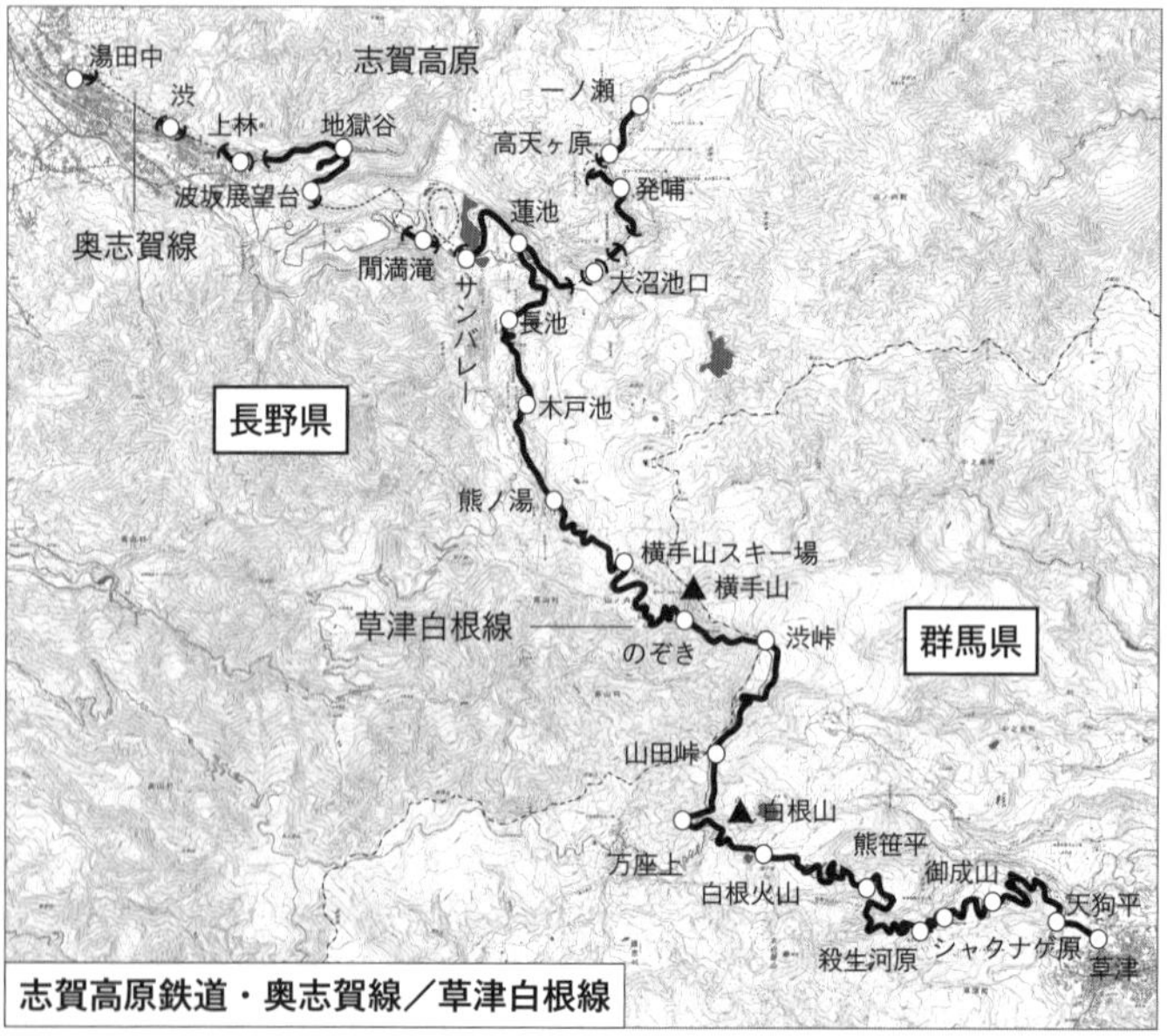

志賀高原鉄道・奥志賀線／草津白根線

草津白根線／駅名表

駅間勾配 ‰	標高（メートル）	キロ程	駅名
	1170	0.0	草津
6			
	1245	1.2	天狗平
56			
	1420	4.3	御成山
63			
	1515	5.8	シャクナゲ原
40			
	1555	6.8	殺生河原
69			
	1790	10.2	熊笹平
59			
	2010	13.9	白根火山
3			
	2005	15.6	万座上
29			
	2048	17.1	山田峠
42 ※			
	2152	19.6	渋峠
58			
	2060	21.2	のぞき
64			
	1830	24.8	横手山スキー場
64			
	1670	27.3	熊ノ湯
27			
	1630	28.8	木戸池
19			
	1590	30.9	長池
62			
	1485	32.9	蓮池

※最高地点は 2172 メートル。

奥志賀線／駅名表

駅間勾配 ‰	標高（メートル）	キロ程	駅名
	600	0.0	湯田中
44			
	675	1.7	渋
58			
	750	3.0	上林
50			
	835	4.7	地獄谷
63			
	1030	7.8	波坂展望台
73			
	1220	10.4	閒満滝
69			
	1400	13.0	サンバレー
57			
	1485	14.5	蓮池
28			
	1530	16.1	大沼池口
50			
	1620	17.9	発哺
35			
	1665	19.2	高天ヶ原
35			
	1630	20.2	一ノ瀬

その費用を加算した特別運賃にしよう。

道はつづら折りの登りである。勾配は八〇パーミル以上はないようで、ラックレールなしで登れそうだ。ただし、急カーブの箇所は若干の手直しが必要であろう。

カラマツの林を抜けると、樹々《きぎ》の丈が低くなって、シャクナゲの群生地になる。そして、硫化水素のガスが鼻をつく殺生河原《せっしょうがわら》を過ぎると、熊笹《くまざさ》の斜面に変る。登るにつれて植生《しょくせい》が変っていくのがよくわかる。

13時36分、バスは時刻表どおりに「白根火山」に着いた。すぐ近くに噴火口跡の「湯釜《ゆがま》」や白根山頂があるので、駅名にいつわりはない。

あたりは残雪が堆《うずたか》い。一昨日は吹雪で道路が不通になったという。

きょうは爽やかで穏やかな日で、草津町営のレストハウスでコーヒーを飲んでいると、店のおばさんが、「お客さんは運がいいですよ」と言う。嬉しくなって残雪を踏みながら、あたりを散歩する。日ざしは強くて心地よいが、標高二〇一〇メートルだから寒い。私は風邪をひいた。

白根火山発14時45分の長野電鉄のバスに乗る。団体用のバスやマイカーは頻繁《ひんぱん》に走っているが、この路線バスの客は数人であった。

まもなく万座温泉へと下る道が分岐する。この道は志賀草津道路の鉄道への転用による被害者である。可哀《かわい》そうだが、「万座支線」を敷設するのは金がかかるので、スッキリと廃止して、自然に帰っていただく。そのかわり、万座温泉と草津白根線とをロープウェイで結ぶことにする。

このあたりからが志賀草津道路のハイライトである。風が強いので避難小屋のある山田峠から渋峠に至る県境の尾根を行く区間は「風衝低木林」地帯で、白骨が群れるような枯木の林立だ。この区間の冬の気象のすさまじさが察せられる。

白根火山―山田峠―渋峠（五・七キロ）は、スキー場がなく、除雪しても雪の壁で視界を閉ざされるので、鉄道としては本邦唯一《ゆいいつ》の冬期運休区間とし、草津側と志賀高原側とで折返し運転をしたほうがよいかもしれない。

渋峠からは下りになり、眺望が東から西に変る。妙高、黒姫、その向うには白馬などの峰々がつらなっている。

熊ノ湯は道路より離れた低いところにあるが、わが鉄道は熊ノ湯に立寄るように敷設する。小さな池や湿原、シラカバの林がつぎつぎに現れてくる。志賀草津道路は変化に富んだすばらしいルートだ。

白根火山から四五分で蓮池《はすいけ》に着いた。蓮池は志賀高原の中心で、発哺《ほっぽ》、一ノ瀬、焼額《やきびたい》山方面への「奥志賀林道」の起点である。

ビル旅館が多い。隣接する丸池地区は、もっと多く、スキー市街を形成している。しかも、奥志賀林道の一ノ瀬や焼額山には大規模なスキー場が開発されている。

蓮池でバスを乗りかえ、上林の先の湯田中へと下るうちに、私は気持が暗くなってきた。三車線の区間が随所にある。交通量が多いからであろう。

急カーブが多く、起伏もはげしく、八〇パーミルを越えると思われる箇所もある。湯田中―蓮池間は、草津側とちがって戦前からの道路を改修したものである。

つまり、鉄道に転換する場合、複線化や路線の一部変更などを想定せねばならぬ、ということである。

私は、蓮池―湯田中間の鉄道化を、なかば諦《あきら》め、その夜は湯田中に隣接する渋温泉に投宿した。狭い路地に宿と共同浴場がひしめく昔ながらの温泉場で、驚いたことに、現在は建築も営業も許可されぬ木造三階建ての古風な旅館が多い。四階建てさえあった。

編集部が予約しておいてくれたのは、「御宿ひしや寅藏《とらぞう》」で、玄関の脇《わき》に「佐久間象山先生御泊りの宿」の碑が立っている。入口は旅籠《はたご》屋のようだが、奥行きがあり、露天風呂もある。私の部屋は三階。

宿の主人に、木造三階建ての営業についてたずねてみる。「渋温泉は、こういうかたちで昔からやってまいりましたので、特例として認められております」とのこと。

そんな話のついでに私の今回の旅の「目的」を自嘲《じちょう》的にしゃべると、主人は言った。

「長野オリンピックのために、ここから蓮池までの道路と奥志賀林道を三車線に拡張する計画です」

一ノ瀬や焼額山が回転競技の会場になるのだそうだ。ありゃりゃ、と思う。

その程度のことは、予備知識として仕入れておくべきであった。

私は既設の観光道路をつぶすことだけを考えてきた。あらたな山岳道路の建設や拡張などはほとんど不可の時代になったという背景もある。

だが、さすがはオリンピックで、自然破壊もなんのその、道路の拡張がまかり通るのである。平地の道路の場合と山岳道路とでは事情がちがう。山側を削り、谷側に高い築堤をつくるなど、莫大《ばくだい》な建設費がかかるはずである。

そんな金があるのなら、鉄道の建設にまわしてもらいたい。道路は現在のままとし、単線鉄道一本を別途に敷設するほうが有利ではないか。たぶん、道路の拡張より鉄道新線のほうが建設費が安くなると愚考するけれど、誰も本気で計算してくれないだろうから、なんとも言えない。

長野オリンピックまでは、あと六年もある。その気になれば鉄道新線の建設は夢物語ではない。

私は元気になり、翌日はタクシーを奮発して実地踏査に出かけた。といっても志賀草津道路と奥志賀林道を走るほかなかったのだが。

これからが「夢」である。

一九九八年一月×日。長野オリンピック開幕の直前に「志賀高原鉄道・奥志賀線」は、やっとのおもいで開通した。

湯田中駅でのテープ・カット。最大の功労者たる私が占めるべき中央の位置は長野県知事と長野市長。よぼよぼ爺《じじい》になった私は、片隅《かたすみ》でテープの切れっぱしを握りながら涙を流している。

祝賀列車は発車すると、すぐトンネルに入る。ここは温泉源の地域なので、「湯が涸《か》れる」と反対運動があった。

トンネルを出て渋駅、またトンネル。それを出ると横湯川を渡り、上林駅。主要な温泉には立寄るように配慮したつもりである。

上林からは横湯川の南岸を遡り、地獄谷駅に達する。サルが温泉につかるので有名なところである。そこへ鉄道を敷きこんだのは私のサービスだが、サルを驚かしてはいけないので、徒歩五分ぐらいの手前でトンネルに入ることにした。

そこからはトンネル内のS字カーブとループ線になる。ただし、トンネルばかりでなく、いま通ってきた線路を二本も見えるように配慮した。これは日本で唯一の眺望である。ループ線を抜けると波坂展望台駅である。風光絶佳《ぜっか》のこの地点に駅を設けるためには苦心した。上下の列車の交換をかね、五分停車とする。

ここから本線最長の波坂トンネル（二五〇〇メートル）に入る。

五分ほどで潤満滝《かんまんのたき》駅。志賀高原最大の滝を見るための駅だが、雪崩《なだれ》がこわいので、雪覆《ゆきおおい》のなかの駅にした。ここでも五分ほど観光停車をする。

ふたたびトンネルに入り、ループ線で登り、琵琶《びわ》池の湖畔を走るように工夫して、蓮池に着いた。従来の道路より格段に面白いルートであることは、おわかりいただけたと思う。

蓮池からの奥志賀林道は、深く切れこんだ谷を巻く紆余《うよ》曲折の道である。これを三車線にするのは大工事だ。鉄道建設も楽ではないが、単線だからトンネルをぜいたくに掘っても道路の拡張費とさして変らないだろう。距離は短縮できるし、雪崩の心配も少ない。

高天ヶ原《たかまがはら》の分水界を過ぎると地形がおだやかになる。

私は鉄道の終点を一ノ瀬にした。ここから先は交通量が減り、勾配もゆるやかになるので、電気マイクロバスに活躍してもらう。マイカーが入りこめないから、現在の二車線道路で十分だろう。

宮脇俊三（一九二六年〜二〇〇三年）

編集者、紀行作家。中央公論社時代に達成した国鉄全線完全乗車の顚末を、一九七八年に『時刻表2万キロ』として上梓した。その後現役・廃止路線などの紀行を次々と発表していく。『夢の山岳鉄道』は、宮脇俊三にとって異色の作品。こよなく愛する山岳地帯の自然環境を守るべく、鉄道連絡の夢を見る。自動車による渋滞、事故などから解放され、穂高岳の姿もゆっくりと眺められるに違いない。路線図や列車ダイヤまで描きながら現地をたどれば、そうした構想が実際に立てられたことも知る。一九九一年から月刊「旅」に連載の形で「上高地鉄道」、「富士山鉄道・五合目線」、「屋久島自然林保存鉄道」、「志賀高原鉄道・草津白根線／奥志賀線」など夢の鉄道が綴られ、一九九三年に『夢の山岳鉄道』（JTB日本交通公社出版事業局）としてまとめられた。本文は新潮文庫版（一九九五年）によった。

さらば横川の釜飯弁当

信越本線　**五木寛之**
１９９７年

信越線の「あさま18号」で上野へ。

秋に新幹線が開通すると、現在三時間かかっている長野―東京間が一時間二十分になるという。

早いことはいいことだ、と地元では大歓迎だろうが、その分だけ味気ない旅になることは必定。

たぶん山陽新幹線と同じように、やたらトンネルばかり多いことになるんじゃないかと、今からうんざりする。列車の旅は車窓から飛び去ってゆく風景を眺めるところに醍醐味があるのだ。一時間二十分じゃ、弁当だって落ち着いて食えやしない。などと時代おくれのボヤキは、すでに通用しない時代だろう。

軽井沢のあたりは雨。

霧の中に、なんだか格納庫のような建物が左右にのしかかっている。どうやら新幹線の駅らしい。かつての、あの木造の懐しい駅舎はもう跡かたもないのだろうか。

日本国中どこでも同じような型にはまった新幹線の駅づくりを平然と眺めている地元の気持ちも理解できない。つくるほうは最初から美意識なんてものは犬に食わせろ、という気で取りかかっているのだから、もう少し地元がしっかりしなければ。

ＪＲの無神経さは、もう今さら何をかいわんやである。百年おくれた感覚でデザインを考えている世界だから、文句を言う気にもなれないというのが本音である。

熊の平あたりに、廃屋と化した昔の煉瓦づくりの建物があった。すでに崩壊寸前といった荒涼たる光景だが、雨に濡れた煉瓦の壁に、なんともいえない味がある。昔の日本人は変電所まで美しく建てるセンスがあったのだろう。

横川の駅で、ホームに降りて釜飯弁当を二個買った。

二個で千八百円。ずしりと重い包みを座席で開いて一個食う。

はじめてこの釜飯弁当を買ったのは、昭和三十年ごろだったか。浅間・妙義が米軍のレンジャー部隊の訓練場になるという時期で、当時の学生たちは反対運動にせっせと通った頃のことだ。

あれから約四十年、この釜飯弁当を何度食ったことか。パブロフの犬のように横川で列車がとまるとホームに降りていったものである。その味は今も変らない。これこそ文化遺産というべきだろう。

貧乏学生だった頃は、この峠の釜飯弁当はすばらしく豪華で、超高級のごちそうだった。ほのかに温かく、ずしりと重味のある釜の器を膝の上にのせて、上にのっている具をひとつずつ箸でつまんで噛《か》みしめるようにあじわう。

椎茸、タケノコ、皮つきのカシワ、ゴボウ、そしていつも不思議に思っていたのが、ほのかに甘いアンズである。栗はいちばん最後まで大事にとっておいて食べた。

昭和三十年といえば、一九五五年である。当時、二十歳頃の九州出身の大学生には、過ぎた弁当だったはずだ。あの頃、この釜飯弁当の値段がいくらだったのかは記憶にない。

しかし、現在でも九百円という値段は、まことに良心的だと思う。そして、中身も、姿も、味も、ほとんど変ってはいない。

もしかすると、いまプラスチックの容器にはいっている漬物が、昔はもっと自然の材質だったような気がする。長方形の箱だったのではあるまいか。

首から重そうな木箱をかけたおっさんの姿も、いまはワゴンに変っている。なにしろ四十年も昔のことなので、記憶ちがいもあるだろう。しかし、当時の十九歳の大学生が、六十四歳の白髪の老人になり果てたいま、この釜飯弁当だけが青春期の姿と味とをそのままに残しているのは、大げさに言えば奇蹟のような気がしないでもない。

新幹線が走るようになれば、文句を言いながらも、そちらを利用することになるだろう。そして横川での三、四分の停車時間の時間も失われてしまう。車内販売で釜飯弁当を買うだろうか。長野までわずか八十分の気ぜわしい旅には、この釜飯弁当の重さとのどかさは似合わない。

若い頃はよく車のハンドルを握って、旧道の峠道を走ったものだった。ヘアピンカーブで対向車と一瞬の交錯に冷汗をかいたこともある。アルファロメオのＧＴＶヴェローチェ、コロナＧＴ、スカイラインのＢタイプ、そしてＢＭＷ２０００ＣＳ、メルセデス３００ＳＥＬ６・３、いろんな車たちの思い出が頭から腕によみがえってくる。

バイパスができてからは、峠ごえのドライヴも、しごく安全な走行になった。三十代から四十代、そして五十代には関越を経由するコースを走るようになる。それが年をとっていくということであり、時代が過ぎていくということなのだ。世紀末の釜飯弁当を食いながらそう思った。

横川の釜飯と同じ頃から愛用していた車中の弁当に、富山の鱒ずしがあった。今でも小松空港や金沢駅を使うときには、かならず買う。

こちらのほうはいろんなメーカーがあるので、店によっては昔の味そのままというわけにはいかない。富山へ出かけたときには、特に頼んで地元の老舗のものを求めたりする。

一週五日を旅ですごしているような日々のなかで、最近は買ってがっかりしないような弁当には、なかなかお目にかかることがない。見た目ばかりで、実際に箸をつけてみると、ほとんど食欲が減退してしまうような弁当も少くない。

そもそも車中で弁当を使い、お茶を飲むというような習慣そのものが、めっきり少くなってきたようだ。新幹線はまだしも、リニアカーで時速三百キロの旅をするようになってくれば、さらに汽車弁とは縁遠くなってしまうだろう。

こんど直木賞を受賞した浅田次郎の『鉄道員《ぽっぽや》』のペーソスがひとしお身にしみたりするのも、そんなアズ・タイム・ゴーズ・バイの感慨のしからしむるところかもしれない。

博多の中洲に異彩をはなっていた酒場〈ふくろう〉も姿を消してしまった。自分の本の話で恐縮だが、かつて『戒厳令の夜』という小説の冒頭に登場してくる奇妙な酒場のモデルだった店である。ネオン街の一角に、そこだけひっそりと時間が停止したような、アイビーにおおわれた酒場があった。冬はだんろで対馬から運ばれてきた薪《まき》が燃え、壁には女主人と岡田嘉子の笑顔の写真がかかっていたのを思い出す。

「還らぬ夏」

というのは那珂太郎の詩の一節だったはずだが、ふとそのフレーズが胸によみがえってくるこの頃だ。

街も変る。人も変る。自分も変り、弁当も変る。旅のスタイルも、人の表情も、食べものの味も、すべてが還らざる夏の景色のかなたにかすんでゆく。

スーパーチャージャーの音がターボ音に変り、ギアシフトがオートマチックに変り、自分でステアリソグを握る機会も、すっかり少くなった。さらば青春の釜飯弁当よ。

五木寛之

一九三二年福岡県生まれ。作家。早稲田大学露文科中退。記者、作詞者などを経て『蒼ざめた馬を見よ』で直木賞、『青春の門　筑豊篇』他で吉川英治文学賞を受賞。作家としての出発点が、シベリア鉄道での旅による『さらば　モスクワ愚連隊』であることからもわかるように、旅は著者にとって大きな意味を持つ。その紀行作品は『五木寛之全紀行』全六巻にまとめられた。著書には『風に吹かれて』、『朱鷺の墓』、『雨の日には車をみがいて』、『大河の一滴』、『他力』、『人間の運命』、『親鸞』など多数がある。毎日出版文化賞、菊池寛賞などを受賞。本編は一九九七年七月に「日刊ゲンダイ」に掲載されたもので、本文は『五木寛之全紀行5』（東京書籍、二〇〇二年）によった。

へんな「鉄道好き」

東武鉄道東上線ほか　**南伸坊**
２０１７年

「動いてない電車が好き」

っていうのは鉄道好きとしては「変態」だろうか？

私は、鉄道好きというのはおこがましい。何も知らないし、何もしていない。でも本人的には電車が好きなのだ。しかも動いてないのが。

仲間に入れてもらえるような分際ではないと思っているけれども、機会を与えられて、何事か書いてみたい気になったのである。あるいは似たような人がいるかもしれない。

私はこどもの頃、ひんぱんに鉄道に乗降したほうではない。が、電車や汽車の走るのを、人並みに好きで見ていたと思う。どぶ川が流れてるのを見るのも好きだったし、看板屋さんが看板を仕上げていくのを見ているのも好きだったが。

ぜんたい、ぼーっとしたこどもであって、記憶を四歳以前まで、さかのぼるのが不可能である。ばかりか、小学生になっても二年生までの記憶は霧の中のようにおぼろげだ。

だから、これは中でも奇跡的に再現できる古い記憶だと思うのだが、四歳で転居した北池袋で、東上線の北池袋駅が、コツ然と墨俣《すのまた》の一夜城の如く出来上っていく様を、土手から半日見ていた記憶がある。

しかし、いままで北池袋駅の出来てくところの話をダレかとしたこともなく、そんな話をダレかに聞かされたこともない。

秀吉の墨俣城のはなしは、ガセだったらしい。いまでは史実でないことが証明されてしまったという。私の一夜城の話も、やっぱりガセネタだったのだろうか？　もしそうだとして、なんでわざわざそんなまちがった記憶をしてしまったのだろう？

近所に唐突に山があったのも、同じ頃の記憶である。後々考えると、その山はどうも、戦災で出たゴミを、そこにとりあえず集積して、上から土をかけておいたものらしい。

土を掘りおこすと、銃把《じゅうは》が出てきたり、銭湯のものらしい金魚の絵のついたタイルの湯舟が出てきたりする「山」だった。

その山もいつの間にか崩されて、平らになったところで、よく野球をやっていたのだが、外野を守っていると、ホームベース方向の線路を汽車が走っていって、そのケムリがぜんたい、雲のように広がって、こちらに向かってきた。

汽車のつくった雲は、ちょっと甘いような湿ったかおりがする。

汽車を見るのは、土手に座って、土手沿いの看板を職人さんが仕上げていく様子を、熱心に見るときのように、そこに座って、専一に「見る」という姿勢だった。

土手から見えるのは、東上線と赤羽線（いまの埼京線）、それから、貨物の通る線路だったが、その線路には、お召し列車も通ったし、進駐軍の兵隊をたくさん乗せた貨車も通ったのである。

一人で土手に座って、汽車の通るのを見ている私に、進駐軍の兵隊たちが手を振って、何か投げてよこしたりした。

「ギブミーって英語で言うとチョコレートとかガムとかくれるゾ」と教えてくれたのは三つ年上の

ガキ大将だったが、列車のスピードは、そういう英会話をしてるテンポじゃない。

北池袋がいつ出来たのか、私の「記憶」が捏造《ねつぞう》だったのか、何でそんな捏造をしなくちゃならなかったのか、にわかに調べたくなって、ネット検索をしてみた。

一九三四年　東武堀之内駅として開業
一九四五年　東京大空襲により駅舎崩壊
一九四七年　東武堀之内駅廃止
一九五一年九月一日　北池袋駅として再開

とある。一九五一年に、私は四歳である。果して、あの幻の記憶は事実だったのだ。たしかに私が土手で見ている間に、北池袋駅は忽然と姿を現わしたのだ。いや逐一私はその過程を一人で見ていたのだ。

一夜城の如くと書いたが、駅の出来上ったのは明るいうちである。そうしてそれは、大工さんが家を建てるようにではなく、枕木を積んで、たちまちのうちに作ったこげ茶色のプラットホームだった。

いままで何もないところに、突然、枕木を積み木のように積んで出来た駅に、つぎの日からあたりまえのように電車が停まるようになったのだった。

私のもっとも古い記憶は、四歳のときに北池袋駅が出来上るのを一人で見ていたこと。だというのがいま事実だったと判明した。四歳で私は世田谷から、豊島区の堀之内に越したと聞いている。引っ越しが何月のことか覚えていないけれども、いくらも日はたっていなかったのだろう。

引っ越しは幼児にとって大事件だから、覚えていないのはおかしい、と言われていたが、私はその引っ越しより、さらに大事件である「駅が目の前で出来た」ことの方を上書きして記憶していたのだった。

さて、冒頭に述べた「動いていない電車」好き、というのがどういうことなのかというと、学校に上る前の幼児の私の愉しみはとなりの町内の空き地にあった、都電に乗りにいくことだった。なにもない空き地に、いきなり都電があった。だれがそうしたのか、知らないけれども、こどもを喜ばそうと、その都電の廃車は置かれてあったのだ。

ここには入るなとか、ここは触っちゃいけないとか、一切ルールはなく、完全にコドモの好きにさせてあった。運転台にはとどかなかったと思うけど、チンチンとベルを鳴らすヒモは引っぱれた。

あれがきっと、私を止まってる電車好きにさせた原点だったろう。もうひとつ考えられるのは、北池袋の踏切り沿いにあった電車区だろう。駅側から踏切りを渡ってくると、東上線、赤羽線、貨物線に平行して、さらに何本もの線路があって、そのすべてに電車が停まっている。

ちょうど、電車にひかれる人の視界みたいに、ヌッと電車が並んでいる。私はその電車を見るのが大好きだった。電車区には車両を点検したり、洗車をしたりする設備があって、長く連結した電車を、ゆっくり見ながら平行して歩ける細い道があった。

この道は私の大好物であって、どんどん橋に遊びに行くときも（どんどん橋は電車区の線路と貨物線、赤羽線、東上線のすべての線路をまたいだ、ごく幅のせまい跨線橋《こせんきょう》だ）結核のおやじの薬を池袋のタカハシ医院に取りに行くお使いのときも、かならず私はこの道を通って、電車の横っ腹を、ずうっと眺めながら通ったものだ。電車はいつも、そこで止まっていて、その止まっている電車を、ついに私は好きになってしまったらしい。

どんどん橋からは、汽関車のステップに斜めに乗って赤と緑の旗を振ってる鉄道員のおじさんとか、あのなんとかいう、路線を変更する大がかりな装置やら、いくらでもあこがれそうなものが見えるというのに、私が好きになったのは、動いていない電車だった。

だから万世橋にあった交通博物館も好きだったし、あの建物の外壁に、つきぬけてきたみたいに設置されていたデゴイチや、新幹線の先頭車両も大好きだったのだ。

ツマが大宮に移転した鉄道博物館へ行きたいと言いだして、出かけていったときはなるほど「鉄道博物館」っていう所は、ものすごくたくさんの「動いていない電車」のあるところだなあ、と、しみじみに感動していた。

うちはふたりでいるときは、たいがいふざけているから、中央線のオレンジの車両を見つければ、座席にだらしなく座って、終電に乗って車庫まで行ってしまったサラリーマンのおじさんを演じたり、誰も乗っていない車両でラッシュを再現した写真を撮ったりした（開いてないドアのガラスに、思いっきり顔を押しつけてるところを激写する）。

こういうのは「撮り鉄」に分類してもらえるだろうか？

「名古屋リニア鉄道館」でも「撮り鉄」をやった。私は新幹線にドンッとはねられたところを、ツマは粛々と轢《ひ》かれていくところを記録した。修学旅行の中学生らしきコドモたちが、

「大人なのにあんなことしてる」

とあきれた顔をして見ていた。

でもまァ、たいがい鉄道好きって「大人なのに」鉄道好きなのであって、私はそういう意味合いにおいては「同好の士」に入れてもらえるのではと思っている。

ぜんたい汽車や電車のおもしろい所は、乗り物であって建物みたいなところじゃないだろうか？

お座敷列車というのに乗ったことはないけれども、私の理想のお座敷列車は、夜になったら押し入れから、ふとんを出して畳に敷いて寝るようなお座敷列車だ。

障子をあけなければ、ただの旅館の部屋みたいになってるのが理想。最近出来た豪華和風寝台車みたいなのより、ほとんど旅館の部屋。手拭い掛けがあって、塗りのお膳に使い回しのモナカがおいてあるみたいな、隅の方にくずかごと鏡台が置いてあるみたいな旅館の部屋そのまんまの空間が、じつは猛スピードで疾走している。

あれは何年前のことだったか、会津に赤瀬川（原平）さんとトークショーをしに行ったことがあった。途中大雪が降って、列車が止まった。同じ車両に乗客はほとんどいなくて、しん、としてる車内で、二人でゲラゲラ笑いながら話していて、ふと窓の外を見ると、見わたす限りの雪原である（きっと田んぼだったんだろう）。

「へえーっ」

と言ってふたりで雪景色を見ていた。

「これがお座敷列車でさあ、障子あけたらこの景色……だったりしたら」

「もっと最高だね」

「コタツに入ってるよね、こっちに」

「火鉢があって鉄瓶がのっかってる」

とまたゲラゲラ笑いながらお座敷列車談義をしていた。

いつのまにか、列車は動きだしていて、

「そうだよ、お座敷が、そのまま移動してるってのが列車のいいところなんだ」

という結論になった。赤瀬川さんは下駄のことを「携帯用の廊下」と定義した人だ。

そういえば、鉄道好きの友人、関川夏央は貨物列車の最後尾についてるあの車掌用の車両、あれを仕事部屋にしたい……だったか、いやあの車掌の部屋に住みたいだったかと書いてた。似てる気もするけど全然違うかな。

南伸坊

一九四七年、東京都生まれ。イラストレーター、デザイナー、エッセイスト。雑誌「ガロ」編集長をへて、フリー。赤瀬川原平らと路上観察学会を設立した。また「ほぼ日刊イトイ新聞」にも多く登場。著書には『さる業界の人々』(一九八一)、『ハリガミ考現学』(一九八四)、『無用な御意見』(一九八九)、『ごはんつぶがついてます』(一九九八)、『仙人の壺』(一九九九)、『歴史上の本人』(一九九六)、『笑う茶碗』(二〇〇四)、『ねこはい』(二〇一三)、『笑う漱石』(二〇一五)、『本人遺産』(二〇一六)などがある。装丁を多数手掛け、講談社出版文化賞ブックデザイン賞を受賞。本編は本書のための書き下ろしである。

シベリア鉄道の旅

シベリア鉄道　**松本典久**
1991年

ヨーロッパとアジアを結ぶ鉄道

ガン、ガン、ガン。

頭の中に叩き付けるような金属音が響きわたり、目が覚めた。覚醒のはっきりしないまま音源を探っていると、ほどなくあたりはしんと静まり返ってしまった。

どうやら、どこかの駅に停車しているようだ。無粋な響きは凍てついた客車のドアをこじあけた音と見当がついた。薄暗い中で時計を見れば、モスクワ時間で朝の七時五〇分。そろそろ夜が明けてもよさそうなものだが、時計の文字盤を読むのが精いっぱいだ。

今、どのあたりだろうか。

駅舎でも見えればと窓に目を向けてみるが、二重になった窓ガラスの内側にびっしりと霜が張り付き、何も見えない。霜は精緻に描かれた葉脈のイラストのようにガラスに刻みこまれ、指でこそぎ落とすこともためらわれた。

ベッドに放り出してあったズボンに足を通し、コンパートメントの扉をそっと開けてみる。と、目の前にはこの駅から乗りこんできたらしい背の高い若い男女が立っていた。大きなトランクには雪がこびりつき、彼らが動くたびに黒い毛皮のコートから冷気が伝わってくる。

まだ発車しそうにない。

急いでセーターとジャケットを着こみ、通路に出る。先ほどの男女はどこかのコンパートメントに入ったのだろうか、通路のじゅうたんの上に雪の固まりをいくつか残して姿を消していた。デッキから顔を出してみると、そこは側線が数本ある小さな駅だった。

どろんとしたねずみ色の雲は厚く、夜が明けたとしても今日も太陽は大して期待できそうにない。それでも雪の反射のせいか、何とか視界は開ける。構内の外れには、今帰ってきたばかりと思われる雪まみれのラッセル車が停っていた。モスクワから一昼夜、ウラル山脈の東麓に位置するこのあたりはさすがに雪が深い。

客車のステップを降りると、そこにねずみ色の毛皮で身を包んだ、かっぷくのいい女車掌ナターシャが立っていた。

「ドーブラエ　ウートラ（おはよう）」

「ドーブラエ」

ロシア語会話集の中から覚えたての「ホーラドナ（寒い）」と続けていってみた。彼女は白い息を少し吐いて、ニヤッと笑った。

シベリア鉄道で迎えた最初の朝だった。

厳冬期のシベリア横断鉄道に乗りたい！

ただ、それだけで、こんなところまでやってきてしまった。モスクワからユーラシア大陸東岸、ウラジオストクまで九二九七キロ。ユーラシア大陸を横断し、ヨーロッパとアジアを結ぶ鉄道がシベリア横断鉄道である。

九二九七キロ。数字だけ見ていると、ま、そんなものかと思う。ここを〈ロシア号〉という列車が七泊八日で結んでいる。もちろん、世界最長距離を走る列車だ。しかし、なかなか実感がわかない。

慣れ親しんだ日本の鉄道と比べてみることにする。

日本の定期最長距離列車は東京と西鹿児島（現・鹿児島中央）を結ぶブルートレイン〈はやぶさ号〉だ（一九九〇年当時）。走行距離は一五一四・七キロ、これを二一時間ほどで結んでいる。一方、〈ロシア号〉は走行距離で〈はやぶさ号〉の約六倍、所要時間で約七倍となる。東京と鹿児島を三往復半すれば、ようやく〈ロシア号〉に匹敵するというわけだ。

そろそろ実感がわいてきた。汽車に乗っているだけで満足という僕にとっては、魅力いっぱいの列車ではないか。

どうせなら厳冬期に乗ろう。これも、かねてより考えていたことだ。高校時代の冬休み、初めて北海道に渡り、感動のあまりその夏にも北海道を訪ねた。夏は夏なりの良さがあったが、冬に比べるとどこか見劣りがした。やはり、北国を旅するなら冬でなくちゃ。以来、これは僕の旅の信念となった。

カザン駅からの旅立ち

シベリア横断鉄道全線を走破し、世界最長の走行距離を誇る〈ロシア号〉の始発駅は、モスクワのヤロスラブリ駅だ。そのため、シベリア横断鉄道の列車といえば、すべてヤロスラブリ駅から発車する、と思いこんでいた。

写真で見知っていた駅舎の中に入り、手元の切符を見ながら、「一四時一〇分発・第26列車・ノヴォシビルスク行き」の文字を発着列車掲示板に探す。この第26列車が、ウラジオストクまで途中下車を繰り返しながら全線乗車をめざす僕に、インツーリストから割り当てられた列車だった。

しかし、ノヴォシビルスク行きの列車がどこにも見当たらない。列車番号の書き間違えかと思い、行先や発車時刻でもチェックするがない。何度見ても同じだ。

おかしい。確かにここはヤロスラブリ駅なのだが……。不安になって、先ほどから僕のスーツケースに熱い視線を注いでいたポーターに尋ねる。

そしたら「ニエット（いいえ）」だった。彼の言葉はほとんど分からないが、僕の列車が発車するのはヤロスラブリ駅ではなく、カザン駅ということだけは理解できた。

カザン、カザン、カザン……。どこかで聞いたことがある。

今いるヤロスラブリ駅は、クレムリンの北東四キロぐらいのコムソール広場に面しており、この広場にはほかに二つの駅がある。確か、そのひとつがカザン駅だった。あわてて地図を引っ張り出せば、間違いない。ヤロスラブリ駅の向かいにあるのがカザン駅だ。

泥まみれの雪に足を取られながら広場をあわてて渡り、これまたクラシックな造りのカザン駅で第26列車の表示を探せば、確かにノヴォシビルスク行きとある。どうやら、僕の乗る列車は〈ロシア号〉とは別ルートを走るらしい。

カザン駅の薄暗い駅舎に目が慣れてくると、広いコンコースがそのまま待合室になっていて、身動きが取れないほど人のいることに気がついた。発着列車の案内だろうか、時折り、怒っているような声の放送が流れる。その声は高い天井に反射し、モスクのコーランのように響き渡るが、すぐ人のざわめきの中に消えてしまう。

正面は切符売り場、右手には食品から雑貨までいろいろな物を扱った店が並んでいて、どこも長蛇の列を作っている。そして左手奥にはクシ型の終着式のプラットホームが並んでいる。プラットホームは全体が大きな屋根で覆われているが、こちらは明るい。

〈シベリヤク号〉発車

プラットホームにつながる出入り口の上に発車列車の電光案内板を見付けた。左から、列車番号、種別、走行区間、出発時刻、番線と表示されている。

第26列車の発車一時間前、すでに列車番号から出発時刻まで表示されているが、番線表示がない。発車間近になると、初めて番線が表示され、待っていた乗客たちがぞろぞろと動きだすのだ。日によって発着番線が変更されてしまうのだろうか。もっとも、プラットホームで待つよりはここにいた方がはるかに暖かい。

発車の二〇分ほど前になってようやく番線が表示され、案内に従って2番線へと進む。ホームに出れば、ちょうど第26列車が入線してくるところだった。客車の腰に掲げたサボ（行き先表示板）を見れば走行区間よりも大きく列車愛称が書かれている。

〈シベリヤク〉（シベリア人）。

シベリア横断鉄道の旅らしい、なかなかいい名前じゃないか。

さて、発車までの時間を利用して〈シベリヤク号〉を眺めてみる。

深い緑色に窓まわりが黄と白という、なかなか小意気に装った客車だった。一五二四ミリという広軌の線路幅はともかく、車体はびっくりするほど大きいというものでもない。昔ならともかく、今は日本にも新幹線という世界標準サイズの列車がある。それに、このカザン駅は電車も発着するのでプラットホームが高い。ホームの高い分、客車を見上げなくなるから、あまり驚かないで済むのだ。

先頭は1号車で最後尾は17号車。一見一七両編成のように思えるが、9号車と10号車の間に連結されている食堂車には号車番号が付いていないので一八両編成である。一両の全長が約二四・五メートル。機関車を入れると全長は四五〇メートルを超えてしまう。日本でいちばん長い列車といえば、一六両編成（一九九〇年当時）の新幹線だ。それでも約四〇〇メートルなので、〈シベリヤク号〉はさらに五〇メートルも長いわけだ。

編成の内容は、1号車から6号車までが開放式の寝台車、それ以外が個室式の寝台車となっている。開放式をJRの普通車、個室式をグリーン車に置き換えてみると優等車の比率は高く、かなりのデラックス編成だ。

定員は開放式寝台が三段ベッドで八一名。これは二段ベッドとして使うことも可能で、その場合は五四名となる。一方、個室式は四人用個室が九部屋あり、三六名。11号車のみ二人用個室で一八名と車体に表示されている。したがって編成全体で計算すると最大八六四名となる。一両の定員が多く、編成も長いので、JRのブルートレインの三倍から四倍近い収容力をもっている。

いつもならどんな機関車が自分の列車を牽《ひ》くのか、必ずチェックする。ところが、客車をプラットホームに据え付けたのは入換え用のディーゼル機関車で、肝心の本務機関車はなかなかやってこない。

発車まで二〇分もあると思っても、先頭から後部まで往復すれば約一キロもある。ここで乗り遅れてはと、心残りな機関車の連結を待たずに自分の客車に戻った。

ところが、いつまで待っても発車する気配はない。客車ごとの出入り口に立っている車掌にしても、時計を見たりはしているが、それほど焦っている様子はない。指定されたコンパートメントでおとなしく発車を待っていると、定刻よりも一一分遅れて一四時二一分の発車となった。三つの列車を乗り継ぎ、全行程約一万キロ、ウラジオストクまで途中下車を含めて三週間にもなろうという列車の旅だ。まずは順調な出だしと言えるだろうか。

ロシア式車内検札

列車が動き始めて間もなく、二人の車掌が切符をチェックに来た。どちらも女性で、一人は先ほど出入り口に立っていた車掌だ。名前を尋ねれば、ターニャとナターシャといい、各車両に二人ずつ乗務していると教えてくれた。僕の順番が来て、切符とパスポートを渡すと何度も繰り返し見ている。何か不備でもあるのだろうか、思わず緊張してしまう。どうやらOKのようで、パスポートは返却、切符は小さく畳んで携えていたケースに入れてしまった。システム手帳のような分厚いそのケースには、ベッドごとのポケットがあって、そこに各々の切符をしまっておくようだ。

この車内検札は、僕だけでなくてすべての人に手間暇かけて行なわれた。時間をたっぷりかけるのは、この国のごく当り前のシステムのようで、そろそろ僕も慣れなくてはいけない。

僕のコンパートメントは12号車のいちばん端で、ベッドは上段の2番。ここがノヴォシビルスクまで二泊三日を過ごす部屋となるわけだ。二段ベッドふたつの四人用で、同室はノヴォシビルスクでタクシーの運転手をやっているムイフェレチケ・イゴリュフさん、オムスクまで行くおばあさん、そして今回の旅で僕と彌次喜多道中を演じる馬場康郎さん。やはりシベリア横断鉄道に乗りたいというだけで同行を決めた人物である。といっても、彼は車内やホテルでは読書に熱中し、気がついたら終日言葉を交えなかったということもあった。僕なんかより、よっぽど優雅な旅の楽しみ方を

バイカル湖畔を走るシベリア鉄道

〈ロシア号〉のコンパートメント

乗車当時のシベリア鉄道には非電化区間もあった

主要駅では20分も停車

〈ロシア号〉のЧＣ７型交流電気機関車

ロシア号のメインは４人部屋

しているのかも知れない。

複々線になった線路を〈シベリヤク号〉は走っていく。右側には流線型の電車が、抜きつ抜かれつしながら併走する。向こうは近郊用の電車らしく、しばしば駅に停車するが、加速がよくて追いついてきてしまうのだ。もっとも、〈シベリヤク号〉がゆっくりと走っているせいかも知れない。発車も遅れたし、別の列車が前方につかえているのだろうか。

いつの間にか電車の線路は見えなくなり、〈シベリヤク号〉はシラカバの森を走っていた。時折り、住居もポツンポツンと見られるが、わずか二〇～三〇分でモスクワの市街を抜けてしまったようだ。九〇〇万人近い人口を擁《よう》する都市としては、あっけなく郊外に出てしまった感じである。

このころ、車掌がベッド用シーツを配り始める。シーツが二枚、枕カバーが一枚、さらに手拭いとしか思えない布が一枚でセットになっている。手にすると、なぜかじっとりと湿っている。終日太陽を拝むことができなかったモスクワでの日々を思い出し、仕方がないとも同情するが、そのままでは気持ち悪い。幸いハンガーにちょっと掛けておくだけでサラリと乾いてくれた。

やるべきことをやってしまうと、後は何もすることがない。車窓にしても、相変わらずシラカバの森が続く。いつもの調子で好奇心旺盛に車内への探検と洒落こむが、5号車まで行ったところで髭《ひげ》の生えた女車掌に捕まってしまった。

もとよりロシア語は皆目分からないが、そのけんまくからまずい雰囲気を感じる。周囲の乗客も冷たい視線を投げてくる。「ビレット、ビレット（切符）」というので、切符を出せということかも知れないが、それは自分の担当車掌に渡してしまっている。切符は出せっこない。

開放式寝台車は外国人立ち入り禁止とも聞いていたが、これほど厳しく監視しているとは思わなかった。6号車をすんなり通り抜けられたので、つい深入りをしてしまったようだ。結局、車掌に連行されるようにして個室式の7号車まで追い立てられ、解放された。その間一〇分少々、またしてもすてきな歓待を受けてしまった。

それでも、開放式寝台車の内部はしっかり観察してきた。

三段ベッドが進行方向と直角に向かい合わせで並び、一見日本の三段式B寝台のようにも見える。しかし、通路を挟んで反対側にも、一人掛けの座席が向かい合わせに配置してある。ここが夜間は進行方向と平行な三段ベッドとなるのだろう。日本なら通路が窓に面しているところだが、広軌の大きな車体を生かしたレイアウトと感心しておこう。

豪勢な晩餐会

浮かれ気分を戒め、自分のコンパートメントに戻る。途中で各車両の通路に掲示してある〈シベリヤク号〉の時刻表を発見。隠れるようにして停車駅名と時刻をメモする。堂々としないとかえって怪しまれると思うが、〝歓待〟の後なのでつい気が小さくなってしまう。

その結果、ようやく〈シベリヤク号〉のルートが判明した。モスクワからほぼ真東にウラル山脈を越えてスベルドロフスクまで進み、ここから〈ロシア号〉の走るシベリア横断鉄道に合流するようだ。

何かの本でシベリア横断鉄道は貨物列車の本数が増え、〈ロシア号〉はヤロスラブリ経由のルートに変更したと読んだことがある。ひょっとすると、この〈シベリヤク号〉は〈ロシア号〉の旧ルートをたどっているのかも知れない。若干、走行距離は短くなるはずだが、伝統的なルートとあっては敬意を表したくなる。

ただし、スベルドロフスクで合流するとなると、残念な面もある。それはスベルドロフスクがウラル山脈の東側ということだ。シベリア横断鉄道のウラル山脈分水嶺にはヨーロッパとアジアの境界を示すオベリスクが建てられている。これを眺めることがシベリア横断鉄道乗車の大きな楽しみのひとつである。すべての路線で境界にオベリスクが建っているのならともかく、もし〈ロシア号〉専用のサービスというならヨーロッパからアジアへ入った瞬間を味わうことができない。

こうなると地図と車窓を見比べながら自分でルートをたどっていかなくてはならない。しかし、日の出が九時ごろ、日の入りが一六時ごろ。さらに天候も悪く、日中でも満足に景色を眺められる明るさとはいえない。さらに、地図にしてもそれほど精緻なものではなく、どこが分水嶺なのかはっきりしない。このままだと、何となくアジアに入ってしまいそうである。

まだ一六時にもならないというのに、雲が厚く垂れこめているため、あたりは夜のような暗さとなる。それでも室内灯はまだ灯らず、補助灯とベッドランプだけが頼りだ。ずいぶん暗く感じるが、この国ではこれが標準的な明るさのようだ。空港、駅、レストラン、地下鉄、バス、市電……。皆暗かった。この国が暗いのか、それとも日本が明るすぎるのか。

ベッドで横になって本を読んでいたイゴリュフさんが、何やら食料を出し始め、いっしょに食事を、と誘ってくれる。こちらもカザン駅で仕込んでおいた揚げパンなどを出すが、彼は二泊三日では食べ切れないほどの食料を持っていた。これは同室のおばあさんにしてもそうだし、その後車内で出会った長距離の乗客すべてに共通していた。食堂車も連結しており、途中の停車駅でも何かしら購入できるが、持参しておく方が確実なのだろう。

さて、その食事だが、パンと太いソーセージ、燻製肉が中心。これを車掌に入れてもらった紅茶で食べる。パンにはバターを一センチ近く塗る。インスタント燻製液などに漬けたのではない本物の燻製。品数は少ないが、豪勢なメニューだ。

ロシア語会話集を引っ張り出して「フクースナ（うまい）」といえば、ニコニコしながら「クーシェ、クーシェ（食べろ、食べろ）」。これだけで、もう古くからの友だちのような気分だ。

興が乗ってきたところで、持参のウオトカを振る舞う。彼はコンパートメントのドアを閉め、おばあさんには黙っていろというジェスチャーをして、ようやく飲み始める。

最近、ソビエトでは公共の場所での飲酒禁止などをうたった節酒法ができた。よっぱらい運転は一年以内の拘留、年三回以上酩酊状態で勤務していると最高一五日間の拘留など、かなり重い罪となる。イゴリュフさんによれば、これはゴルバチョフの節酒法であり、それ故に彼は人気がないという。

ただし、イゴリュフさんの飲み方を見ているとゴルバチョフ氏の言い分も分からないではない。カップに注いだら一息で飲み干す。「ウオトカはこうして飲め」という。そして、ひとたび口を切ったら残してはならない習慣なのか、次から次へと注いで勧める。バターや肉をたらふく食べているので、急には回ってこないが、四五度以上という強い酒である。彼につきあっていると、すぐにダウンしてしまいそうだ。

結局、ウオトカ一瓶が空いてしまい、かなりいい気分となって自分のベッドに倒れこむように潜りこんだ。

ウラル山脈越え

翌朝九時五五分、ヤナヤ到着。定刻なら九時三三分着のはずで、二〇分近い遅れはそのままだ。車窓にしても相変わらずシラカバの森が続いている。

ヤナヤを発車したところで、車掌のナターシャが小型の電気掃除機を携え、各部屋の掃除にまわる。部屋に敷いてあるカーペットをいったん外したり、隅々まで掃除機を突っこみ、なかなかていねいな掃除だ。

各部屋が終われば、今度は通路。ここにもじゅうたんが敷かれ、さらにその上に白くカンバス地のような厚手の布が掛けられている。さすがにこの布には掃除機ぐらいでは落ちないほど泥がこびりついており、もう一人の車掌であるターニャを呼んできて二人で裏返す。彼女は非番だったらしく車掌用のコンパートメントから出てきた姿は寝巻だったが、身なりなどお構いなしで作業を続ける。

〈シベリヤク号〉の歩みが遅くなってきた。モスクワを出発して以来、これといったカーブもなかったが、列車もうねるようになってきた。どうやら、ウラル山脈越えに入ったらしい。

「ウラル」という言葉を聞くと、ヨーロッパとアジアの境界で、険しい山脈を連想する。地理の教科書によれば、ユーラシア大陸を南北二〇〇〇キロ走り、その幅六〇〜一五〇キロとある。最高峰はナロードナヤ山の一八九四メートルで、そこそこの高さである。

しかし、今、こうして〈シベリヤク号〉に乗っていると、果たしてこれが本当に山脈なのかと思う。

車窓を見ていると、確かに平野ではないが、ゆっくりとうねるような丘が続いているだけ。勾配があるといっても緩やかで、カーブにしても窓に顔を押し付けてようやく客車の列が見えてくるほど。日本の鉄道の常識からすれば、およそ山岳地帯の線形とは思えない。

それでも、さすがに雪は深くなり、あちこちで除雪作業にたずさわる人々を見かけるようになった。シベリア横断鉄道二日目は、こうしてだらだらとした山岳地帯を走り続ける。ここを越えればアジア、すなわちシベリアである。

三日目の朝を迎えると〈シベリヤク号〉は広大な雪原を走っていた。バラビンスカヤ草原である。湖や沼が点在するステップ地帯のはずだが、すべては雪に包まれ、一面の原野に見える。針葉樹の林が時折り現れるのが、唯一の変化である。

久しぶりに太陽が顔を出し、地平線のそばから終日黄金色の輝きを送っていた。あたりは大陸性の高気圧に覆われているのだろうか。いかにもウラル山脈を越え、アジアにやってきたという感じがする。

同室のおばあさんが降りていったオムスクは定刻の五時二〇分に発車、もはや列車の遅れもない。〈シベリヤク号〉は快調にノヴォシビルスクをめざしている。

念願の〈ロシア号〉

シベリア一の人口を誇るノヴォシビルスクで数日を過ごした僕は、今度は念願の〈ロシア号〉に乗ってイルクーツクをめざすことになった。

モスクワ時間で一〇時三一分、現地時間で一四時三一分発という〈ロシア号〉だが、余裕をもって駅へと向かった。緑色の駅舎が印象的な駅には東西を結ぶ跨線橋がかかり、構内を一望にすることができる。列車待ちの時間を過ごすにしてもこんな駅なら楽しめる。

武骨な電気機関車に牽《ひ》かれた客車や貨物列車が駅に次々と出入りし、構内の外れには車両基地も見える。貨物列車はどれも六〇両以上の貨車を連ね、下り方向だけでもほぼ五分おきに出ていく。その間を縫うように、モスクワで〈シベリヤク号〉と併走した流線型の電車も発着する。行き交う列車を眺めていると、ここがシベリア横断鉄道の要衝であることを改めて実感する。

ところが、肝心の〈ロシア号〉はなかなか姿を現さない。天候がよいとはいえ、一四時を回れば気温は急速に下がる。日中はマイナス一〇度ぐらいまで上がるが、早くもマイナス一五度になってしまった。じっとしているとさすがに寒く、待合室に逃げこむ。

電光案内板には〈ロシア号〉の表示が出ているものの、番線表示はない。そればかりか、「二時間以上の遅れ」とあった。どうやら、ここでもすんなり列車には乗せてもらえないようである。結局、〈ロシア号〉のコンパートメントに落ち着けたのは、緑色の駅舎が残照ですっかり紅色に変わってしまってからだった。

〈ロシア号〉に乗って二日目の朝が来た。凍てついた窓ガラス越しにまだ夜の明け切らぬ外を眺めれば、すべての樹木が石化したように並んでいた。樹氷である。

モスクワを出て以来、雪を見ない日はなかったが、樹氷は初めてだった。列車が進むにつれて、穏やかに波打つ丘陵地帯のすべてが氷結していることが分かってきた。

現地時間の九時過ぎ、地平線のかなたから太陽が顔を出し、白い森は梢《こずえ》の先から黄金色へと変化してゆく。森のすべては繊細な結晶と化し、手を触れればそのまま崩れてしまいそうにも見える。大空は深い藍色に晴れ渡り、黄金に染まった木々と神秘的なトーンを奏でている。

こうして見ていると、これまでどんよりした空に寒さを感じていた自分が無知だったことを思い知らされる。すべてを凍てつかせる、果てしない氷の世界にこそ、真実のシベリアがあるのだ。

この朝だけでも、冬のシベリアにはるばるやってきた甲斐はあった。

さて、念願の〈ロシア号〉に乗れたが、ノヴォシビルスクでは編成をチェックする余裕はなかった。で、駅に停車するたびに防寒着に身を包んで飛び出し、列車を眺めることになる。

使われている客車は〈シベリヤク号〉とよく似たタイプだったが、塗色は深い緑色の一色で渋い装いだった。よく見れば八桁の車体番号もまるで違っており、同一のシリーズではないらしい。

編成は先頭から郵便車、増結0号車、1号車、2号車と連なり、5号車の隣りが無印の食堂車と食堂クルーの居住車も兼ねるビデオカー。この二両を挟んで再び6号車となり、以下12号車まで連なっている。このうち、2号車と7号車が二人用個室で、ほかは四人用個室だった。そして12号車の先には、さらに飛び番号の18、19号車二両が連結され、合計一八両となっている。この18、19号車は途中で切り離されて中国と北朝鮮に入るらしく、客車の車体標記も簡体字やハングルで、ソビエト国鉄のそれとは違っていた。

どうやら〈ロシア号〉では、この二両が外国人立ち入り禁止のようで、駅でこの客車の写真を撮ろうとして注意されてしまった。〈シベリヤク号〉のヒゲ女車掌を思い出し、早々に退散する。

ツェルギー車掌との出会い

〈ロシア号〉では、女性の車掌は見当たらず、僕の担当はツェルギーとヴォロジェの二人だった。樹氷に感動した日の午後、非番となったツェルギー車掌がチャチャというウオトカを片手にコンパートメントまで訪ねてきた。まずは表敬訪問という感じだったが、僕と同じ年齢だったところから話は弾んだ。

六〇度を越えるチャチャは臓腑にしみわたり、抑えようもなく饒舌になる。

ツェルギー車掌はおじいさんの代にハンガリーから移民して、現在はモスクワから一〇〇キロほど離れたツベリ（旧カリーニン）に住んでいる。

現在の月給は約四〇〇ルーブル（九六〇〇円、一九九一年当時のツーリストレート。以下同）で、同年代で比較するとまあいい方らしい。もっとも彼の場合は、給料のよさというよりも休日がたくさんあるため、この仕事を選んだという。ちなみに〈ロシア号〉でモスクワとウラジオストクを往復すれば一六日間の連続勤務となる。その後二週間の休みがあり、再び〈ロシア号〉に乗務する。この二週間を趣味の狩猟に費やすという。昨年の秋には六〇〇キロのヘラジカをしとめたそうで、そのとき使ったゾーリンゲンのハンティングナイフを誇らしげに見せてくれた。

彼はまた歴史を調べることも好きだといい、郷土の偉人を次々と紹介してくれる。さすがに露和辞典を介在した会話では断片的にしかつかめないが、彼の情熱だけはよく分かる。最後にはツェルギー車掌にプロフェーサル（教授）のニックネームを与え、そう呼ぶことにした。

「ドーブラエ　ベーチェル　プロフェーサル（こんばんは教授）」

「ドーブラエ　ノッリッヒッサ」

また、忘れ得ぬ友人ができた。

イルクーツクへ

三日間にわたって付き合ったプロフェーサルとの別れがやってきた。〈ロシア号〉がイルクーツクに到着したのである。

去り難い列車から降りるとイルクーツクの駅は深い霧に包まれ、プロフェーサルの乗った〈ロシア号〉が発車してしまえば、もう何も見えなかった。時刻は現地時間の深夜一時。〈ロシア号〉は五時間近い遅れを出していたのだ。

イルクーツクは世界最深の淡水湖であるバイカル湖畔から七〇キロほど離れた街で、〝シベリアのパリ〟とも呼ばれている。その名に負けることなく、辺境の地にあるとは思えぬほど美しい街で、また、なぜかほっとする街でもある。

この落ち着きは街路樹とレンガや木造建築のおりなすところから来ているが、寒空にもかかわらず露天商でにぎわう通りを見ていて気がついた。町行く人々の大半がアジア系なのである。それも思わず声をかけてしまいそうなくらい、知人に似た人を見かける。何かとても懐かしい感じがするのだ。イルクーツク滞在は、僕にとって列車の旅とはまた違った、穏やかな心を取り戻せる数日間となった。

百貨店の裏手にある市場へ顔を出せば、終日大にぎわいだった。

「オーチン　フクースナ（とってもおいしいよ）」と声をかけてくる物売りのおばさんたちの声を聞きながら、それぞれのカウンターをひやかして歩く。

太い丸太をまな板として斧で肉をさばく肉店。豪快な手際の良さに見とれてしまう。牛肉、豚肉とも一キログラムあたり一・九〇ルーブル（四六円）。長い行列を覗きこめば、鶏卵が二〇個二・六〇ルーブル（六二円）。紙パック風の台に乗っているが、持参の袋にそのまま詰めこんで持ち帰る流儀。混雑の中で割ってしまわないのだろうか。

別のコーナーにまわれば、リンゴ、ミカン、ザクロ、干しブドウと果物が並ぶ。冬のせいか比較的色味が少ない市場の中で、ここだけは別世界だ。リンゴ、ミカンは一キログラムあたり五～八ルーブル（一二〇～一九二円）。品質によってかなり値段の差がある。干しブドウは一六ルーブル（三八四円）もして、この国ではかなりの嗜好食品と見られる。

イルクーツクに着いて二日目の朝、持参の温度計はマイナス三〇度と刻みこまれた目盛りよりも下がってしまった。もはや、寒さを数字に表わすことはできない。マイナス三〇度以下。厳冬期には、さらに数十度は下がるシベリアでは驚くに値しない気温かも知れない。

このシベリア旅行のために、あるアマチュア登山家から服装のアドヴァイスを受けた。その結果、上は化学繊維のTシャツ、ウールのシャツ、ちょっと厚手のセーター、そしてダウンジャケット。

下は化学繊維のズボン下、ウールの混紡ズボン、ダウンのオーバーズボン、靴はソレルブーツを用意した。枚数にすると、上でもわずか四枚でやや薄着のような感じもするが、よく考えられたレイヤードシステムで、マイナス三〇度ぐらいなら十分の装備だった。

シベリアは湿度が低いせいか、それほど寒さを感じないのである。事実、風さえなければマイナス三〇度でもオーバーズボンは大仰に思われたし、マイナス一〇度ぐらいまでならダウンジャケットすら必要なかった。

しかし持参したウールの帽子はほとんど役に立たず、頭がキリキリと痛んだ。長時間外気にさらされていれば、注意力は薄れ、思考も停滞してしまう。顔などはすでに感覚がない。そして、手袋、帽子、カメラなどの表面はあっという間に白くなってしまった。眼鏡のレンズに息をかけてしまえば、そのまま凍りつき、布で拭ったぐらいでは落ちてはくれない。結局、レンズの表面が傷だらけになるまでこすって、ようやく霜がとれた。

しかし、こんな寒さでもいつもと変わらぬ生活ができることを誇るように、街は人々であふれ返り、活気に満ちていた。

アンガラ川に沿うガガーリン並木通りには親子連れやアベックが散歩し、白い息に包まれるようにしてジョギングに興じる人もいる。ようやく歩き始めたと思われる小さな幼児までコートに身を包み、マイナス三〇度の世界で遊ぶ。

ちょっと裏通りに入れば、凝った造りの木造家屋が並び、二重になった窓の内側には、真冬だというのに色鮮やかな花が咲き誇っていた。観葉植物も美しい緑色に輝いている。マイナス三〇度の冬と常春《とこはる》の世界が、わずかガラス二枚を隔てて隣り合っているのだ。レースのカーテン越しに並ぶ鉢植えを眺めていると、どちらが実際の情景なのか分からなくなってくる。

氷結したバイカル湖

イルクーツクでの三日間、結局バイカル湖を訪ねることはできなかった。はるばるシベリアまでやって来たのに、何とも情けない限りである。とはいえ、定められたスケジュール通りでないと大好きな列車にも乗れなくなってしまうのがこの国である。後ろ髪を引かれる思いで再び〈ロシア号〉の人となる。

せめて車窓から、と思うが、イルクーツクを定刻どおり発車しても現地時間の二一時三分、とうに太陽は沈み、外は闇が広がっている。しかし、この日は幸いにも満月に近く、多少なりとも夜目が効く。といってもキロポストを確認するところまではできず、時刻だけがたよりだ。寝静まった車内で一人起き出し、霜の降りた窓ガラスをせっせとみがいた。

ふと気がつくと、〈ロシア号〉は崖っぷちを走っており、眼下には雪原がどこまでも広がっていた。およそ見渡す限りの平原で、人の気配を感じさせる灯はまったく見えない。それがバイカル湖だった。

湖畔まで出かけた馬場さんによれば、アンガラ川に流れ出す一部を除いてすでに結氷し、流氷のような乱氷が打ち上がっているらしい。クリスタルガラスを思わせる乱氷には一点の曇りもなく、数十センチはある厚みをまったく感じさせなかったともいう。ゆとりのない僕のスケジュールを恨みながら、いよいよ窓ガラスに顔を近付けるが、ひとつひとつの氷を判別することはついにできなかった。

イルクーツクから次の下車駅ハバロフスクまでは二泊四日。地図の上からすれば、ちょっと隣り町へ移動するぐらいの気分だが、さすがにシベリアは広い。途中にはヤブロノイ山脈越えがあって、車窓に変化をつけてくれるが、もはや食傷気味ですらある。で、もっぱら車内でロシア語の先生を見つけては、言葉の遊びに熱中する。

ハバロフスクへ

ハバロフスクには、ほぼ定刻どおりの午前一時ちょうどに到着した。ソビエトの鉄道や飛行機はモスクワ時間で運行されているため、時差七時間のハバロフスクでは朝の八時である。ひとつの町の中でふたつの時間があっては、時間に対する感覚がおかしくなってしまう。駅に掲げてある時計には短針が赤と黒の二本あり、赤がモスクワ時間、黒が現地時間を刻んでいた。

このハバロフスクでは、ウラジオストク用のビザを取り、ウラジオストクまでの切符を発行してもらい、そして帰国時のリコンファームもしなくてはならない。ソビエト式事務に慣れたとはいえ、これだけの手続きを一日でこなすのは頭が痛い。

無事、すべての作業を終え、手にした切符の列車名には〈アキアン号〉とあった。日本語に直せば〈大洋号〉である。港町のウラジオストクに向かうには似つかわしい名の列車だ。

シベリア横断鉄道を〈ロシア号〉で通して乗るのも面白いが、こうして区間列車を利用しながら乗り比べてみるのも楽しい。もっとも、客車の塗色はともかく、室内の造りは〈シベリヤク号〉以来ほとんど変わらず、さすがと感心させられるほど画一的だった。この後、ナホトカからハバロフスクまで乗った〈ボストーク号〉がやや近代的だったが、その分冷たい感じもした。

ホテルから駅までのトランスファーを頼んであったわけではないが、インツーリストの押し売りに近いサービスをかわし切れず、駅まで大枚一〇〇〇円（日本円で支払い）で連れていってもらうと、外国人専用の待合室に通されてしまった。雑踏の駅構内にくらべ、恐ろしいほど人気《ひとけ》がなく、薄暗い部屋がとてつもなく広く感じられた。ホテルのバーのようなカウンターも用意され、利用者が多ければ一杯やれそうな雰囲気だが、この日は味見をすることはできなかった。

注意深く室内を見渡せば、ベンチの高い背もたれに隠れるように乗客が待っていた。皆、同胞と思われる顔付きだったが、聞き取れた言葉は中国語系だった。ノヴォシビルスク以来、ビジネスと思われる中国人に幾度か出会ったが、ここでは全員が彼らと察せられた。さすがに極東の中心都市、ハバロフスクだけのことはある。

ただし、例によって僕としてはこの待合室で時間を過ごすなら、駅の雑踏を歩いてみたいし、自分の乗る〈アキアン号〉をじっくりと眺めてみたくもある。そっと待合室を抜け出して散歩を楽しんだ。

アムール湾の夜明け

〈アキアン号〉の朝が来れば、僕のシベリア横断鉄道の旅も終章を迎える。ウラジオストクに対する期待もあって、どうしても気持ちがたかぶり夜明け前から目が覚めてしまう。もっとも、日の出は現地時間の九時ごろだが。

ようやく明るくなってきた窓に浮かび上がったのは、どこまでも続く平坦な雪原だった。昨日まで見続けてきたどの平地よりも平坦で、その正確さは地平線のかなたまで続いていた。列車が進み、その雪原にポツンと横たわるあるものを発見したとき、僕はすべてを理解した。

大地ではなかった。凍結して、「雪原」と化したアムール湾だったのである。雪原に横たわっていたのは、春が訪れるまで氷に閉じこめられる小さな漁船だった。

イリューシン62から日本海を眺めて以来、三週間ぶりに見る海だった。この湾の向こうに日本海があり、そして日本があると分かると、気分はいい知れないほど高揚してきた。

長かった旅も、いよいよ終わりである。

赤みを増すアムール湾の雪原に、シベリア横断鉄道で出会った人々の顔が走馬灯のように重なった。制服と私服、その間で別人のように揺れ動く人々。幸せなことに僕はほとんどの人々と私服側で付き合えたような気がする。

皆、心優しい人々であった。厳しい土地で生活するためだろうか、その暖かさが深く染みわたってくる。彼らの優しさに包みこまれる暖かさは、僕にはもう遠い思い出となっていた感覚だった。

列車が速度を落とし始めた。

もう、ウラジオストクである。

機関車から悲鳴のような遠い汽笛が流れ、〈アキアン号〉は長い編成をくねらせながら、静かに構内へと入っていった。

松本典久
一九五五年生まれ、鉄道記者。鉄道趣味誌を中心に寄稿を続ける。本編は『地球の歩き方　シベリア&シベリア鉄道の旅』（一九九一年）に掲載された。本書ではソビエト連邦時代の一九九一年一〜二月の取材によって記された初版掲載分を収録したが、ロシア連邦への変革後も数次にわたって取材を重ねている。著書には『東京の鉄道名所さんぽ100』、『図説　絶版国鉄車両』、『昭和の終着駅』（共著）ほかがある。

喜望峰からヴィクトリアの滝へ
セシル・ローズの足跡を追って鉄道で旅する

南アフリカ共和国／ブルートレイン　土屋守
2017年

「ブルートレイン」の旅

テレビの旅番組の取材で、アフリカを訪れたことがある。その時のテーマは列車を乗り継いで南アフリカのケープタウンから、ジンバブエのヴィクトリア・フォールズ駅まで行くことだった。私が〝旅人〟として選ばれたのは、なにも鉄道に詳しかったからではない。それは旅番組としては異例の二時間という特番で、五大陸の鉄道を乗り継ぎながら、鉄道が果たした役割と、その国の文化・歴史を辿ろうというものだった。

ヨーロッパ、アメリカ、南米、ユーラシア、アフリカの旅にはそれぞれ一人ずつの旅人が選ばれたが、私がアフリカ大陸縦断列車（実際には半分だったが）のロケで、旅人として選ばれたのは、南アフリカ、ジンバブエの鉄道建設には、一人の英国人の存在が深くかかわっていたからだ。

その男の名前は、セシル・ローズ（一八五三〜一九〇二年）。

じつは南アフリカやジンバブエについてはほとんど知らなかったが、セシル・ローズについては、一度ロンドンのデビアス社とロスチャイルド家を取材した時に聞いたことがあった。ロンドンで私が日本語情報誌の編集長をしていた頃の話で、デビアスの本店と、ロンドン・ロスチャイルド家の

「ネイサン・メイヤー・ロスチャイルド&サンズ銀行」を取材した時に、セシル・ローズのことを耳にしていたのだ。

とくにデビアス本店では、南アフリカのキンバリー鉱山で発見された、世界最大と言われるダイヤモンド原石のレプリカと、デビアス社の歴史、そしてその創業者のセシル・ローズについて聞かされていた。当時はまさか自分が南アのキンバリーを訪れたり、セシル・ローズの足跡を追ってジンバブエまで旅するとは思っていなかったが、番組のプロデューサーからその申し出があった時に、即座に「行きます」と、答えてしまった。

旅の収録は一九九八年の九月から十月にかけて行われた。当時南アフリカはアパルトヘイトの歴史的な転換から数年が経ち、マンデラ大統領のもと黒人と白人の融和政策が推し進められ、〝新生国家〟として生まれ替わろうとしていた。

南アからジンバブエまでの三〇〇〇キロの旅の起点に選ばれたのは、もちろんアフリカ最南端のケープタウンである。私の希望もあり、番組のオープニングシーンは喜望峰の突端の断崖絶壁の上から始まった。大学時代に探検部に所属していた私にとって、喜望峰はなんとしても訪れたい場所のひとつだったからだ。

それはともかく、ケープタウンが選ばれたのは、ここから世界一の豪華列車といわれる「ブルートレイン」が、南アの行政の中心地プレトリアまで出ているからだった。その距離約一六〇〇キロ。そこを一泊二日かけて、ギネスブックで〝世界一豪華〟と認定された列車が走り抜ける。

イギリスで日本語雑誌の編集長をしている時に、オリエント・エクスプレスやロイヤル・スコッツマン号と呼ばれる豪華列車を実際に体験取材したことがあったが、ブルートレインは、そのどれとも趣を異にしていた。ケープタウンを出発したブルートレインの車窓に見えるのは、最初のうちこそケープ周辺の独特のテーブルマウンテンや、世界有数のワイン産地の広大な葡萄畑だったりするが、一～二時間も走ると、あとはひたすら赤茶けたサバンナの大地が広がるだけの単調な風景が続く。

訪れたのが乾期の終わりということもあったが、空調の効いた快適な車内の外には、アフリカのむき出しの大自然がどこまでも広がっていて、時折、列車に驚いたのかダチョウやシマウマが、赤茶けた大地に砂煙を残しながら走り去る姿が見えた。

このブルートレインは、もちろんすべて個室コンパートメントで構成されている。私の個室はツイン仕様で昼間はソファになっているが、ディナーで退室している間にフカフカのベッドに早替りしていた。さらに、デラックス・スイートはシャワーとトイレのみだが、私の乗ったラグジュアリー・スイートにはバスダブがついていた。

乗り込んだ日は撮影スケジュールが一杯で、さらに二十四時間バーがオープンしていて、酒は飲み放題ということもあり、夜寝る前にバスにはつかれなかったが、翌朝、サバンナに昇る朝日を眺めながら、走る車内で風呂につかるという、最高の贅沢を味わうことができた。

ビッグホールと三C計画

ブルートレインは二十六～二十七時間走りっぱなしというわけではない。目玉のひとつが、ケープタウンとプレトリアの中間にあるキンバリーに停車し、数時間の観光ができることだった。

私たちは収録の関係でブルートレインとは別に、一日取材撮影をしたが、その時に訪れたのがデビアス社のキンバリー鉱区と、そこにあるダイヤモンドの選別をするキンバリー・サイトホルダー、そして人間が掘った穴としては世界最大ともいわれる〝ビッグホール〟である。

イングランドのハートフォードシャーの地主の子として生まれたセシル・ローズは生まれつき病弱だったため、兄のいる南アフリカに送られ、そこで幼少期を過ごすことになる。気候の良いケープタウンで暮らすうちに健康を取りもどしたセシルは、その後兄とともにキンバリーのダイヤモンド鉱山で働いていたが、その時に偶然ダイヤモンドを発見。運も味方したのか、次々と彼の割り当てられた鉱区でダイヤが産出され、一躍大金持ちになった。

そのセシル・ローズが五万人ともいわれた鉱夫を統合し、ロスチャイルド銀行の融資も取りつけ、一八八八年に設立したのがデビアス社だった。そのデビアス社が中心になって掘り進んだのがビッグホールで、一九一四年に閉山になるまで、露天掘りで地下二四〇メートルまで掘り進んだといわれる。

当時世界のダイヤモンドの九割近くが、このキンバリーで掘り出されたといわれ、その穴の直径は約四七〇メートル、穴の周囲の長さは約一・六キロ、総面積は一七ヘクタールにも及んだという。

今は雨水や周囲から流れ込んだ水が底にたまり、水深四〇メートル近い湖になっているが、穴の淵から身を乗り出すようにして下を覗くと、深いエメラルド色の水が無気味な静けさをたたえていて、思わず身震いする。

それは人間の欲の深さというか、ダイヤモンドに取り憑《つ》かれた男たちの執念というか、とてもこれが人間の手によって掘られたとは思えない光景なのだ。いったいどれだけの人たちが、足場の悪い穴の底に落ちて命を落としたか想像に難くない。そんな男たちの断末魔の叫びが今にも穴の底からこだましてきそうな、そんな気もしてくる。

このビッグホールで掘り出されたダイヤモンドの量は二七二〇キログラム（一三六〇万カラット）ともいわれ、セシル・ローズとデビアス社に巨万の富をもたらした。それを元にセシル・ローズはケープ州（ケープ植民地）の議員に二十七歳という若さで当選し、その後一八九〇年にはケープ州の首相の座にも就いている。

そのセシル・ローズが強力に推し進めたのが、ケープタウンからアフリカ大陸を縦断し、エジプトのカイロまで鉄道を敷く壮大な植民地政策だった。これは「三C政策」といわれる、ケープタウン、カイロ、そしてインドのカルカッタを鉄道で結ぶ計画の一端で、そのアフリカ部分をセシル・ローズが担おうとしたのだ。

のちにセシル・ローズは「地球上のあらゆる場所が大英帝国の領土になることを、神が望んでいる。できることなら私は天に輝く星も、イギリスの領土としたいくらいです」と、述べたというが、ケープタウンからカイロまで七〇〇〇キロ近くを鉄道で結ぶことはセシル・ローズと、そして彼がつくった「イギリス南アフリカ会社」の悲願となったのだ。

行商列車で〝ローズの国〟へ

ブルートレインの旅はプレトリアで終点を迎えたが、そこから先、ジンバブエとの国境までは三等列車、いわゆる〝行商列車〟に乗って旅をした。当初は列車でジンバブエまで入れると思っていたが、ジンバブエの政情が不安定だったため、国境は「徒歩」で越えることになった。

行商列車といわれていたのは、ジンバブエの国境付近の村々から農作物などを積んで、逞《たくま》しいアフリカの女性たちがプレトリアやヨハネスバーグに行商に来ていたからだった。もちろん帰りはプレトリアやヨハネスバーグで買い集めた生活用品や衣類、電化製品などで身動きがとれないほどの荷物となる。

列車はブルートレインとは天と地ほどに違い、硬い木製のベンチ椅子があるだけの粗末なものだった。窓も下のほうは鉄格子がはまっていて、大きな荷物は窓の上部に開いた空間から出し入れする。列車がホームに入ってくると、座席を奪い合う人たちの群と、荷物を窓から入れようと必死になってもがく行商人たちで、いつ果てるともしれない争いが繰り広げられた。それらの騒動が一段落し、列車がプレトリアの駅を離れたのは予定を二時間近くもオーバーした後だった。

私も一人、硬いベンチ椅子でスーツケースを抱えながら眠れぬ夜を過ごすこととなった。翌日、国境の町に着いてからも、国境を越える手続きで延々と待たされた記憶がある。ふたたび列車に乗り、旅の終着点であるジンバブエとザンビアの国境にあるヴィクトリア・フォールズ駅を目指したのは、ジンバブエ第二の都市といわれるブラワヨからだった。

こんどの旅はSL機関車に牽かれる「グレートジンバブエ鉄道」のコンパートメント付き特別寝台列車だったが、その前に、ブラワヨ近郊にあるグレートジンバブエ遺跡と、セシル・ローズ終焉の地であるマトポ（英語ではマトーポス）の大石原を見にいくことにした。

マトポはブラワヨの南四〇キロほどの地に広がる平原で、総面積は約三一〇〇平方キロと、東京都の一・五倍くらいの広さがある。二十億年前にできたといわれる花崗岩の大地には、アフリカの強烈な太陽と、雨風の風化作用でできた奇岩がいたるところに露出している。二〇〇三年にマトポの丘群は世界遺産としてユネスコに登録された。

もともと、この地を国立公園にと考えたのは、ジンバブエに進出し、この地で鉄道の敷設事業に邁進していたセシル・ローズである。マトポにある〝ワールズビュー（World's View）〟、地元の人たちが〝精霊たちの丘〟と呼ぶ花崗岩の丘が気に入り、ローズはたびたび訪れていたという。

ちなみにジンバブエは一九八〇年に独立を果たしたが、それ以前はローデシアと呼ばれていた。テレビ取材で訪れるまで、私はジンバブエとローデシアが同じ国であることを知らなかった。私たちが中・高時代に習った地理の教科書ではローデシアとなっていたからだ。

さらに取材でセシル・ローズのことを調べるうちに衝撃の事実も知った。それはローデシアという国は、セシル・ローズの〝ローズの国〟を意味するという事実だった。王侯貴族でもない、一個人の生来の名前が冠された、これが地球上唯一の例だという。しかもその国は、セシル・ローズが生まれ育ったイギリスの国土の約一・六倍の広さがあった。

自分の名前を付けたローデシアという国を建国し、カイロに向けて邁進していた頃のセシル・ローズは、いわば人生の絶頂期で、この頃のローズは、「アフリカのナポレオン」と呼ばれ、ロンドンの新聞や週刊誌などで何度も風刺の対象にされたという。自らが大英帝国の先兵、ヴィクトリア女王の忠実な部下たらんとしたローズだったが、皮肉なことに女王以上の領土を持つ、アフリカの君主となっていたのだ。

マトポに眠るローズの魂

セシル・ローズの絶頂期はしかし、そう長くは続かなかった。ローデシア建国を宣言した一八九五年からすぐに、ローズはトランスバール共和国侵入計画に失敗し、南アのケープ植民地の首相の座を追われることになる。

本国に召喚されたローズは、その責を負わされ政治の表舞台から降りることを余儀なくされたが、やがて許されふたたび南アのケープタウンの地を踏むことができた。しかし、この頃になるとセシル・ローズの体調は悪化し、ローデシアに帰ることができないまま、ケープタウンの自宅で一九〇二年に息を引き取った。それは四十八歳という若すぎる死であった。

もともと体が弱かったローズは、自分の健康にそれほど自信が持てなかったのか、生前から何度も遺書を書き替えていたという。生涯独身を通したローズは、ローデシアのマトポを遺言で国立公園とし、ブラワヨ周辺の民衆に永遠の憩いの場として残すことを決意。その旨を遺言に認《したた》めていた。さらに、もうひとつ、ローズは遺言で、自分の亡骸を大好きだったマトポのワールズビューの丘の上に埋葬することも命じている。

ブラワヨからグレートジンバブエ鉄道に乗ってヴィクトリア・フォールズ駅に向かう前日、セシル・ローズの墓を見るためにワールズビューの丘に登ってみた。

花崗岩でできているということだったが、アフリカの大地で灼熱の太陽に晒《さら》され続けたせいか、白色というより、うす紅色に光って見える。見渡すかぎり三百六十度が花崗岩の大地で、ところどころにパッチワークのように緑が生い茂っていた。何億年という長い年月をかけて風が岩を削り、石原のいたる所に、まるで巨人が置いていったかのような丸い巨岩が連続している。

それはこの世のものとは思えない地の果ての光景だった。あるいは映画の、「スターウォーズ」などに描かれる、どこか遠い星の光景のようにも思えてくる。その時、私はセシル・ローズがなぜこの地を終焉の地に選んだのかわかったような気がした。地球上でこれ以上孤立した地はどこにもない。孤立しているが故に、なにものにも邪魔されない静寂と、そして未来永劫にわたる無限の時間が約束されているのだ。

墓は丘のてっぺんに、岩の中に埋め込まれるようにして造られていた。巨大な石碑のようなものが建っていると想像していた私の、それは期待を裏切る質素なものだった。さらにイギリスの教会などでよく見る石の墓碑ではなく、途方もない年月の風化にも耐えうる、金属の重い銘板が大地に直接埋め込まれている。

そこには“Here Lie The Remains of Cecil John Rhodes”――「ここにセシル・ジョン・ローズの魂が眠る」とだけ書かれていた。

墓碑銘によくある生没年や死者を讃える業績や文言もなく、ただ単に死者の名前だけが刻まれ、アフリカの強烈な太陽の光を跳ね返しているのだ。まるで自分に対する評価や賛辞を、一切拒否するかのように……。

土屋守
一九五四年、新潟県生まれ。スコットランド文化・ウイスキー研究家。学習院大学在学中は探検部に所属。週刊誌記者をへて八七年にイギリスに渡り、在英日本人向け情報誌を編集。九三年に帰国後は、イギリス文化、スコッチウイスキーについての著作を多数発表。スコッチ文化研究所（現ウイスキー文化研究所）を設立、雑誌「ウイスキー・ガロア」の編集長・発行元を務める。NHK連続テレビ小説「マッサン」（二〇一四年）ではウイスキー関連の監修を務めた。著書には『イギリス・カントリー四季物語』（一九九四年）、『モルトウイスキー大全』（一九九五年）、『ブレンデッドスコッチ大全』（一九九九年）、『スコッチ三昧』（二〇〇〇年）、『スコットランド旅の物語』（二〇〇〇年）、『シングルモルトを愉しむ』（二〇〇二年）、『ウイスキー通』（二〇〇七年）、『竹鶴政孝とウイスキー』（二〇一四年）、『ウイスキー完全バイブル』（二〇一五年）ほか多数。翻訳にマイケル・ジャクソン『モルトウィスキー・コンパニオン最新版』（二〇一一年）などがある。本編は本書のための書き下ろしである。

Ⅱ　鉄道に生きる

急行列車

室生犀星

汽車は急行なり
首も千断《ちぎ》るるの急行なり。
森は走り
家は走り
午後の光は走り
山は平らたくなり
河は鳴り
海は鳴り
海気みなぎり
月出づ。
世界は湧《わ》きかへり
世界は戦ひのさなかなり。
林と林ともつれ逢ひ
青田の上に娘は流る。

電線は流れ
われはきちがひになり、
村村の灯はちらちら流れ
星はながれ
われは田舎へ流る、
こひしくなり
はるばるおんまへさまを求め。

『鳥雀集』(『日本の詩集6　室生犀星詩集』角川書店)より

指導物語——或る国鉄機関士の述懐

上田廣
1940年

鉄道聯隊《れんたい》の兵隊さんを指導することになった。私には本当に久し振りであった。なんでも運転係の助役さんの話では、今度は特別よい機関士ばかりを指導者に選んだと云うことだが、私にしても大変嬉しいわけである。私もこれで三十年近くも機関士をやっているのだから、例えばその兵隊さんがずぶの素人でも、大した頭の持ち主でなくとも、立派に一人前にしてやらなければならない。僅《わず》か三ヶ月やそこいらで、機関車を動かせるようにしろなんて無茶だ、と云うものもないではないが、この時局を考えたら、出来るかどうかやってみるより外《ほか》に仕方がないだろう。それにまた考えようでは、どの兵隊さんもやがて戦地へ行く体だし、単に気がまえの点から云っても、平和の頃とは大分違っている筈である。こっちの出方では呼吸もぴったり合うにちがいない。いや合わせなければならない。そうすれば石炭を焚《た》くスコップの扱いかたが悪いと云っても、制動機《ブレーキ》の使いかたに文句を並べても、お互いにまずい感情にも捕われないで済むだろう。正直なところ、私もこの年齢では戦場へも行けないし、子供は娘ばかりで兵隊にもやれないのだから、せめて可能の仕事を積極的にやり、幾らかでも非常時のお役に立ちたい、と云う決心をかためていた際でもあり、自然に仕事への張りも出て来たようである。

それに尚《な》おありがたいことには、私の預った兵隊さんは、なかなかに物覚えが好いのである。訊《き》いてみると小学校を卒《お》えただけで、或る工場の見習工をしていたと云うのだが、機械の名称などもよく知って居り、知らないのも直《す》ぐ覚え込んでしまう珍らしい若者であった。補充兵でまだ一ツ星ではあるが、毎日乗務が終って私に捺印《なついん》をもとめる勤務手簿には「佐川新太郎」の文字が見られた。山梨の小さな町に生れ、小学校へ通っている頃病気のために父を喪《うしな》い、母親の手内職ひとつで育てられ、入営後もその母親が独りで留守を守っていると云うことだが、長い間工場通いをしたと思えないほどやさしく実直な性格を持っていた。お転婆娘を三人も育てて来た私などには、反対にその人柄に魅力さえ感じられた。白状すると私も一時は、彼が上の娘に婿入ってくれたらどんなに好いかと、ひそかに思いをめぐらせたくらいで、これと云って非難の打ちどころがないのである。ただひとつ老人の贅沢《ぜいたく》がゆるされるなら、若者らしい正義感の迸《ほとばし》るままに時として若干怒りっぽい感じがないでもない。独り息子のせいかも知れない。私などとは別だが、同じ機関車に乗っている機関助士との間では、ちょっとした問題が飛んだいさかいのもとになったりする。例えば田舎の駅から都会のプラットホームへ這入《はい》り、盛装した女などを見かけ、やっぱり綺麗だね、と何気なく機関士が呟《つぶや》くと、佐川二等兵は一応は首肯《うなず》いても、あまり着飾っていると癪《しゃく》にさわってくる、と云うようなわけから銃後の女性論にまで及び、結局お互いに感情的になってごたごたが出来てしまうのである。勿論《もちろん》それも馬鹿に出来ない問題ではあるが、場所が場所でもあるし、私にすれば笑い話にして貰った方がよい。若《も》し感情的なものが、協同作業に影響したら大変だからである。

機関士を見習う佐川二等兵の仕事は、機関助士のより以上の焚火法《ふんかほう》に俟《ま》たなければならない。省線の機関車に乗るのは生れて初めてだという実習機関士には、運転する線路も好くわかっていないし、時々刻々に変る列車速度の認定にも不慣れであり、少しく重い車輛にでもなったら困難はいっそう大きくなるわけだが、機関士が思いのままに使える蒸気を機関助士につくる技倆《ぎりょう》がなかったり、あっても腕を現わすことを拒んだとしたら、列車はやがて止ってしまうよりほかに仕方がなくなる。

こうなると問題は簡単ではない。なにも今度に限ったわけではないが、機関士見習の佐川二等兵の短期指導にあたって、私がいちばん大事だと思ったのは矢張りそのことであった。

町内からも毎日のようにある出征者の見送りや、白衣の勇士と英霊の出迎えや、在郷軍人会、愛国、国防婦人会が主にやっている慰問袋発送の手伝いや、いろいろの集会などへの出席で、乗務から帰ってもいそがしい日がつづいていたけれど、その間に私は省で定められた方針に従い、具体的な佐川二等兵の指導計画をつくってみた。直ちに戦場で役立たなければならないのだから、実科を重要視したのは当然である。汽罐《かま》の焚きかたから注油の方法にいたる機関助士作業から、蒸気加減弁《レギュレーターヴァルヴ》、反転挺《リバーシングリーバー》の扱いかた、各種制動機《ブレーキ》の使用法、脇路活栓《バイパッス・コック》、排水弁《ドレイン・ヴァルヴ》の操作法、空転時の処置、車輛の多寡に伴う経済運転法又は機械部分の点検法等々の機関士作業の実際は、一枚の表にしてみてもうんざりするほどある。どれを閑却しても、安全な実際の運転は不可能なのだから困る。それに学科も馬鹿には出来ない。いつも機械が順調に云うことをきいてくれれば好いけれど、何処《どこ》で我がままを云いだすかわからない。途中で故障にでもなった場合に修理に必要な知識がなかったらそれっきりである。ただ指を咥《くわ》えて見ているよりほかに仕方がなくなる。出来ればそんな不始末のないようにもしてやりたい。そこで私は或る日、機関区からの帰途を少しく遠廻りして、町の本屋へ寄ってみた。機関車の構造や機能が、素人にもわかる程度に書かれた本があったら買い求め、佐川二等兵に贈ろうと思ったのである。私の覗《のぞ》いた店は、町でもかなり大きな本屋であったが、何《いず》れの棚にも私の欲しいものは見当らなかった。非常に特殊の本だから、そう簡単に入手出来ないだろうとは途々《みちみち》思っても来たのだが、何万何千円という汗牛充棟の中に、本当に一冊もないとなると若干淋しい感じもする。私などには少しも縁のなさそうな、変にけばけばしい標題のものばかり、ずらりと並んでいるのも癪で飛び出してしまったけれど、その次に期待もしないで這入った古本屋で、はからずも部厚い『機関車問答集』を見出した瞬間にはすっかり機嫌を直されていた。私は尻の上に位置するズボンのポケットから蟇口《がまぐち》を引き出しながら、店の主人に値段を訊き、思わずまた底の方へ押し込まなければならなかった。三円五十銭だと云うのである。こうあけすけに云っては自分の恥になるかも知れないが、私には未《いま》だ曾《かつ》てそんな値の張る本を買った経験がない。私は奥附をひらいて見た。昭和七年の発行で二円五十銭とある。そこで私は、自分の一円也の最初の腹の中の値踏みが、それほど非常識でない自信を持つに至り、そう云ってやった。すると古本屋の主人は、顎《あご》を落さんばかりに大きな口をあけて嗤《わら》い、冗談じゃありませんよ旦那、冷やかすのもいい加減にして下さい、と今度はたいへん渋い表情をつくるのである。私も負けずに口さきをとがらせ、こんな本は容易に売れっこないのだから、思い切って手離した方が得だぜ、と云った。単に容易に売れないばかりでなく、絶版にもなっているので自然お値段も張る、と云うのが最後までの主人の意見であった。私は残念ながら、あきらめなければならなかった。私の今の暮し振りでは、三円五十銭の本は買い切れない。と云うと、或いは首をかしげる人があるかも知れない。現に私は百円近い俸給を貰っているありがたい身分である。それで住居こそ借家だが、家族と云えば女房と、二十二歳を頭に三人の娘があるだけだ。次女と三女がまだ女学校へ通っているけれど、これが若し事変前ででもあったなら、立派にやっていけるのである。ただ昨今の一般の物価高には気がゆるせない。ちょっと油断をすると、足らなくなる、いや正直に云って、学費の一部が赤字になることも珍らしくないが、間もなく卒業になる次女のことを思えば、無慈悲な停学もさせられない。結局、冗費と思えるものの一切を省いてがまんすることが、所謂《いわゆる》国策に沿う所以《ゆえん》でもあり、それ以外に考えつかない良策でもあろう。

　いちど帰宅した私は、それからまた散々に思いあぐねた末に、再び『機関車問答集』を買うために外出した。折角《せっかく》の計画を持ちながら、佐川二等兵を優れた技術家にしあげられないのも残念だし、百円もの俸給を貰っていて、これっぽちの本が買えないと云うことにも腹が立って来たのである。幾らもない貯金だがそのためになら下してもよいとさえ決心した。然《しか》し私は更に古本屋の主人に向い、五十銭でもかまわぬから負けるように云った。私の腹を見抜いた本屋は終《しま》いまでうんと云わないのである。私はよけいに腹を立て、正札通りの金を投げつけるように置き、『問答集』を抱えて飛び出した。

　翌日は夜明けに出勤のダイヤであったが、遅くまでかかって読み通し、内容がその後の機関車の進歩にも誤りとなっていないことをたしかめた。内容はそれほど初歩的なものなのである。然し私が記念の意味で、十何年来手にしたことのない毛筆を執《と》り、空白の扉に署名してやると、佐川二等兵の喜びかたはたいしたものであった。内容が適当していたからであろうが、多くは矢張り私の好意が通じたからだと云って差支えない。彼は出庫前の機関士席に腰を降した膝の上で、バラバラと頁を繰っては、思わない味方を得たような気持です、と云っていた。それからまた伏せた表紙を撫で廻しながら、いつのことか知れないけれど、戦地へ行ってもこれでひとつしっかり勉強しましょう、とも云うのであった。私は思わず笑って、気のながいことを云わんで、出発前に頭へいれてしまう意気込みでなくちゃいかんね、と云ってやると、甚《はなは》だ従順に何度も首肯《うなず》き、それでも予定より早いかも知れませんからね、と答えた。この言葉にはさすがの私もギクリとした。何故《なぜ》ならこれまでにも予定より早く出征した兵隊さんが少くなかったからである。私は若干気になって来た。そうなると仕方がないもので、訊いてはならないことだと知りつつ、もうわかってるんじゃないかね、と唇から出てしまうのである。相手は下唇を嚙むように結んだまま首を振り、そんなことが兵隊にわかるもんですか、と静かに笑った。問題がそのような話になると、態度の点から云っても、口振りの点から云っても、私などは推され気味である。そこがまた兵隊さんの魅力となる所以でもあろう。

佐川二等兵は次第に熱心になって来た。加減弁《レギュレーターヴァルヴ》の把手《ハンドル》を握る腕も、めっきり上達するようであり、機関士席に据えた腰にも僅かなことに動じない落ちつきが見え出す。蒸気《スチーム》の使いかたもなかなか巧みになり、絶汽運転の利用も線路を覚えると同時に適当になって来た。ただひとつはかばかしい進歩を見せないのは、自分の運転している列車速度《スピード》の認定である。走行中に不意に背後から、今何粁《キロ》か、と訊《たず》ねても容易に答えられない。暫《しばら》くは線路の砂利の色や、遠景の動くさまに見入ってしまう。間の抜けた頃にようやく口にする数字には、実際の速度との間に相当のひらきが見られるのである。これには何度繰り返しても目に立つほどの変りかたが現れなかった。彼自身も口惜しいのか時に私の質問の間隙を窺《うかが》い、反対に彼の方から聞いてきたりする。私が思った通りを云ってやれば、正直にまた首をかしげて考え込む。予想が外れるのだ。私はひとつの仕業に何度も頬摺《す》り合わせるようにしては外を指し、それ今が二十粁、三十二粁、まだまだ三十二粁、これでやっと三十五粁だと云う具合に実施指導を行う。彼はうんうんと首肯いてばかりいる。然し結果は同じである。熱心ではあるが業をにやした彼は、速度が見せる草の色も場所に依ってちがうし、山の動きかたも距離の差があるから一様でないので困るんです、とこぼし勝ちだが事実その通りなのである。私などがどんな場合にもだいたい云いあてられるようになったのは、つまり速度を加減してその区間を定められた時間で運転出来るようになるまでには、四、五年もかかっているであろうか。一ヶ月や二ヶ月で会得せしめるのは先《ま》ず不可能だと云ってよい。それは私にもよくわかっているのだが、然し私は同じ訓練を繰り返す。私自身も、相手も、お互いが腹が立ってくるまでやる。今何粁だ、二十八粁、ちがうちがう、そしてまた直ぐに、今は？　二十五粁、益々ちがう、更につづけて、今度は？　二十九粁、やっぱり駄目だ、どうしてそんなにわからんのだ、ちゃんとなにかで覚えてなくちゃいけない、いいか、今度はどうだ？　三十五粁……いかん、まるで出鱈目《でたらめ》だ、俺はいい加減なところを聞いてるんじゃない、時間がかかってもいいからしっかり答えてくれ、どうだ今は？　然しその時はもう相手の返事がない。私もハッと気がついて相手の顔を見る。眼深《まぶ》かに冠《かぶ》った作業帽の庇《ひさし》の奥の瞳が、かたくなに機関車がたぐり寄せる軌道の彼方に据えられたまま動きもしない。油に汚れた頬があやしげな光を放っている。誰れに向けらるべきものかそれは激しい憤《いきどお》りの現われである。私にも云うべき言葉がなくなる。というよりは、私とて襲われる反撥的な、いらだたしさから遁《のが》れることが出来なくなる。私は夢中で、やる気があるのかないのか、と叱りつけるように叫ぶ。そうなったらもう相手は黙っているだけである。私はいっそう侮辱を感じて呶鳴《どな》る。けれど私もねが性急な人間だから、終いには自分で自分の呶鳴ったことがわからなくなる。そのこと自身にも腹が立って狂わしいもので全身が満たされてしまうのであった。追いつめられるような感じの、不愉快なながい沈黙が後に待っているのも何んともしがたい全くいやな時間であった。

然しそうした一日が過ぎると、不思議に私と彼の友情は、前にも増して厚くなるのである。翌日の私は必ず決められてある時間より早く出勤し、彼の出てくるのを待つ立場に置かれている。あまりに早過ぎて独りで機関車の点検を済ませても、まだ給水タンクの彼方の丘の方に、軍服姿の現われない時などは、わざわざ線路を伝わって出向いたりする。自分では気にかける必要などないと思って居りながら、本当は矢張り心配になって仕方がないのである。顔を合わせた瞬間に、向うから先きに掌があがり、両方いっしょにいつものような、ご苦労さま、が交されると、ようやく私はホッとするのが例であった。それがたとえ指導上やむを得なかったことにしろ、相手の今後の任務を思うと、ただ私は自分の不徳のみが悔《く》いられてならないのである。私は口にこそ出すのを差し控えるけれど、今後は決して同じような指導をしてはならない、と自らに云ってきかせるのであった。

一ヶ月ほど経ってからのことである。困った問題が持ちあがった。というと少しく大袈裟《おおげさ》に響き過ぎる感がないでもないが、ある日半島一周の仕業から帰ってみると、乗務員詰所の掲示板に、石炭の使用成績が個人別に発表されてあった。それは最近一ヶ月間の統計で、別に眼新しいものではないが、私は自分の成績が十何番もさがっているのに驚いた。この数ヶ月来きまって一番か二番で、三番とさがったためしのない私にすれば、なかなかの大問題なのである。けれど私はその原因が、佐川二等兵の慣れない運転にあるのを知っているので、殊更《ことさら》不満として口にするのを差し控えた。代りに私は、肩を並べて見入っている二人に、ちっとも気にかけていない自分を示すつもりで、思ったより好い成績じゃないか、と笑った。それが飛んでもない口火となってしまったのである。佐川二等兵はいざ知らず、私の機関助士はたいへんな皮肉に受け取ったらしい。あんな運転振りでは火焚きも石炭の節約どこじゃありませんからね、と云うのである。私は二度びっくりし、そういう意味じゃないんだ、とおっかぶせるように云ってやったが、すでにあとの祭で、機関助士はいっそう真剣な顔つきになり、人差指で統計表の私の名を突っついて指しながらいささかがっかりしてるんです、どうせ悪くなるとは思っていたけれど、こんなに落っこちるとは夢にも思ってませんでしたよ、と云うのであった。私にもそのようなものの云いかたをしなければいられない、機関助士の気持がわからないでもなかったが、その為《ため》に若し佐川二等兵の技術的な進歩に影響があったら一大事だと考え、ちっとぐらいよけい使ってもいいじゃないか、なにも故意にやってるわけでもないし、これから段々よくしていけばいいんだ、とたしなめるつもりで幾らか激しい口調で云った。さすがに機関助士もまだ何にか云いたげだったが黙り込んだ。私は申しわけなさそうに俯向《うつむ》いている佐川二等兵に向い、心配する必要はないんだよ、と慰めてやった。佐川二等兵はチラと機関助士の方を見やってから、聞こえるか聞こえないような声で、済みません、と頭をさげた。そして再び顔をあげないのである。私は自分の眼頭が急に熱くなるのを感じた。私はあらためて自分の最初の不用意な一ト言を悔いずにはいられなかった。全然触れないでいればよかったとさえ思うのであった。

　そんなことがあってから暫くは、佐川と機関助士の間は旨《うま》くいかないようにも見えたが、仕事の障害となって現われたものはひとつもなかった。寧《むし》ろ反対であった。機関士席にある佐川の蒸気《スチーム》の使いかたからは、びっくりするほど注意深いものが感じられ、火を焚く機関助士の仕事振りには、私が運転する時に見られないまめまめしさがあった。明らかな協力の姿である。私には文句を云うところもなかったが、それだけに機関区に帰って来て、係の目算する使用量が多かったりすると、何度でも、納得のいくまで見直して貰わないと気が済まなかった。機関案内《キャップ》で入庫の準備が終っても、私はまだ炭水車《テンダー》の上で係のものと言い合っていることがある。いや云い合っているのではない。直接運転に携った二人の労苦を思うと、少しでも正確に近い消費量の数字を出して貰いたくなるのである。最近の私の成績を知っているのであろう、係の親爺《おやじ》（これは誰れもが好んで呼ぶ愛称である）は誘い込むように笑って、この頃は随分細かくなったが、やっぱり年齢《とし》のせいですかな、と云う。私も仕方なく苦笑しながら、儂《わし》もこれから真面目にやって、鉄道のお婿さんになろうと思っているのさ、と云ってやると、さすがの親爺もあきれたと見え、なるほどね、と云うきりであった。

成績は日毎《ひごと》に昇った。私は毎日帰ってくると手帳を取り出し、当日の使用量を、牽引した車輛数により一粁当りに割り出して見る。勿論当日の天候や機関車の具合によっていちがいにも云えないけれど、次第に向上的な数字の現われるのは事実である。私はその度《たび》に機関助士と佐川二等兵に見せながら、この調子ならじきにもとの成績にもどれるよ、と労《いた》わるのを忘れなかった。二人もすっかり気をよくしていたが、特に佐川二等兵の喜ぶさまを見るのが、私にはこの上ない楽しみであった。彼は別に大げさな態度を見せたり、愉快そうに笑ったりするわけでもない。仕事にかかる瞬間から終るまでの間、去ることのない愁眉《しゅうび》が一時に開いて行くような、静かな表情の変化が陽灼《ひや》けた顔に窺えるだけなのである。それに接すると、私も自分の憂いを取り去られる感じであった。

佐川二等兵への私の愛情は、斯《か》くて深まり行くばかりであったが、或る日同じ問題に触れた彼の言葉を耳にした瞬間から、私は単なる技術的な指導者としてだけでいられない気持に捕われてしまった。或る半島の海の見える小駅で、長い停車時間を機関車の椅子に腰を降して待ち合わせていた時のことである。私たちは暫くの間、新聞記事による知識をもとに戦場の話などしていたのだが、それがどうしたことか最近の内地の物価高の問題にまで及んでしまい、いささか湿めっぽい感じでいたところ、不意に思いきったという風に佐川二等兵が、石炭の使用成績が悪いとボーナスが少くなると云うが本当ですか、と云うのである。私は何気なく、そうだね、いくらか影響するかも知れないね、と云ってから急に思いあたるものがあり、今は然しそんなこともない筈だよ、とあわてて否定した。相手は私の返事の終るのも待たないで、人によると相当ちがうって云いますけれど、若し本当にそうだとなると私は申しわけなくていつまでこうして御厄介になっているのが辛くなってしまうんです、と眼の前の圧力計《プレッシャゲージ》に見入りながら呟くのである。私は更につよく否定した。仲間のなかにはたしかにその事実のあることを主張するものもあるが、私にはわからない。然し佐川二等兵はすっかりあるものと信じ込んでいると見え、二タ言目には自分のために済まない、済まない、と云った。あなたの場合はどれくらい減らされるか知れないが、若し返せる時が来たら返したい、と云うようなことまで云った。私は驚くと云うよりは、寧ろあきれて自然に語調も激しくなり、何にをつまらんことを云うんだ、万一事実でもいいじゃないか、そんなことを考える暇があったら勉強でもした方がいいだろう、と云った。だが相手も依怙地《いこじ》に思われるほど強硬に後へ退《ひ》かない。そう云われるとよけい辛くなります、減った分は私に払わして下さい、と主張する。馬鹿を云うな、と私は呶鳴りつける。俺だってちゃんと考えてる、とも余勢で叫ぶ。驚きに動く相手の唇の色の変るのを私は見た。苦々しく不満そうであった。然し私は叱ったつもりではない、憤ったつもりでもない。相手の気持があまりにじかに私の心に触れたからだ。ちょっと私の心が癇癪《かんしゃく》を起したに過ぎないのである。だから私はすぐに詫《わ》び入る態度に出ることなく、君の気持だけは然しありがたく貰って置くよ、と初めのように静かに話しかけることが出来た。いや静かにとは云えないかも知れない。私の胸は何にか息づまるようなもので満たされていたのである。単純に喜びとも感謝とも冷静とも憤りとも何んとも云えないもの、出来ればそのまま胸を割って見せたいものであった。私はそれからつづけさまにお喋《しゃべ》りをした。何にを喋ったか今はもう覚えてもいないが、ただ相手に喋る時間を与えないためにそうしたのだという記憶だけが残っている。私はそして次第に黙ったまま聞き入る相手に、不思議に肉親的な愛情を感じていたようであった。

予定の指導期間が少くなると急に私には心配になり出した。当人の技倆が段々伸びるのはわかっているけれど、戦場の占領鉄道を全然知らない私には、その腕で果してお役に立つかどうか危ぶまれるのである。壊された線路や車輛に応急修理を施しただけで使っていると云うことだから、設備の整った内地の鉄道より、戦場のそれの方がずっと厄介にちがいない。だとすると、こっちで一人前以上の腕を養成して置かなければ、すぐに一人前には通用しないわけである。私の友人には、運転時分などそうやかましく云われなくも済むのだから、こっちで心配するほどのこともなかろう、と云うのもあるが、それには一理あっても全部はない。また他のものは、戦場のことは隊の方で指導してくれるから、自分たちは要するに汽車を動かすことだけしっかり教えてやればよい、と云う。それもまあそうだが、実際その一人を担任している身になれば、出来るだけのことをしてやりたくなるのは人情だし、そして立派な勲功をたてて貰いたくなるのも当然である。当人の技倆がどうやら一人前に見たてられるようになってからの私には、毎日それだけのことが気がかりだったのである。

その頃、私にたいへん有益な日が一日恵まれた。佐川二等兵の属する隊に、同隊出身の陣歿《じんぼつ》将兵の遺骨が還送され、そこで合同慰霊祭が施行されることになり、休日を幸い私も参列したのであるが、式が終ると私は佐川二等兵に頼み、運転に関する教官に面会をもとめたものである。厳かな式場から受けたものは、更にこれから征《ゆ》かなければならない佐川二等兵の武運にまで及び、どうも私にはそのまま帰りきれなかったのである。教官はすぐに会ってくれた。若い元気のある士官であったが、先きに礼の言葉を述べられたりして甚だ面喰《めんくら》ってしまった。私はその日の祭壇に祀《まつ》られたもののの、相当多くが機関員であることを聞いて今更のように目を瞬《みは》った。列車の運転中に敵の襲撃を受けて倒れたもの、線路に埋設された敵の地雷のために機関車といっしょにやられたもの、顚覆《てんぷく》した機関車の下敷にされたもの、その犠牲は私たちのこれまで想像していた以上にひどく大きい。私は咽喉《のど》のつまる思いで聞き入りながらも、かたわらにきちんと膝をそろえている佐川の顔を何度も盗み見た。やがて同じ運命のもとに置かれないとも限らない、何れかと云えば気弱い彼の胸のうちは然し私などには想像もつかなかった。上官を前にしての彼の態度には、全く粛然たる以外のものが感じられないのである。それでも若い教官からなにがなくとも珍らしいお客にお茶ぐらいいれようじゃないか、と促され、すっかり忘れていました、と詫び入るように微笑《ほほえ》んで立ちあがった彼は、矢張りいつもの佐川二等兵であった。うしろ姿を見送った教官は急にあらたまるような口振りになり、あの兵隊は隊では成績がよいのですが、実際運転の方はどうでしょうな、と私の顔を覗き込んで来た。私が簡単に率直なところを述べると、一人前にさえして貰えばこんな結構なことはないが、家庭の事情にも気の毒な点がありましてね、と同感をもとめるように云うのである。その時は私もただそれだけの話として軽い相槌《あいづち》で済ませたけれど、勝手に臆測すれば言外になかなか重要なことも察しられるようだ。案外早いのではないかと私には思われた。山梨の山奥に留守を守る母親はすでに六十過ぎた年寄りであると云うこと、本人は若干の貯蓄もあるし、軍事扶助も受けているので当分は大丈夫だと云っているけれど、困ることは困るだろうと云うこと、それに他に身寄りのないのが何より同情すべき点だと云うこと、つづけて話してくれたそれ等からも、私は若い教官の考慮がどのような点にあるか凡《およ》そ想像することが出来た。私は思わず、あんな性格の兵隊がかえって戦場では強くなるんじゃないでしょうか、と訊いて見た。若い教官は何れともつかず首肯《うなず》いただけであった。

現在の大陸にある機関車の種類や、軌道の状況や、戦闘の発展に伴う今後の占領鉄道の予想などを訊いて私は帰ることにした。私は若い教官から別れぎわに、成るべく重い列車の運転をよけいに実習させて貰いたいと云うことや、場合によっては一人で火を焚きながら加減弁《レギュレーター》の把手《ハンドル》を執る要領も実地に教育して欲しいと云うことまで頼まれた。私は実施を誓って衛門を出たけれど、そうした希望の出る戦場の情景が自然に頭の中に空想され、何日経ってもふとすると思い出されるようになった。その後の私の指導振りにいささか苛酷に過ぎる感のあったのもそのためである。私は彼に数時間もの連続作業に疲労の色が見えても代ってやらなかった。重量列車の運転には特にやかましく口出しもした。制動機《ブレーキ》の使いかたについても同じであった。一ダイヤの仕事が終って入庫しても、帰営するまでに時間があると私は車庫裏の投炭練習場へ伴い、模型火室で焚火法の練習をさせた。それには佐川二等兵も不満だったらしい。機関士の業務を実習するものが、火焚きの練習でもあるまい、と云う顔が見られるのである。すると私もスコップを握り、同量の石炭を掬《すく》って投げ込みながら、火層の出来栄えについて納得するまで説明を繰り返した。然し残念なことには、私もながい間やっていないので、なかなか思うように出来ないのである。火室の前の方に薄く、手前へ向って次第に厚くなるように撒布《さんぷ》しなければならないと教えながらも、実際は反対の結果に終ったりする。彼は私を気の毒に思うのか、無理してやってみせなくもいいんですよ、と云う。私も意地になり、別に無理しているわけでもない、と嘯《うそぶ》いてみせるのだが、ひどい汗ですよ、と顔を指されて愉快そうに笑われたことも一度や二度ではない。或るとき私は変に気に触って、なにがそんなに可笑《おか》しいんだ、と自分でも予期しないほどとげとげしく突っかかって行ったものである。大人げない話だが、気づいたときにはすでに遅い。相手は真蒼《まっさお》になって手にしていたスコップを置いてしまった。私はその態度にすねた自分の子供を意識しながら、大人げないてれ臭さから遁《のが》れたい慾望にも手伝われて、人の仕事を嗤う腕があるなら見せて貰おうじゃないか、と云った。同時にスコップを取りあげて突きつけた。相手はいっそう驚いて私の顔を見守っていたが、やがて鼻をふくらませながらスコップを受け取り、なにも馬鹿にして笑ったわけでもありません、とうらめしげに呟くのである。今更弁解など云える筋合いのものでもあるまい、男らしくやったらどうだい、と云う私にもう一度瞳を向けて飜意《ほんい》の現われない事実をたしかめた彼は、瞬間、反撥的に模型火室の前に立った。円満ないつもの彼の顔がひとつの憤りの表現だけでゆがんだように見られたが、不思議に私には冷然たる態度をつづけることが出来た。私は開始前の不動の姿勢を点検してから、投炭用意、の号令をおごそかにかけ、次の号令といっしょに投炭の速度を見るために片掌《かたて》のストップ・ウォッチをいれた。佐川二等兵はまるで別人の如《ごと》くに動き出した。石炭を掬いながら、火室扉《ファイヤードアー》をあける姿勢も、目的の位置を叫んで投炭する態度も、生きたスコップの操作振りも、私には曾《かつ》てなかったものとして見ることが出来た。私は急に胸のいっぱいになるものを感じた。ずっと腰をかがめたままでする作業だから顔は見られなかったけれど、一杯々々と重ねられる毎に高まる連呼の声は私の鼓膜をたたき、胸を衝《つ》いてくるのである。私は火室《ファイヤボックス》の中を見守っていた。小気味よい散乱がつづき、投炭場所の誤りこそ一、二回あったようだが、形成される層は私が見ても私より好い。私は口惜しさより嬉しさが先きに立った。いや嬉しさだけだと云った方がよい。初めてではあるが、それだけに私の喜びは大きかったのだ。私は一瞬もうよい、と云ってやりたくなった。然し私は胸と共に両手でかかえるように持ったストップ・ウォッチに見入りながら、所定量の投炭の終るのを待った。私は彼の両掌を執って、よくこれまで上達してくれた、そう言って感謝するつもりでいたのだが、数百回のスコップの操作に彼が幾らか汗ばんだ顔をあげた時には、私の眼瞼《まぶた》は全く熱いもので満たされていた。

私は最近の乱暴な指導振りをあらためて詫びた。彼はあわてて首を振った。そうして貰ったからこそよくなれたのだと云い、いっそう私を喜ばせるのである。そしてその後の私たちの乗務生活が、短かかったけれど本当に愉快な思い出となったのは云うまでもない。

世の中に妙な景気が湧いて、私などの暮しは楽ではなかったが、倍加した人出や貨物と共に車輛の連結数も増され、軽い列車が見られなくなったので、技倆を向上させるのはこの時だと話し合っていたけれど、来《きた》るべき日は間もなく訪れた。佐川二等兵も征くことに決ったのである。その日も私たちが長い貨物列車を牽《ひ》き、半島の駅をひとつずつ丁寧に廻って行くうちに、或る途中駅の助役が、佐川に即刻帰隊すべしと云う命令のあった由《よし》を伝えるのである。機関車の窓から乗り出した佐川の顔が、陽の中に美しく紅潮するのを見た私が、なにか急用でも出来たと云うのかい、と訊ねると、助役はちょっと首をかしげたまま、それだけの電話でしたよ、と答えただけであった。内心私は当人の腕は大丈夫だと思いながらも、すぐに佐川に向い、隊にそんな気配はなかったの、と訊ねてみないではいられなかった。佐川はいつもの顔色に戻って首を振り、とにかくここから帰らして貰います、と機関士席から立ちあがった。私が変に背筋に寒いものを感じながら、そりゃそうした方がいいが、もう一度ぐらい会えるだろうね、と別れを惜しんで云うと、そんなに早いこともないでしょう、と笑って見せ、私もあらためて挨拶にはあがりたいと思っていますが、と云うのであった。道具を持って機関車から降りた彼は、代って機関士席についた私を見あげ、お願いします、と云ったがそれにはもういつもに変りが見られなかった。

夕方私は機関区に帰って来て、実習派遣を停止されたのが佐川一人でないのを確めた。口の多い連中の中には、あんなに急いでいるんだから、事によると今夜あたり出発かも知れない、と云うものもあったが、それならそれでやむを得ない、そのような気持は、私にもあった。然し、私は当直の助役さんの部屋で、その夜も翌日も、一本の軍臨（臨時軍用列車）さえ運転されない事実を知った。助役さんにはしっかりしたところがわかっているかも知れないと思い、帰りがけにそれとなく訊いてもみたのだが、左程早急でもなさそうだという以外のことは判明しなかった。それだけでも私はホッとした。まだ会える機会のあるのが十分に予想されるからであった。その夜は営内で準備に追われている佐川の顔ばかり浮かびあがってろくに私は眠ることも出来なかった。なにか私に呼びかけているのだが、さっぱりわからないのである。私は変に胸騒がしいものに襲われていた。眠りについても何度か佐川の名を口にしていたそうである。まるで自分の子供を戦地へやるようですね、見かねたらしい妻にも云われたが、私にはそれすらが癪に触り、思わず泡を飛ばし、戦地へやるのに自分の子も人の子もあるものか、と呶鳴りつけたものである。あまりの権幕に妻も驚いて黙ったけれど、私にはまだ云い足りないものが残った。私は昂奮《こうふん》の原因が、どこにあるか自分にもよくわからなかった。妻の云うように、自分の子供を戦地へ送るときにはこうもあるかと思っても見た。或いはまた、自分自身が令状を手にした当座の気持をも空想して比較してみた。然し何れとも異っているように私には思われる。私は自分自身や子供の場合ならば、もっと落ちついて戦地を考えることが出来るにちがいない。戦うものの生命がどんなに貴く、そしてどんなに軽いものであるかと云うことも、自分の肉体のうちに解決し得る自信が持てる。今の私にはその落ちつきも自信もない。これはどうしたことであろうか。私にはわからない。私のいらだたしさはそこから端を発しているのだ。それは私に眠る時間をあたえないどころか、次第にもの狂わしいものにまで高められて行く。罪でなくとも大きな過誤を犯した誰れも受けなければならない、激しい鞭《むち》に悩まされているような錯覚にさえ襲われる。私は全く苦しくなった。そして夜明けをどんなに待ち遠しく思ったことであろうか。夜が明けたら私は休暇を申し出て、是が非でも隊へ面会に行って見ようと思った。そしたら幾分でも気分が安らぐかも知れない、と云うよりは不明な問題が解決されるかも知れない、と急に考えついたからである。

　少しく遅い朝食を済ませた私は、心ばかりの甘いものなどを買い込んで兵営を訪ねたのだが、残念ながら当日は面会の許可が下りなかった。代りに準備が終り次第外泊が許される筈だから、その機会を利用して会えるように当人から連絡するように伝えて置くと云うことであった。私はそれでもやむを得ないと思い、二、三日の間は仕事にもみの入らない肉体を持てあましながら、葉書でも来やしないかと心待ちしていたのである。然し二、三日してもそれらしいものは見られなかった。私は毎日乗務から帰っては、初めに自分でつくった指導の予定表などをひろげ、ただぼんやりと眺め入ってばかりいた。

五日目の夕方である。滅多に訪問者のない玄関の声に行ってみると、意外にも佐川二等兵の丸々しい笑顔が見られた。私は驚きとも喜びともつかないあわただしさを感じながら、掌を取らんばかりに招じ入れた。それには彼も吃驚《びっくり》してしまったせいか、向き合ってもかえって白々しいものが暫く消えなかった。彼は前より遙かに落ちついた口振りで、もっと早く来なければならないのだが許しが出なかったと云うこと、ようやく出発の日が決ったらしいと云うことなどを述べてから、長い間の御恩にも酬《むく》いられないのが残念だと云うのであった。私にはそんなことはどうでもよい。私は彼が母に会って来たことをたしかめ、自分の家に泊れるかどうか訊いてみた。翌《あく》る朝まで許可されてあるということなので、私は是が非でも泊ってくれるように頼んだ。

夜になって私たちは僅かな酒を酌《く》みながらも、同じ部屋の床にはいってからも、機関車の運転の話ばかりしていた。どのような話でも私がそこへ持って来てしまうからでもあったろう。相手は迷惑だったかも知れないが、私にはそれ以外の話題に興味がなかったのである。私は飛んでもない機関車の歴史から、何処の国が最も進歩しているかと云うことまで物語った。楽しかったのは矢張り、いっしょに乗務し始めてからの思い出話である。あまり細々《こまごま》しいことまで私が覚えていて喋るので、終いには相手も顔をあからめてしまい、又ひとつ気残りが増えましたよ、と苦笑する。私にはそれがまた非常に愉快であった。相手の困るさまに感ずる喜びではなくて、なにもかも覚えていることを知って貰えるのが嬉しいのである。私は何度も技倆の全部をだしてやってくれることを望んだ。話がその点に及ぶとさすがに彼も真剣な面持ちになり、経験が浅いので心配です、と云うのに対して私は頭から、やろうと思えば絶対にやれないことはない、と云ってやるのである。それはその瞬間に於《お》ける私の本心からだ。彼の持つ技倆がどのくらいかわかり過ぎているのだが、顔を突き合せて居りさえすれば、何んの不安も感じないでそういうことが私には云えるようになっていたのである。

それから数日後の未明、佐川の出発を駅まで見送りに行った私は、薄暗い雑沓《ざっとう》の中で誰れもがするような別れの挨拶を述べ、自分でも見すぼらしく思うばかりの痩腕を高くあげて万歳を叫んだのであるが、列車が見えなくなっても帰りきれないものに襲われなければならなかった。何んとも云いがたい焦躁《しょうそう》に胸の湧き立つのが感じられるのである。これは私自身の勝手な感情のはたらきかも知れない。私は僅かではあったが顔を合せている間の元気な佐川の顔や、当面していることから離れるようにその日の天候がどうのこうのと話し合った事実や、動き出した車窓から首も出さずに挙手の敬礼をつづけて動かないさまなどを割合に冷静に思い出すことが出来るが、ただひとつ発車間際に例の『機関車問答集』を雑嚢《ざつのう》の中から取り出して、読みながら行こうと思うんです、と云われた時の気持は回顧するだけでも苦しい。私はもはや彼が『機関車問答集』の内容ぐらい知りつくしているのを知っている。彼はながい列車内での単なる時間つぶしのつもりかも知れない。でなければ私との生活を記念するために重い軍装の中に無理して詰め込んだものだと思われる。どちらでもよい。私がその本を窓から見せられた瞬間に受けた衝撃は、『機関車問答集』にはからずも自分の姿を発見したからである。それは彼が私をいっしょに連れてってくれると云う喜びを私に齎《もたら》すものではない。反対である。彼はいちど身につけたものを或る場合は同じ本を読むことで持続出来るであろうが、私はそこに自分の生きる場所の失われるのを感じないではいられない。これは当然の成行でも私には淋しいことである。私はその本を曾て可成り無理して手に入れた事実を思い出し、なに気ない口振りを装い、矢張り自分を信じてやった方がいいんだよ、と云ってやらずにいられなかった。すると佐川二等兵は複雑な蔭《かげ》の見られる微笑を浮べながら、大丈夫ですよ、と簡単に答えた。その時は私もホッとした思いに置かれた。別に正確に私の考えるところが伝えられたとも思えなかったけれど、いつかはわかって貰えるものがその中にかくされてあるように感じられたからである。

その後も私のいそがしい乗務生活はつづいた。自ら機関士席についているので仕事に不安がなくその点はよかったけれど、なにかにつけて思い出されるのは矢張り佐川であった。加減弁《レギュレーター》の把手《ハンドル》を扱うのにも彼はこのように引いたとか、いくら注意しても脇路活栓《バイバッス》を蹴飛ばしてばかりいたとか、前方の注視には心持ち首をかたむけているのが癖であったとか、どれもこれもなつかしい記憶のみである。時によると私が、一日中の話題にしてしまうものだから、まるでお婿さんにでも決まったようですね、と機関助士に冷やかされたりする。私もそう思わないこともなかったが、それだけで笑い去られるのも口惜しくなり、戦場にあるもののことは厳粛に考えてやらなくちゃいかん、と言いかえしたものである。同じ兵隊さんでも、あんなに早く上達するなんて珍らしかったですよ、などと云われると、お世辞だと知りつつ年甲斐もなく嬉しくなってしまうのを私にはどうすることも出来なかった。私は、それほどでもないだろうが筋もよかったんだよ、とようやく云い、いっそうの讃辞を期待する始末であった。私は同じ期間に他の兵隊さんを指導した仲間に会うと、今頃はどの辺にいるだろうと云うことをきっかけにして、到達した技倆を訊ねるのが癖になってしまった。

細かに訊いては佐川と比較してみるのである。そして佐川の方が優れていると思われれば安心出来るのであるが、いつしかそれも知れ渡ってしまい、初めて訊く仲間にも殊更に自分の指導したものを誇張して褒める傾向が見られるようになった。私はそれで撲《なぐ》り合いの喧嘩をしたことさえある。その機関士は、私が病気で二、三日欠勤した時に、佐川二等兵といっしょに乗ったことがあると云って、自分の指導した兵隊さんを褒めることのあまり、あれは全然見込みのない男だとか、いくら教えてもカン所がわるいためにどうにもならんとか、あれにはあなたもお困りだったでしょうとか、誠に以《もっ》て聞き捨てならないことをずけずけ繰り返すのである。私は我慢がならなくなって詰め寄り、それはいったいどういう意味かと呶鳴りつけ、話によってはただじゃ済まさんぞ、と胸倉をとったのである。相手もさすがに一時は後ずさりしたが、いきなり私の腕をたたき払って挑戦的に出て来た。相手は私より遙かに若く体格もよいので、尋常では到底敵《かな》わないと思い隙を見て私は太股のあたりへかぶりついていった。私は制服のズボンといっしょに嚙み切ってやるつもりであった。然し相手はそれよりも早く、私の上からかぶさるようにして両腕で尻の辺を抑え、いやな懸け声をあげたかと思う途端に、一、二間もさきへ私を放り出してしまった。私は夢中で起き直り、今度は附近に落ちていた棒切れを拾い、自分でもわけのわからぬことを叫びながら向って行った。相手も棒の下をくぐって組みついて来た。私は再び手玉にとられながらも、ただ滅茶々々に相手を撲り、勢《いきおい》が外れて自分の顔にも幾つかの傷をつくってしまった。私は何回となくたたきつけられた。私はなにもかもわからなくなって立ち向っていたのだ。駈けつけた仲間がその時力ずくで間にはいってくれなかったら、恐らく私は無事では済まされなかったにちがいないと思っている。けれど私は引き分けられてからも、口では強がりばかり云っていた。いつでも相手になってやるから来い、とまで云い置いた。暴力では自分は敵でないと思いながらも、争いの動機を考えるとよけい憤然たるものが首を擡《もた》げるのである。たとえば負けても私は佐川のために争いつづけることでしか自分の満足は得られないと思うのであった。

体に中心のないような一ヶ月がいつの間にか過ぎ去っていた。私には佐川二等兵がどこにいるかわからない。大陸のどこかで銃を執り、機関車の運転に任じているであろう。私はよく支那の地図の上に立ちあがって私に笑いかけている彼の姿を夢に見た。その度に私は彼が武勲を著わしてくれることを祈らずにはいられなかった。居るところを明らかにしなくともよい。一本の手紙を寄越《よこ》さなくともよい。無事で戦っていてくれればよい、と思いながら……。

上田廣（一九〇五年～一九六六年）

小説家。鉄道省教習所卒業、鉄道省に勤務。退職後、専業作家として活動。晩年は『日本国有鉄道百年史』の編纂にも当たった。鉄道省は一九二〇年～一九四三年に設置されていた鉄道をはじめとする運輸行政機関だが、日本国有鉄道の前身となる国鉄の現業機関でもあった。「指導物語」は鉄道省在職中の見聞を元に創作された作品で、「中央公論」一九四〇年七月号に掲載された。主人公は国鉄の蒸気機関車の機関士で、鉄道連隊の兵士に機関車の運転を教育する物語だ。鉄道連隊は旧日本陸軍に置かれていた部隊で、戦地における鉄道の建設・運転・保守などを担当した。本編によれば、前線で非常に危険な任務を負うこともあったという。千葉県に演習のための施設を持っていたが、本編のように国鉄などに研修に出ることもあった。作品中に披露される蒸気機関車運転のための専門的な知識も興味深い。なお本文は『コレクション戦争×文学15 戦時下の青春』（集英社、二〇一二年）による。

特急さくら　西へ！

東海道・山陽・鹿児島・長崎本線ほか　**竹島紀元**
1967年

遙かなる旅の序章

東海道本線下り「特急」第1列車〈さくら〉――東京発一七時。乗務員が仕事に就《つ》くのはその二時間近く前である。

初夏の陽射しが明るい一五時過ぎ、東海道上下本線に挟まれた東京機関区の古びた建物から革の鞄《かばん》を抱えたナッパ服姿の男が二人、巨大な機関車群の間をぬって、めざすブルーのEF65形505号機のほうへ急ぐ。

彼らは静岡運転所「変3仕業」の機関士と機関助士である。機関車乗務員は毎日、決まって同じ列車を運転することはない。沢山の乗務員が、ただでさえも不規則な作業環境の中でできるだけ平準化された同じ条件で勤務に就けるよう、作業内容を毎日変えなければならない。機関車・電車などの動力車別、旅客列車・貨物列車・入換などの任務別に乗務グループが分けられ、各グループの乗務員は適当な上下列車を組み合わせた幾つかの仕業ダイヤを順次、回り持ちで受け持つことになっている。「変3仕業」というのは今朝六時一六分、上り寝台急行〈さぬき〉の機関車に静岡から乗務して一〇時五分に東京着、客車を品川まで回送して数時間休息ののち、下り特急〈さくら〉を運転して一九時三一分に静岡に戻ってくる勤務のことである。

特急〈さくら〉の固定編成客車の基地は品川。九州からの長い旅を終え、朝から昼にかけて次々と帰ってきた五本の編成客車たちは、夕方近くにはすっかり整備を終わって、美しいブルーの車体を客車区の構内に並べている。〈さくら〉は、西下する夜行寝台特急群のトップランナーである。

ヘッドマークを挿頭《かざ》した特急用のEF65形505号機が、出を待つ編成客車の東京寄りにガッチリと付く。一五時五六分、〈さくら〉の回送列車は静かに東京駅に向かう。ビルの谷間には早くも黄昏《たそがれ》が忍び寄っている。食堂車ではウエイトレスたちが夕食の準備に余念ないことであろう。

いったん東京駅の神田寄りに引き上げ、下り方向に機関車を付け替えて、旅のムードに包まれた一四番ホームへ。一五両の長大編成〈さくら〉の機関車は前頭をホームから突き出して止まる。入線は定刻通り一六時二四分、発車まであと三六分。

ただちに運転装置のテスト開始。まず通電試験をする。単独ブレーキをかけた状態でマスコン（主幹制御器）のノッチを入れ、単位スイッチが指令どおり働いているかどうか、動作試験をする。続いてブレーキ試験。絶対に事故を起こすことの許されないのが鉄道輸送だ。しかも日本を代表する特急列車！　正確な運行と快適さも大切な使命である。それればかりではない。すべての列車に優先する特急列車の遅れはたとえ僅かであっても何十本という列車に影響を与えずにはおかない。五〇〇トンもの長大編成を時速九〇キロメートルで引っ張りながらEF65形505号機は下関まで一、一〇〇キロメートルを無事に走り通す責任がある。下関までぶっ通しで一五時間余り、幾組もの乗務員の手に委《ゆだ》ねられる前部運転台の性能テストは、あらゆる装置について厳重でしかも慎重に重ねられてゆく。

東京→静岡　ＥＦ65形５０５号機

運転士席の時計の針が発車一分前を指している。出発信号はすでに青。発車を予告するホームのアナウンスも鳴り響くベルも、電動発動機と送風機《ブロアー》の音にかき消されて前頭の機関車には届かない。運転室――それは時間と距離の交錯する〝鉄路〟に生命《いのち》をかけた、機関士と機関助士の孤独な世界である。

「発車！」マスコンのハンドルを握る機関士の右手が力強く、しかも慎重にノッチを進めてゆく。「後部　オーライ」次第に加速しながら〈さくら〉は本線に出る。暮色深まりゆく東海道を、あとは西へ向かってひた走るだけだ。安全に、一秒の狂いもなく正確に！

東京駅同時発車の新幹線〈ひかり35号〉が音もなく左後ろから近付き、仲良く頭を並べて有楽《ゆうらく》町《ちょう》駅を過ぎる。〈ひかり〉は次第にスピードを上げて追い抜いてゆくが、ＥＦ65形５０５号機は時速七〇キロメートル前後を保って、国電ホームにあふれた通勤客の見守る中を悠々と走り続ける。九州への道は遠いのだ。

田町《たまち》駅西方で早くも時速五五キロメートルの速度制限に出合う。時速五〇キロメートルで僚友の見守る東京機関区の横を過ぎる。「本線場内　進行！」品川客車区の南をかすめて品川駅構内へ。「出発　進行！」ポイント制限六五キロメートル、上り本線を矢のように湘南電車がすれ違う。

都心を抜け出た〈さくら〉は夕日に赤く燃える関東平野を一路、西へ。時速八五キロメートル、青い信号灯が流星のように飛び去ってゆく。

機関車乗務員の大切な仕事の一つは、進路前方の信号確認をはじめとする列車の安全監視である。駅構内の手前で、場内信号機が青を示している。

機関士「本線場内　進行！」　助士「本線場内　進行！」

……出発信号機の青を確認。

機関士「本線出発　進行！」　助士「本線出発　進行！」

疾風《はやて》のようにホームを掠《かす》めながら、
機関士「〇〇通過、定時」　助士「〇〇通過、定時」

駅通過の直後、列車の後部を振り返って、
機関士「後部　オーライ！」　助士「後部　オーライ！」

息つく間もなく前方に閉塞信号機の青が迫る。

機関士「第〇閉塞　進行！」　助士「第〇閉塞　進行！」

閉塞区間は進路の手前から第三閉塞・第二閉塞・第一閉塞というように決められている。閉塞信号機の確認は原則として六〇〇メートル手前。場内信号機・出発信号機が遠方から認め難いときは中継信号機が併用されている。保土ヶ谷《ほどがや》〜戸塚《とつか》間では九つの閉塞区間があり、また大船《おおふな》駅下り線の場合、場内三・制限二・予告一、通過一・定時一・後部一・閉塞（第五）一、合わせて一〇回の喚呼応答が行なわれるわけだ。

駅を通過するとき機関士と助士は必ず窓を開ける。さらに助士は起立して前方を注視、窓から上半身を乗り出してホームを通過監視する。厳しい作業の中で安全運転のために細心の注意が払われているのである。

鉄路の彼方に赤い夕日が落ちてゆく。暮色があたりを包み、行く手の青いシグナルが生命《いのち》あるもののように輝きを増してくる。

早川《はやかわ》〜熱海《あたみ》間ではトンネルと半径四〇〇メートルの急カーブが連続し、運転速度は時速七〇キロメートルに抑えられる。スピードアップを阻む線路の悪条件は、天下の大動脈‐東海道本線にもまだ数多く残っている。

長さ七・八キロメートルの丹那《たんな》トンネルを六つの閉塞信号を確認して通り抜けると間もなく沼津《ぬまづ》。停車時間一分、機関車から飛び出した助士が駆けるようにして足回りを点検する。異常なし！

沼津発一八時五〇分。行く手にはすでに夕闇が深い。二個の前照灯を煌々《こうこう》と輝かせた特急〈さくら〉は次の停車駅‐静岡めざし時速九〇キロメートルで走り続ける。マスコンのノッチ位置はSP（直並列）～P（並列）に保たれたまま。新しい設計のEF65形ではマスコンのノッチ数が少なくなり、多段階のノッチ進めが自動的にできるようになっている。

東京を出てすでに二時間、EF65形の力強い足取りはますます快調だ。ハンドルを握り締めて前方の闇を凝視する機関士。その姿には一分《いちぶ》の隙《すき》もない。助士席右上の隅に備えられた車両用信号炎管の筒が室内灯の幽《かす》かな光に浮かんでいる。

静岡到着一九時三一分、定時。乗務員交替である。

「機関車状態、異常ありません」

「御苦労さんでした」

短い言葉の中にすべてを通じ合って、信頼し合うもの同士の引継ぎは僅か二分の停車中に終わる。

静岡から名古屋まで一八五・八キロメートルを〈さくら〉は無停車で走る。前頭のEF65形505号機では新しく乗り組んだ機関士と機関助士が闇に流れる信号だけを頼りに、厳しい作業と取り組んでいる。その吹き鳴らすホイッスルも密閉された客車までは届かない。寝台がセットされ、旅人たちは軽い鉄輪《わだち》の響きに身を任せて思い思いにかりそめの夢路を辿る。

鉄路に星影が散る夜半《よわ》……、ブルートレイン〈さくら〉は暗い山河に一筋の光芒を淡く放って遙かなる西への旅路を駆け続ける。

広島↓下関　EF65形505号機

〈さくら〉の朝は広島で明ける。五時……、五月半ばの空はすでに白い。ここから本州の西端－下関まで、下関運転所の甲組第2/5仕業の乗務員が〈さくら〉を走らせる。

この仕業は二人とも機関士である。下関運転所では、ベテラン機関士を組み合わせた特急牽引専任の「甲組」の乗務員グループが編成されている。下関～広島間、往復とも特急を牽引する長い乗務だ。仕業ダイヤも広島～徳山《とくやま》間・徳山～下関間が表裏に記載されている。

徳山一分停車。H機関士にバトンを渡したT機関士が、素早く機関車の内外を点検する。異常なし。

「第五閉塞　進行！」モーターの唸りと震動がかすかに伝わる広い運転室に、喚呼応答が力強くこだまする。見通しのよい車窓前方に緑一色の山陽路の朝景色が流れる。

山陽本線もこのあたりまでくるとローカル色が深い。すれ違う列車の数も少なく、蒸気機関車が時おり煤けた黒い顔を見せる。通過する早朝のホームに客の姿はなく、助役がただひとり列車を見送っている。

「福川《ふくがわ》、三番　通過！」……「三番場内　進行！」「三番場内　進行！」……「三番出発　進行！」

「三番出発　進行！」……「閉塞中継　進行！」「閉塞中継　進行！」……「第二閉塞　進行！」

「第二閉塞　進行！」……「後部　オーライ！」「後部　オーライ！」

絶え間なく喚呼応答は続く。東京を遠く離れたとはいえ輸送の大動脈を走る国鉄の代表列車だ。

東京から佐世保まで一、三〇〇キロメートルの間に追い越す列車は五〇本、うち急行旅客列車七本、すれ違う列車およそ三〇〇本！

〈さくら〉は薄日の射す瀬戸内海に沿って走る。上り一〇パーミルの勾配を弱め界磁Ｆ１ノッチで登る。時速六〇キロメートル、揺れはほとんどなく送風機の音だけがものものしい。

山陽本線はさすがにロングレール化が進んでいる。ＥＦ65形は思いきり速度を上げ、平坦区間では時速九〇キロメートルで飛ばす。一〇パーミル上り勾配ではノッチを弱め界磁に入れ、時速八〇キロメートル前後で勢いよく登ってゆく。

宇部《うべ》一分停車。慌しく足回りの点検をすませ息つく間もなく発車だ。弱め界磁Ｆ４ノッチで加速。すぐに一〇パーミルの下り勾配にかかりノッチオフ。加速がついたところで橋脚工事のため時速四五キロメートルで徐行。渡り終えると再びＦ４ノッチで力一杯の力行に移る。駅が迫り、ポイント通過制限だ。全身の神経を使うハンドル捌《さば》きの苦労は幹線の全面的改良が実現する日まで、まだ続くだろう。

機関士の白い手袋がブレーキハンドルにかかり、走り続けた〈さくら〉は次第にスピードを下げた。

「下関、三番　停車！」……「場内中継　制限！」……「三番場内　注意、制限四五キロ！」

時速四〇キロメートルで大きく右へカーブを切る。「制限三五キロ」ブレーキ音を軋《きし》ませてホームへ進入。八時二八分定刻、一、一〇〇キロメートルを見事に走り通したＥＦ65形５０５号機は、関門海峡を望む本州の西端にその逞《たくま》しい歩みを止めた。

下関↓門司《もじ》　ＥＦ30形17号機

直流電化で延びた山陽本線と交流電化の九州線との接続は門司である。門司駅構内の関門トンネル出口付近に交直セクションが設けられ、専用のEF30形交直流機関車が車上切替えで下関と門司の間を結んでいる。

潮風の漂うホームに憩《いこ》う〈さくら〉の前頭に、門司機関区のEF30形17号機が付く。この関門トンネルの主《ぬし》の運転室はEF65形に比べるとかなり狭い。門司まで〈さくら〉を引っ張るのは門司機関区EL一組八仕業の乗務員である。

新しい電気機関車と電車で昔日の面影のない旧下関機関区を右下に見て、高架線を関門トンネルへ。トンネル内は制限時速八五キロメートル。海水で汚れた前面のガラス越しに円形のトンネル断面が不気味に続く。意外に早く上りにかかり、力行する〈さくら〉の時速は五〇キロメートルに下がった。右へカーブして直線にかかると出口は近い。地上に出てすぐ交直セクションがある。「交直変換！」

スイッチが「直」から「交」へ切り替えられる。「架線電圧二一キロ」

ホームが近付く。門司到着八時四〇分、定刻。

門司→鳥栖《とす》　ED73形4号機

一五両編成の〈さくら〉はどの停車駅もホームの長さ一杯で、門司でも機関車位置はホームの外れである。僅か八分間だけ〈さくら〉を牽引したEF30形17号機が去ったのち、カーブの陰から鹿児島本線の花形〜ED73形交流電機が厳めしい顔付きの赤い車体を見せた。ED73形4号機——門司機関区所属。鳥栖まで〈さくら〉をひくのは鳥栖機関区一一組一〇二仕業の乗務員。荷四二列車に深夜乗務した帰りだ。

ED73形に受け継がれた〈さくら〉は四五秒遅れて門司を発車。すぐ右手に広がる門司機関区の構内ではD51形の群れが煙を吹き上げている。

門司から黒崎《くろさき》にかけての北九州市一帯は八幡製鉄で全国に知られる工業地帯である。小倉を過ぎると一面のスモッグが視界を遮り、前方の見通しは僅か二〇〇〜三〇〇メートルという状態。その中から突然、ED76形交流機関車や421系交直流電車が顔を見せる。

戸畑《とばた》通過三〇秒延。〈さくら〉は新しい旅客線の高架上を牧山トンネルへ向かう。右手のスモッグの彼方に雄大な若戸大橋が虹のように浮かんでいる。石炭産業が斜陽化したとはいえ筑豊地方は今でも石炭の町である。細々ながら炭鉱《ヤマ》で掘り起こされた石炭は鉄道で北九州の港へ送られる。折《お》尾《お》にかけての車窓には、石炭列車に働く9600形の姿を今も見ることができる。

ED73形の乗り心地はEF65形と少しも変わらない。交流と直流の違いはあっても、〝標準化〟の進んだ近代機関車では共通の構造が到る所に採用されている。EF65形・EF30形・ED73形は性格と用途がはっきり違うのだが、添乗した感じでは特別の印象は受けない。ただ、マスコンの構造とこれに伴う運転操作はそれぞれに違う。ED73形はタップ制御で、1〜25のノッチ刻みがある。

自信に満ちたベテラン機関士の右手がハンドルを握り締めている。白い手袋のこの手は、かつては蒸気機関車のハンドルを握っていたことであろう。近代化が急テンポで進む地方幹線では、動力車乗務員の転換教育が急がれている。電機・ディーゼル機・蒸機の運転を受け持つ鳥栖機関区でも、蒸気機関車のほかに電機・ディーゼル機の運転資格を持つ機関士が多く、蒸機・電機・ディーゼル機の三種の資格を持つ運転士もいる。

折尾から博多にかけての沿線の変わりようは目を見張るものがある。かつて北九州と福岡は完全に離れた九州北部の二大都市圏であった。だが鹿児島本線電化による画期的な輸送改善が、日に日に長い時代の壁を破ってゆく。北九州市と福岡市は隣接都市の観を呈し、緑一色だった中間の農村地帯には工場と住宅が軒を連ね、新しい一つの都市圏を形づくろうとしている。

吉塚《よしづか》を過ぎると高架にかかり、西日本の玄関にふさわしい近代的な博多駅へ。九州の鉄道の中枢駅も停車時分は僅か三分。

福岡市の南郊、広大な南福岡電車区に憩う475系・421系交直流電車群の横をかすめて筑紫路を南下すること二七分、長崎本線の分岐駅ー鳥栖に到着した。

鳥栖→肥前山口《ひぜんやまぐち》　DD51形572号機

〈さくら〉はここから近代化された電化路線に別れを告げて、長崎本線を九州の西の果て、長崎・佐世保へ向かう。いよいよ未電化区間の王者DD51形ディーゼル機の登場である。

DD51形572号機、カラフルな凸形車体が南国の陽射しに映える重連総括御装置付きの新鋭機だ。交流電機からディーゼル機関車へ、九州の明日《あす》を担う両雄のバトンタッチは五分で完了した。

駅構内に隣接する機関区では、交流電機を取り囲むようにして蒸気機関車が黒煙を吹き上げている。明日の運命も知らぬかのように逞しく息を吐いているC60・C57・D51形そして9600形の姿……。夕方になると、構内狭しとたむろした蒸気機関車たちの煙が古い鉄道の町、鳥栖の空を一面に黒く覆う。

だがその夜、西海の潮騒《しおさい》が枕元に寄せる旅の宿でラジオは報じていた。国鉄九州支社では〈雲仙〉ほか四往復の急行列車の蒸気機関車を新しいディーゼル機関車（DD51形）に取り替え、六月から旅客列車の八二・四パーセントを無煙化する――と。空を覆っていた煙は、やはり幻影に過ぎなかったのだろうか。

〈さくら〉は鳥栖から右に遠く背振《せぶり》の山なみを眺めて、黄一色の麦穂峠の中を西へ走る。長崎本線は輸送力増強長期計画の複線電化区間に予定されていて、鳥栖～肥前山口間では複線化工事が進み、白い砂利と赤茶けたレールが印象的だ。

そうした新しい時代の息吹《いぶき》の中をDD51形572号機は警笛を吹き鳴らしながら悠然と走る。本線の制限速度は時速八五キロメートルだが、未改良の構内ポイントには六〇キロメートル以下の制限が多く、工事のための徐行区間が各所に点在している。高性能の近代ディーゼル機は二〇〇〇馬力の力を持て余し気味だ。

DD51形の運転室の操縦装置は驚くほど単純化されている。目立つのはマスコンとブレーキ弁ぐらい。そのマスコンも電気機関車のそれに比べると遙かに小さく、ディーゼル動車なみ。マスコンのハンドル操作で電気的に変速機を作動させエンジンの出力を加減する。この機関車で開発された大型の液体変速機が、一速から三速まで速度に応じて自動的に最適の状態を選択する。前面パネルの「知らせ灯」が点滅してその状態を明示し、空転を起こすと赤ランプがただちに警告を与える。運転条件によって多少違うが時速三〇キロメートル前後で二速、六〇キロメートル前後で三速に入る。変速・直結の切替えのみ機関士がハンドルで行なうわけである。厳めしい外観からは想像もできない小づくりの操縦装置は、自動化された運転機構の素晴らしさを示すものにほかならない。

時速七〇キロメートル前後で余裕たっぷりに走る機関車の上では、スピードがほとんど感じられない。激動する機上で煤煙と熱気を浴びて力作業に心身をすり減らす機関車乗務員の苦労は、もはや昔語りになろうとしている。新しい動力の開発と徹底した自動化がこれを実現したのだが、安全運転に対する時代の要求はますます厳しさを加えてゆく。

工事徐行と単線区間での上り列車待ちの臨時停車のため、〈さくら〉は目的地を前にやや遅れ気味だ。時おり見かける貨物列車は昔ながらのD51形、佐賀付近では唐津線の石炭列車に今なお健闘を続ける9600形が姿を見せ、最果ての車窓には次第にローカル色が深まってくる。

佐世保線の起点‐肥前山口は、長崎ゆき〈さくら〉と佐世保ゆき〈さくら〉の分割駅である。蒸機全盛のころは長崎本線・佐世保線列車の分割・併結のため、構内にはいつも一～二両の蒸気機関車が滞留していた。ほとんどの旅客列車がディーゼル動車に変わった今、静まり返った広い構内に初夏の陽射しだけがいたずらに明るい。折り返す機関車のためにつくられた三角線《デルタ》にC51形の姿はなく、線路は赤錆びて雑草の茂みの下にひっそりと眠っている。

ホームでは編成の切離し作業が手早く進められ、長崎ゆき〈さくら〉は基本編成だけの現車八両・換算二六・五両（二六五トン）の身軽な姿になり、一一時一四分、エンジンの音を力強く響かせてホームを離れていった。鳥栖機関区一組一仕業の乗務員たちは長崎まで乗務し、今夜、上り寝台特急〈あかつき〉を牽引して鳥栖へ戻るのである。

残された佐世保ゆき〃付属編成〃の前頭に、独特の簡易電源車マヤ20形を従えたDD51形53号機が連結された。このヘッドマークの桜の花びらの地色は青である。

佐世保ゆき〈さくら〉は八両編成、換算二五・五両（二五五トン）、終着‐佐世保まで走らせるのは早岐《はいき》機関区一組一仕業の乗務員たち。

佐世保線は勾配路線で、なかでも武雄《たけお》から永尾《ながお》まで四・六キロメートルは標準勾配二五パーミルの難所。急坂を登ってゆくDD51形の表情は見た目には変わらないが精一杯の仕事だ。

〈さくら〉の車内には、長い旅の果ての物憂さが漂っている。客室乗務員たちの顔にはさすがに疲労の色が隠せない。映画『大いなる驀進』に描かれたような劇的なドラマもなく、何百人もの人生を乗せた〈さくら〉の旅は次第に終わりに近付いてゆく……。

早岐《はいき》↓佐世保　C11形370号機

大村線の分岐点－早岐は佐世保・長崎・鳥栖の三方向を結ぶルートの要《かなめ》で、構内配線上、佐世保へ向かう列車はここで進行方向が逆になる。〝C11特急〟は、この配線が生んだ宿命の落とし子である。佐世保まで僅か八・九キロメートル、一二分。牽引機DD51形を付け替えるには余りに短く、佐世保に着くとすぐ基地の早岐まで編成を引き上げなければならない。優等列車から〝煙〟が抹殺されつつある今日、看板列車の特急牽引にタンク機関車を登用したのは〝名を捨てて実を取る〟現代的商法であり、賞賛に価する当局の英断であったと言えよう。

〈さくら〉が早岐駅三番ホームに着くと、編成後部の佐世保寄りにC11形370号機が連結される。一二時一七分、力強い汽笛一声、後ろ向きのC11形は動き出した。僅かの距離とはいえ勾配の連続するコースだ。凄まじい煙を吹き上げて猛然と加速する機関車の狭い運転台に、耳を圧するドラフト、油の焼けた匂いと騒音が渦を巻く。加減弁満開、時速七〇キロメートル！　細いレールを叩《たた》く動輪の衝撃が、突き上げるように絶えず伝わってくる。急カーブをうねる客車の腹の遙か後方に、DD51形がぶら下がるようにくっついている。

佐世保線は全線単線・通票閉塞の、近代化から取り残された古い路線。「通票、佐世保－サンカク！」

進路の安全を約束するのは通票と腕木式信号機だけ……、運転の苦労は並大抵ではない。

緊張と叫喚の一二分は瞬く間に過ぎ去った。鈍いブレーキの音を軋ませて、C11形370号機は佐世保駅一番ホームの北端に足を止めた。一二時二九分、定刻！　遙かなる山河を越えて一、三〇〇キロメートル……、下り〈さくら〉の一九時間二九分の旅は終わったのである。

東京から佐世保まで駅数およそ三〇〇、駅間に平均三つの閉塞区間があるとして合計九〇〇、後部確認を含む喚呼応答三、〇〇〇回。この数字は、高速で突っ走る機関車上で複雑な運転を続けながら平均二〇秒に一回、安全確認のための作業が繰り返されていることを示している。添乗中、私は一回の短い会話さえ乗務員と交わさなかった。そのヒマがない、いや、話しかけるのを慎まずにはいられなかったほど、その態度は厳しかったのだ。

「汽車の旅はつまらなくなった……」と人は言う。旅と仕事の違いはあっても、このような人生の旅路もあり、それが旅する人々の安全を支えていることを、私は訴えたい。

竹島紀元（一九二六年～二〇一五年）

編集者、映画監督。雑誌「鉄道ジャーナル」「旅と鉄道」の初代編集長。「特急さくら　西へ！」は「鉄道ジャーナル」創刊第二号となる一九六七年二月号に発表、同誌「列車追跡」シリーズの創始ともいえる作品だ。ルポの対象となった「さくら」は、当時、東京～長崎・佐世保間を結んでいた寝台特急で、ブルートレインの代表的な存在だった。「さくら」の走る山陽本線は一九六四年に全線電化が完成、鹿児島本線は一九六五年に熊本まで電化された状況で、長崎本線や佐世保線はまだ非電化だった。東京～下関間を担当するＥＦ65形５００番代は一九六五年一〇月に登場したばかりの新鋭機で、鉄道ファンにとってはその後にバトンタッチしていくＥＦ30形交直両用電気機関車、ＥＤ73形交流電気機関車、ＤＤ51形ディーゼル機関車も興味深い。そして最後の早岐～佐世保間ではＣ11形蒸気機関車も登場する。この時代、蒸気機関車が先頭に立つ特急は、この「さくら」と上野～青森間を結んでいた「ゆうづる」の一部区間だけで、当時でも極めて珍しい存在となっていた。なお本文は『日本の名列車』（祥伝社新書、二〇〇六年）によった。

機関車随想

官設鉄道（国鉄）・日本鉄道ほか　**堀内敬三**
1948年

機関車への愛

フランス現代の花形作曲家オネッガー（オネゲル）が大正十三年に『パシフィック231』という交響詩を発表して俄然大好評を博し、日本でも昭和六年の三月に近衛秀麿氏指揮の下に新交響楽団によって初演された。パシフィックというのは機関車の車輪配列の種別による形式名で、231というのはその形式の数字による表記法である。フランスのパシフィック型機関車は番号の始めに231という数字をつける。このパシフィック型は世界各国とも急行旅客用に使う大型機関車の形式で、オネッガーの曲はこの巨大な鉄の怪物を音楽的に表現したものである。

作曲者自身の解説には「私はいつも機関車を熱愛している。それは私にとって――私は他の人たちが馬や婦人を熱愛していると同様に、それを熱烈に愛しているのだが――生き生きした活物のように思われる……。」とある。

＊

オネッガーとまったく同じ感情を、私も機関車に対して持っている。私はそのために機械工学を勉強し、それから力学を専攻した。本職の音楽についてはあっちこっちと随分ひま取った私が、道楽の学問の方ではすらすらと正式な教育を受けてしまったのだ。（もっとも力学の一部として音響学もやったから、これはまったくの損失でもなかった）

私の機関車好きも古いものになった。少年の頃の愛慕と尊敬は機関車に向けられた。もう四半世紀以上の昔だけれど、東京近傍の線路はその頃の姿そのままに思い出される。その線路――林と畑と草屋根の間を貫く線路の上を走る機関車の姿かたちは、今でもまざまざと浮んでくる。その機関車には大きいのも小さいのも、美しいのも醜いのも、いろいろな姿態と個性があった。そうしてそれらは皆、私のお友だちだった。

＊

機関車に対する憧憬は、多くその活動力に起因するのだろう。私は速力の早い機関車が特別に好きだった。その昔D9といったイギリス製の機関車、これが東海道線に活躍していた。清楚な姿を持った機関車で、少女のごとく愛らしくかつ晴れやかだった。これが朝夕二回の横須賀急行をひいて新橋―横浜間（というのが今は汐留駅と桜木町駅に改称されているが）十八マイルの道を二十八分で走った。換算してみると一時間に六十二キロメートルの平均速力だから、今から考えても随分早い。

こういう話も聞いている。明治五年の鉄道開通式の時、御召列車に奉仕したイギリス人の機関手がこの時とばかり腕前を見せて、一時間で走る予定の京浜間を三十分で走ってしまった。横浜の式場では御召列車が意外に早く到着したので大いに狼狽し、ようやく失態も演ぜずにすんだが、あとでその機関手は罰俸を食ったというのである。

当時の機関車は皆小さなタンク機関車であったが、二号と四号だけが炭水車付の大型であったから、京浜間を三十分で走ることも出来たろう。ちょうどイギリスでは各鉄道が速力を競っていた頃だ。狭軌鉄道といえどもイギリス製の機関車にイギリス人の機関手が乗れば、速力をだしたがるのも無理はない。この二号の機関車は後に五〇〇〇号と改められて沼津駅構内で働いていたが、震災後三、四年間は汐留駅で雨ざらしになってさびていた。この痛ましいボロボロの機関車が六十年前の花形だったと思って、省線電車の窓から感傷の瞳を向けたことだ。

汽車の音響

明治四十四年に新しい大型機関車がたくさん輸入されて、東海道線が俄然スピードアップされ、特別急行が出来た。この時輸入されたのが過熱蒸気を用いる機関車の最初であり、かつ輸入機関車の最後であったが皆堂々たるもので、ドイツ製の八八五〇形式などはそれを製造したボルジッヒ社がいつも宣伝写真に使っていたほど美しいものだった。その時アメリカから輸入された八九〇〇形式というのが日本における最初のパシフィック型機関車で、雄大荘厳を極めたもののように見えた。

このパシフィック型は重音の（ドミソの三つの音を合せた）汽笛を持っていた。これが珍しかった。重音の汽笛はアメリカの機関車の特色で、一種底力のある音がする。昔の日本鉄道（今の東北線の私設線時代）がアメリカから輸入した機関車にこれがついていたが、沿道の住民からあの汽笛は気味の悪い音がして、赤ん坊が夜泣きをして困るから断然やめちまえという苦情がさかんに出たので、時の日本鉄道株式会社汽車課長田中正平博士は恐縮してこれを単音の汽笛に改めた。汽笛でいじめられた田中博士は、純正調オルガンの発明者として世界音響学界の有名人である。

＊

汽車の快さはリズム的音響にある。駅を出る時、煙突から吐く排気《エキゾースト》の音がだんだんに、だんだんに早くなるあの気持ち。昔の機関車は牽引力が弱かったから、なかなか急に早くはならない。動輪一回転について四回ずつの排気の音が回転の早くなるにつれて小刻みになって行く。客車の中に揺られていると線路の継ぎ目を車輪が渡るガタンガタンという音が、やはり次第に早くなって行く。

近頃の電気機関車は牽引力が強くて、駅を出るやいなやグイグイと早くなってしまう。「強引《ごういん》に押し出して太刀山《たちやま》の勝ち」などと昔の相撲記事にあったあの「強引」という文字が、電気機関車の急激な加速度に当てはまるような気がする。これは実用的で結構だが趣味に乏しい。昔の機関車、ことに動輪が大きくて牽引力の弱い旅客列車用機関車は、その点が大変奥ゆかしかった。

＊

走っている時の音は、主として線路の継ぎ目から車輪を通して旅客の身体を微動させる。これがうまく四拍子か五拍子か六拍子になっていると大変いい。軌条の長さと輪底《ホイールベース》の長さとがうまくそろっていないと、四拍子三分の一だったりなんかして感じが不安になる。機関車の排気は明瞭に動輪の一回転。すなわち四回の排気を周期として聞える。時計を出して排気の音を聞きながら一分間の回転数を測ることも出来る。

初めて三気筒の機関車を見たのはドイツのある駅であった。動輪一回転について排気の音が六回になる。二気筒機関車ばかり知っていた私は、動輪の回転よりも排気の音が多いのを聞いて大変不気味に感じた。三気筒機関車は昭和二年から日本にも出来た。三気筒のパシフィック型C53形式は「つばめ」などを引く雄大な機関車で、ヨーロッパ大陸風の壮麗な姿を持っているが、どうも排気の音が多すぎるような感じが今でも拭えない。

愛人型・ペット型

私の中学時代は機関車熱がもっともさかんで仲間も数人あったし、若き鉄道技師（のち仙台鉄道局長）の山岸輝雄氏やその他の先輩専門家からいろいろと教わった。しかし私たちにとっては機関車の機械的方面などはどうでもいいので、姿形にばかりあこがれていたわけだから、ついに山岸さんから「タイプ・エンジニア」というあだ名を頂戴した。

格好のいい機関車は愛人のようであった。六二〇〇形式（昔のD9型）や八八五〇形式は愛人の部に属した。そうして小さい可愛らしい機関車はペットのように思えた。総武線の区間旅客列車を引いていた一〇形式という四輪の小機関車などはペットの方であった。私たちは近所の機関庫めぐりをやっては機関車とあいびきを重ねた。旅行をすると目を皿にして機関車を見た。今でも旅に出て思いもよらぬところで旧知の機関車を見る。多くは敗残の老骨になっている。「おい久し振りだなあ」と肩をたたいてやりたいような気がする。

*

明治初年の一号という小さな機関車を見るために、中学三年のとき九州へ行ったついでに島原鉄道を通った。そこでめでたく昔の一号にめぐり逢ったのはうれしかった。ミス一号は国有鉄道から島原へ売られたのである。島原で散々苦労をした末に、近年に至ってほかのやや新しい中古機関車と交換に足を洗ってふたたび東京へ帰り、交通文化博物館に竟《つい》の住家をもとめた。島原鉄道ではミス一号が石炭を食わないという理由で大変寵愛していたようであったが、鉄道省が懇望するので少々の不経済を忍んで交換したものらしい。

明治十四年に日本鉄道株式会社が出来た時の最初の機関車は、イギリスから輸入されて川口町の普光寺のところで組立てられたのではじめ「善光」と名づけられ、後に一二九〇形式の一二九二号と改番されたが、これはちんちくりんのくせに妙に煙突が長く、機関手室が大きく、そのうえ気筒が車輪の内側にあるという超古典型で、この方が前述のミス一号より奇抜であった。これも交通文化博物館に行くと逢える。

＊

北海道炭礦鉄道というのがあって、これは純アメリカ風の機関車を使っていた。機関車の前には「牛よけ」という鉄の救助網めいたものがあって、汽缶《ボイラー》の上には鐘がついていた。その鉄道が明治十三年初めて開通したときの機関車は「義経」だの「弁慶」だのという名をつけたアメリカ製のテンダー機関車八両で、そのうちの第二号（のち改番して七一〇二号）は昔の「弁慶」の名に立ち戻って、いま交通文化博物館にある。機関車に名をつけるのは今でもイギリスでやっているし、アメリカでも昔は線によって行われたようだが、日本では前の「善光」とこの「義経」「弁慶」以後、一向聞かない。

奇妙な形をしていたのは碓氷峠の蒸気時代（明治二十六年の開通から明治四十五年の電化まで）の機関車であった。普通の二つの気筒のほかにアプト式歯状軌条用歯車を動かす気筒が二つの車両の内側にあるので、フレームを輪の外側にだし、四角い大きなタンクを両側にかかえ、大きな砂箱と短い煙突を上部に置いて、まるで兜に身を固めたようであった。碓氷峠が電化されてから一部は奥羽線板谷峠の急勾配線路にまわされたが、あの重戦車のような機関車はもう見られまい。

＊

中学時代の私は空想で鉄道をつくったのである。二十万分の一地図へ線路を敷いて停車場をつくり、お客がジャンジャン乗るものと仮定して贅沢な急行列車を動かす。機関車は日本では見られないようなイギリス風の綺麗な、しかも強力なのを略図だけでこしらえる。時刻表を編成する。空想は立体化して、私の機関車が風を衝《つ》いて走る勇姿を私は幻視する。近頃になると私が図上でひいた線路はたいてい実現して、郊外電車が走っている。私の空想でこしらえた機関車よりはるかにスマートな立派な国産機関車が線路上を走っている。オールドファンもって瞑すべしである。

堀内敬三（一八九七年〜一九八三年）

作曲家、作詞家、訳詞家、音楽評論家。徳川夢声が賛嘆した博識でも知られる。「機関車随想」は、中学時代からの鉄道好きの堀内敬三が、音楽家らしい視点で鉄道、とくに機関車への思いを自由に綴った作品だ。好みの機関車は明治期に欧米諸国から輸入された蒸気機関車だが、一部は現在でも見ることが可能だ。1号機関車、「善光」こと1292号機、「弁慶」は鉄道博物館（さいたま市）、「義経」は京都鉄道博物館（京都市）、姉妹機の「しづか」は小樽市総合博物館で展示されている。また、10形は沼田町ふるさと資料館（北海道）、那珂川清流鉄道保存会（栃木県）、防府市鉄道記念広場（山口県）、宇佐神宮（大分県）と四両も残っている。なお、京都鉄道博物館で展示されている1080号機は6200形をベースに改造された機関車で、本編中「愛人」と評された美しさに触れることができる。本書は一九四八年に草原書房から刊行された。なお本文は『夢の交響楽――わが随想かくのごとし』（音楽之友社、一九九八年）によった。

日本の近代化とともにあった鉄道

京都電気鉄道ほか　今尾恵介
2017年

初の電車

日本に初めて電車が走ったのは、明治二十三年（一八九〇）の東京・上野公園である。第三回内国勧業博覧会にてお披露目されたアメリカ製で、有料ながら大人気の〝アトラクション〟であったらしい。馬が牽《ひ》くわけでもなく、蒸気機関ならあるはずの煙突やボイラーも見当たらない車両がなぜ走るのか不思議に思われるのも当然で、多くの東京市民が目を瞠《みは》ったそうだ。

しかしその電車がまず営業運転を始めたのは京都であった。琵琶湖疏水の水を京都東部の蹴上《けあげ》で落として発生した電力を利用し、下京区の京都駅前から、紀伊郡伏見町（現京都市伏見区）までの街道上を走った。明治二十八年（一八九五）のことである。京都市電の前身にあたる京都電気鉄道であるが、なぜ東京が最初でなかったかといえば、新橋の停車場から銀座を経て日本橋、浅草方面へすでに東京馬車鉄道が運行されていたからだ。

遅まきながらこの馬車鉄道の線路上にも明治三十六年（一九〇三）に架線が張られ、電車が走り始めるが、関東初の電車は神奈川県、それも横浜ではなくて川崎であった。六郷橋のたもとから川崎大師の門前までを結ぶ大師電気鉄道という路面電車で、明治三十二年（一八九九）一月二十一日の開業である。京浜急行電鉄のルーツだ。

それでは千葉県初の電車といえば、これは京成電車ではなく今はなき成宗《せいそう》電気軌道だ。明治四十三年（一九一〇）に成田駅前から新勝寺の山門まで約一キロという短区間であったが、翌四四年には義民で知られる佐倉宗吾《そうご》（惣五郎）を祀った宗吾霊堂まで線路を延伸し、以後「両参り」をアピールして多くの参拝客を乗せた。

神社仏閣への電車

他にも神社仏閣への参拝者を対象として敷設された明治、大正生まれの電気軌道は数多い。そもそも関東の「初電車」である大師電気鉄道の開業日が一月二十一日であったのは、新年初めての縁日である「初大師《はつだいし》」に合わせたからだ。初詣が今ほど圧倒的な動員数を誇っていなかった当時にあっては、もっとも多くの乗客を集められるタイミングだったのである。

ついでながら、これは蒸気機関車が牽く鉄道であるが、中央本線の前身の甲武鉄道は、四月十一日の開業だ。そもそも新宿〜八王子間を一気に開業したかったのだが、多摩川の橋梁工事に手間取ったため、花見のシーズンにギリギリ間に合わせるべく、多摩川の手前の立川までの区間で部分開業を行ったという。

汽車や電車が初めて走る土地では、それまで当然のことながら「汽車・電車なしの生活」が連綿と続けられてきた。農民はもちろん、職人や商家などの町人でも、行商人や旅芸人などの特別な人たちでなければ、住まいから毎日のように出かけるライフスタイルは例外的で、晴れ着に身を包んで出かけるのは、第一に神社仏閣の祭や縁日だった。非日常のハレの日の「お出かけ」である。遠距離の旅行の場合でも、お伊勢参りや富士講による登山など、本音は別としてあくまで信仰行事としての位置づけであった。

さて、まだハレの日にしか出かけない庶民が乗り始めた電車である。今でこそ一本の電車にラッシュ時に三千人ほどの大人数がひしめく風景を見慣れているけれど、黎明期の電車といえば一両のみと相場が決まっていた。それも大型車でもせいぜい定員四〇人といった具合だから、二倍乗っても一〇〇人に届かない。たとえ同じ間隔で密に走ったとしても、今昔の輸送量の格差は数十倍に及ぶ。

京成電気軌道（現京成電鉄）の大正六年（一九一七）の公文書を調べていて印象的だったのは、柴又帝釈天の縁日に採られた輸送体制である。当時は起点の押上《おしあげ》（都心方面へは市電が接続）から本線が船橋（現京成船橋）まで開通、他に柴又を経て金町《かなまち》に至る支線が一本あったのみであるが、帝釈天の縁日輸送体制にあっては、ふだん船橋方面にボギー車（大型車）を優先配備していたのをやめ、ほぼすべての大型車両を押上～金町間、すなわち帝釈天への直通電車に振り向けた。もちろん分岐点の高砂から船橋方面の本線は、小型車で細々と運ぶという体制である。

ボギー車（八輪）が全部で九両、単車（四輪）が四両という小所帯であった京成が輸送効率を最大限に上げるための合理的な運用であるが、この当時のダイヤを見るとラッシュ時に本数がとくに多く設定されていたわけではなく、このとばっちりを受ける通勤者はあまりいなかったのだろう。当時の参拝者の存在感の大きさが実感される。もちろん、だからこそ「参拝電鉄」が多く生まれたのである。大正六年といえば第一次世界大戦中であり、開戦から三年が経っていたが、要するにこの頃までは「サラリーマン階層」はそれほど目立つ存在ではなかったことが窺われる。

第一次大戦後に急増したサラリーマンと電車

第一次世界大戦は大正三年（一九一四）六月に勃発した。大方の欧州市民がその年の「クリスマスまでには終わるだろう」と楽観していた戦争であったが、これまでに経験したことのない総力戦を呈して長引き、おびただしい戦死者を出しながら結局は四年後の大正七年まで続いた。日本は日英同盟を結んでいたので連合国側に属してはいたが、青島《チンタオ》攻略など部分的な参加にとどまり、基本的に「対岸の火事」であった。そのため当時の欧州工業が「戦時シフト」に移行している隙に乗じて、新興工業国としての日本は、彼等の独占的市場であったアジアを中心とする地域に食い込んでいったのである。

日露戦争の頃から伸び始めていた工業生産は大戦に入ってまさに急成長し、工場の新設やその規模拡大が目立つようになった。もちろん工業の発展は商業やサービス業の繁盛を促し、人や物の動きは数年で倍増といった驚異的なスピードで伸びていく。これにより従来は職住近接であった労働者の「鉄道での通勤」というスタイルが徐々に定着し、大都市近郊の住宅地開発も目立つようになってきた。

商工業の大規模化は企業の中間管理職などいわゆる「中流階級」の層を厚くしていくのだが、これにより中等・高等教育を受ける子弟も増加、旧制中学校や高等女学校、専門学校、大学などの新規設置が目立って進むようになった。都心へ通う勤め人に加えて、目に見えて増加する通学生を交え、鉄道の旅客輸送もまた急増していく。

昭和三年（一九二八）に刊行された『帝国鉄道年鑑』には、「六大都市各駅旅客乗車人員」と称して主要駅の乗車数の推移が表になっているが、たとえば当時の東京市外の「郊外」であった目黒駅は、大戦が始まった大正三年（一九一四）の乗車数が年間約四三万人に過ぎなかったが（現在なら本八戸《ほんはちのへ》駅、穂高《ほたか》駅、今市駅、勝浦駅などのレベルに相当）、終戦の大正七年には八二万人、関東大震災の前年にあたる大正一一年（一九二二）に二四七万人、表の末尾に見える最新データである大正一五年・昭和元年（一九二六）には六三三万人という驚異的な増え方を呈している。同一二年に目黒蒲田電鉄（現東急目黒線・多摩川線）が接続したこともあるが、一二年間で約一五倍というのは尋常でない。ちなみにこれは年間の総乗車数であるから一日平均で一・七万人ほどであり、平成二七年（二〇一五）の一〇・八万人（JRのみ）からすればまだまだ微々たるものであったのだが。

参考までに接続路線のない山手線大崎駅は大正三年に五一万人（目黒より多かった）、大正一五年が四五二万人と約九倍、目白駅が同時期に五〇万人から四五〇万人とやはり九倍、比較的伸びの小さな南千住駅でも二九万人から一〇五万人と三・五倍以上である（以上、乗車数は四捨五入したが、倍率は実数で行ったので数値は一致しない）。

都市計画と鉄道

大都市圏の急速な都市化をそのまま放置すれば、郊外のスプロール化は免れない。このため東京市周辺の町村——現在の大田・世田谷・目黒・杉並・中野・豊島・荒川・葛飾などの二三区内に該当する各町村で行われたのが「耕地整理」だ。まだ都市計画法（旧法）も存在しない時期であるから、本来は農地の整理改良のための仕組みを、都市化が予想される区域に急ぎ適用したもので、多くの町村がこれにより事実上の区画整理を断行する。もちろん町村により温度差や地主の意向などによる差異があったため進度は異なり、その違いが現在の道路網の形態に大きく反映されている。当然のことながら、区画整理は地価が急騰してからでは困難な施策だ。

現在の品川区の西部は昭和二二年（一九四七）まで荏原《えばら》区と称したが、この区は荏原町が単独で区になっている。狭い面積にもかかわらず人口が多かったからであるが（他の町と組み合わせる案も存在した）、日本で初めて国勢調査が行われた大正九年（一九二〇）には平塚村と称して八五二二人であったのが、大正一五年（一九二六）の町制施行（翌年に荏原町と改称）を経て、昭和五年（一九三〇）には一三万二一〇八人と、わずか一〇年間で一五・五倍の伸びを見せている。東京市に編入される町村の中では最大の伸び率を記録したのであるが、その原因は、大正九年に鉄道路線が皆無だった村域内に同一二年に目黒蒲田電鉄、昭和二年には同電鉄大井町線と池上電気鉄道（現東急池上線）が相次いで開業し、利便性が一気に改善されたために他ならない。

汽車から電車への転身

「鉄道」と一口に言っても、当時は歴史的経緯から、蒸気機関車が牽く「鉄道」と、当初から電車を走らせていた「軌道」が並立していた。鉄道の敷設免許は鉄道省（以前は鉄道院など）、軌道の敷設特許は内務省および鉄道省の共轄という具合に所管省庁も異なっていたが、これは軌道が原則として道路を走ることを想定して仕組みが整えられてきたからである。旧軌道条例は馬車鉄道しかなかった時代にできたもので、路上では基本的に最高時速八マイル（約一三キロメートル）といった近代化にとっての足枷が存在した。

つまり明治期にあっては、鉄道は中長距離を蒸気機関車が牽引する列車により運行され、貨客どちらも大量輸送を行う。これに対して軌道（電車）は、主に都市内を頻繁運転する代わりに、少量ずつの乗客を低速で近距離移動させる存在という具合に、当初は明瞭な役割分担があった。ところが明治三八年（一九〇五）に登場した阪神電気鉄道がこの役割分担をひっくり返す。この新しい電鉄会社では、ほとんどの区間を専用軌道とし、その上をアメリカのインターアーバン（都市間電車）のように快走する電車を走らせたのである。雲行きは変わり、鉄道と軌道の境界は徐々に曖昧になっていった。

電車の性能アップおよび長距離送電技術の確立により、電車は活躍の場を急速に広げていく。とにかく身軽で加速性能が高く、ちょっとした坂の途中にも駅（停留場）を設置できるなど自由度が高い。細かい間隔で駅を設け、「汽車」よりはるかに利便性を高めたこの交通機関を乗客は歓迎した。このため、従来は蒸気機関車の牽く列車のみを運転していた鉄道も大正中盤に入ってから電化を手がけるようになり、電車の活躍領域は格段に広まっていったのである。

たとえば蒸気鉄道であった武蔵野鉄道（現西武池袋線系統）は大正一一年（一九二二）、同じく青梅鉄道（現JR青梅線）は同一二年、東武鉄道は同一三年といった具合で、その電化区間も年々拡充された。電化に伴ってその頃から駅の新設も相次ぐ。武蔵野鉄道ではこの時期（大正一一～一三年）に椎名町《しいなまち》、江古田《えこだ》、中村橋、東大泉（現大泉学園）、田無町《たなしまち》（現ひばりヶ丘）などが長かった従来の駅間に新設された。東武伊勢崎線も電化に伴って小菅、五反野、梅島、谷塚《やつか》、新田《しんでん》、大袋、一ノ割などの各駅を新たに開設している（大正一三～一五年）。

東京市は昭和七年（一九三二）一〇月一日、荏原・豊多摩・北豊島・南足立・南葛飾の周辺五郡にまたがる八二町村を一挙編入して新しい二〇区とし、在来の一五区と併せて三五区体制になるが、これにより東京の人口は五三〇万人を超えて世界的な大都市となった。同一一年には北多摩郡千歳・砧《きぬた》の両村を世田谷区に編入して現在の二三区エリアにほぼ等しくなっている（戦後はさらに湾岸地区の埋立地の面積が急増）。

戦前の鉄道システムの到達点――新幹線

大東京の人口増加はその後も止まらず、戦前期最後の国勢調査が行われた昭和一五年（一九四〇）には六七七万八八〇四人を数えている。三五区の東京市は従来の六倍以上に拡大されたため

「大東京市」と呼ばれたが、その誕生の翌年に私鉄の中でも最後になる帝都電鉄（現京王井の頭線）が渋谷〜井之頭《いのかしら》公園（現井の頭公園）間で登場、翌年には吉祥寺に達した。これで地下鉄や新交通システムなどを除けば、首都圏の「役者」は大方揃ったことになる。

戦前期のほぼピークである昭和一〇年（一九三五）頃の時刻表を眺めてみれば、輸送人員はともかくとして、ほぼ現在に引けを取らないスピードの電車が郊外を結び、観光列車が温泉や寺社へ直結していたことがわかる。同一一年に神戸駅（現神戸三宮）まで延伸した阪急神戸線の特急など、梅田〜神戸間を現在より二分短い二五分で結んだし、関東の中央線でも「中央特快」こそなかったけれど、各駅停車の所要時間は現在とほとんど同じであり、東京駅から立川駅へ向かう終電などは、むしろ現在より少し遅くまで走っていた。

あまり大雑把にまとめたくはないが、大正から昭和戦前期の短い間に、日本の鉄道はまさに驚嘆すべき進歩を遂げた。敗戦後わずか一九年で東海道新幹線が日本に生まれたのは決して「奇跡」ではない。もちろん高い見識を持った指導者の存在は大きな要因であるが、これまで縷々《るる》述べてきたように、とくに大正から昭和戦前期にかけてのライフスタイルの変貌に伴う、人口増加をはるかに上回るスピードで急増した利用者数に即応しつつ、切磋琢磨の中で積み上げられた鉄道システムの発展の延長上に、必然的にこの高速輸送システムである「新幹線」は、象徴的に誕生したのである。

思えばどの国であれ、人の日常生活は何万年にもわたってほぼ徒歩のみで行われていた。しかしそこへ新しい輸送機関が登場して、人の生活を変えてゆく。少し離れた寺社にもより簡単に参拝ができるようになり、工業化が進めば「電車通勤」というライフスタイルも登場する。そこで電車が便利になれば、従来は出かけなかった人が都心へ遊びに赴くようにもなった。従来なら欠礼していた催しでも法事でも、楽に行けるので出席にマルを付ける。それが幸せかどうかは別として、電車は需要を満たすべく懸命に輸送体制を改善させ、それがまた新しい需要を喚起する。

ただし最近になって人口減少局面に入った日本。これまでに経験のなかった事態に、昨今の鉄道会社の悩みは大きい。通勤人口の減少率が首都圏より大きな関西圏の一部では、従来より本数を間引くダイヤが少しずつ実施されている。これまでも大いに苦しめられてきたモータリゼーションに加えて、こちらは容易に対応策が見つかりにくい問題だ。

JR北海道では「自力で維持するのが難しい」とする路線が大々的に発表されて世間に衝撃を与えたが、その一方でリニア中央新幹線のような、右肩上がりの思想から脱却できない路線も現実に建設されつつあり、今後の鉄道のあり方に対する本質的な議論が求められそうだ。どちらへ行くにしても確実なのは、鉄道が人の暮らしと共にあるということである。

今尾恵介
一九五九年、神奈川県生まれ。地図・鉄道に関する研究の第一人者。日本地図学会評議員。『日本鉄道旅行地図帳 全線・全駅・全廃線シリーズ』(二〇〇八～二〇〇九)では監修を務めた。著書に『住所と地名の大研究』(二〇〇四)、『地形図でたどる鉄道史 東日本編・西日本編』(二〇〇〇)、『鉄道手帳 東日本編・西日本編』『線路を楽しむ鉄道学』(二〇〇九)、『新・鉄道廃線跡を歩く 全5巻』(二〇一〇)、『地図で読む戦争の時代』(二〇一六)、『地図で読む世界と日本』(二〇一四)、『絶景鉄道 地図の旅』(二〇一四)、『地図と鉄道省文書で読む私鉄の歩みシリーズ』(二〇一四～)、『地図と鉄道』(二〇一七)ほか多数がある。本編は本書のための書き下ろしである。

わたしの名車たち（『昭和電車少年』より）

名古屋鉄道ほか　実相寺昭雄
２０００年

東海地方の新しい風　名鉄３８５０系から５５００系へ

出来立てほやほやの名鉄の新特急車３８５０系は、パールピンクの上半身にチョコレートの塗り分けで、ピッカピカに光っていた。角張った印象を和らげる程度のコーナーの丸みと張り上げ屋根、正面は貫通式の三枚窓、そして広幅の側面窓。奇を衒《てら》うところもないが、正統的で新しい、……そんな第一印象だった。

この新車に出会ったのは、昭和二十七年の八月十一日である。交通科学研究会による見学試乗会があり、豊橋でご対面の後、新名古屋までの試乗をたのしんだのだ。飯田線伊那松島機関区の見学と豊橋機関区の見学の後、名鉄の特急用新車に対面したので、余計その新しさに感心した。広幅の窓に見合った固定式だが余裕のあるクロスシートは、戦後の第一次特急車ブームの中にあって、東海地方での存在感を示したものだった。

その翌年には改良型の３９００系が登場した。時速１００㎞のスピードで、豊橋から新岐阜間で国鉄に競ったのである。この折りの国鉄の対抗馬は湘南形の80系だった。でも、性能的には３９００系の方が優れていたのだろうが、最初の印象でわたしは名鉄の特急といえば３８５０系と、頭の中にインプットしてしまったのである。でも、戦後の名鉄特急の歴史は、3850系から始まったことは間違いなかろう。

3850系で戦後の特急車の一歩を踏み出した後、それから約十年経って、名鉄は前面展望客席二階に運転席、というイタリア国鉄の幹線特急車「セッテ・ベロ」を翻案したパノラマカー7000系で、一世を風靡する。

だが、わたしにはパノラマカーの衝撃よりも、それに先立つこと数年の、5000系からの流れがすばらしかったと思う。敗戦後十年ともなると、各地で新しい高性能車が第二世代として誕生してくるのだが、その5000系の充実が、名鉄の特急王国の基礎になったともいえる。つまり、3850系から始まった流れが、勢いをつけパノラマカー誕生に至る仲立ちをしたのが、5000系なのである。これもまた名車だった。この5000系でほんとうに名鉄はいい仕事をした、と思う。

5000系は湘南形ともいえる二枚窓のずんぐりとした流線型だったけれど、そのスタイルには、わたしはあまり心を動かされなかった。でも、その改良形の5200系と5500系には、内装、性能、スタイルの三拍子揃ったすばらしさに、拍手をしたくなった程である。

5000系の二枚窓は、5200系に進化すると正面貫通扉つきのスタイルになるのだが、両端曲面ガラスのパノラミック・ウインドー、そして一本の細い縦桟というスタイルがひどく新鮮だった。前面中央の貫通扉が一段凹んでいるのも、デザイン上のアクセントとしてひどく効いていた。

この5000系の究極が5500系である。この形式が担った栄誉は、特別料金なしの列車に、日本で初めて冷房装置がつけられたことである。昭和十一年に南海2802に取りつけられた冷房車に乗るには、特別料金が必要だったのか？　などという詮索はすまい。南海の場合は試験的だったから、汎用とはいえないのだろう。ま、それは別にしても5500系の冷房は、画期的だった。

当時は国鉄の長距離列車の一部にしか冷房はなかったのである。

5500系が走り出したのは、わたしが目出度く大学を卒業できたころで、名古屋本線のスピード・アップで、新名古屋と新岐阜間は約三十分に短縮されたと思う。就職したうれしさに、この5500系に乗りにいった思い出がある。

こんなこと、全くの妄想だが、わたしはこの名鉄5500系と京王の名車5000系の前面スタイルには、一脈通ずるデザインがある、と思っている。その二つながらを、わたしは愛しているのだが何かの相関関係があるのだろうか。京王の8000系の正面デザインも、名鉄の1600系に似ている。一世を風靡した国鉄東海形153系のデザインに先駆けたのは、5200系であり、5500系だったのだ。名車のデザインは似る、ということだろうか。

昭和モダンの証人たち　名鉄3400系「芋虫」

近年の車両デザインは百花繚乱である。空力特性といったコンセプトも加わって、魂消《たまげ》るようなデザインの車両もある。

別に死語になったわけではないだろうが、あまりことあらたまって「流線型」なんて言葉を、誰も使わなくなった。いや、流線型以外の新造車両を見つける方が難しいかもしれない。それに派手な塗装が恥知らずなほどにきらびやかだから、電車といったらマルーン一色が王道といった時代は、遠くなりにけり、なのである。

でも、わたしの少年時代には、「流線型」といった言葉が時代の先端を切っていた。実際の体験や見聞に重ねて、写真などで知りえたことをふくめ、いろいろな流線型のことが、走馬灯のように頭にうかぶ。一九三〇年代に欧米で流行した流線型時代の嵐が、日本にも及んだ結果である。

順不同でうかぶにまかせて綴れば、Ｃ53、Ｃ55、ＥＦ55、関西流電モハ52、京阪１０００、京阪びわこ号、東横のガソリンカーキハ１、南海の貴賓車クハ１９００、新京阪２００、そして名鉄の「なまず」に「芋虫《いもむし》」などなどである。路面電車を入れたらキリがないので、これ位にしておこう。少年時代の憧れは流線型だった。

その流線型願望は、80系湘南電車の第二次車二枚窓の出現後に、あらたな奔流になった。

空想科学小説に出てくる弾丸列車風のものも、イラストは全部怪しげな流線型だった。昭和四十年代初めのテレビ映画「ウルトラＱ／地底超特急西へ」も、そうだった。流線型が必ずしも未来図ではない、とわたしが悟ったのは、「サンダーバード」の放映を見てからだろうか。アメリカ製のＳＦ映画には、流線型ではない機能専一のスタイルが現れるようになった。一時、日本の特撮ものの流線型デザインを、疎ましく思ったことがある。

ま、ちょっと脱線もしちまったが、流線型はわれわれの世代には一種の護符だったのである。

そんな当時のスタイルも、ほとんど隠退してしまったが、現在でも簡易復元されて走行可能なのは、エバーグリーン賞も授かった〝芋虫〟だけになった。つまり、名鉄の３４００系である。

この「芋虫」というニックネームは、ちょっと可哀想な気もするが、しかしいい得て妙である。スピード感を誇る流線型に、芋虫はなかろうとわたしは思うが、その姿にふれると、「ほんとうに芋虫だよなあ～……」

と、微笑んでしまう。

建造当時の塗装にもどされ、簡易復元されてからもかなり時間が経ったが、再生「芋虫」には乗りに行っていない。写真で見るばかりである。遅きに失しないよう、と思っているうちに小牧線・広見線での定期運用も終焉を迎えてしまったことは、大変悔やまれる。

簡易復元後は、前面が幅広い一枚ガラス風になり、Hゴムつきで左右に二本の細い桟が入り、前照灯も二つ目の一セットといったスタイルになった。それで、かなり以前とは印象がちがう。何といっても人間同様、電車も顔付が肝心なので、床下冷房が備わり古豪が復活して動態にあるのはうれしいが、実際は簡易復元というより、改造というべきものだろう。

わたしは下ぶくれした顔付の3400形には、やはりオリジナルの三枚窓こそが生命だと思う。上縁に丸みを帯びた三枚の窓が全体のバランスに似合っていたのである。前面の窓回りだけは、元の姿にして欲しかった。あのトボけた表情がたまらない。

この「芋虫」と双壁だった、旧名岐鉄道（名鉄西部線）に誕生した特急車〝なまず〟850形には、残念ながら乗ったことがない。この850形の元になった非流線型の特急車800形は、3400形と並んで動態保存されているようだ。写真で見る「なまず」は新京阪200形のような三枚窓だが、屋根のラインに沿って前面から描かれた三本のラインが、鯰の髯を思わせたのだろう。

戦前の流線型の時代の車両は、それぞれに個性的で面白い。昭和モダンの証人たちである。

昭和の風景でもあった駅舎よ、踏切よ、永遠なれ――極私的目蒲線物語

目蒲線が、ちょん切られる。今日の東急の礎でもあった、目蒲線が分断される。今年（二〇〇〇年）の末ごろには、目蒲線という名称もむなしくなる。

二十一世紀の幕開けには、目蒲線がなくなってしまうのだ。

♪ぼくの名前は目蒲線

さびしい電車だ目蒲線
あってもなくても、どうでもいい目蒲線、……

ちょっとウロおぼえで、正確じゃないかもしれないが、フォークソング華やかなりしころ、こんな歌がよく巷《ちまた》に流されていた。友人たちから目蒲線沿線に縁があることで、からかわれたものである。

いちばん最初は目蒲線

そもそも目黒蒲田電鉄は、田園都市株式会社の鉄道部門として、大正十二年三月に目黒と丸子（現在の多摩川）間を開通させ、少し遅れて同じ年の十一月に、丸子と蒲田間の営業を始めている。つまり、今度の地下鉄南北線への東横線乗り入れ複々線化によって、最初に開通した状態にもどってしまうのである。

しかしまあ、ただならぬ混雑の東横線の出口を二つに分ける、という発想は、口惜しいけれども頭がいい。

まあ、お嘆き召さるな。ちょん切られたトカゲのしっぽは、将来の羽田乗り入れやら、〈エイトライナー〉とかいう環八沿いの新しい鉄道発展の礎となる、とも噂されているじゃないか。

だがね、そんなもの実現するのかしらん？　お先は真っ暗だ。わたしが生きているうちには、とても無理。所詮、絵に描いた餅に思える。何しろ京急蒲田の立体化ですら、早くて平成二十年完成予定（註・平成二十四年完成）。それから目蒲線と結ぶなんざ、気の遠くなる話で、最近の新聞記事によると試算で千九百億円とか、こりゃあ「ない」話だろうね。

あのフォーク調の歌は、ああ、何と正鵠《せいこく》を射ていたことか！　今になって、未来を予測していたことに思いあたる。

まさに分断され、どうでもいい目蒲線になってしまうのだ。多摩川園と蒲田の間を、東横線の盲腸線のようになる定めが、目の前に迫ってしまったのである。

昭和二十七年に鵜の木（大田区）へ転居したわたしは、この度のしっぽ切りで、感傷的にならざるを得ない。

ちょん切られた目蒲線の盲腸には、なんという線名が与えられるのだろうか。

「多摩蒲線」では語呂が悪い。この盲腸部分だけを目蒲線というのなら、それは詐欺というものだ。何本か、蒲田からの直通を設けるのなら、話は別である。でも、そんなことは期待できない。

目蒲線の奥沢車庫には、すでに直通用の３０００系二次車（六連になった）が入っており、終電後の夜間に、慣熟運転を始めているようなのだ。ちょん切られる側に住むものとしちゃあ、そんな光景が、とても眩しい。何しろ、新車にも縁遠かった目蒲線である。それが、分断されることで、一新されようとしているのだから。目蒲線と池上線は、東横線やら大井町線のお古ばかり、東京オリンピック以前の、わが国初のステンレスカーが、車体更新を受けて、いまなお健在である。

池上線に、１０００系の新車が平成四年に入った折りには、六十三年ぶりの新車、ということで話題になったそうだが（計算するとだいたい、昭和四年以来ということになる）、いやはや東急というのは、ほとほと物持ちのいい会社である。

ローカルカラーの構内踏切

昨年のある日、鵜の木駅に掲示が出された。詳しい内容は忘れてしまったが、要するに「多摩川園で打ち切りになるので、三両編成になり、ワンマン化のための工事を開始し、構内踏切を廃止する」という告知だった。

駅構内にある踏切、すなわち「構内踏切」が目蒲線には四つ残っている。北から沼部、鵜の木、下丸子、武蔵新田《にった》である。ちょん切られる盲腸線にばかり集中しているのも皮肉なことだ。わたしは、その掲示を見、「ついに、来るべきときが来たのか！」と、一瞬茫然となった。そして、気をとりなおす。昭和の風景でもあった「構内踏切」がなくなるなら、どうしてもその記録を残しておかねばなるまい。

「御注進、御注進」

とばかりに、わたしは早速カメラマンの丸田祥三さんに葉書を出した。昭和の記憶が、また一つ遠くなってゆくから、せめてそのことを網膜に留めましょう、と。そんな呼びかけに丸田さんが駆けつけてくれて、この一文につながったのである。

もっとも、先年ワンマン化された池上線でも、肝心の池上駅には構内踏切が残されている。だから当面、構内踏切が残される駅も、ひょっとしたら出てくるかもしれない。

東急の他、東京都内の駅で、いまなお構内踏切があるのは、京成金町線の柴又駅ぐらいだろうか。まだ他にも、例があるかもしれない。身近な出来事にうろたえて、十分調べて歩く時間がなかった。

わたしは、東急沿線で成長し、おそらく東急沿線で朽ちてゆく運命にあると思うが、今度の目蒲線分断にまつわる事態が起きるまでは、東急が昭和の匂いを色濃く残してくれたことを、物持ちのよさを「ありがたい」と思っていた。いや、記憶を辿る縁《よすが》と材料を残してくれていることを、東急には感謝している。

東急は、いつまでも昭和の面影を残してほしい、と思う。東京近郊の、他の私鉄にないものがあるからだ。

たとえば、鵜の木駅はホームの両端を一般道の踏切に遮られ、延伸の余地がない。構内踏切を入れれば、近接して三本の踏切が横断している駅である。そのホームは一七メートル車三両分の長さしかない。従って、いまも四両編成の目蒲線は、一両分がホームからはみ出て停車することになるのだ。目黒行の先頭車の場合は、一両だけドアーが開かないで済むが、蒲田行の場合は車掌さんが降りなければならない。そのため踏切の先に、離れ小島のようなお立ち台が造られているのである。ちょん切られると、ひょっとして三両になることも考えられるから、いまのうちにしか見られない光景かもしれない。

東急にはいまなお、大井町線にすらそんな駅がある。九品仏《くほんぶつ》の駅は二子玉川寄りの一両が開かないし、戸越公園では、何と大井町寄りの車両が二両もホームからはみ出るのである。むかしは、東横線の代官山もそうだった。知らない人はびっくりするだろうが、結構な眺めでもある。こちらの方は、当分残る風景だろう。

つい先達て、大田区役所で購入した『地図でみる大田区(3)』(大田区教育委員会発行)の冒頭には、色ページで、京濱電鐵遊覧地圖(明治三十七年頃)、池上電鐵沿線案内(昭和三年以降)、東京横濱・目黒蒲田電車沿線案内(推定昭和五年頃の作成)が掲載されていた。

この地図を見ているだけで、東急の成り立ちと、頓挫した計画に思いを馳せ夢想にふけることができる。離合集散をくり返した東急電車は、昭和の生き証人のように面白い。そのことを尋ねる手がかりが、物持ちのよさの中にひそんでいるからである。
　わたしが小学生だったころ、旗の台という駅はなかった。大井町線には東洗足という駅があり、池上線には旗が岡（戦後の地図の表記では、旗が丘とも書かれている）という駅があった。二つの線を結ぶ乗換駅はなかったのである。それが統合され、今日の旗の台なる乗換駅が誕生した。しかし、その新駅が誕生してからも、相当な年月が経っている。戦後、まだ資材も潤沢になかった時代の面影がその駅には漂っている。その乗換駅一つを取っても、昭和の記録に欠かせない気がするのだ。ペンキが剝落した窓枠やら、ホームの天井やら、波打つ屋根には、不便だが前を向いて生きていた時代の名残がある。

　ご承知のとおり、蒲田―多摩川間のちょんぎられた目蒲線は「東急多摩川線」という呼称に変り、直通する方は「目黒線」となった。尚、構内踏切は池上線の池上駅に残っている（註・平成二十九年に廃止）。

実相寺昭雄（一九三七年～二〇〇六年）
映画監督、演出家、脚本家、小説家。東京藝術大学名誉教授。ＡＴＧの芸術的な映画作品や「ウルトラマン」の特撮作品などで知られるが、無類の鉄道好きでもあった。「わたしの名車たち」は月刊「東京人」に二〇〇〇年発表され、二〇〇二年の『昭和電車少年』（ＪＴＢパブリッシング刊）に収録された。一九五二（昭和二十七）年夏に開催された鉄道ファン向けの見学試乗会で出会った名古屋鉄道３８５０系は、その前年に名鉄特急向けに開発された電車で、広幅窓に余裕のあるクロスシートは戦後と呼ばれていた時代の新風となった。その後、名鉄は３９００系、５０００系、５２００系、５５００系、そしてパノラマカー７０００系へと特急用電車を次々と開発していく。一般には名車と讃えられた7000系よりもその基礎を築いた車両たちに限りない愛を注いでいる。また、戦前の流線型ブーム時に誕生、戦後まで活躍が続いた名鉄3400系も少年時代の想い出を加えながら語っていく。じつはこの車両、実相寺昭雄の生年と同じく昭和十二年の誕生だった。本文は『昭和電車少年』（ちくま文庫、二〇〇八年）によった。

高原の軽便《けいべん》鉄道と文学者たち――草軽《くさかる》電鉄

草軽電気鉄道　堀内ぶりる
2017年

浅間山を望む落葉《から》松《まつ》林の高原を、L形の可愛らしい電気機関車がモーターを唸《うな》らせ、レールを軋《きし》ませながら進んでゆく……。

軌間が狭く、小さな車輌を使用した、いわゆる軽便《けいべん》鉄道は、かつて全国の津々浦々に存在したが、そのなかでも、軽井沢から草津温泉までの道程をのんびりと走った草軽電鉄は、廃止から五十年以上経た今なお、マニアの間で人気が高い。

そんな「草軽」はまた、沿線に文筆家の集う避暑地、軽井沢や北軽井沢を控え、数多くの文学作品に登場した鉄道でもある。

※草軽電鉄は時代によって社名が変わるが、文中では「草軽」と表記する。また、引用文の旧仮名遣いはそのまま、漢字のみ新字体に改める。

堀辰雄と高原の鉄道

堀辰雄（一九〇四―一九五三）は軽井沢や信濃追分《しなのおいわけ》、富士見高原など、高原を舞台とする作品を多く手がけた。鉄道が印象的なシーンでも、そうした高原を往く路線が思い浮かぶ。

たとえば代表作の小説のひとつ「菜穂子」（一九四一年）の、サナトリウムで療養していた菜穂子が、吹雪の日に抜け出して列車に乗り込み、夫のいる東京へ向かうくだり。中央本線と富士見駅がモデルになっている。

紀行文の「斑雪《はだれ》」(一九四三年)では小海《こうみ》線の車窓に広がる冬の高原風景が描写される。文中の〝ガソリン・カア〟という言葉がモダンな響きで、気動車がとても洒落た乗物のように思えてくる。随筆の「エトランジェ」(一九三二年)冒頭にある信越本線の、ちょっとユーモラスな車内風景もいい。洋行帰りの気取った女性は碓氷峠のアプト式区間の揺れにも、「これには慣れてゐますの……シベリア鉄道が丁度こんなでしたから。」と澄まして答える。

「草軽《くさかる》」と思《おぼ》しき軽便鉄道の登場する作品としては、「馬車を待つ間」(一九三二年)という小説がある。山奥の温泉宿に可愛い娘がいるという友人の言葉にそそられて一人旅をする青年の話で、文中に「半島」の旅とあるものの、「汽車が初夏の山へさしかかり、幾個も幾個も長々とした隧道《とんねる》をくぐり抜け出した」後、軽便鉄道に乗り換えたというくだりが、かつての信越本線と「草軽」を利用したように思わせる。

その日の暮れ方、私は山間の或る小さな駅に下りた。本線を何んとかいふ駅で軽便鉄道に乗り換へて、それから約一時間ばかり、その狭苦しい客車の中にちぢこまつてゐたので、私はすつかり身体中が痛くなつてゐた。だが、私の今夜泊る予定の温泉地までは、更に二里ばかり乗合馬車に揺られて行かなければならないのだ。

〈略〉

私は乗合馬車の出発を待ち侘びながら、しばらくその駅の附近をぶらついてゐたが、そのうちに軽便鉄道の細い線路の横に、何んだか得体の知れない恰好をした菰《こも》被りの荷が、それも同じやうな奴が二個並んで転がつてゐるのに私は眼を止めた。

「馬車を待つ間」

自転車でやって来た男が、その荷物を重たそうにリヤカーへ運び始めると、同じ光景を眺めていた、乗合馬車を待つ湯治客らしい男が荷物の中身を訊ねる。

「そりあ何んですね？」
「これかね？　これは狐の御馳走でさあ」
「へえ、狐の？　……ぢや、何処かで狐でも飼つてゐると見えますね」
「ああ……この先きに養狐所があるがね……」

（同前）

菰被りの荷は馬の脚だった。戦前、「草軽」沿線の北軽井沢周辺には、毛皮を取るための狐を飼育する養狐場が多くあったという。

こうしたことからも「馬車を待つ間」の軽便鉄道は「草軽」がモデルと思われる。

ところで、意外に思われるかもしれないが、堀辰雄は東京向島の下町育ちで、しかも幼い頃は汽車好きだったという。

往時の思い出を綴った「幼年時代」（一九三八―一九三九年）によると、辰雄は彫金師の養父と近所へでかけるのが愉しみだった。養父は曳舟《ひきふね》通りの工場で用談を済ませると、当時、東武鉄道の始発駅だった業平橋《なりひらばし》駅（現在のとうきょうスカイツリー駅）へ連れていってくれたという。

辰雄は誰もいないホームに汽車がやって来て人がいっぱいになり、やがて、その汽車が汽笛を鳴らしながら出て行く、そんな光景を改札口の柵にかじりついて、飽かずに眺めていた。

母と辰雄が養父と一緒に暮らすようになったのは一九〇八（明治四十一）年、辰雄が四歳のときで、その年、一度廃駅になっていた業平橋駅が再開業した。

長じて後、堀辰雄は汽車への興味を失ってしまったようだが、軽井沢へ初めてでかけ、室生犀星を訪ねたのは一九二三（大正十二）年八月、十八歳のときで、当時はまだ「草軽」に蒸気機関車が走っていた。辰雄青年もその列車を見たのではないだろうか。

「草軽」が「草津軽便鉄道」から「草津電気鉄道」に改称し、電化工事を完成させたのは、その一年後の十一月。新軽井沢―草津温泉間の五五・五キロを全通させたのは一九二六（大正十五）年の九月だった（新軽井沢―小瀬《こせ》温泉間の開業は一九一五（大正四）年七月）。

四季派の描いた「草軽」

堀辰雄の周辺の作家や詩人たちにも「草軽」を題材とした作品がある。

堀辰雄に師事した丸岡明（一九〇七―一九六八）は、小説「生きものの記録」（一九三五年）のなかに「草軽」を登場させている。それは避暑地の軽井沢を舞台としながらも、不穏な空気が漂う心理小説で、知的で容姿も立派ながら、ときおり異常な行動を見せる武井という青年が、さまざまな騒動を起こし、最後には姿を晦《くら》ましてしまうというストーリーだ。

「草軽」がでてくるのは、その武井青年を除いた四人がハイキングにでかけるくだりで、事件こそ起きないものの、雲が低く垂れ込めた風景など、どことなく暗いものを感じさせる。

私たち四人は、〈中略〉草津ゆきの軽便電車に乗り込んだ。小型の粗末な電車は、がたがたとレールの上を揺れながら、時々頓狂《とんきょう》な警笛を鳴らして、薄暗い匈奴《フンネン・ヴェルトヘン》の森（第一次欧州大戦当時、独墺《どくおう》人ばかりがひと塊りになつて暮してゐた森）を抜け、次第に丘を登つて、滑らかなゴルフ・リンクスの起伏の上を走つていつた。

とき子と君江とは軽便電車の窓に肩を並べて、眼の下に拡つて見える広々とした高原を眺めてゐた。雲が高原の空いち面に、低く重く垂れてゐて、茂みの中に点々と見える村の別荘の屋根は、なにか深い考へごとに耽《ふけ》つてゐるらしく思へた。

「生きものの記録」

文中にある「匈奴《きょうど》の森」に関しては、堀辰雄による同名の随筆（一九三五年）に詳しい。「匈奴」とは、もともと中国人のいうモンゴルの遊牧騎馬民族のことだが、軽井沢のこの森には、第一次大戦中に集まって来たドイツ人が多く暮らしていたという。彼らは他の集落とは没交渉で、隠れ里的な雰囲気だったらしい。堀辰雄の「匈奴の森」には「夕方など、この森の奥からは、誰が吹かすともつかず幽かにフリュウトの音のやうなものが聞えて来ます」とある。

堀辰雄らが創刊した「四季」の同人で、後に、その編集にも携わった津村信夫（一九〇九―一九四四）は、小説「碓氷越え」（一九三八年）に「草軽」を登場させている。

駅から昔の中仙道に当る町の方に出るためには、また小さな軽便電車に乗らねばならなかつた。

〈略〉

軽便電車は二等も三等車もない一台限りで私は青色の切符を握つた。上州の温泉に行くらしい二三人の商人風の客の外、誰れも乗つてこなかつた。車内の隅にかけてあるガラス瓶に、もう凋れてしまつた秋の花が活けたままになつてゐた。目の下の原には、限りなく色さまざまの草花が咲いてゐるものを、何か夏が過ぎてしまへば用のない土地柄が、さう云ふ所にまでもうかがはれた。

「碓氷越え」

車内の隅にかけてあったというガラス製の花瓶は、戦後もバスの運転席などに飾ってあった一輪挿しのようなものだろうか。

「碓氷越え」は一九三五（昭和十）年の秋に旧軽井沢の室生犀星の別荘を訪れ、犀星の知る娘と泊まり合わせた体験を綴ったもので、文中にL先生とあるのは室生犀星のこと。ちなみに犀星も毎夏、軽井沢に滞在したが、「草軽」を題材とした作品は書いていないようだ。

津村信夫が家族とともに初めて軽井沢へ行き、生涯の師となる室生犀星と会ったのは、堀辰雄より三年遅い一九二六（大正十五）年八月、十七歳のときだった。信夫の父の秀松は法学博士、兄の秀夫も後に映画評論家となる人物で、津村家と室生家は家族ぐるみで付き合うようになる。裕福な津村一家は、このとき万平ホテルで避暑生活を送っていた。

その後、夏季には度々軽井沢や隣の沓掛《くつかけ》（現在の中軽井沢）に滞在するようになり、堀辰雄ともその頃に出会ったと思われる。

津村信夫は当時の日記を残しているが、そのなかにはときおり「草軽」もでてくる。

一九三三（昭和八）年の夏、信夫は沓掛にあった観翠楼に滞在していた。軽井沢の室生犀星宅へ赴き、正宗白鳥、堀辰雄、丸岡明、阪本越郎に会った八月十九日には、帰途、「草軽」の「あさま号」に乗っている。「しらかば号」に次いで登場した展望客車の「あさま号」は、この年の夏から運転を始めた。

今日ははやくじして、七時の電車にいそぐ。高原を走る浅間と呼ぶ展望車、隅の方にキリギリスの歌をきく心地なり。

「一九三三年日誌」

また、九月三日には、友人らとともに浅間牧場へ行き、二度上《にどあげ》から旧軽井沢まで「草軽」を利用している。

なお、同じ年に発表した「山ずまひ」という詩に「雉《きじ》がトロツコ道をあるいてゐた、森蔭にその足跡をたつたと。」という言葉がでてくるが、この「トロツコ道」は、滞在していた沓掛の駅前から北上して「草軽」の長日向《ながひなた》のあたりまで延びていた手押しの林用軌道のことだろう。この軌道は戦後の一九五五（昭和三十）年頃まで残っていたようだ。

指呼《しこ》すれば、国境はひとすぢの白い流れ。
高原を走る夏期電車の窓で、
貴女は小さな扇をひらいた。

「小扇」

「小扇」は津村信夫の詩の代表作だ。「嘗《か》つてはミルキイ・ウエイと呼ばれし少女に」と副題があるが、「ミルキイ・ウエイ」とは信夫が父の親友の、ある令嬢につけた愛称。一九三一（昭和六）年に知り合い、その夏をともに軽井沢で過ごしたが、彼女は翌年に他家へ嫁いでしまった。この詩はその思い出を詠んだもので、詩集『愛する神の歌』（一九三五年）に収められている。

ところで、「小扇」にでてくる「夏期電車」とは避暑シーズンに運転された展望客車のことだろうか。宮田憲誠氏の『遠い日の鉄道風景』（径草社・二〇〇一年）にある年表によれば、最初の展望客車「しらかば号」が登場したのは一九三二（昭和七）年の八月。「小扇」の「夏期電車」が展望客車だとすると、それよりも一年早く走っていたことになる。もちろん、詩は事実をそのまま書くわけではないから、舞台を後に登場した展望客車に置き換えたということも考えられるが、この詩の初出は、信夫と兄の秀夫を含む同人誌「四人」の第四号で、展望客車の走る一か月前、七月の発行だ。

「夏期電車」とは避暑地を走る電車として、たんに「草軽」のことをいったのではないだろうか。

「四季」の同人で「草軽」を取り上げた詩人には、津村信夫のほかにも三好達治と田中冬二がいる。三好達治（一九〇〇―一九六四）は、浅間山の噴火を詠んだ「霾《ばい》」（一九三二年）のなかで「草軽」の車輛を擬人化し、ユーモラスに描いている。霾とは黄砂のこと、ここでは火山灰を指す。

冬の初めの霽《は》れた空に、浅間山が肩を揺すつて哄笑する、ロンロンロン・ヴッハッハ・ヴッハッハ。「俺はしばらく退屈してゐたんだぞ！」そしてひとりで自棄《やけ》にふざけて、麓《ふもと》の村に石を投げる、気流に灰を撒き散らす。

山端《はな》に出た一人の猟師は、（彼の犬は平気でさつさと先を急いでゐる）ちやうど彼のふり返つた鼻の先の、落葉松に話しかける。「やつたぜ、また」

高原を走る小さな電車は、折から停車場に尻ごみして、がたがたとポオルを顫《ふる》はす。「これだから厭だよ、おれはもう厭だよ」そこで発車時間が五分遅れる。

〈略〉「霾」


〝ヴッハッハ〟という表現が面白い。三好達治は一九三一（昭和六）年の八月、後述する北軽井沢に岸田國士《くにお》を訪ねた際、この浅間山の噴火に遭遇したようだ。

三好達治には「草生ふる電車線路を／あしびきの／やま鳥はつと／走り越えにき」という「やま鳥」と題した歌もあるが、これなども「草軽」を思わせる。

田中冬二（一八九四—一九八〇）には、『橡《とち》の黄葉』（一九四三年）所収の「軽井沢」「軽井沢の冬」、詩人・高祖保《こうそたもつ》との思い出を綴った「遠雷」（一九五一年）など、「草軽」の踏切がでてくる詩がいくつかある。

軽便鉄道の踏切りを越すと

燈火の町

アイスクリームをたべて
星あかりに
落葉松の林の中へかへる

「軽井沢」

霙《みぞれ》の中の軽井沢の灯
遠く霙の中の軽井沢の灯

今その灯の下には新刊の書物も
黒パンも珈琲もない

今そこにあるものは古錆びた自転車と
炭酸水の空壜《あきびん》と干大根

草津軽便鉄道の踏切の
ベルも鳴らない

「軽井沢の冬」

いずれの詩も旧軽井沢駅前のメインストリートを横断していた踏切を詠んだのだろう。昨今は石田千の『踏切趣味』のような随筆集もあり踏切が注目されているが、踏切は昔から詩心のわく存在だったようで、井笠鉄道をモデルとした「晩夏」で知られる詩人の木下夕爾《ゆうじ》や、汽車好きだった俳人の山口誓子《せいし》も踏切をモチーフとした作品を数多く残している。

「信仰」

いつしか慣《なら》はしとなり風呂の火をみる度に
私はひとり口の中に云ふ
――軽井沢十分停車　草津線のりかへ　と

それから風呂の中では
――天狗の湯　天狗の湯　天狗の湯
鹿の湯　鹿の湯　鹿の湯
白骨温泉　白骨温泉　と

〈略〉

かつては風呂といえば薪《まき》風呂だった。その風呂を焚くときに、冬二は軽井沢駅のアナウンスを真似るのが口癖だったようである。

この「信仰」は一九三八（昭和十三）年の作。詩のなかでは「草津線」とあるが、「草軽」が「草津電気鉄道」から「草軽電気鉄道」に改称されたのは、この詩の発表された翌年のことだった。

野上彌生子と北軽井沢

カナダから来た宣教師のアレクサンダー・クロフト・ショーが、一八八八（明治二十一）年に最初の別荘を建てたという旧軽井沢に遅れ、群馬県側の北軽井沢に別荘ができたのは大正になってから。大規模な開発が始まったのは昭和に入ってからだった。

宮家の牧場だった土地を「草軽」から取得した当時の法政大学学長・松室致《まつむろいたす》が「法政大学村」として大学関係者などに分譲、一九二八（昭和三）年に、その最初となる四十戸の山荘が建てられた。

教職員や知人に北軽井沢の素晴らしさを説き勧めたのは、作家・野上彌生子《やえこ》の夫で法政大学の教授（後に総長）の野上豊一郎（一八八三—一九五〇）。野上一家は開村前年の夏に北軽井沢を訪れ、その自然に魅了された。

野上彌生子（一八八五—一九八五）の「草分」（一九四四年）は、当時の回想をもとにした小説で、息子三人を連れた家族が軽井沢から「草軽」に乗り、北軽井沢へ下検分に赴く様子を、彌生子ならではの細密描写で描いている。

あけの朝、軽井沢から乗つたおもちやのやうな小さい電車が、駅の近くの沼沢地から、昔の宿場町のごたごたした家並みの一部を突つきり、落葉松の森でつづく赤屋根の別荘のあひだを抜けてだんだんと登りになるにつれ、彼らは次第に人間臭いものから引き離された。〈中略〉それからは細い尾根に沿うたり、中腹を辿つたり、それも怖ろしく急カーヴで揺れめぐり、電車は生きもののやうにきいきい悲鳴をあげ、喘ぎながら山から山へ這ひのぼつた。二本のレイルが通じる幅だけわづかに拓いた路だから、引き裂かれた粗い崖は、或る場所では殆んどすれすれに窓を挟む。崖が絶えると深い森が代つた。その切れ目で、山と山の割れ目になる小流れの危なつかしい橋を渡つたり、その底を辿つたりしてゐるあひだに、方位からは却つて後になるくらゐな斜め向ふの山のおもてを、上りの電車が、一匹の昆虫じみてのろのろと辷りおりて来るのがふと眼にはひつたりすると、幻覚的な妖しさも手伝つて肝をひやすが、両側にひらけて行く雄大な美しい景色は想像以上であつた。

「草分」

和子（作品では彌生子が和子になっている）は初めて見る落葉松や白樺に悦びの声をあげた。明け放たれた窓からは蝶も舞い込んできた。昆虫好きの子どもたちはヒョウモンチョウやジャノメチョウの珍種を見つける。

一家は小さな駅で降りた。当時はまだ北軽井沢でなく「地蔵川」と称した、廃屋のような駅舎の小駅だった。

和子（彌生子）は山荘の建てられる予定地を訪れ、草花の咲き乱れる風景に感嘆した。翌年の夏、彼らは大学村の草分け組となった。

大学村初期の山荘は、セセッション様式と呼ばれるモダンなデザインだったという。それもそのはず、設計は来日したチャップリンが「世界一モダンな刑務所」と絶賛した小菅刑務所を手がけた蒲原《かまはら》重雄だった。

法政大学村は開村した翌年の一九二九（昭和四）年に、最寄りの地蔵川駅の駅舎を新築して「草軽」に寄付し、併せて駅名も北軽井沢に改称した。

現在も残るこの北軽井沢の駅舎は、なぜか寺院を思わせる、蒲原のモダンな山荘にそぐわないデザインだった。法政の頭文字のHを連ねた欄間など、大学の関係者が関わったことは間違いないのだが、いったいどのような経緯があったのだろう。

北軽井沢大学村組合が刊行した『大学村五十年誌』（一九八〇年）によると、北軽井沢駅には海軍中将の息子という人が駅長を務めていたらしい。外国人客が来ると、美人の駅長夫人が流暢に通訳をしていたそうだ。

また、同じ年誌にある野上彌生子の談話「草分けの頃・戦中・戦後」によると、駅長は大の野球好きで、ときおりしかやって来ない列車の合間、近くの広場で草野球に興じていたという。

夫の野上豊一郎も随筆集の『草衣集』（一九三八年）で、この名物駅長を紹介している。能楽の研究で知られる野上豊一郎は寺田寅彦らと並ぶ夏目漱石の弟子でもあり、小説や随筆も執筆した。『草衣集』にある「駅長選手」は、H軍という学生たちと、北軽チームという北軽井沢駅前の商店の人たちの草野球を綴ったもので、長閑《のどか》な「草軽」の光景が目に浮かぶ名随筆だ。

私は北軽チームの二塁に私たちの数年来顔なじみになつてゐる親愛な駅長N氏の姿を発見して愉快だつた。彼は金ボタンの制服に金筋の制帽をかぶり、その偉大な北極熊のやうな体躯を敏捷に動かしてよく球を捕つた。彼はそのチームでのヘヴィ・バッタで、H軍の脅威だといふことだつた。

〈略〉

彼はバットをかついでバッタ・ボックスに立つてゐた。その時、嬬恋《つまごい》の方面から電車のゴトゴトやつて来る音がきこえた。彼は腕時計をちよつと見て、自分でタイムと叫んだ。さうしてバットを投げ出して停車場の方へ駈けて行つた。みんながわいわい云つて喜んだ。
そのつぎ、二死満塁の時、彼はまたバッタ・ボックスに立つた。H軍の応援隊は、電車だ、電車だ、とさわぎ立てた。けれども北軽井沢のベーブ・ルースは今度は腕時計も見ないで、悠悠とクリーン・ヒットをぶつぱなした。

「駅長選手」

野上彌生子は一九四四（昭和十九）年の秋から一九四八（昭和二十三）年の秋まで、一人、北軽井沢の山荘に疎開していた。

彌生子の小説には、その頃の北軽井沢を舞台とした〝北軽もの〟が何作かある。前述した「草分」のように「草軽」が描写されるわけではないが、たとえば「狐」（一九四六年）の、文中にでてくる「三時半の電車」は「草軽」の電車であり、「駅前」は北軽井沢駅前のこと。「狐」は、戦時中に肺を病んだ夫とその妻が、療養のためにやって来た北軽井沢で、その頃、盛んだった毛皮にする狐の飼育を始める話だ。

野上彌生子は戦争の終った後も、春から秋にかけては北軽井沢の山荘に籠もって執筆活動を続けた。長編小説を手がけ、代表作の「秀吉と利休」（一九六二―一九六三年）を発表したのは七十七歳のとき。その後も九十九歳で天寿を全うするまで旺盛な活動を続けた。

「草分けの頃・戦中・戦後」によると、「草軽」は沿線の発展に貢献した野上彌生子に「無料パス」を進呈したというが、毎年パスが更新されても、そこに記された年齢は変わらなかったという。彌生子の長寿はこの「無料パス」のおかげかもしれない。

あの当時高山電車（草軽電鉄）から無料パスがでてたのですよ。私のパスには、年齢は四十五歳と書いてあったのが、数年たっても年を書きかえないから、「ここはいいわね、いつまでたっても歳をとらない」——なんて言って笑ったものです。

「草分けの頃・戦中・戦後」

岸田國士の描いた「草軽」

北軽井沢の法政大学村には、さまざまな学者や芸術家が集まるようになった。大学でフランス語の講師をしていた劇作家の岸田國士《くにお》（一八九〇―一九五四）（長女は童話作家の岸田衿子《えりこ》、次女は女優の岸田今日子）もその一人である。

旧軽井沢と違って大学村は「草軽」が唯一の交通機関だった。それ故、親しみもあったのだろう、岸田國士は作品に度々「草軽」を取り上げている。

初めて手がけた長編小説の「由利旗江」（一九二九―一九三〇年）は、結婚して自己を失ってしまうことに納得できない旗江が、夫と別居してシングルマザーになるという、戦前とは思えない進歩的な女性の話だが、最初の交際相手が旗江にすげない返事をされ、一人、気晴らしに旅をするくだりで「草軽」がでてくる。

どこへ行くといふ当てもなかつた。ただ懐ろには、四五日の旅をささへる金があつた。彼は、上野から新潟行の汽車に乗つた。さうしてどこまでゆく気なのか……。汽車の窓に近く、芒《すすき》の穂を見はじめると、彼は、ふと高原の秋色に心を惹かれた。——かねが聞いてゐる草津鉄道の沿線も、今なら通つてみられる——。そこで彼は、とうから、そのつもりでゐたやうに、悠々と軽井沢で軽便に乗り換へた。しかし、これから、草津までゆく気はしなかつた。地蔵川附近に静かな温泉旅館があるといふ話を、今誰かがしてゐた。法政大学村湯沢倶楽部といふ風変りな宿に案内されたのは、その日の暮れ方である。まだあまり世間に知られてゐないところへ、季節も既に遅いためであらう、附近の別荘から食事だけをしに来る少数の人々を除いては、彼一人が宿の客だつた。

「由利旗江」

作品のながれからすると、どうも取ってつけたようなのだが、「草津鉄道」「法政大学村」といった実名をだしているところから、〝内輪ウケ〟を狙ったのかもしれない。

また、「善魔」（一九四八―一九四九年）という小説でも、失踪した官僚夫人の実家として「群馬県吾妻《あがつま》郡長野原町字応桑《おおくわ》」と実在の地名が記され、そこへ若手新聞記者の三國連太郎が「草軽」に乗って訪れる。

季節は冬、夜行で上野を発った三國は長野原線（現在の吾妻線）経由で長野原へ。さらにバス、「草軽」と乗り継ぎ、一つ目の駅（応桑に向かうのなら小代《こよ》か）で下車する。

夫人の父親は、応桑の山小屋で体の弱い末娘とともに隠遁生活を送っていた。夫人は不在だったが、三國は、ここで出会った末娘の三香子に惹かれ、やがて二人の間に恋が芽生える。

「草軽」はもう一度、三香子が危篤と聞いて、三國とその上司が駆けつけるくだりで登場する。このときは信越本線を経由、下車駅は三原になっている。

軽井沢へ着いたのは、もう夜の明けかゝる頃であつた。電車の連絡はわりによく、夜ぢゆう焚火をした跡の残つてゐる私設鉄道の駅の構内で、二人はやつと、巻煙草に火をつけることができた。
〈略〉
二人は、窓ぎはの向ひ合つた席を占めることができた。
朝霧の深くたちこめた落葉松の中を、電車は、ゴトンゴトンと揺れて行つた。
〈略〉
三國連太郎は、ポケットから読み古しの夕刊を抜きだして、その窓の隙間へつめこんだ。
やがて、三原駅へ着いた。そこから、徒歩で一時間あまりの山道を急がねばならぬ。

「善魔」

三香子は既に息を引き取っていた。しかし、三國は彼女との愛を貫くため、その通夜に結婚式を執り行う。悪魔ならぬ〝善魔〟に取り憑かれた三國は、ときとして常軌を逸した行動をとる。

「善魔」は木下惠介監督により一九五一（昭和二十六）年に映画化された。俳優の三國連太郎はこれを機にデビュー、その役名を芸名とした。映画では小説の通り二回、雪原の駅に「草軽」の列車が到着するシーンがでてくる。撮影は栗平駅で行われたという。

劇作家の岸田國士は戯曲のなかでも「草軽」を取り上げた。

「桔梗の別れ」（一九三〇年）では、「草軽」を思わせる高原の軽便鉄道が描かれるが、ここでは路線に追分という駅があるなど、あくまで架空の鉄道になっている。

高原の避暑地で出会った二人の青年と少女の話で、少女に惹かれた青年たちは、彼女が母親と東京へ帰ることになると、別れが名残惜しく、一緒に軽便鉄道に乗り、途中の追分駅までついて行く。

軽便鉄道二等車の中。客は四人きりである。沿道にはもう秋草が乱れ咲き、晴れた八月の朝日が、谷間の靄を吸ひ上げてゐる。

〈略〉

笛子〈少女〉ほんとに、のろいね、この汽車は……。

杉江〈母〉浅間があんなところへ顔を出したよ。ねえ、笛子……。

笛子　知つてゝよ。さつきから煙が見えてたわ。この辺は随分花が多いのね。人が居ないからでせう。あたし、ほしいわ。あの桔梗……。

酒巻〈青年の一人〉追分で、僕が取つて来てあげますよ。

「桔梗の別れ」

こうなるとライバル心を燃やす青年二人はじっとしていられない。追分駅で乗り換えの汽車を待つ間、彼女のために近くの渓谷を下りて桔梗の花を摘みに行く。

しかし、二人のどちらが多く取れるか競い合っているうちに母娘を乗せた汽車は出てしまう。青年の一人はいつまで経っても戻ってこなかった。母娘は汽車が鉄橋にかかるとき、川面に桔梗の花がひとかたまりになって流れてくるのを見る。

やはり浅間山麓を舞台とした戯曲の「浅間山」（一九三一年）では、「(雪が降ったら) 軽便は止っちまひますしね。仕方がないから、あるもんで我慢するんですよ。」など、台詞やト書きの一部に軽便という言葉がでてくる。

この作品も結末が暗く、別荘の開発事業に失敗した父と婚約を破棄された娘が浅間山の噴火口に身投げしてしまう。

暗い話ばかりが続いてしまったが、岸田國士にも軽妙なコント風の小説がある。「タネ茄子は残しておけ」（一九五〇年）がそれで、「草軽」をモデルとした鉄道の駅が舞台になっているのも魅力だ。

主人公は路線のなかでも特に人里から離れた「七曲り」という架空の駅で駅長を務める栗林丹後。栗林は四十五歳にしてようやく終生の目標であった駅長に任命される。といっても、ほかに駅員のいない寒駅なのだが……。

栗林はこれを機に然るべき細君を貰おうと、生家に出入りしていた世話好きの婆さんに相談する。婆さんの紹介で見合いをすることになった相手の喜代は出戻りだが、栗林より十一歳年下の三十四歳。控えめに首をうなだれている姿がなんともいじらしく見えて、彼はすっかり乗り気になってしまった。

ところが、いざ祝言という日に二人並んでみると、彼の背丈が彼女の胸のあたりまでしかない。花嫁はえらく大柄、栗林の方は、子どもに間違われるくらいの小柄な体だったのだ。

この駅長夫妻にもモデルがあった。岸田國士の長女で童話作家の岸田衿子（一九二九―二〇一一）が書いた随筆「カブトムシ」（一九九九年）によると、「ここ（長日向）の駅長さんは小学生ぐらいの背丈で、電車の窓からは帽子しか見えなかった。駅舎に住まいが続いていて、たまに大柄な奥さんの姿をみかけた。」とある。

ちなみに、この随筆のタイトルは「草軽」の電気機関車の愛称。角《つの》のようなパンタグラフをつけた姿がカブトムシに似ていたことから、こう呼ばれた。

栗林と喜代は駅の周りで畑仕事もしながら、つましい生活を送った。結婚して四年目に男の子が生まれ、伊豆と名づけた。

駅長一家は朝食を、一番の下り列車が出た後、上り列車がやって来る間にとらなければならない。喜代は栗林に、朝食の菜は前日に畑へ行って用意しておくよう、口うるさく言われていたが、忙しさにかまけて、つい忘れてしまう。

ある日も畑へ行くのを忘れて夜中に気がつくと、夫を起こさないように泣き虫の子どもを背負い、暗がりのなかを手探りで外へ出ていった。

ナス畑にはもう実のついた株はいくつもなかった。喜代はそのなかから、注意されている、元枝に一つ残した種ナスを避けたつもりでもぎ取ろうとした。

と、だしぬけに、

「タネナスは残しとけよ」

たしかに夫の声である。彼女は、思はず身ぶるひした。

ふだん、あんなに言はれてゐるものだから、その言葉が、気のせゐで、耳の底に聞こえるのだと思つた。

が、今度は、いよいよ、背中の子供をゆすりあげて、これと思ふナスをひとつ枝からもぎとつたとたん、

「タネナスは、残しておけといふのに……」

彼女は、今度こそ、飛びあがらんばかりに、ギクリとして、おそるおそるあたりを見廻した。が、なにげなく、いやにおとなしい背中の子供の寝顔を見ようとすると、月の光に照らされたその顔は、大きな眼をぱつちり開いた、子供の伊豆ならぬ夫駅長の顔であつた。——だらり

で今日は、ちつとばかり腰へ当りがちがふと思つた。

妻の喜代は心の中でさう呟きながら、今もいだナスを、背中の駅長の鼻の先で、大きく振つてみせた。

「タネ茄子は残しておけ」

大学村の人々に愛された軽便

「タネ茄子は残しておけ」の冒頭では、廃止間近の廃れた鉄道の様子が、茶化すように書かれていたが、以前NHKで放送された「消えた鉄道を歩く 碓氷峠と美しい村」（一九九七年）に出演した「草軽」の元運転士によると、実際に線路の状態が悪かった「草軽」では脱線事故が日常茶飯事だったという。

なかには危険な転覆事故もあったようで、岸田衿子の「カブトムシ」には信じがたい話が書かれている。

真冬の雪がふり続く日に、私たち（父と妹と私と犬）をのせたこの電車は、となりの「栗平」を出て「二度上」までの途中で転覆した。雪の藪に支えられて、斜めに倒れたのでたすかった。空を向いた方の出口から這い出て、車掌さんのカンテラをたよりに「栗平」駅まで歩いて戻った。二つの鉄橋を滑りおちないように、犬といっしょに四つん這いで渡ったことは一生忘れないだろう。そして「栗平」から無蓋の貨物に乗って北軽へ戻った。

「カブトムシ」

法政大学村の住人は「草軽」でのこうした体験を、なにか自慢話のように語ったらしい。大学村の草分け組だった哲学者・谷川徹三の長男で、幼い頃から北軽井沢を訪れていたという詩人の谷川俊太郎（一九三一―）は、随筆「草軽電鉄に寄せる郷愁」（一九五九年）のなかで、こんなことを記している。

彼等は、〈中略〉駅に停車中、雷雨に会い、たまたま架線に落雷したら、雷の電気のおかげで電車が走り出した話などを、誇らしげに吹聴したり、土砂くずれで徒歩連絡になった時、荷物の天然氷を乗客みんなが運ばされた話を、得がたい光栄だったかのように語ったりするのである。

「草軽電鉄に寄せる郷愁」

事故は多かったが、山の等高線に沿ってのんびりと走る「草軽」は憎めない存在であった。列車から飛び降りて線路際の草花を摘んでも、また列車に飛び乗れることから〝草刈電鉄〟という渾名《あだな》もあったという。

元内務官僚で法政大学村に山荘を持っていた飯沼一省《かずみ》（一八九二―一九八二）も、開村三十周年を記念した『北軽井沢大学村』（一九六〇年）で、「草軽」と競走した外国人がいたことを懐かしんでいる。

軽井沢への帰りみち、茶目気の多い西洋人などは、鶴溜《つるだまり》の駅で飛び降りて、近道を駈けくだり、次の三笠の駅に先廻りをしていて、ここからまた得意そうな顔をして乗り込んだりする。

「草軽電鉄」

大学村の住人に愛された「草軽」だったが、一九五九（昭和三十四）年八月に台風で吾妻川の橋が流失したのを機に、新軽井沢―上州三原間が一九六〇（昭和三十五）年四月に廃止、残る上州三原―草津温泉間も一九六二（昭和三十七）年一月に廃止となってしまった。

堀内ぶりる

一九六一年生まれ。ライター、グラフィック・デザイナー。博物館や美術関係のウェブサイトを多く手がける。鉄道関係では、「東京人」「とれいん」などの雑誌、ムックに執筆。昭和の鉄道が描かれた文学作品を渉猟する。著書に『横浜徘徊』（二〇〇〇年）などがある。ブログ「鉄道と文学の書棚」(http://tetsubun.main.jp/) 本編は本書のための書き下ろしである。

専用鉄道の記憶——清水港線

清水港線　松本典久
２０１７年

港の工場地帯を結ぶ

国鉄時代、国鉄線を幹として各駅から工場や港湾、鉱山などに、枝のように伸びる国鉄以外の鉄道が全国各地にあった。用途によって引き込み線、臨海鉄道、鉱山鉄道などと呼ばれることもあるが、鉄道事業法では一括して「専用鉄道」と呼ばれるものだ。

専用鉄道では、工場や鉱山などの生産物、あるいは資材、そして港に発着する物資など貨物輸送を行い、時として職員や沿線の人々の足として旅客輸送も行っていた。ただし、「時刻表」に掲載される専用鉄道は限られ、その多くは地元の人にしか認識されない存在であった。

国鉄晩年、日本の鉄道貨物輸送はそのシステムを大きく変えた。それにより専用鉄道の大半は使命を終え、大して惜しまれることもなく消えていったのだ。一部の臨海鉄道や鉱山鉄道は今なお活動しているが、往年の姿からは程遠い。全国津々浦々にあった専用鉄道のほとんどは、それぞれ工場や港用の民間の鉄道（私鉄）だった。

最盛期でもベールに包まれていたような専用鉄道だが、国鉄線にも専用鉄道的な性格の路線があった。そのひとつが東海道本線の清水駅から清水港駅を経て三保《みほ》駅まで結んでいた清水港線だ。営業キロは八・三キロ。国鉄再建のための仕分けによって廃止対象となり、昭和五十九年（一九八四）三月三十一日限りで運転を終了、廃止された。

晩年の清水港線は、朝一本の下り列車、夕方一本の上り列車しか運転されない超ローカル線として有名になったが、正確にいうと実態はちょっと違っていた。廃止時点でも貨物列車が四往復設定されていた。一往復の旅客列車は客車と貨車を連結する混合列車だった。沿線には工場や港湾施設が点在、その物資を運ぶ重責を担っていた。旅客よりも貨物の方の役割が大きかった。まさに専用鉄道そのものといっていいだろう。

清水港線がまだ元気だった昭和五十二年（一九七七）、半年間ほど一日一往復の混合列車に乗って通学したことがある。沿線に学校があり、下宿先からの通学に利用できたのだ。もっとも並行してバスルートもあり、こちらは一時間に数本と頻発、利便性はバスが圧倒していた。当時国鉄で混合列車を運転していたのは、釧網本線、五能線、高森線など数えるほどしかなかった。じつは専用鉄道というより、混合列車への興味が、この選択をさせたのだ。

現在の清水駅は島式ホームを一本備えた橋上駅だが、この時代は町に面した西側だけに駅舎があり、島式ホームの東側には海沿いの道路まで貨物用の施設が広がっていた。ちなみに現在の東口駅前広場や清水駅東口公園などはこの跡地を活用したものだ。

清水駅には常時貨物列車の姿があり、潮の匂いに囲まれた構内では清水港線に入る貨車の入換作業が盛んに行われていた。これを担当していたのはＤＤ13形ディーゼル機関車で、この機関車がそのまま清水港線の牽引機ともなっていた。東海道本線は電化されていたが、支線となる清水港線は非電化だった。

清水港線のホームは港寄りに独立して設けられていた。独立といえば聞こえはいいが、実態は駅構内の外れ。物理的にこの位置となったのであろうが、冷遇されているようにも見えた。

ここに行くには東海道本線ホームから地上に降り、線路を何本も渡らねばならなかった。線路には東海道本線の列車が高速で行き交い、さらに貨車の入換作業もある。専用の構内踏切が用意され、発着時刻になると駅員が両端に立って手動の遮断機を上げ下げした。

当時の時刻表を見ると、三保行きの列車は六六三列車、清水駅を八時一一分発となっている。東海道本線は八時〇三分に下り、八時〇五分に上りの電車があり、その接続を受けて出発するのだ。清水港線ホームには、DD13形を先頭に、数両の貨車を挟んで青い客車を四両連結した列車が待機していた。四両の客車は二本の電車の乗り継ぎ客で満員となったが、乗客の大半は沿線に二つある高校生だった。ぼくをはじめ一般の乗客は少し肩身の狭い思いで客車へと乗り込むことになる。

定刻になるとゴロゴロという音と共に列車が動き出すが、速度は上がらない。まるで歩くようなスピードで駅に隣接した倉庫街を抜けていく。のっけから風光明媚とは言いがたい貨物専用鉄道の雰囲気に包まれる。

清水駅を出発してすぐに清水港駅を通過する。貨物専用駅のため、六六三列車は停まらないのだ。ちなみに線名は「しみずこう」だが、この貨物駅は「しみずみなと」と呼ばれていた。その名の通り清水港に隣接しており、岸壁と線路の間には通称「テルハ」と呼ばれるテルファー・クレーンがあった。これは船と貨車の間を連続して荷役ができるクレーンで、昭和三年（一九二八）に設置されたものだ。当時この規模のテルハは他には神戸港と名古屋港にしかなかったそうで、この時代の清水港の活況ぶりを知らされる思いだ。ちなみに清水港線廃止後もテルハは保存され、現在では国の登録有形文化財に指定されている。

六六三列車は最初に清水埠頭《ふとう》駅に停車、ここで数人の乗客が降りる。三保界隈の工場へ通勤する人々だ。工場に行くときは、終点の三保駅まで行かず、ここから渡船《とせん》を利用する方が早いのだ。この渡船への乗り継ぎも臨港鉄道らしい雰囲気だった。

ふたたび倉庫の間を縫うように走り、巴《ともえ》川を渡って巴川口駅に停車する。この川は船の通行があるため、橋梁は珍しい上下可動式になっていた。ふだんは橋桁《はしげた》が上げられており、列車が通過するときだけ下がるという、船優先の設定だ。この操作は巴川口駅の駅員が行っていた。巴川口駅は貨物の扱いが多く、ホームは貨車に囲まれていた。

巴川口駅を出てしばらく行くと、左手に貯木場となった折戸《おりど》湾が見えてくる。清水港線ではもっとも広々とした車窓が展開する区間だが、貯木場では旅情を感じるのは難しい。

折戸駅には八時半ごろ到着した。盛り土したホームが一本あるだけの小さな駅だ。ここで高校生がだらだらと下車するのを待ち、終着の三保駅に向かって出発する。時刻表では三二分発となっていたが、定刻通り出発した覚えはない。最後は住宅地をゴロゴロと走り、終点の三保駅へと到着した。港側には工場が連なり、ここにも多くの貨車がいた。

三保駅は県道からちょっと入ったところにあった。巴川口駅もそうだが駅前は未舗装で、雨が降るとぬかるみになるような場所だった。それが清水市内（現在では静岡市内）ではなく、遠くの町へ来たように感じさせた。

専用鉄道の消える日

清水港線は大正五年（一九一六）、東海道本線の支線として江尻（現・清水）〜清水港間で開業した。当時は旅客の営業がなく、貨物専用線だった。昭和五年（一九三〇）には清水埠頭まで延伸、さらに昭和十九年（一九四四）には三保まで全通している。この年の暮れに旅客輸送も始まったが、このとき東海道本線から独立、清水港線という線名が付けられた。

昭和十九年といえば戦時中、しかも不要不急のローカル線は休止され、レールを鉄材として供出していたような時代である。清水港線の沿線には港湾施設や工場が多く、軍需輸送の面でも重要な路線だったのだ。ちなみに戦後も清水港線の重要性は変わらなかった。全国規模で貨物輸送のサービスアップが行われた〝よんさんとう〟こと昭和四十三年（一九六八）一〇月のダイヤ改正時点では、清水〜三保間五往復、清水〜巴川口間四往復、清水〜清水埠頭間二往復もの貨物列車が設定されていた。いっぽう、旅客列車は清水〜三保間に四往復、そのうちの一往復は混合列車だった。旅客列車から見るとローカル然とした路線だが、貨物列車はなかなかのにぎわいで、国鉄でも有数の黒字路線でもあったのである。

しかし、清水港線に並行する道路が整備され、バスが頻発するようになると旅客はバスに移った。また貨物輸送も徐々にトラックに切り替えられ、その需要は減っていく。当時の国鉄が抱えていた問題が、この清水港線でも表面化したのだ。

貨物は旅客のように自ら列車を乗り換えることはできない。そのため、貨車一両ずつに発駅と着駅が定められ、それをつないで貨物列車に仕立てられる。さらに国内各地に設置された貨車操車場で行き先別に仕分けられ、目的地へと向かった。ただ、貨車操車場での仕分けには多大な時間がかかり、行き先によっては各地の貨車操車場でその作業を何回もこなさねばならなかった。結果として到着までの時間がかさみ、高速道路などの整備が進むとトラック輸送に切り替わっていった。

国鉄では、この衰退に歯止めをかけるべく鉄道貨物輸送システムを抜本的に見直し、貨物列車の形態を、トラック輸送とリンクしやすく、積み替えもしやすいコンテナ列車に切り替えていく。そして昭和五十九年（一九八四）二月一日からコンテナ列車による拠点間直行輸送を主流として、貨物操車場の廃止に踏み切った。

貨車操車場で行われていた仕分け作業は、拠点駅でのコンテナ積み替え作業にかわった。拠点駅は鉄道とトラックの結束点になり、着発の末端は小回りの利くトラック輸送、拠点間は道路渋滞がなく定時輸送が可能な鉄道輸送と、双方の特長を活かしたシステムが構築されたのである。これが国鉄民営化で誕生したJR貨物へと引き継がれ、今日のコンテナ列車ネットワークへと続いている。

ぼくが通学手段として清水港線に触れたのは、旧来方式の貨物輸送が行われていた最後の時代だったのだ。貨車からコンテナへの切り替えが進むなか、清水港線の各駅から近隣の工場や倉庫へと続いていた旧来の専用線が次々と廃止されていった。そして一九八〇年代に入ると、貨車は連結されず、機関車だけが走ってくることもあった。

この鉄道貨物輸送の変革は、貨物取り扱いを拠点駅へ集約することになり、国鉄駅の多くは貨物取り扱いを廃止、さらに清水港線の例のみならず全国の国鉄線から、工場や倉庫などに結んでいた民間の専用線も廃止されることになった。

こうして貨物輸送が途絶えれば、清水港線の価値はない。国鉄では再建に向けて貨物輸送の合理化だけでなく、赤字路線の廃止作業にも入っていった。昭和五十六年（一九八一）の調査では清水港線の営業係数（一〇〇円の収益を上げるのにかかる金額）が五四四と算定され、その命運は途切れた。そして国鉄の貨物列車輸送システム改革から二か月後、清水港線は廃止されたのである。

狙われる列車・絶たれた鉄路

東北本線・常磐線ほか　**原武史**
2007年（新書）／2012年

狙われる列車

二〇〇六年一月、金正日《キムジョンイル》総書記が中国を訪問した。初めて中国を訪れた一九八三年から数えて六回目の訪中に当たるが、九四年に金日成《キムイルソン》の後継者になってからは、いずれも「一号列車」と呼ばれる特別列車を利用している。今回は香港に近い深圳まで足をのばしており、これまでにない大掛かりな列車旅行となった。ちなみに、二〇〇一年と〇二年にロシアを訪れたときも、彼は同じ列車を利用している。

なぜ金正日は列車が好きなのか。それはおそらく、彼が独裁者であることと関係がある。飛行機は、いったん離陸するや、独裁者といえども全く無力になる。あとは着陸するまで、パイロットの操縦に従うしかない。ところが列車ならば、ダイヤグラムがあっても、独裁者の命令一つで即座に停めることができる。事実上、運転士になり代わることもできるのである。

もちろん、列車も完全に安全な乗り物ではない。実際に二〇〇四年四月、中国訪問を終えた金正日を乗せた列車が北朝鮮の龍川《リョンチョン》駅を通過した九時間後に、同駅で爆発事故があったのはまだ記憶に新しい。もっと古い事例を出せば、一九二八（昭和三）年に張作霖を乗せた北京発の特別列車が、奉天（現・瀋陽）付近で爆破された「満州某重大事件」がすぐに想起されるだろう。

このときは関東軍が、特別列車のダイヤを把握していたからこそ、事件が可能になったわけである。だが金正日の鉄道旅行では、ダイヤは公表されない。そもそも厳密なダイヤを作っているのかどうかすら明白でない。車中で金正日が、「次は深圳に行きたい」と言えば、既存のダイヤなど無視してすぐに深圳を目指すような態勢が作られるのではないかとすら思いたくなる。

この点、天皇は全く異なる。明治から昭和初期にかけて、天皇の乗る御召列車の時刻は、あらかじめ新聞に詳しく公表された。「御料車との再会」（『鉄道ひとつばなし2』）でも触れたように、御召列車をダイヤに忠実に走らせる習慣が確立された明治末期以降、天皇が権力を用いて、決められたダイヤに逆らうことはあり得なくなった。

暗殺を恐れる金正日にとって、おそらくこれは想像を絶するほど危険なことに見えるだろう。しかし実際には、御召列車のダイヤを公表しても、列車の爆破を試みた人物は戦前まで一人もいなかった。一九二三（大正十二）年の虎ノ門事件や三二年の桜田門事件は、自動車や馬車で東京市内を移動中の皇太子や天皇を狙った事件であって、御召列車を標的としたわけではなかった。

御召列車は、戦後には「お召列車」と表記されるようになり、ダイヤも公表されなくなる。だが七四年八月には、東アジア反日武装戦線と名乗るグループによるお召列車爆破未遂事件が発生している。

これは「虹作戦」と呼ばれた。「天皇ヒロヒトは、特に東アジア人民の生殺与奪の権限を掌握し、幾千万のアジア人民を殺害した『皇軍』の最高指揮官です」とする彼らは、昭和天皇（一九〇一〜八九）の暗殺をもくろんでいたが、そこで目をつけたのがお召列車であった。

彼らは、那須御用邸に滞在している天皇が、毎年八月十五日に日本武道館で行われる全国戦没者追悼式に出席するため、その前日に東北本線と山手貨物線（現・湘南新宿ライン）を走るお召列車に乗り、黒磯から原宿宮廷駅まで帰ってくるという事実を突き止め、川口―赤羽間に架かる荒川鉄橋に爆弾を仕掛けようとした。過去に同区間を走ったお召列車のダイヤをひそかに入手したり、実際に現場を見学したりするなど下調べを重ねた結果、お召列車は七四年八月十四日、青森発上野ゆき夜行急行「八甲田」に続いて黒磯を発車し、午前十時五十八分から十一時二分の間に荒川鉄橋を通過するものと狙いを定めた。

この狙いは、外れてはいなかった。ダイヤさえわかれば時刻を計算することはできたし、お召列車に関する限り、遅延はあり得なかった。しかし荒川鉄橋に爆弾を仕掛け、電線と接続しようとした八月十三日の深夜になって、周囲に人影が迫ってくるのを察した彼らは、作業を続けることができなくなり、結局その計画を中止した。

お召列車は、彼らが計算した時刻通りに、何事もなく荒川鉄橋を通過した。ここで使われなかった爆弾が、同年八月三十日に東京・丸の内で起こった三菱重工ビル爆破事件で生かされることになる。

天皇が乗った列車が狙われた事件は、この一件だけであった。昭和から平成になると、天皇が在来線を走るお召列車を利用すること自体がほとんどなくなる。那須御用邸に滞在する場合でも、原宿宮廷駅からお召列車に乗るのではなく、東北新幹線を利用して那須塩原まで行くようになる。場合によっては特別列車でなく、通常の列車に連結されたグリーン車に乗ることもあるから、天皇がどの列車に乗るかは公表されないにしても、狙われる危険性はかえって増大しているように見える。

その背景には、昭和とは異なる開かれた皇室を目指そうとする現天皇の意思があろう。だが実際には、天皇が暗殺の対象となるのは昭和天皇までであったという見方もできるのである。

断たれた鉄路――常磐線《じょうばん》はいま

一九七八（昭和五十三）年七月。高校一年のとき。上野20時発常磐線経由青森ゆきの寝台特急電車「ゆうづる2号」に乗った。水戸21時20分着、平《たいら》（現・いわき）22時38分着。平を出ると、次はもう仙台0時40分着まで停まらないはずであった。

夜はすっかり更け、上段の寝台に設けられた小さな窓からは、一面の闇しか見えなかった。横になったが眠れない。そのうちに、電車が速度を落とし、やがて停まった。仙台に着いたにしては早すぎる。おかしいな。小窓から外をのぞくと、駅名標が見えた。「こまがみね」とある。聞いたことのない駅だ。東北本線（当時は東京―青森間）の駅は全部言えたが常磐線は知らない駅が少なくなかった。

ははあ。東北本線とは違って単線だから上りとの交換のため運転停車しているのだ。もう終電が出たあとだろう。夜行列車に違いない。案の定、闇を突き刺すような光が左手前方からまもなく現れたかと思うと、電気機関車に引かれた客車列車がすれ違った。上野ゆきの寝台特急列車「ゆうづる1号」であった。

一九八二年九月。大学二年のとき。我孫子《あびこ》11時2分発上野ゆき普通422列車に乗った。福島県の浪江《なみえ》を6時に出た客車の普通列車である。当時、首都圏で最後まで戦前を思わせる古い客車の普通列車が残っていたのが常磐線であった。我孫子ではわざわざ、「次の列車は浪江から来る普通列車です。途中、松戸と日暮里に停まります。柏と北千住には停まりません。普通乗車券だけで乗れます」と放送していた。

手動の扉を開けて車内に入ると、国電とはまるで客層が違う。朝からずっとこの列車に乗って上京してきたとおぼしき行商風のおばさんたち。ボックス席の窓を思い切り全開して何やら叫んでいる茨城の私立高校生。通過してゆく駅のホームの客も、並走する各駅停車の乗客も、まだこんな列車が走っていたのかという表情を浮かべながら、こちらを見ていた。

上越新幹線が開業し、東北新幹線が本格的に開業した八二年十一月のダイヤ改正で、常磐線から客車列車がひっそりと消えた。九四年十二月には、「ゆうづる」も廃止された。常磐線のダイヤは、いわきを境にほぼ分断され、昼間の特急と比較的短い区間を走る普通電車が主体になった。

常磐線は、戸籍上は日暮里と岩沼を結ぶ線だが、実際には一八九八（明治三十一）年に日本鉄道海岸線として全通して以来、上野と仙台の間を結んできた。しかしこの区間で先に開通したのは、東北本線の方であった。電化も複線化も、東北本線の方が先に完成した。常磐線はいつも、東北本線の陰に隠れた存在であった。さらに東北新幹線が開通すると、福島県では福島、郡山のある中通りと、常磐線が通る浜通りの交通格差がますます広がった。

それでも、線名にはアイデンティティがある。駒ヶ嶺も浪江も我孫子も北千住も、常磐線の沿線という点では同じである。駒ヶ嶺や浪江は、福島県にありながら福島とは鉄道でつながっていない。しかし東京や仙台とは、常磐線でつながっている。たとえ単線であろうがつながっている。

いや、いた。

常磐線はいま（二〇一二年七月）も、広野—原ノ町間と相馬—亘理《わたり》間が不通のままだ。その総延長は、八二・一キロに達する。浪江は原発事故の警戒区域内にあるため立ち入りすらできず、駒ヶ嶺は相馬と亘理を結ぶ代行バスの発着場になっている。

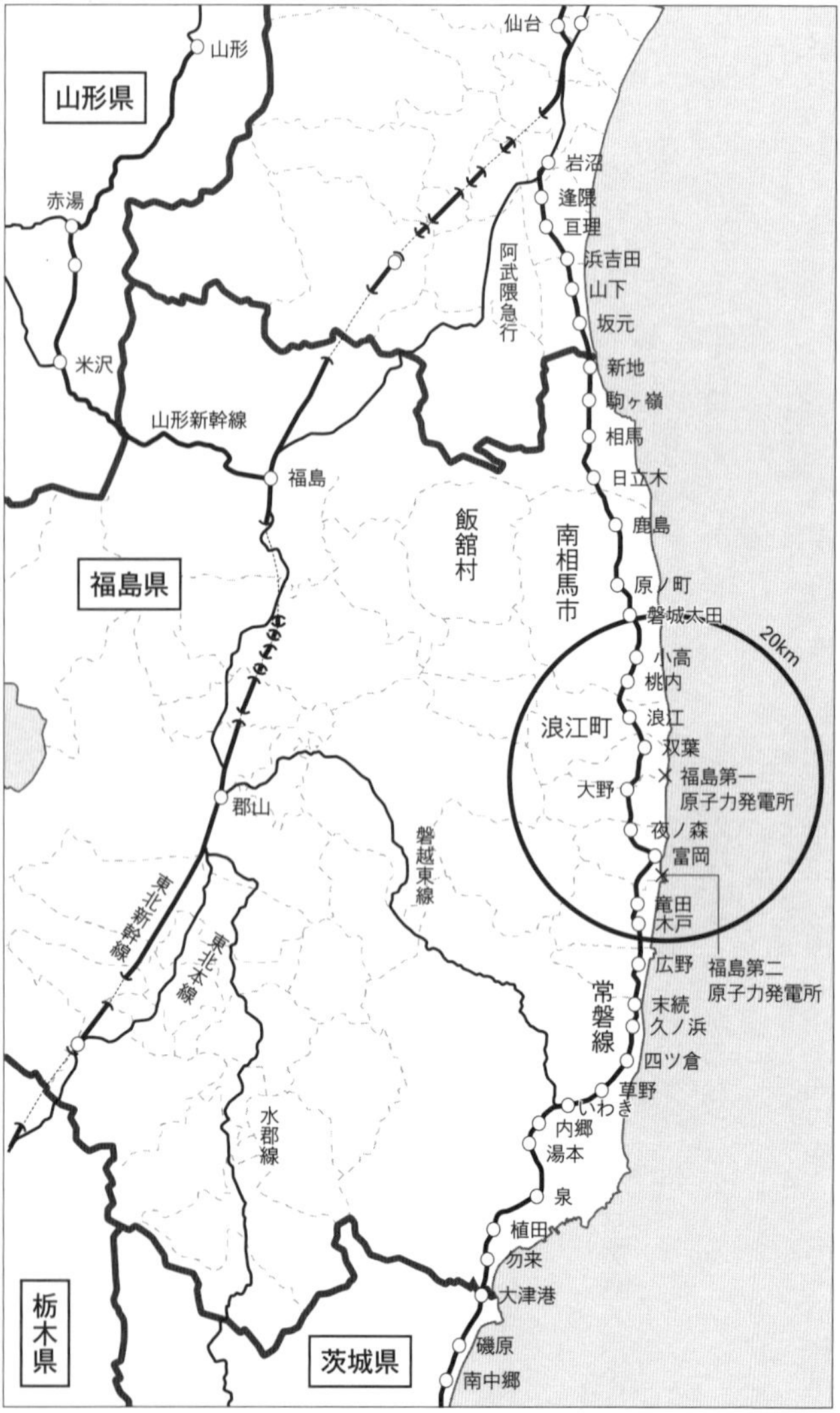
山形県
福島県
栃木県
茨城県
山形
赤湯
米沢
山形新幹線
福島
郡山
東北新幹線
東北本線
水郡線
磐越東線
阿武隈急行
飯舘村
南相馬市
浪江町
常磐線
仙台
岩沼
逢隈
亘理
浜吉田
山下
坂元
新地
駒ヶ嶺
相馬
日立木
鹿島
原ノ町
磐城太田
20km
小高
桃内
浪江
双葉
福島第一
原子力発電所
大野
夜ノ森
富岡
竜田
木戸
福島第二
原子力発電所
広野
末続
久ノ浜
四ツ倉
草野
いわき
内郷
湯本
泉
植田
勿来
大津港
磯原
南中郷

いま、この線はどうなっているだろうか。警戒区域には入れなくても、上野から仙台まで、できるだけ震災前に近い条件で、沿線を忠実にたどってみたい。(「本」編集部の)川治さんに相談したところ、川治さんが同行し、いわきで私と別れてレンタカーを借り、電車や代行バスのない区間で私を拾ってくださることになった。鉄道、代行バス、レンタカーをうまく使い分ければ、警戒区域を除く区間をカバーできそうである。

二〇一二年七月一日、上野10時発いわきゆきの特急「スーパーひたち15号」に川治さんと乗る。この日は日曜日であったが、乗車率は三割程度しかない。観光客らしき客の姿は見られない。水戸、日立で客が降りると、私たちが乗っていた車両はほぼ空になった。日立には海華軒という地元の業者が出店していた駅そばがあり、二〇〇六年に講談社の月刊誌「現代」(現在は廃刊)の企画で常磐線沿線の駅そば巡りをしたとき、一度食べたことがある。しかし跨線橋の新設とともに撤退したようだ。

川治さんが、上野で買った高崎の「だるま弁当」を開ける。私も続いて上野で買った「宮城　海の輝き—紅鮭はらこめし」を開けた。東北に行くのだからと東北の駅弁にしたつもりが、よく見たら東京のNRE(日本レストランエンタプライズ)製であった。

上野を出たときには薄日もさしていたのに、勿来《なこそ》の関を越えて茨城県から福島県に入ったあたりで雲が厚くなってきた。定刻の12時7分にいわきに到着。六年前に食べた駅そばスタンドは、この駅からも撤退していた。

駅前でレンタカーを借りる川治さんと別れ、12時20分発の広野ゆき普通電車に乗る。四両編成のロングシート車で、私が乗った先頭の車両には客が十名ほどしか乗っていない。この時間帯、いわきと広野の間は、一本の電車が行ったり来たりしている。だから途中、電車のすれ違いはない。

いわきを出ると、左手に青々とした水田が広がった。運転士が前方を見ながら、ちらちらとそちらを見やっている。震災の影響はなく、例年と同じ梅雨どきの風景に見える。短い区間の往復のなかで、ここは一息つける地点なのだろう。

草野、四ツ倉と、駅に着くたびに客が降りる。四ツ倉からは単線になり、右手に海が迫ってくる。ホームからも海の見える末続《すえつぎ》は無人駅で、花壇いっぱいに植えられたあじさいはもう枯れかけていた。津波の被害は受けているはずだが、線路自体は高台に敷かれているため、その様子はうかがえなかった。

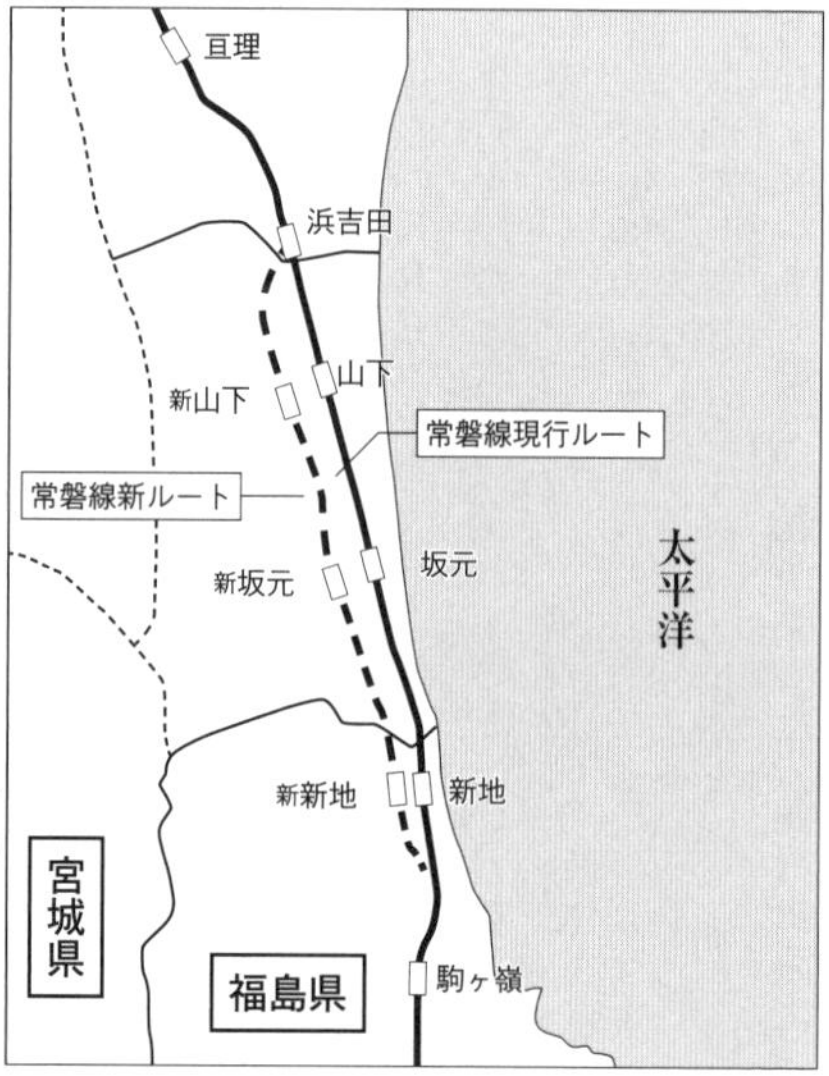

最後の一区間である末続―広野間は見ごたえがある。海沿いを並行していた国道6号線が内陸に移るため、山陰本線かと見まがうばかりの天然の海岸線をトンネルの合間に眺められるのだ。「今は山中《やまなか》　今は浜」で始まる尋常小学校唱歌「汽車」が作詞されたのはこの区間だというが、さもありなんと思う。ただトンネルが連続するので、運転士が景色を眺める余裕はないようだ。車窓から見る限り、やはり津波の痕跡はうかがえない。

広野は暫定的な終着駅にふさわしく、上り線と下り線の間に仮設のホームをつくり、下りホームとの間に線路をまたぐ通路を設けることで、跨線橋を渡らなくても下りホームに隣接した改札口に出られるようになっていた。しかし、この駅で降りたのは私のほかに一人しかなく、あとの客はみなホームで写真を撮り、同じ電車でいわきに戻っていった。

誰もいなくなったホームで電車の通らない線路を眺めると、前方に巨大な発電所が見えた。一瞬、あの原発かと思ったが、そうではなく、広野火力発電所であった。駅前の食堂には「準備中」の看板がぶら下がっていた。

待つほどもなく、川治さんが運転する日産キューブが現れる。広野から原ノ町まで車で行くなら、常磐線に並行する国道6号線をそのまま北上するのが最も近道だが、これではもろに警戒区域にぶつかってしまう。いろいろと考えた末、広野インターから常磐自動車道に乗っていわきジャンクションまで南下し、磐越自動車道に入り、船引三春インターで降りて国道349号線を北上し、川俣町で県道12号線（原町川俣線）に入り、飯舘《いいたて》村を経由して原ノ町まで行くことにした。たとえていえば、A、B、C、D、E、Fを頂点とする六角形のC点からB点まで行くのに、D、E、F、Aの各点を経由して行くようなものである。

車で外房によくサーフィンに行くという川治さんは運転がうまい。広野から一時間もかからずに船引三春インターを降り、国道349号線に入る。これが国道かと疑いたくなるほどの山道を北上するうちに雨が降ってきた。

川俣町で県道12号線に入ると、急に車の交通量が多くなった。おそらく、この道が福島市と原ノ町のある南相馬市を結ぶ唯一の道だからだろう。ほどなく飯舘村にさしかかる。その途端、用意してきた線量計の値がはね上がる。0・1〜0・2マイクロシーベルトだったのが、見る見るうちに

0・5を超え、ついに1を超えた。アラームが鳴り続ける。人家はあっても、もう住民はいない。田んぼは荒れ地となり、人の手の加わらない原始の状態に戻っている。どの車も、一刻も早くこの村を抜け出したいと思っているのか、異常なほど飛ばしている。

濃霧の立ち込める峠を越えて南相馬市に入ったあたりで、ようやく線量計の値が下がってきた。市街地に入ると、通行人の姿もちらほらと見かける。みなマスクをしている。

原ノ町駅に到着したのは、15時45分頃であった。広野駅を出てから二時間四十分ほどかかっている。もしいわきから乗った電車が広野ゆきでなく、震災前と同じように仙台ゆきであれば、原ノ町には13時39分に着いたはずである。

自動改札の上の電光掲示板には、「15：56相馬行き」と出ていた。絶妙のタイミングである。電光掲示板の上には、「スーパーひたち号の編成のご案内」とあり、七両ないし十一両編成のうち、指定席、自由席、グリーン車がそれぞれ何号車かが一目でわかる図が示されている。しかし二〇一一年の三月十一日以来、この駅に「スーパーひたち」が入ってきたことはない。

相馬ゆきの電車に乗る前に、確かめておくべきことがあった。丸屋弁当部の駅そば「きそば」が、いまも営業を続けているかどうかを確認することだ。

ここの駅そばも、六年前に食べたことがある。かつおだしがよく効いた汁に自家製麺と天ぷらがよくなじみ、三位一体の境地へと至る三八〇円の天ぷらそばは、常磐線でも随一と思われた。そのスタンドが同じ場所にあった。営業を再開したという紙も張られていた。それならぜひ食べたいと思ったのに、肝心の従業員がいない。川治さんが駅員にたずねたところ、営業しているのは昼間だけで、もう閉店したという。残念だ。

それでも、日立やいわきで駅そばが消えたにもかかわらず、復旧した区間のなかでは福島第一原発に最も近い原ノ町で、地元の業者による駅そば屋が震災前と変わらない形で営業しているのを確認できたことに自然と笑みがこぼれる。

再び川治さんと別れ、相馬ゆきの二両編成の電車に乗る。全部で十人ほどしか乗っていない。原ノ町―相馬間も単線で、一本の電車が行ったり来たりしている。いわき―広野間とは違い、ずっと内陸を淡々と走る。次の鹿島で労働者風の外国人が一人降りたほかには乗り降りがなく、相馬には16時14分に着く。駅前には、亘理ゆきの代行バスが待っている。だが、このバスに乗り換えたのは、私を含めて五人しかいなかった。

三十四年前に「ゆうづる」から見た駒ヶ嶺は、相馬の次の駅であった。バスは常磐線に並行する国道6号線を北上するかと思いきや、突然右折する。前方に駅が見えてきた。駅舎もホームも架線も震災前と変わっていないように見える。ああ、これが深夜に見たあの駅だったのかという感慨とともに、なぜこの駅に電車が通らないのかという理不尽さを感じてしまう。

列車代行バス停留所と書かれた駅前のバス停で高校生が降り、代わりに地元の客が乗ってくる。バスは再び国道6号線に戻り、北上を続ける。次の新地は駅まで行かず、町役場の前にバス停があった。その向こうには、明らかに津波でやられて無人と化した荒れ地が広がっている。海が近い証拠である。

福島と宮城の県境を越える。その途端に雨が上がり、薄日もさしてくる。宮城県に入って最初の駅、坂元にもバスは行かず、国道6号線に臨時のバス停が設けられていた。次の山下も、国道沿いの山元町役場の前にバス停があった。いずれも、常磐線の駅からは一キロ以上も離れている。

このまま亘理まで直行するのかと思ったが、また右折して水田地帯に入る。震災の影響でところどころ隆起した道を、バスは徐行しながら浜吉田駅に向かった。震災前は仙台まで四十分もかからずに行けたところで、駅の周辺は住宅地となっている。駒ヶ嶺同様、駅も全く無傷に見える。

相馬から一時間二十分かかって亘理に着いた。特に渋滞したわけでもないのに、電車よりも一時間近く余計にかかっている。朝の通勤時間帯はもっとかかるという。改めて、鉄道と代行バスの違いをまざまざと思い知らされる。

亘理では仙台ゆきの普通電車が接続していたが、この区間に乗るのは翌日に回すことにし、先に到着していた川治さんの車にまた乗せてもらい、仙台を目指す。国道6号線から東北本線に並行する国道4号線に入ると片側二車線となり、首都圏のロードサイドと変わらない風景になる。鉄道でも常磐線は単線で、東北本線と合流する岩沼から複線になり、にわかに本数が増える。同じような変化を、道路にも感じた。

この日は、仙台駅付近のホテルに泊まった。近くの店で名物の牛タンを食べる。仙台は景気がよいと聞いていたが、噂に違わずにぎわっている。隣の席では、東北大学の学生だろうか、男子学生が集まってしきりに異性の話をしていた。

翌朝、雨は降っていないものの、どんよりと曇っている。気温は二十度そこそこで、東京よりも涼しい。川治さんは一足早くレンタカーに乗り、亘理に向かった。私は仙台を9時25分に出る亘理ゆきの普通電車に乗ろうとして、駅に向かう。

何やら改札口の前が騒がしい。「社会を明るくする運動」の横断幕が目に入る。音楽が鳴り、運動に協力するよう、女性がマイクでしゃべっている。大勢の運動員が、改札に出入りする客にうちわや花の入った袋を手渡している。

どこかの宗教団体が、堂々と東北最大の駅を占拠しているのか。そんなはずはあるまいと思い、横断幕をよく見たら法務省主唱と書かれてあった。政府とJR東日本が一体となっているようで、朝からあまりいい気持ちがしない。

亘理ゆきの電車は、6番線に入っていた。座席はロングシートが一部しかなく、それ以外は通路をはさんで前向きの座席と後向きの座席が固定されていて、集団見合いのような配置になっている。首都圏では見かけない車両だ。

ホームには、地元の駅弁業者「こばやし」が営業する駅そば「蔵王めん茶屋」があった。一見、六年前に食べたときと変わっていない。しかしよく見ると、メニューは「黒石やきそば」と「エキナカラーメン」しかない。そばもうどんも撤退してしまったのだ。めん＝やきそば＋ラーメンということだろうか。

ビジネスマンや観光客でにぎわう新幹線ホームとは対照的に、在来線ホームは電車の往来も多くなく、ひっそりとしている。隣の仙山《せんざん》線ホームは、9時3分発、18分発と、二本続けて愛子《あやし》ゆきが出る。山形ゆきは9時37分発までない。ホームのベンチではおばさんが身じろぎもせずに座っている。

9時25分、定刻に発車する。三割ほどの乗車率ながら、これまでに乗った普通電車では一番いい。岩沼で東北本線と分かれ、阿武隈川の長い鉄橋を渡ると、一九八八年開業の逢隈《おおくま》という比較的新しい無人駅に着く。逢隈を旧仮名遣いにして一字ずつ書くと「あふ・くま」となり、阿武隈に通じるという。この駅前にも、「社会を明るくする運動」の幟《のぼり》が何本も立っていた。

9時57分に亘理に着く。もともと上り線と下り線の間に敷かれた貨物用の線路が、いまでは唯一この駅で使われている。使われなくなった下り線の上にホームを建て増しし、改札に隣接するホームの幅を広くしている。おそらく、こうしないと通勤時間帯に仙台方面に向かう客をさばききれないのだろう。

自動改札を出ると、川治さんがもう待っていた。前日に代行バスが経由せず、眺めることのできなかった山下、坂元、新地の各駅がどうなっているか、レンタカーで回って確認するのが、この日の主な目的であった。

いったん国道6号線に入り、山下駅の案内板が見えたところで左折する。浜吉田駅同様、住宅地が建て込んだなかに、その駅はあった。津波はここまで来ており、一階の窓が流されたままの空き家もあったにもかかわらず、駅舎やホーム、待合室、跨線橋、架線などは原形をとどめている。しかし線路には雑草が生え放題で、枕木やバラストは全く見えなくなっていた。

車を駅前に停めた先客がいた。山下、坂元両駅が属する山元町の職員で、放射線量を毎日測っているという。

それよりも目を引いたのは、駅前の立て看板であった。「復興の視点は防波堤」「開通105年目地線〔盤〕は固く安全　現況で早期復元可能　他への移設は混乱を招く　過重債務が子供にまで付け廻す」「先祖が残した現況線路と駅舎を子孫に残そう!」などと書かれてある。常磐線の駒ヶ嶺—浜吉田間は線路を移設することが決まっており、山下駅も移すのだが、現行ルートでの復旧を望む声も少なくないのがわかる。

山下からは、国道に出ず、なるべく線路伝いに坂元、新地を目指すことにした。住宅地が途切れ、風景がどんどん荒涼としてくる。見渡す限りの原野となり、左手には海が迫ってくる。常磐線は、線路も架線も全く見えなくなり、どこを走っていたのかもわからなくなった。かろうじて、小さな川にかかる青い鉄橋だけが、そこに線路があったことを告げていた。

鉄橋の上に立ってみる。単線だから、上りも下りも同じ線路を通っていたわけだ。明治から平成までの百十年あまりにわたって、この一メートル六七ミリの幅しかない線路の上を、どれだけの人々が往復してきたかを想像する。高校一年だった私も、「ゆうづる」に乗ってここを通過したのだ。津波をかぶったままの原野のなかに、無数の人々が往来する一条の帯が、まるで蜃気楼のように立ち現れているかのような錯覚に陥った。

坂元駅と新地駅は、山下駅とは比べようがないほど損壊がひどかった。駅舎、線路、待合室、架線などはほぼ跡形もなく消え去り、ホームも津波の圧力を受けたせいか変形していた。昨年（二〇一一年）に見た山田線の陸中山田や気仙沼線の志津川のほうが、まだ駅の原形をとどめていたし、周辺の建物も骨組みだけになりながら、何とか残っていた。三陸とは異なり、平野の面積が大きいぶん、景色の悲惨さがいっそう胸に迫ってきた。

二〇一二年六月二十四日、山元町の中央公民館で、地権者を対象とする常磐線の移設ルートや測量作業に関する説明会が開かれた。その四日後には、隣接する新地町の農村環境改善センターでも、同様の説明会が開かれている。

新地町では、新しい新地駅を現・新地駅から三百メートルしか離れていない場所に移設することで、福島県、JR東日本と合意した。二〇一二年度中に用地の買収や測量作業を終え、それから三年程度で開業させたいとしている。

一方、山元町では移設をめぐって二転三転した。町は当初、国道6号線の西側に当たる高台に線路を移設させて駅をつくり、そこにニュータウンを建設しようとした。だが、津波による犠牲者に加えて、仙台に通勤できなくなった住民が転居するなどして人口が激減したため、町議会ではより早く整備できそうな、水田地帯に当たる国道の東側を通るルートを求める意見が相次いだ。結局、新しい坂元、山下両駅を高台ではなく、国道6号線の東側、つまりより海岸に近い水田地帯に建設し、周辺に住宅地を建設することで、宮城県やJR東日本と合意した。

しかし新地町とは異なり、山元町では用地買収がいつ終わるかはわからないとしている。六月二十四日の説明会で、初めて移設対象地になったことを知った地権者も多かった（『河北新報』二〇一二年六月二十五日）。山元町内で常磐線の工事が進まない場合、新地町では新たに開通する常磐自動車道を使い、仙台までの直行バスを走らせる計画まであるという。

基本的には、六月に発表された常磐線の移設ルートも、現行ルートと同じ平地で、多くは津波をかぶった地域に相当する。それなら最初から迷わずに、用地買収の必要がない現行ルートで、線路のかさ上げや高架化などの津波対策を施して復旧させるべきではなかったか。山下駅前の立て看板が思い出される。あるいは、現行ルートでの復旧を早々と決めた三陸鉄道や、同じJRでも二〇一二年三月に現行ルートで復旧した八戸線が思い出される。

なるほど、あの荒涼とした原野を眼前にすれば、「もう一度ここに線路を」とは言えず、高台への移設を求めたくなるのもよくわかる。しかし、常磐線の不通に象徴される復興の遅れは、結果として山元町だけで四千人、一説には七千人を超える住民の流出を招いてしまった。東日本大震災は、常磐線が地域住民にとっていかに大切な足であったかを、改めて思い知らせたのだ。

山元町に対して、国道よりも東側を通るルートの方が早く整備できると打診したのは、JR東日本だったという（『河北新報』二〇一二年二月一日）。なぜJR東日本は、もっと早く、現行ルートでの復旧を含めた代替案を積極的に提示しなかったのか。その模様眺めの姿勢のなかに、復旧が遅れていることに対する責任の認識は、みじんも感じられないのである。

二〇一二年七月三日、JR東日本は約二千億円をかけて、首都圏の新幹線や在来線の耐震補強工事を行うと発表した。その一方で、総工事費一千億円とされる被災した在来線の復旧は遅々として進んでいない。「これが（同じ常磐線の）我孫子だったら全然違ったでしょう」。新地町役場で耳にしたある職員の一言が、胸に響いた。

〔付記〕二〇一七年十二月現在、浪江～富岡間を除き運転再開。全線再開は二〇一九年度末までの予定（編集部）。

原武史
一九六二年生まれ。放送大学教授。政治学者。とくに、天皇を中心とした論考では独自の新しい歴史観によって、歴史学者として重要な位置をしめている。また類いまれな該博な知識によって近代日本と鉄道を語り、新書『鉄道ひとつばなし』シリーズは鉄道についての書籍として異例ともいえる反響を呼んだ。現代社会にたいする鋭い視点を持ち、本作「絶たれた鉄路」にはその姿勢が強くあらわれている。著書には『〈出雲〉という思想』、『大正天皇』、『昭和天皇 御召列車全記録』、『沿線風景』、『皇后考』、『直訴と王権』など多数。本編はいずれも講談社の「本」に一九九六年一月号より連載されたもので、本文は「狙われる列車」が『鉄道ひとつばなし2』（講談社現代新書、二〇〇七年）、「絶たれた鉄路」は『思索の源泉としての鉄道』（同二〇一四年）によっている。

ワゴンの裏側で（『新幹線ガール』より）

東海道新幹線　徳渕真利子
2007年

商品の並べ方は時間で変わる

東海道新幹線のワゴンには常時約五十種類の商品が積まれており、そのなかでも特によく売れるものがあります。売れ筋商品は、時間帯によっても少しずつ異なってきます。新幹線の車内に流れている「時間」、それは私たちパーサーの間で「四つの時間帯」に区切られています。「四つの時間帯」はワゴン販売をする上で欠かせない知識です。始発から九時五九分までは「朝パターン」。一〇時から一二時五九分までは「昼パターン」。一三時から一五時五九分までは「閑散パターン」。一六時以降は「夜パターン」と呼びます。

「閑散パターン」は「アイドルタイム」と呼ばれることもあります。これは接客業でよく使われる言葉で、ｉｄｌｅ（実働していない、空転している）という英単語から来ています。

この四つの時間帯によって、ワゴンの積み方も変わってきます。その時間で最も売れる商品を、お客様が見やすいワゴン前面の位置に持ってくるのです。

一日はこの一杯から

朝パターンでよく売れるものはコーヒーにサンドイッチ、おにぎりです。東海道新幹線のお客様は七割をビジネスマンの方が占めているのですが、この時間帯は特に、出張に出かけるビジネスマンのお客様が目立ちます。

ホットコーヒーは朝だけでなく、一日を通して売上げのベストスリーに入ります。ワゴン販売の商品はお弁当をはじめソフトドリンクなど、どうしても冷たいものになってしまいがちです。そのなかでコーヒーは温かく、作りたてを味わっていただける商品。特に秋から春先にかけての寒い季節はよく売れます。東海道新幹線のコーヒーはインスタントではなく豆から淹《い》れている自慢の商品なのです。

「新幹線のコーヒーっておいしいよね」とお声をかけていただいたことも一度や二度ではありません。こんなふうにお褒《ほ》めの言葉をいただくことはパーサーにとって一番の喜びです。

お客様からご注文をいただいたらポットから直接簡易コップに注ぐという仕組みなので、たまに「ただでもらえるんですか?」と聞かれることも。ちなみにコーヒーは一杯三〇〇円（二〇〇七年）でございます。

注文されるお客様は、ほとんどの方がホットで召し上がります。「コーヒー」と言われると体が自然にホットコーヒーを準備する作業を始めてしまうので、「アイスコーヒー」と言われたのに間違えて熱いコーヒーを出してしまった失敗も、実は一度ありました。

八時三〇分ころまでに出発する特定の列車内では「ワンコインモーニング」の販売もしております。サンドイッチとコーヒーのセットを割引でサービスしており、五〇〇円のワンコインで、お客様がお求めやすいように値段設定しています。味やボリュームもなかなかとご好評いただいている、パーサーのおすすめ商品です。

人気のお弁当ベストスリー

昼パターンではお弁当、サンドイッチ、お茶、コーヒーがよく売れます。この時間、お弁当は数種類準備しており、お客様が選びやすいように中身を撮影したカードをお見せします。

新商品が出た日は「今日から新しく発売になりました○○弁当です」という一言を加えながら歩きます。やはり「新しい商品」はお客様に興味を示していただくきっかけになるからです。

人気のお弁当第一位は定番の「彩り駅弁　幕の内弁当」です。第二位は二〇〇五（平成一七）年の愛知万博に合わせて発売された「日本の味博覧」。ホームでも販売しており、発売当初は行列ができてすぐ売り切れになっていました。このお弁当目当てに、入場券を買ってわざわざホームまで来てくださるお客様もいたほどです。中身は有名日本料理店の元調理長が監修した幕の内弁当で、おかずは季節によって少しずつ変わります。とても人気の商品でしたので、万博終了後も幕の内タイプの定番商品として販売しています。

三番人気は「駅弁コンテストグランプリ」を受賞した「21世紀出陣弁当」です。一般公募で駅弁のアイデアを募り、グランプリを獲得した作品を実際に商品化しました。出陣旗をイメージした串こんにゃくや、ホラ貝をイメージしたバイ貝の旨煮《うまに》など「出陣」の名にふさわしいお弁当です。容器のデザインが籠素材で見た目にもかわいいので、女性のお客様を中心に喜んでご購入いただいております。

お弁当を探して車内の旅に

閑散パターンではアイスクリーム、お菓子類、ソフトドリンク、コーヒー、お土産などが売れ筋です。この時間帯は車内に旅行中の観光客の方が目立ちます。

お土産で断トツ人気なのは「シウマイ」です。最近は、車内限定のオリジナル商品である「クッキー」をお土産にお求めいただくお客様も多く、先日私が乗務したときには車内にあるすべてのクッキーをまとめ買いしてくださる方がいらっしゃいました。

クッキーに限らず、一つのワゴンで商品が足りないときには、他のワゴンに在庫があるかどうかを調べます。二〇〇六年一二月より、車内での連絡を円滑に行なうために、パーサー全員が携帯電話を持つことになりました。しかしそれまでは、トランシーバーなども持っておらず、リアルタイムで連絡を取り合うことは不可能でした。そのため、自分の足で歩いて探しに行かなければならなかったのです。まずはお客様に下車駅をお尋ねし、降車される時間までに商品を集めます。

たとえば私がA車ワゴンの担当で、お客様が一号車にいらっしゃったとします。降車まであまり時間がない場合はワゴン販売をいったん中止して、一号車と二号車の間のデッキに、ワゴンが動かないよう専用ベルトで止めておきます。そしてグリーン車、指定席のほうに向かって歩きながら、他のワゴンを探しに行くのです。

途中でマネージャーに会うことができたら、「一号車一〇番E席に座っていらっしゃるお客様がクッキーを三個お買い上げです。二個足りませんので集めて下さい。京都駅で下車されます」と伝えます。マネージャーに急ぎの用事がない場合は代わりに探してくれるので、自分はワゴン販売に戻れます。

もしお客様の降車まで時間がある場合は、一号車からワゴン販売をしながら、車販準備室のある七号車まで戻ります。そこでワゴンをいったん置いて探しに行くのです。時間がある場合でも、探している商品がお弁当の場合はすぐにワゴン販売を中止します。お土産などと違ってすぐに売り切れてしまう可能性があるからです。

あるパーサーは、お客様から「お弁当がほしいのですが……」と言われたとき、ちょうど自分のワゴンでお弁当を切らしていたそうです。別のワゴンに探しにいくために、三号車から一六号車まで、往復七〇〇メートルの距離を歩いてお弁当をお渡ししたところ、「助かりました。じつは決まった時間に薬を飲まなければならなかったので、どうしてもいま食事したかったんです」とお礼を言われたとのことでした。

新幹線には、本当にさまざまな状況におかれたお客様が乗っていらっしゃいます。自分の想像力の範囲だけで判断してはいけない、と改めて思った出来事でした。

トレイには、やっぱりコレ!

車内が混んできてワゴンを稼動できないときはトレイ販売をするとお話ししましたが、混雑していないときにもトレイで車内を回ることがあります。

私の場合、特に閑散パターンの時間帯にトレイ販売をすることが多いです。この時間、お客様はお昼ご飯も召し上がって、お腹はすいていないけれど、「なんかちょっと食べたいな」と感じている方が結構いらっしゃるのです。

トレイに載せる商品で一番売れ行きがいいのはアイスクリームです。自分でもおもしろいほどに売れるときがあります。

ワゴン販売のとき、アイスクリームは溶けないようにドライアイスをたくさん入れた簡易冷凍庫の中にしまってあります。こちらがお伝えしない限り、お客様の見た目にはワゴンにアイスクリームが積んであるということは分かりません。ですからトレイでアイスクームを販売すると「あれっ、アイスクリームがあるんだ」とお客様にアピールすることができるのです。

お茶やソフトドリンクも必ず一緒に載せます。アイスクリームは甘いので、飲み物を一緒に買われる方も多いからです。アイスクリームはいらないけれどちょうど何か飲みたかった、というお客様もこの時間は多くいらっしゃいます。

アイスクリームは溶けないように気を使うため、固すぎるほどに凍っていることもありますので、「しばらく時間をおいてからお召し上がりください」と一言添えます。

味はバニラと、季節によって抹茶やモカなども積みます。東海道新幹線限定のアイスクリームはとても評判が良く、インターネットなどでも話題になったことがあります。ぜひ一度、食べてみてくださいね。

男の人が好きなもの

夜の時間帯によく出るのはご想像のとおり、アルコール類、おつまみ、お弁当、お土産です。朝と同じく、出張帰りのビジネスマンのお客様が多くを占めます。平日夜の車内には、アルコールとおつまみでほっと一息つかれるビジネスマンの姿が目立ちます。

缶ビールは大手四社の製品が揃っています。たくさん売るコツはキンキンに冷やしておくこと。基本中の基本ですが、もしぬるいと二本目は絶対に買ってもらえません。だからこの基本がなにより大切なのです。

小瓶のウイスキーも常時用意してあります。お客様のなかにはミニチュアのような小瓶ウイスキーが珍しい方もいらっしゃるようで、「かわいいから家に持って帰ろう。全部ちょうだい」と言われたこともあります。小さいサイズなのでお手ごろ感があるらしく、高価なウイスキーのほうがよく売れます。

おつまみでいちばん人気なのは「ちくわ」です。男の人ってなんでこんなに「ちくわ」が好きなのだろうと、なんだかおかしくなるほどよくお求めいただけます。アルコールをお飲みでない方にも「お弁当以外で、なにかお腹にたまるものないかなぁ」と聞かれたときは、必ずちくわをお薦めするようにしています。

「ナッツ&チーズ」もシンプルながら隠れた人気商品です。マカダミアナッツとサクッとした食感のチーズがセットになった塩味ベースのおつまみで、これはパーサーの間でも人気ナンバーワン商品。プライベートで新幹線に乗るときは必ず買うという人が多いんですよ。こちらも東海道新幹線オリジナル商品で、車内以外では「キヨスク」など駅構内だけの販売です。たまに「ナッツ&チーズ、あるだけ全部ちょうだい」と言われることがあるのも、スーパーやコンビニには売っていないという特別感がお客様を引きつけるのかもしれません。

このようにおつまみやお菓子類は不定期で積み込む商品を変えていますが、いつでもどんなときでも必ず積んでいる四大ベストセラー商品があります。それは「ちくわ」、「ミックスナッツ」、「さきいか」、「柿の種」。どれもお酒のおつまみの定番です。

ある日、とあるおつまみが新商品として加わったときのことです。

「何かお薦めのおつまみないですか?」と聞かれて、その商品をお勧めしました。その後、この客室内に二度目のワゴン販売に訪れたとき、「さっき買ったおつまみ、けっこう辛いんだね」と言われました。私はとっさに、「あっ、そうだったんですか。今日初めて入った商品だったので知りませんでした」と答えてしまったんです。

自分が売っているものなのに、どんな味か知らないなんてことはあってはならない。この日以来、ワゴンに積んである商品でコンビニやスーパーで売っているものは、必ず自分で買って食べてみることを心がけています。そうすると、思ったより塩味が強かったり、また甘すぎたりと、意外な発見があります。

お客様からのお手紙

私がこの仕事を選んだ一番の理由は、「たくさんのお客様と触れ合える」ことに魅力を感じたから。お客様に喜んでいただけたとき、楽しく会話が弾んだとき、この仕事をしていてよかったという気持ちで胸が一杯になります。

パーサーの仕事は時間も不規則で、体力勝負。決して楽ではありません。そんな私たちの笑顔を支えてくれるのがお客様との一つひとつの触れ合いです。ここでは、私たちパーサーとお客様とのさまざまな「出会い」をお伝えしたいと思います。

ミーティングルームの掲示板などで、お客様から会社に寄せられた感謝のお電話やお手紙、メールなどが紹介されることがあります。わざわざ送ってくださるそのお気持ちがとてもとても嬉しいですし、私たちのやる気の源《みなもと》にもなります。実際に寄せられたお客様の声を少しだけご紹介させていただきます。

「品川から乗車し名古屋まで行く予定だったのですが、三河安城を過ぎたあたりでうっかり寝入ってしまい、名古屋駅を降り過ごすところでした。『名古屋まで行く』と話したことを覚えていてくれた親切な乗務員の方がたまたま気づいて起こしてくれ、無事に下車できました。感謝の気持ちを伝えてください」

「東京から熱海まで『こだま』を利用したとき、パーサーの方の接客がとても素晴らしかったのでメールいたしました。お忙しいなか笑顔で、一人ひとりお客の目を見ながらお仕事されており、注文をしたときの対応もとても優しかったです。気持ちの良い接客をしていただいたおかげで、旅行も出発のときから楽しく過ごすことができました」

このような声をいただくととてもありがたく、私たちパーサーもますます頑張ろうという気持ちが湧いてきます。同時に、こんなに素晴らしいパーサーがいる一方で、自分はきちんと同レベルのサービスができているのかと、改めて振り返るきっかけにもなるのです。

乗務前と乗務後にパーサーが集うミーティングルームには、「こんなことをしたらお客様が喜んでくれました」というタイトルのシールが貼られたファイルが置いてあります。ミーティング時にパーサーからあがってきた声をまとめたもので、いつでも自由に見られるようになっています。

お子様にお願いされて一緒に写真を撮ったら「絵日記に書くんだー！」と喜んでいただいたこと。下り列車乗務中にお客様がなくされた切符を一緒に探してさしあげたら、偶然上り列車でもお会いし、こちらが申し訳なくなるぐらい何度も「さっきはありがとう」と言っていただいたことなど、パーサーの実体験が綴《つづ》られています。

このなかに、印象に残ったエピソードがありました。

「一目見て、少し機嫌が悪そうだと思われるお客様がいらっしゃいました。ホットコーヒーを買ってくださったのでたわいもない話をしたら、『新幹線に乗る前にイヤなことがあったんだけど、あなたと少し話をしたら落ち着きました。どうもありがとう』と言ってくださいました」

ファイルには事実だけでなく、接客した乗務員の感想が書いてある場合があります。ここには「お客様の抱えてらっしゃる背景まで想像して接客するのはとても難しいことです。だけどとても勉強になる出来事でした」とありました。

その他にも、「車内巡回をしていたら、年配の女性から『皆さん、本当に感じのいい方ばかりね』と褒めていただきました。いつも気をつけていることを評価された気がして嬉しかったです」といった感想や、「ワゴンが通るたびに商品を買ってくれた小団体のお客様が『あなたのおかげで楽しい旅になりました。ありがとう』と言ってくださいました。この日は忙しかったのですが疲れもふっとびました」など、パーサーの生の声がびっしりと詰まっています。

東京に所属しているパーサーだけでも四〇〇人。同じ職場なのに会ったことのないパーサーのほうが多いくらいです。でも皆、日々こうやってお客様との出会いを積み重ねています。このファイルは顔も知らない仲間同士をつなげてくれる、大切なツールなんです。

恐そうなお客様、と思いきや……

新大阪に近い列車内では、お客様の雰囲気が少し変わってきます。接客の際に関西弁でお話されるお客様が増えてくるからです。よく話しかけてくださるのは、東京のお客様より関西の方が多いようです。「コレうまいな〜。新幹線乗ったらいっつもコレ買うねん」など。私も関西弁は好きなので、お話していて楽しい気持ちになります。

列車には、本当にいろいろなお客様が乗っていらっしゃいます。サングラスをかけて恰幅《かっぷく》の良い男性を見ると、「ちょっと恐そうだなぁ」と思ってしまうことも。そんなときに呼び止められて、「すみません、プリングルス（菓子名）一つください」などと予想外の注文をされたり、とても丁寧な口調だったりすると、ほっとすると同時になんだか急におかしくなってしまいます。

注文のときは必ずサングラスを外して、目を見て話してくださる方もいます。ささいなことですが、実際にこのような気遣いをするのは難しいのではないでしょうか。外見だけで「恐そうなお客様」などと判断してはいけないと、少し反省です。

金曜夜は飲みすぎ注意！

金曜日の夜、それはお酒に酔われたお客様に出会う確率がいちばん高い時間帯です。出張帰り、明日はお休みだと思うとついつい飲みすぎてしまわれるのだと思います。

「あ、ちょっとお姉ちゃん！　ビールとちくわとさきいかと、あとチョコレートとナッツと……。とにかくぜ〜んぶちょうだい。どう？　覚えられた？　へへ〜。あ、やっぱりちくわはいらない。あ、やっぱりいる！」など、呼び止められてからかわれることがあります。

心の中はとっても辛い気持ち。でも酔っておられても相手はお客様ですから、無視して立ち去るわけにはいきません。

「もしかして本当にこの商品が必要なのかも！」

そう思ってこちらも接客しますので、一五分近く酔われたお客様相手に立ち往生したこともあります。

したたかに酔われている方は、下車後も無事に帰宅されたかどうか心配になります。ビールやウイスキーのお買い上げは嬉しいですが、どうか飲みすぎには注意してくださいね。

「富士山はいつ見えるの？」

「富士山はいつ見えるの？」

よく聞かれる質問です。ご旅行で新幹線にご乗車されているお客様はとても楽しみにしていらっしゃることですから、必ずお答えしなくてはなりません。

下り列車の場合、富士山は、三島駅を出たあたりから新富士駅を少し過ぎる区間まで見ることができます。といっても「のぞみ」は三島駅には止まりませんので、うっかりしたら見過ごしてしまう可能性もあります。お客様には三島駅を通過する時間をこちらで計って、「一四時一〇分過ぎころから、進行方向右手に見えます」というように、時間でお伝えするのが確実で親切な答え方です。

「タバコ売ってないの？」

「新聞置いてないの？」

この二つもよくある質問です。東海道以外の新幹線では車内でそれらを販売する路線もあるからです。車内には喫煙車両もありますが、以前に比べてタバコをお買い求めになるお客様がずいぶん減ってきましたので、今は取り扱っておりません。新聞も置いてませんが、代わりにビジネス情報誌「WEDGE」を販売しております。

また私の「徳渕」という名札を見て「どこの出身なの？」と質問されることもよくあります。先日も通路を歩いて来たお客様に「もしかして、佐賀県出身じゃない？」と尋ねられました。私の父が佐賀県の出身ですので町の名前をお伝えすると、「やっぱり！　私も結婚前は『徳渕』姓で、同じ町の出身なのよ。名札を見て、なんだか懐かしくなったから」とおっしゃいました。聞けば、私がワゴン販売で通り過ぎた後に気になって、三両向こうの車両から追いかけてきてくださったとのことでした。あまり見かけない苗字を持つ者ならではのエピソードですが、そこからまたお客様との会話が広がっていくのも、嬉しいものです。

トラブルに遭遇したら

お客様との出会いは、いつも楽しく嬉しいことばかりではありません。ときには困った場面に遭遇することだってあります。

避けられないのが自然災害です。台風や集中豪雨で新幹線の運転がストップした場合、車内で何時間もお客様にお待ちいただくという状況が発生することもあります。

お客様には、仕事や私用などでこちらの想像以上に大切な予定がある方がたくさんいらっしゃいます。その予定が狂ってしまい、その上で何時間も待たされるとなると気持ちもイライラしてきますし、不安になってきます。そのお気持ちをやわらげるのもパーサーの仕事です。

運転がストップしている間も、パーサーは休みません。こんなときこそお客様がワゴンを必要としているからです。何時間も待たされ、お腹は空くし喉も渇きます。もし商品が全部売り切れてしまったら、車内巡回に行きます。何よりも、お話し相手になることが重要なんです。

このような場面では九割以上がお問い合わせや苦情のお言葉です。でも一度、あるパーサーは「来てくれてありがとう。安心しました」というお言葉をお客様からいただいたそうです。彼女は後で、「涙が出るほど嬉しかった」と言っていました。

困った状況は他にもあります。例えば女性のお客様がお手洗いから出てきて、スカートが大きくめくれて下着が見えそうになっているのに、ご本人が気がついていないときなどです。私はこのような経験はありませんが、意外と多いケースだそうです。

指摘されればお客様もバツが悪い思いをされるでしょうから、お伝えするのに一瞬、躊躇《ちゅうちょ》します。そんなとき、同じ女性として「もし自分だったらどうしてほしいか」という考え方をしなければなりません。さりげなくお伝えして、「ありがとう！　気づかずに目的地まで行くところだったわ」と感謝される場合がほとんどですが、恥ずかしさのあまり怒り出してしまうお客様もいらっしゃるそうです。

「自分の言い方が悪かったから、お客様に恥をかかせてしまったのかもしれない。まだまだ勉強不足」と反省しているパーサーもおりました。

トラブルに出会ったときは慌てず、まずお客様の不安を取り除くのが一人前のパーサーです。でもそこに至るには経験の積み重ねが必要で、私の場合は、まだまだ自信がありません……。

徳渕真利子

一九八四年生まれ。アルバイトパーサーを経て、二〇〇五年に東海道新幹線のパーサーとして入社。その年の職場での売り上げ成績がトップとなった。本編は乗務員としてのパーサーの苦労と喜びが報告された貴重な証言である。本文は『新幹線ガール』（メディアファクトリー、二〇〇七年）による。

鉄道をデザインする

九州新幹線ほか
2009／2015年
水戸岡鋭治

九州新幹線800系「つばめ」をデザインする

「和風」と自然素材を導入

私たちがJR九州でデザインした九州新幹線800系「つばめ」は、新八代《しんやつしろ》駅～鹿児島中央駅間を走っています。最高時速は二六〇キロ。新八代駅と鹿児島中央駅の間の距離は約一四〇キロですから、それをたった三五分で走り抜けてしまいます。

この新幹線は二〇〇四年三月に開業しました。それからわずか三ヵ月で乗客数が一〇〇万人を突破する人気列車となりました。

外観は流線形という言葉がぴったりの流れるように見えるラインが特徴でしょうか。そこにタテ目のヘッドライトを付けたとても特徴的な顔になっていると思います。

車体の色は白、屋根の上は赤に塗られています。車体側面の窓下には細い金色とそれより少し幅のある赤のラインが入っていて、そのラインの先頭には「つばめ」のシルエットが描かれています。

駅に停まった「つばめ」のドアから入っていくとデッキが暗めになっていることに気づくでしょう。ダウンライトが控えめな光を落としています。自動ドアが開くと、反対に明るい空間に。並んだ座席の張り地には、古代漆《うるし》色や、瑠璃《るり》色などの日本の伝統色を使っており、とても艶やかな空間が広がります。少し暗めのデッキを通り抜けると、次には明るい客室内が目の前に開けるという演出がされているわけです。

そして乗客のみなさんのために用意された椅子の素材には木が使われています。肘掛けと背板はプライウッド（積層合板）と呼ばれるもので、一ミリほどの薄い板を一一枚重ねたものです。そして椅子の木の色も、張り地の色に合わせ、古代漆色の布地には楠《くすのき》色の木、瑠璃色の布地には柿渋《かきしぶ》色の木など三種類の色に分かれています。

全体の空間としては洋に和を重ねた感じでしょうか。洗面室では藺草《いぐさ》の縄暖簾《なわのれん》がかかっていて、今までの新幹線では味わうことがなかった地域の自然素材を生かした空間になっています。

いまだかつて見たことのないもの

ＪＲ九州から九州新幹線のデザインの依頼があったのは二〇〇一年の暮れのことでした。担当者から具体的な条件などを提示されたわけですが、私の頭の中にあったのはＪＲ九州の初代社長、石井幸孝さんが列車デザインの会議の際にいつも言っていた言葉でした。

「いまだかつて見たことのないものを作りたい」

私がＪＲ九州の列車デザインの仕事を始めたのは一九八七年のことですが、社長が最初に言っていたのがその言葉だったのです。さらに「私たちが望んでいるのはナンバーワンではなくオンリーワンである」と語ったのもよく覚えています。

それを聞いて私は九州は違うなと思いました。九州の人たちとつきあってみて感じたことは、九州人は「今まで見たことがないものが見たい、食べたことがないものが食べたい」という気持ちを常にもっている人たちなんだということです。これは九州という地域がそうさせるのでしょう。この土地が、アジアに向かって開かれていること、いろいろな新しい人・事・物がやってくる海に開かれた場所であることと関係しているはずです。だから九州人は「今、最も新しいものを経験したい」という欲望を常にもっているのです。

「いまだかつて見たことのないものを作りたい」

この言葉はJR九州の列車をデザインする時に決して忘れることができない言葉になっています。その言葉を念頭に、私は九州新幹線のデザインの仕事に入ったのでした。

なぜ「タテ目」なのか？

九州新幹線のデザイン依頼の条件としてまず挙げられたのが「700系をベースにしてくれ」ということでした。JR九州は、東日本や東海に比べれば小さな鉄道会社であり、列車製作の予算は充分ではありません。700系をマイナーチェンジして800系を作れば、それほど予算はオーバーしないとの考えから出た条件です。

しかし700系というのは、あの「カモノハシ」顔の新幹線。私はどうもあの顔が好きではなかった。JR九州の人も「700系をベースに」と言っているわりには、心情は複雑で、中には「あのカモノハシだけは九州に入れてくれるな」と言う人もいました。

では、あの先頭車のデザインをどうすればいいのか。思い悩んでいたところで、列車の製作を担当する日立製作所から「700系のデザインは最終的に二案が残り、カモノハシ型が選ばれることによって採用されなかった先頭車の設計図が工場にある」という話を聞いたのです。

その設計図を見ると、あまり美しいデザインではありませんでしたが、これをベースにすれば新たなデザインが生まれるのではないかという予感がありました。

こうして採用されなかった設計図を基に私たちは何度もデザインを描き直し、九・六メートルもの非常に長い鼻を感じさせるロングノーズ型へと進化させたのでした。

しかし、特徴的な長い鼻はできましたが、その他のアイデアがすぐに浮かんできませんでした。目となるヘッドライトのデザインがまだできていなかったのです。

列車の外観デザインで先頭車の顔のデザインはとても大切です。子供がすぐに覚えることができるような顔、後で絵に描けるような個性的な顔をもつ必要があります。しかし鼻を長くしただけでは、まだ印象に残る顔にはなっていません。そこでふと浮かんだのが私の師匠の言葉でした。デザイナーの林英次さんが半年くらい前、乗り物のデザインについて話した際、呟いた「これからはタテ目だ」という言葉です。通常、ヘッドライトの電球は横に並べて前方を照らすものですが、それを縦に並べてしまえということです。

このタテ目で「つばめ」は個性的な顔になる！　と直感しました。しかし、これには初めJR九州側から猛烈な反対がありました。長さが二メートルにもなるタテ目は、電球を交換する際など、メンテナンスが非常に面倒になるというのです。

「いまだ見たこともないものにしたい」という会社が、年に一度の電球の交換が面倒だということで、斬新なアイデアを潰していいのでしょうか。私はまったく妥協できませんでした。個性的な顔を作る大切なポイントだからです。最終的にJR九州側が折れ、それで「つばめ」のあの顔が生まれたのです。

このタテ目は、先にいったように私の師匠の一言から生まれたものです。デザインは決して一人の力では生まれません。さまざまな人の英知が一人のデザイナーに流れ込んで、熟成され、ひとつのデザインができあがっていきます。私をデザイナーとして育ててくれたのは、ＪＲ九州の人や車両メーカーの人たちをはじめとする、多くの方々なのです。

手間ひまかけた車両空間

次は車内の空間デザインについて語りましょう。プライウッドの椅子や楠の妻壁《つまかべ》、山桜のロールブラインドなど、「つばめ」の車内には多くの自然木が使われています。

なぜ、自然木を使ったのでしょうか。

鉄道というのはヨーロッパから生まれたものです。当然、日本の列車デザインはヨーロッパに大きな影響を受けています。そこに一九六〇年代、新幹線というハード、ソフトともに日本オリジナルなデザインの列車が登場しました。経済的な合理性を追求し高度な技術力で作られた０系です。外観は高度成長の時代の速度を表す非常にオリジナリティ溢れるデザインだったと思います。しかし、新幹線は経済的な合理性を追求するあまりに、客室内に豊かさを提供するまでには至りませんでした。

そこで私は、新たにデザインする九州新幹線の客室に豊かさを醸し出すにはどうすればいいのかを考えました。従来の新幹線の客室は、素材でいえば鉄とアルミとプラスチックで構成されていました。それがある種の空間の素っ気なさに繋がっていました。では、そこに木という素材を導入すればどうなるかと考えたわけです。人が昔から心地よいものと知っている、そして日本人がずっと親しんできた素材です。環境を意識したこの時代にも合っています。また私は九州新幹線を手掛ける前に、いくつかの列車で部分的に木材の使用を行なっていました。しかし新幹線に、全面的に木材を導入してもアンバランスな車内ができるだけです。モダンの極致にある新幹線の外観デザイン

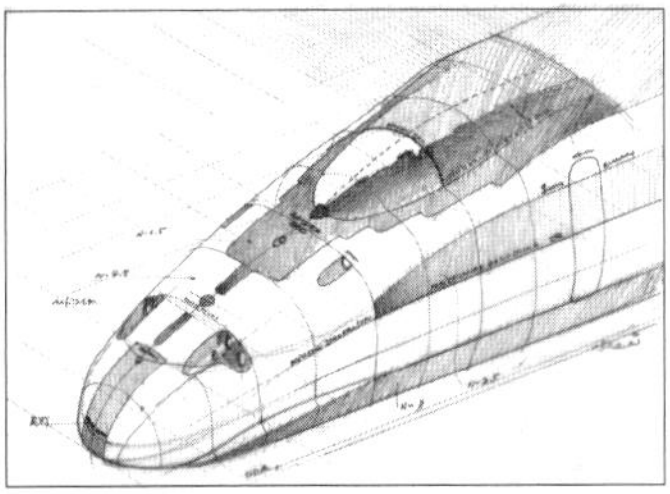

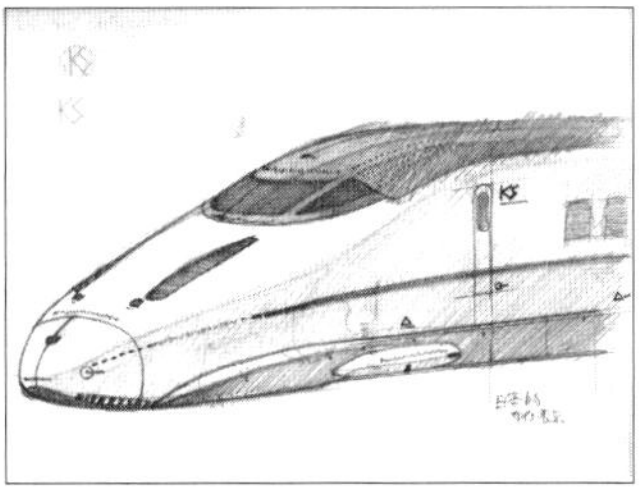

800系の「顔」が完成するまでの
過程で描かれた
さまざまなデザイン画。

「ななつぼし」の室内。窓にはブラインド、障子、木戸、カーテンをすべて装備した。

と調和したデザインにするにはどうすればいいのか。

その時、頭にあったのが北欧家具のことでした。デンマークのウェグナー、ヤコブセンなどのデザイナーが作り上げたモダンなデザイン。自然木と伝統的な技術を使いながらも、二〇世紀のモダンな暮らしにぴったり合った家具です。超高速で走る列車に合った自然木の使い方が見えてきました。民芸品のような木の使い方ではなく、モダンな北欧家具のような木の使い方です。

とはいっても、住宅と列車は違った空間です。列車は基本的には鉄とアルミでできた箱であり、また不燃性について厳密に考えていかなければならないので、基本的に鉄とアルミを使用しなければなりません。

では、どうするか。たとえば客室の仕切りとなる妻壁は、基本はアルミ製の壁でその表面に〇・一五ミリという薄さの楠《くすのき》の板を貼ることにしました。壁だけでなく木の椅子も同じように基本はアルミで、まわりを一ミリほどの薄い板を一一枚重ね、型に入れて加熱成型したプライウッドで覆う形にしました。こうして鉄とアルミで構成された最先端の列車空間に木が加わるという、優しく美しい車内空間ができあがりました。

「つばめ」の乗客の中には、「新しくて懐かしい雰囲気がする」と感想を言ってくださる方々がいます。そういった意見を聞くと、人は本当に敏感なものだとつくづく感じます。確かにこの客室は最先端の鉄道の技術と懐かしい自然素材が合わさった空間だからです。

従来の新幹線のデザインのあり方として、客室の豊かさにまでデザインが及ばなかったということの他に、列車が走る土地の地域性と遊離したデザインであることもあげられます。そこで私は九州原産の木材をなるべく使うようにしました。これは九州新幹線８００系「つばめ」のコンセプトである「普遍性をもった機能美を追求すると同時に、アジアであり日本であり九州であるという地域のアイデンティティを洗練された形で表現する」ための具体的作業でもありました。そして九州産の山桜材を使用したり、八代特産の藺草を編んだ縄暖簾を洗面所に掛けたりしたのです。

こうして私たちは地域の自然木を生かした客室の製作に入ったわけですが、これがなかなか大変な作業でした。自然木の中には、簡単に入手できないものもあるのです。私は九州原産の山桜の木をロールブラインドや手すり、天板などで使おうとしていたのですが、この山桜というのは天然記念物のため切れない樹木ということもあり、木材として市場にはなかなか出てこないということがわかったのです。

途方に暮れていたところ、JR九州の車両課から連絡がありました。親戚に木材屋がいる人が車両課にいて、彼によれば、熊本県の人吉《ひとよし》に、倒木の山桜を商っている製材所があるというのです。さっそく木材のことを熟知した車両の家具を製作する職人に現地に行ってもらい、見立てをしてもらいました。そこで素晴らしい山桜の原木に出合うことになります。こうして山桜を使った手すりや天板、ロールブラインドなどを作ることが可能になったのです。

また木材を扱う困難さは他にもあります。木は工業製品ではありませんから一本一本木目も色も違っています。列車の製作は基本的に工業製品を作り出すシステムに則って行なわれますから、その扱いにも大変苦労しました。まさに手間ひまをかけた作業でした。しかし乗客は、その見えない手間ひまを敏感に感じ取るものです。木が多く使われた空間の居心地のよさは、木材が本来もっている健康で安全、安心というメッセージとともに、手間ひまがかかっていることから醸し出される温かみだと私は考えています。

最後の一％がデザイナーの仕事

鉄とアルミでできた列車に〇・一五ミリの木の板を貼ることで、乗客のみなさんに「新しくて懐かしい空間だ」と言ってもらうこと。これは私たちデザイナーの仕事の本質を表していることだと思います。

列車というのは、時速一〇〇キロ以上で走る機能をもった人を運ぶ箱形の空間です。それを作りあげることにはものすごい技術がいる。ましてや時速二六〇キロで走る新幹線は、たくさんの高度な技術が組み合わさってできあがっているものです。製作する側からしてみれば、九九％のエネルギーは速く安全に走る箱作りのために費やされているのであり、残りの一％が私が関わっている外観や客室の壁、椅子をデザインする仕事ということになります。

しかし、最後の一％が期待値を超えてないと、あれだけ頑張ってきた九九％の凄さが一般の乗客には伝わりません。いくら最先端の技術に力を注いでも、その機能性の素晴らしさをダイレクトに乗客に伝えることはできないのです。私が関わっている列車デザインの仕事というのは、九九％の見えない部分のよさをわかってもらうために、一％の見えている部分を光り輝かせる仕事です。

つまりデザイナーの仕事というのは、なかなか見えにくい仕事を頑張ってきた人の、その仕事を世間に認知させていく仕事なのです。

最先端の工業技術をもって作り出した人の情熱を受けとめ、同時に乗客が列車を豊かなものとして楽しんでもらうにはどうすればいいのかを考えることで、私は九州新幹線、８００系「つばめ」をデザインできたのです。

「ななつ星」をデザインする

アルミ電解着色の名人

もう亡くなってしまって「ななつ星」には参加していないんですが、忘れられない職人の話をさせてください。「ソニック」は壁がアルミ製で、電解着色をしています。

「ソニック」と「ななつ星」では随分テイストが違うと思うかもしれません。「ソニック」をやったときはやぶれかぶれだったんです。そのころ、博多から大分までは「四八五系」って古い電車が走ってて、汚くて、中でおっさんたちが酒飲んで、瓶がごろごろ、缶がごろごろ転がってるような車両だったんです。

それを新しくしようというんで、当時JR九州の担当の営業部長だった丸山康晴さんが「水戸岡さん、失うものはないからもう好きなようにやって」って言ってくれて。「つばめ」でも思い切ってやった後なので、「つばめ」よりショックがなくちゃいけないというわけです。いまだかつてないものを造ろうとしたんです。

アルミの電解着色を使い始めたのは博多・釜山間のフェリー「ビートル」です。ビートルは川崎重工業が造る船で、米ボーイング社のライセンス生産なので、下手にいじれないんです。ボーイングが文句を言ってくる。やりにくかったですね。でも、もともと軍用に設計したものをフェリーにしているので、旅客船としての快適性がいまいち。それに、後ろの方にしぶきを上げて走る景色に迫力があるのに、後ろがよく見えない。それで後ろの方にガラスを多く使って開放感を出しました。

そんな条件のときに、電解着色っていう面倒な色のアルミ板を張ろうとしたのだから大変です。

僕が難しい注文をいっぱい出したら、川崎の担当者が「水戸岡さんが言うようなことをやってくれる人は一人しかいないよ」って。オーシマの樋口利光さんという人を紹介してくれた。今、オーシマは合併して東洋シャッターになっちゃったんですけどね、電解着色で既に商品を出してたんです。ハンドルだとか、ドアのノブとかね。そういうものを電解着色で造ってたんです。

それを見て、ああこの色は美しいと思って。こういう色ができますかねっていうんで、来てもらって、説明した。そしたら、「うちならできる」っていうことになった。

「水戸岡さん、何がしたいの」「見たこともない色の車両を出したい」「電解着色だったらできるかもしれない」「予算がないんです」という会話。樋口さんはそのあと予算のことを言わないで、最後まで造ってくれました。それで世界中でどこにもない車両ができたんです。

電解着色というのは、塗料ではなくて、アルミの表面にできるアルマイトの膜の色を変えていくんです。それで色を揃えるのがものすごく難しい。電解するのには電解液に漬けなければいけませんから、パネルより大きな浴槽が必要なのに、それまではハンドルとかドアノブといった大きさのものしか造ってないから、ないんですよ。それで、浴槽までわざわざ造った。でも、色がもう本当に揃わないんですよ。ジャブ漬けして、温度や電流、時間が違うと、同じ色が出ない。

やっぱり人ですね、頼りになるのは。そのとき樋口さんがいてくれたから、親身になってアドバイスしてくれたから出来たんです。「ビートル」から、「つばめ」「ソニック」と、全部アルミを使っています。

樋口さん、七一歳かそこらで亡くなったんですよ。それから、それまでアルミを前面に出して使ってたんだけど、樋口さんがいなくなってからアルミから少し離れた。そのあと。まあ自分が一番得意で、好きなものでやるしかないかなと思って、木に戻っています。

樋口さんの後継者はいなかったですね。志を少し継いでいる人はいますけど。ある会社で決定権を持ちながら、それでかつ、その遊び心を持ってる人ってそんなたくさんはいないんです。そういう出会いがない限り、こういう仕事はできないです。

だから人との出会いで自分のデザインが変わっていくって感じですね。私自身がどうかというよりも、出会う職人さんとか。そういう人によって自分の表現方法はいつも変わっていくってことです。

柿右衛門と仕事ができるのなら

「ななつ星」は世界で最高の木を使おうということになって、ホワイトシカモアというギターとかヴァイオリンの背中に使っている木を使いました。それから、ペアウッドというイタリアやスイスで育つ木も使いました。鳥の目のような節があるバーズアイメープルとウォールナット、アメリカンチェリー、シャワー室の壁は檜《ひのき》材、と世界の高級材を使いました。

窓はガラスの内側に木製のロールブラインド、その内側に障子、その内側に板戸、そのまた内側にレースのカーテンを付けるという凝ったことをしています。部屋の仕切りにはガラスエッチングや組子を使いました。

ただし「贅沢だから高くて当然」では工夫がありません。そこで、贅沢だけど高くならないための仕掛けをしました。

僕は一流の職人に仕事を依頼します。当然、彼らの仕事の単価は高いんです。僕はそこで価格交渉をします。安くてもやる気にさせる、安くても元が取れる条件を作ります。

職人たちは、「ここで実績を上げればほかの仕事にも影響する」と考えてくれるのか、ぎりぎりの利益で引き受けてくれる。もしかしたら赤字かもしれないけど、やってくれる。「ななつ星」で成功モデルを見せたので、これからはこのやり方がうまく転がっていくと期待しています。ます。「ななつ星」にかかわった職人さんも、料理人も、今はみんな繁盛していて、お客さんがいっぱい来ています。

「ななつ星」では、一四代目酒井田柿右衛門の名声も、職人さんのやる気を引き出したと思います。お亡くなりになってしまいましたけど、有田焼を代表する陶芸家で重要無形文化財保持者、人間国宝です。客車の洗面鉢を造ってもらいました。今回は、柿右衛門さんにアーティストとしてではなく、匠の一人として参加して頂きました。「そういう車両なんです」、失礼ですけれどもアーティストとしての特別扱いはできないんです、とお願いしました。そうすると、柿右衛門さんが参加するってことを聞いたほかの職人たちは元気が出る。柿右衛門さんと並ぶ職人のリストに自分がいるわけですから。超一流の仕事をしようと考えるわけです。金額条件があまり良くなくてもやろうと考える。柿右衛門さんは「ななつ星」にとって重要な役を果たしてくれました。

柿右衛門さんには大変なお願いをしました。いつも造っている器と違って、今回お願いしたのは洗面鉢です。洗面鉢には水を流すための穴があります。これは彼も造ったことがない。普通の器には必要ないですから。穴の金物のサイズに従って寸法を出し、それから焼くときの縮みを計算して設計します。焼き物は金属加工と違って寸法精度が低いのです。寸法があんまり違うと洗面台の上にうまく乗っからないので、焼き物としてはかなり精度の高い仕事をしてもらいました。

で、洗面鉢と同時にそれ以外のものも造りたいとおっしゃって、いろいろ向こうから手が挙がった。お願いしたのは一四代の柿右衛門さんなんですけど、もう一五代が跡を継ぐっていう時期で、一緒に仕事をすることになり、紹介されました。二人一緒に仕事している姿はとても厳しく、親子でも他人のようでした。もう完全に師匠と弟子の関係です。それを、最後になんとか一緒にっていうプロジェクトだから受けてもらったんだと思います。

亡くなるとは思わなかったです。伺ったときに風邪をひいていらっしゃるような感じで、ちょっと打ち合わせが短かいときがありましたし、いらっしゃらなかったときもありました。でも、博多駅には出てきてくれたんですよ。僕らのこともあんまり知らないだろうから、ちょうど博多駅で鉄道展をやっていましたので、ぜひ展覧会だけ見てもらおうと考えました。会場に来ていただいて、一時間ぐらいおられました。多分ご家族はすごくご心配だったと思います。マスクをしておられて、風邪を引いていると思っていましたから。それが一月でした。二〇一三年六月に亡くなられていますから、五か月後です。

本人はもう最後の仕事だと思って、隠していたのかもしれませんね。納品のときはもう出てこられず、一五代が対応していました。もうそのころは入退院を繰り返しているときだったようですが、でも誰も命に関わる病気だということはおっしゃらないんで、亡くなられたことを知ったときは驚くと同時に寂しい気持ちになり、もっとお話を伺っておけばよかったと後悔しました。

水戸岡鋭治

一九四七年、岡山県生まれ。インダストリアルデザイナー。ドーンデザイン研究所を設立。JR九州の車両デザインで脚光を浴びる。「かもめ」、「ソニック」、九州新幹線「つばめ」、「ななつぼし」などのデザインを手がける。客室には木や陶器など天然素材にこだわり、乗客の感性を重視したデザインが多くの共感を得ている。交通文化賞、菊池寛賞を受賞。本編は『鉄道デザインの心　世にないものをつくる闘い』（日経BP社、二〇一五年）、P297〜『水戸岡鋭治の「正しい」鉄道デザイン』（交通新聞社、二〇〇九年）による。なお、後者は渡邊裕之のインタビューによっている。

鉄道に潜む見えない調和

川辺謙一
2017年

人は鉄道の何に興味を持つのか。旅客や貨物を運ぶ公共交通機関の何が面白いのか。

その答えは人それぞれあるだろうが、一つにシステマティックに動く〝機械っぽさ〟があるのではないだろうか。もちろん、われわれは現在、大小さまざまな機械に囲まれた生活をしているので、鉄道だけが機械らしさを感じるものではないのだが、列車のようにあらかじめ決められた時間にしたがってあちこちで同時に走り、大量の旅客や貨物を運ぶような規模の機械は、身の周りでは案外少ない。それゆえ、輸送システムとしてのダイナミックさに魅力を感じる人はいるだろう。

では、鉄道ならではのシステマティックさや機械っぽさとは何だろうか。それは、「見えない調和」であろう。それがなければ、列車が毎日規則正しく走り、旅客や貨物が予定通り運ばれることはないからだ。

そこで本稿では、鉄道の列車ダイヤに注目し、そこから「調和」が生まれるさまを探ってみよう。鉄道をいつもと異なる視点でとらえた話としてお楽しみいただけたら幸いである。

列車ダイヤとオルゴール

鉄道における列車の動きは、オルゴールに似ている。どちらもあらかじめ決められた通りの動作を繰り返すからだ。

列車の動きは、列車ダイヤによってあらかじめ決められている。列車ダイヤは、列車の動きを記した図表であり、横軸には時間、縦軸には駅や距離が記されている。列車の動きは「スジ」と呼ばれる斜線で示されているので、「スジ」を見れば特定の区間（線区）における列車の動きが一目でわかる。われわれが駅などで見かける時刻表は、列車ダイヤに記された情報の一部を抜粋し、一般向けに「翻訳」したものであることを、ご存知の方も多いだろう。

列車ダイヤは、鉄道における輸送計画そのものでもある。ここに記された列車の動きによって、旅客や貨物の流れだけでなく、必要とされる車両や乗務員の数のやりくりが決まってくるからだ。

いっぽうオルゴールは、音楽を演奏する機械だ。演奏曲は、機械式ではシリンダと呼ばれる円筒型（または円盤型）の部品、電子式では半導体メモリにあらかじめ記録されている。ここでは内部構造がわかりやすい機械式のオルゴールを例にして説明しよう。

機械式オルゴールは、シリンダが一回転すると一曲の演奏が終わる構造になっているものが多い。シリンダの表面には棘のような多数のピンが固定されており、それが回転し、櫛形の金属片を弾くことで音が出る。つまり、長さが異なる複数の金属片をピンが弾くことで、高さが異なる音が出るのだ。

このシリンダは、鉄道における列車ダイヤとよく似た役割をしている。シリンダが回ると同じ曲を繰り返し演奏するように、鉄道では基本的に日々同じパターンで列車が走る。もちろん、実際の鉄道では平日と土日祝日で列車ダイヤが異なる場合もあるし、曜日に関係なく臨時列車が走ることもあるが、日付ごとにあらかじめ定められた計画に従って列車が走り続けていることには変わりない。

機械式オルゴールは、基本的に一曲しか演奏できないが、シリンダを交換すれば演奏曲を変えることができる。音符を書いた五線譜を記録したピンの位置が変わるからだ。

このシリンダの交換は、鉄道におけるダイヤ改正に相当する。列車ダイヤが変われば、列車の動きも変わるからだ。

複数の鉄道の調和

では、演奏曲が異なる複数のオルゴールを同時に動かしたらどうなるだろうか。もちろん、それぞれがバラバラに演奏されれば、音の調和がとれず、ただうるさいだけだ。ただし、複数のオルゴールたちの演奏がある時間だけぴったりとそろい、同じメロディーを同時に演奏すれば、そこだけ音の調和が生まれる。

鉄道でも同じような調和が毎日繰り返されている。たとえば大都市の鉄道では、多数の線区が複雑に絡み合っており、それぞれ異なる列車ダイヤに従って列車が動いているが、利用者の乗り継ぎなどを考慮して、複数の線区の列車が同じ駅で接続し、調和するように列車ダイヤが組まれている。

そのわかりやすい例に、東京の御茶ノ水駅の、終電の接続連絡がある。

御茶ノ水駅では、中央快速線と中央緩行線の列車が乗り継げる構造になっている。二本のホームが四本の線路に面しており、各ホームに同方向に走る中央快速線と中央緩行線の列車がほぼ同時に入り、停車するので、旅客はホームを介して双方の列車を移動できるのだ。これは、二路線で列車が動くタイミングを合わせているからこそできることだ。

終電の接続連絡とは、運転本数が減る深夜の旅客の乗り継ぎをサポートするものだ。複数の路線の列車のどれかが遅れたら時間調整を行い、確実に乗り継げるように連携している。首都圏などの大都市圏では、鉄道事業者の壁を超えて接続連絡をすることも珍しくない。

これらは、機械式オルゴールの複数のシリンダを、ある時間だけ同じメロディーを同時に演奏するようにつくり、タイミングを合わせて回している状況に似ている。

日本の鉄道では、たくさんのオルゴールが同時に動き調和しあうように、たくさんの線区のダイヤが調和している。日本は島国なので、他国のダイヤとリンクすることはないが、ヨーロッパでは複数の国が陸続きで接しており、複数の国を横断する列車が存在するので、異なる国の列車ダイヤをリンクさせる必要がある。

このような見方をすると、鉄道が、複雑な調和を図りながら旅客や貨物を運ぶ巨大な「装置」に思えてくるだろう。列車が駅に時間通りに来ることは、人々が練り上げて考えた列車ダイヤに従って列車が走り、鉄道全体の調和が維持されていることを指す。日本では、それがごく当たり前に起きているが、よく考えるとこれは驚くべきことだ。

印刷機や織機にも似ている

もちろん、列車が遅れて、調和が崩れてしまうこともあるので、「運転整理」と呼ばれる作業をして、調和を取り戻している。列車ダイヤの「スジ」の一部を変更して一時的に列車の流れを変え、できるだけ早く正常な状態に戻すのだ。その作業をする人は、鉄道輸送を管理する「指令室」または「司令室」と呼ばれる施設にいるが、一般の目に触れることはほとんどない。

筆者は、東京圏のJR在来線を管理する東京総合指令室を取材したことがある。そこの社員から、列車を「群れ」として扱うことを教えてもらった。大都市の鉄道では、水族館の水槽を泳ぐイワシの群れのように多くの列車が同時に動き回っているので、一本ずつ扱わず、複数まとめた固まりとして扱い、それがスムーズに流れていることをここで常に監視しているのだ。

これを知ると、鉄道が一定のリズムを刻みながら人や物を運ぶ機械に見えてくる。山手線であれば、内回りと外回りの列車たちが一周する線路をぐるぐる回り、一定のリズムを刻むように二九の駅で発車と停車を繰り返しながら人を運んでいる。

リズムを刻みながら列車が動くさまは、「ガチャンガチャン」と一定の時間間隔で音をたてながら動く印刷機や織機《おりき》とも似ている。

しかし印刷機や織機も調和が崩れ、調子が悪くなることがある。長時間使い続けると部品のチューニングが悪くなるからだ。

この対処法はおもに二つあり、いったん止めて修理する方法と、動かしながら修理する方法である。一旦止めると、確実に修理できるが、その間は生産が停まる。もし動かしながらチューニングして修理することができれば、生産を止めずに済む。ただし、それには高度な修理技術を要するし、下手すれば印刷機や織機が動いている最中に壊れ、状況がかえって悪くなってしまうこともある。

このような修理は、鉄道における「運転整理」に似ている。列車の遅れが生じたとき、いったんすべての列車を止めて、列車を最適な位置に移し、再度動かし直したら、列車をダイヤ通りに走らせることができるかもしれない。ただ、それでは線区全体が輸送の停止で混乱し、利用者の足に影響してしまう。もし列車を動かしながら部分的にダイヤを修正し、遅れを早く収束させることができれば、利用者の足への影響を最小限にすることができる。ただし、それにはきわめて高度な技術が必要だし、下手すれば遅れの収束が遅れ、輸送が混乱する恐れがある。

日本の鉄道で安定した輸送が実現している要因は複数あるが、「運転整理」をする人が高度な技術を持ち、的確に対処しながら調和を保っていることが、少なからず関係している。

今後生まれる新しい調和

現在、鉄道ではさらに新しい調和が生まれようとしている。

近年注目されているのは、スマホアプリによるものだ。スマホアプリで旅客に輸送状況に関する細かい情報を提供し、鉄道全体の混雑緩和などを図るという試みは、すでに大都市圏を中心に始まっている。その背景には、ITなどを駆使して、列車の動きや混雑率などの情報をリアルタイムで収集し、共有するシステムの導入がある。

このようなスマホアプリの代表例には「JR東日本アプリ」や「ナビタイム」などがある。「JR東日本アプリ」は、その名の通りJR東日本が提供しているもので、同社各路線の列車の位置や遅れがわかるようになっており、山手線であれば乗車した列車の各車両の混雑率や車内温度も把握できるようになっている。「ナビタイム」は、ナビタイムジャパンが提供しているもので、所要時間が短いルートや乗り換え回数が少ないルートが徒歩を含めてわかるだけでなく、混雑予測のシミュレーション技術によって混雑を回避するルートも知ることができる。

このようなスマホアプリが広く使われるようになれば、大都市圏の鉄道網全体で旅客の流れが分散して混雑緩和が図られ、路線や鉄道事業者の壁を越えた調和を実現できる可能性がある。それは旅客だけでなく、鉄道事業者にとってもメリットがあるだろう。

現在日本の鉄道では、近年耳にする機会が増えたIoTやAI、ビッグデータの活用による現場業務の効率化を試みる動きもある。この試みは、少子高齢化や生産年齢人口減少による輸送需要の低下や労働者不足を見据えたものであるが、これまでの鉄道ではできなかった列車ダイヤの最適化や輸送の効率化などを実現することで、輸送状況に応じた新たな調和を生む可能性が秘められている。

ここまで紹介した調和は、われわれ利用者の目からは見えにくいが、鉄道における安全かつ安定した輸送を実現し、社会を支えてゆく上で重要な役割を果たしている。

このような視点で鉄道全体を俯瞰《ふかん》し、輸送のためのシステムとしてとらえると、ふだん気づきにくい部分が浮かび上がって見えると思うのだが、いかがだろうか。

川辺謙一

一九七〇年、三重県生まれ。特に鉄道技術・鉄道工学について詳しく、貴重な技術系出身の著者である。先端技術についても造形が深い。東北大学大学院工学研究科修了後、メーカー勤務を経て独立し、雑誌・書籍に数多く寄稿。著書には『図解・新世代鉄道の技術』(二〇〇九年)、『図解・地下鉄の科学』(二〇一一年)、『くらべる鉄道』(二〇一一年)、『図解・新幹線運行のメカニズム』(二〇一二年)『鉄道をつくる人たち』(二〇一三年)、『鉄道を科学する』(二〇一三年)、『東京総合指令室』(二〇一四年)などがある。本編は本書のための書き下ろしである。

Ⅲ　鉄道でみつけたもの

晩夏

木下夕爾

停車場のプラットホームに
南瓜の蔓が匍いのぼる

閉ざされた花の扉《と》のすきまから
てんとう虫が外を見ている

軽便車が来た
誰も乗らない
誰も下りない

柵のそばの黍の葉っぱに
若い切符きりがちょっと鋏を入れる

『定本木下夕爾詩集』（牧羊社）より

みなかみ紀行

草軽電鉄・篠ノ井線ほか　若山牧水
1924年

十月十四日

午前六時沼津発、東京通過、其処《そこ》よりM―、K―、の両青年を伴い、夜八時信州北佐久郡御代田《みよた》駅に汽車を降りた。同郡郡役所所在地岩村田《いわむらだ》町にある佐久新聞社主催短歌会に出席せんためである。駅にはS―、O―、両君が新聞社の人と自動車で出迎えていた。大勢それに乗って岩村田町に向う。高原の闇を吹く風がひしひしと顔に当る。佐久ホテルへ投宿。

翌朝、まだ日も出ないうちからM―君たちは起きて騒いでいる。永年あこがれていた山の国信州へ来たというので、寝ていられないらしい。M―は東海道の海岸、K―は畿内平原の生れである。「あれが浅間、こちらが蓼科《たてしな》、その向うが八ヶ岳、此処《ここ》からは見えないがこの方角に千曲川《ちくまがわ》が流れているのです」

と土地生れのS―、O―の両人があれこれと教えている。四人とも我らが歌の結社創作社社中の人たちである。今朝もかなりに寒く、近くで頻《しき》りに野羊が鳴くのが聞えていた。

私の起きた時には急に霧がおりて来たが、やがて晴れて、見事な日和になった。遠くの山、ツイ其処《そこ》に見ゆる落葉松《からまつ》の森、障子をあけていると、いかにも高原の此処《ここ》に来ている気持になる。私にとって岩村田は七、八年振りの地であった。

お茶の時に野羊の乳を持って来た。

「あれのだネ」

と、皆がその鳴声に耳を澄ます。

会の始まるまで、と皆の散歩に出たあと、私は近くの床屋で髪を刈った。今日は日曜、土地の小学校の運動会があり、また三杉磯《みすぎいそ》一行の相撲があるとかで、その店もこんでいた。床屋の内儀の来る客をみな部屋に招じて炬燵《こたつ》に入れ、茶をすすめているのが珍しかった。

歌会は新聞社の二階で開かれた。新築の明るい部屋で、麗《うら》らかに日がさし入り、階下に響く印刷機械の音も酔っているような静かな昼であった。会者三十名ほど、中には松本市の遠くから来ている人もあった。同じく創作社のN—君も埴科郡《はにしな》から出て来ていた。夕方閉会、続いて近所の料理屋で懇親会、それが果ててもなお別れかねて私の部屋まで十人ほどの人がついて来た。そして泊るともなく泊ることになり、みんなが眠ったのは間もなく東の白む頃であった。

翌朝は早く松原湖へゆくはずであったが余り大勢なので中止し、軽便鉄道で小諸町《こもろ》へ向う事になった。同行なお七、八人、小諸町では駅を出ると直《す》ぐ島崎さんの「小諸なる古城のほとり」の長詩で名高い懐古園に入った。そしてその壊れかけた古石垣の上に立って望んだ浅間の大きな裾野の眺めはさすがに私の胸をときめかせた。過去十四、五年の間に私は二、三度も此処《ここ》に来てこの大きな眺めに親しんだものである。ことにそれはいつも秋の暮れがたの、昨今の季節に於てであった。急に千曲川の流《ながれ》が見たくなり、園のはずれの嶮《けわ》しい松林の松の根を這《は》いながら二、三人して降りて行った。林の中には松に混った栗や胡桃《くるみ》が実を落していた。胡桃を初めて見るというK—君は喜んで湿った落葉を搔《か》き廻してその実を拾った。まだ落ちて間もない青いものばかりであった。久しぶりの千曲川はその林のはずれの崖の真下に相も変らず青く湛《たた》えて流れていた、川上にも川下にも真白な瀬を立てながら。

昨日から一緒になっているこの土地のM―君はこの懐古園の中に自分の家を新築していた。そして招かれて其処《そこ》でお茶代りの酒を馳走になった。杯を持ちながらの話のなかに、私が一度二度とこの小諸に来るようになってから知り合いになった友達四人のうち、残っているのはこのM―君一人で、あと三人はみなもう故人になっているという事が語り出されて今更にお互い顔が見合わされた。ことにそのなかの井部李花君に就《つ》いて私はこういう話をした。私がこちらに来る四、五日前、一晩東海道国府津《こうづ》の駅前の宿屋に泊った。宿屋の名は蔦屋といった。聞いたような名だと、幾度か考えて考え出したのは、数年前その蔦屋に来ていて井部君は死んだのであったのだ。それこれの話の末、我らはその故人の生家が土地の料理屋であるのを幸い、其処《そこ》に行って昼飯を喰べようということになった。

思い出深いその家を出たのはもう夕方であった。駅で土地のM―君と松本から来ていたT―君とに別れ、あとの五人は更に私の汽車に乗ってしまった。そして沓掛《くつかけ》駅下車、二十町ほど歩いて星野温泉へ行って泊ることになった。

この六人になるとみな旧知の仲なので、その夜の酒は非常に賑《にぎ》やかな、しかもしみじみしたものであった。鯉《こい》の塩焼だの、しめじの汁だの、とろろ汁だの、何の缶詰だのと、勝手なことを言いながら夜遅くまで飲み更《ふ》かした。丁度《ちょうど》部屋も離れの一室になっていた。折々水を飲むために眼をさましてみると、頭をつき合わすようにして寝ているめいめいの姿が、酔った心に涙の滲《にじ》むほど親しいものに眺められた。

それでも朝はみな早かった。一浴後、飯の出るまでとて庭さきから続いた岡へ登って行った。岡の上の落葉松《からまつ》林の蔭には友人Y—君の画室があった。彼は折々東京から此処《ここ》へ来て製作にかかるのである。今日は門も窓も閉められて、庭には一面に落葉松の落葉が散り敷き、それに真紅な楓《かえで》の紅葉が混っていた。林を過ぐると真上に浅間山の大きな姿が仰がれた。山にはいま朝日の射して来る処で、豊かな赤茶けた山肌全体がくっきりと冷たい空に浮き出ている。煙は極めて僅《わず》かに頭上の円《まる》みに凝《こご》っていた。初めてこの火山を仰ぐM—君の喜びはまた一層であった。

朝飯の膳に持ち出された酒もかなり永く続いていつか昼近くなってしまった。その酒の間に私はいつか今度の旅行計画を心のうちですっかり変更してしまっていた。初め岩村田の歌会に出て直《す》ぐ汽車で高崎まで引返し、其処《そこ》で東京から一緒に来た両人に別れて私だけ沼田の方へ入り込む。それから片品《かたしな》川に沿うて下野《しもつけ》の方へ越えて行く、とそういうのであったが、こうして久しぶりの友だちと逢って一緒にのんびりした気持に浸っていてみると、なんだかそれだけでは済まされなくなって来た。もう少しゆっくりと其処《そこ》らの山や谷間を歩き廻りたくなった。そこで早速頭の中に地図をひろげて、それからそれへと条《すじ》をつけて行くうちにいつか明瞭に順序がたって来た。「よし……」と思わず口に出して、私は新計画を皆の前に打ちあけた。

「いいなア！」

と皆が言った。

「それがいいでしょう、どうせあなただってもう昔のようにポイポイ出歩くわけには行くまいから」

とS—が勿体《もったい》ぶって附け加えた。

そうなるともう一つ新しい動議が持ち出された。それならこれから皆していっそ軽井沢まで出掛け、其処《そこ》の蕎麦《そば》屋で改めて別盃《べっぱい》を酌《く》んで綺麗に三方に別れ去ろうではないか、と。無論それも一議なく可決せられた。

軽井沢の蕎麦屋の四畳半の部屋に六人は二、三時間坐り込んでいた。夕方六時草津鉄道で立ってゆく私を見送ろうというのであったが、要するにそうして皆ぐずぐずしていたかったのだ。土間つづきのきたない部屋に、もう酒にも倦《あ》いてぼんやり坐っていると、破障子の間からツイ裏木戸の所に積んである薪が見え、それに夕日が当っている。それを見ていると私は少しずつ心細くなって来た。そしてどれもみな疲れた風をして黙り込んでいる顔を見るとなく見廻していたが、やがてK―君に声かけた。

「ねエK―君、君一緒に行かないか、今日この汽車で嬬恋《つまごい》まで行って、明日川原湯《かわらゆ》泊り、それから関東耶馬渓《やばけい》に沿うて中之条に下って渋川・高崎と出ればいいじゃないか、僅か二日余分になるだけだ」

みなK―君の顔を見た。彼は例のとおり静かな微笑を口と眼に見せて、

「行きましょうか、行ってよければ行きます、どうせこれから東京に帰っても何でもないんですから」

と言った。まったくこのうちで毎日の為事《しごと》を背負っていないのは彼一人であったのだ。

「いいなア、羨しいなア」

とM―君が言った。

「エライことになったぞ、しかし、行き給い、行った方がいい、この親爺《おやじ》さん一人出してやるのは何だか少しかわいそうになって来た」

と、N―が酔った眼を瞑《と》じて、頭を振りながら言った。

小さな車室、畳を二枚長目に敷いたほどの車室に我ら二人が入って坐っていると、あとの四人も

てんでに青い切符を持って入って来た。彼らの乗るべき信越線の上りにも下りにもまだ間があるのでその間に旧宿まで見送ろうというのだ。感謝しながらざわついていると、直ぐ軽井沢旧宿駅に来てしまった。此処《ここ》で彼らは降りて行った。さようなら、さようなら、また途中で飲み始めなければいいがと気遣《きづか》われながら、さようならさようならと帽子を振った。小諸の方に行くのは三人づれだからまだいいが、一人東京へ帰ってゆくM―君には全く気の毒であった。

我らの小さな汽車、ただ二つの車室しか持たぬ小さな汽車はそれからごっとんごっとんと登りにかかった。曲りくねって登って行く。車の両側はすべて枯れほうけた芒《すすき》ばかりだ。そして近所はかえってうす暗く、遠くの麓の方に夕方の微光が眺められた。

疲れと寒さが闇と一緒に深くなった。登り登って漸《ようや》く六里ヶ原の高原にかかったと思われる頃には全く黒白《あやめ》もわかぬ闇となったのだが、車室には灯を入れぬ。イヤ、一度小さな洋燈《ランプ》を点《とも》したには点したが、すぐ風で消えたのだった。一、二度停車して普通の駅で呼ぶように駅の名を車掌が呼んで通りはしたが、其処《そこ》には停車場らしい建物も灯影も見えなかった。漸く一つ、やや明るい所に来て停った。「二度上」という駅名が見え、海抜三八〇九呎《フィート》と書いた棒がその側に立てられてあった。見ると汽車の窓のツイ側には屋台店を設け洋燈《ランプ》を点し、四十近い女が子を負って何か売っていた。高い台の上に二つほど並べた箱には柿やキャラメルが入れてあった。そのうちに入れ違いに向うから汽車が来るようになると彼女は急いでまず洋燈を持って線路の向う側に行った。其処《そこ》にもまた同じように屋台店が拵《こしら》えてあるのが見えた。そして次ぎ次ぎに其処《そこ》へ二つの箱を運んで移って行った。

この草津鉄道の終点嬬恋《つまごい》駅に着いたのはもう九時であった。駅前の宿屋に寄って部屋に通ると炉が切ってあり、やがて炬燵《こたつ》をかけてくれた。済まないが今夜風呂を立てなかった、向うの家に貰いに行ってくれという。提灯《ちょうちん》を下げた少女のあとをついてゆくとそれは線路を越えた向側の家であった。途中で女中がころんで提灯を消したため手探りで辿《たど》り着いて替る替るぬるい湯に入りながら辛うじて身体を温める事が出来た。その家は運送屋か何からしい新築の家で、家財とても見当らぬようながらんとした大きな囲炉裡端《いろりばた》に番頭らしい男が一人新聞を読んでいた。

十月十八日

昨夜炬燵《こたつ》に入っている時から渓流の音は聞えていたが夜なかに眼を覚してみると、雨も降り出した様子であった。気になっていたので、戸の隙間の白むを待って繰りあけてみた。案の如く降っている。そしてこの宿が意外にも高い崖の上にあって、その真下に渓川《たにがわ》の流れているのを見た。まさしくそれは吾妻《あがつま》川の上流であらねばならぬ。雲とも霧ともつかぬものがその川原に迷い、向う岸の崖に懸り、やがて四辺《あたり》をどんよりと白く閉《とざ》している。便所には草履《ぞうり》がなく、顔を洗おうには洗面所の設《もう》けもないというこの宿屋で、ありがたいのはただ炬燵であった。それほどに寒かった。聞けばもう九月のうちに雪が来たのであったそうだ。

寒い寒いと言いながらも窓をあけて、顎《あご》を炬燵の上に載せたまま二人ともぼんやりと雨を眺めていた。これから六里、川原湯まで濡れて歩くのがいかにも侘《わび》しいことに考えられ始めたのだ。それかといってこの宿に雨のあがるまで滞在する勇気もなかった。酔った勢いでこうした所へ出て来たことがそぞろに後悔せられて、いっそまた軽井沢へ引返そうかとも迷っているうちに、意外に高い汽笛を響かせながら例の小さな汽車は宿屋の前から軽井沢をさして出て行ってしまった。それに乗り遅れれば、午後にもう一度出るまで待たねばならぬという。

が、草津行きの自動車ならばほどなく此処《ここ》から出るということを知った。そしてまた頭の中に草津を中心に地図を拡げて、第二の予定を作ることになった。

そうなると急に気も軽く、窓さきに濡れながらそよいでいる痩せ痩せたコスモスの花も、遙か下に煙って見ゆる渓《たに》の川原も、対岸の霧のなかに見えつ隠れつしている鮮かな紅葉の色も、すべてみな旅らしい心をそそりたてて来た。

やがて自動車に乗る。かなり危険な山坂を、しかも雨中のぬかるみに馳《は》せ登るのでたびたび胆《きも》を冷やさせられたが、それでも次第に山の高みに運ばれて行く気持は狭くうす暗い車中にいてもよく解った。ちらちらと見え過ぎて行く紅葉の色は全く滴《したた》るようであった。

草津ではこの前一度泊った事のある一井旅館というへ入った。私には二度目の事であったが、初めて此処《ここ》へ来たK—君はこの前私が驚いたと同じくこの草津の湯に驚いた。宿に入ると直ぐ、宿の前にある時間湯から例の侘《わび》しい笛の音が鳴り出した。それに続いて聞えて来る湯揉《ゆもみ》の音、湯揉の唄。

私は彼を誘ってその時間湯の入口に行った。中には三、四十人の浴客がすべて裸体になり幅一尺長さ一間ほどの板を持って大きな湯槽《ゆぶね》の四方をとり囲みながら調子を合せて一心に湯を揉《も》んでいるのである。そして例の湯揉の唄を唄う。まず一人が唄い、唄い終ればすべて声を合せて唄う。唄は多く猥雑《わいざつ》なものであるが、しかもうたう声は真剣である。全身汗にまみれ、自分の揉む板の先の湯の泡に見入りながら、声を絞ってうたい続けるのである。

時間湯の温度はほぼ沸騰点に近いものであるそうだ。そのために入浴に先立って約三十分間揉みに揉んで湯を柔らげる。柔らげ終ったと見れば、各浴場ごとに一人ずつついている隊長がそれと見て号令を下す。汗みどろになった浴客は漸《ようや》く板を置いて、やがて暫《しばら》くの間各自柄杓《ひしゃく》を取って頭に湯を注ぐ、百杯もかぶった頃、隊長の号令で初めて湯の中へ全身を浸すのである。湯槽にはいくつかの列に厚板が並べてあり、人はとりどりにその板にしがみ附きながら隊長の立つ方向に面して息を殺して浸るのである。三十秒が経つ。隊長が一種気合をかける心持で或る言葉を発する。衆みなこれに応じて「オオウ」と答える。答えるというより唸《うな》るのである。三十秒ごとにこれを繰返し、かっきり三分間にして号令のもとに一斉に湯から出るのである。その三分間は、僅かに口にその返事を称《とな》うるほか、手足一つ動かす事を禁じてある。動かせばその波動から熱湯が近所の人の皮膚を刺すがためであるという。

この時間湯に入ること二、三日にして腋《わき》の下や股のあたりの皮膚が爛《ただ》れて来る、やがては歩行も、ひどくなると大小便の自由すら利《き》かぬに到る。それに耐えて入浴を続くること約三週間で次第にその爛れが乾き始め、ほぼ二週間で全治する。その後の身心《しんじん》の快さは、殆《ほと》んど口にする事の出来ぬほどのものであるそうだ。そう型通りにゆくわけのものではあるまいが、効能の強いのは事実であろう。笛の音の鳴り響くのを待って各自宿屋から（宿屋には穏かな内湯がある）時間湯へ集る。杖に縋《すが》り、他に負われて来るのもある。そして湯を揉み、唄をうたい、煮ゆるごとき湯の中に浸って、やがてまた全身を脱脂綿に包んで宿に帰って行く。これを繰返すことおよそ五十日間、こうした苦《く》行《ぎょう》が容易な覚悟で出来るものでない。

草津にこの時間湯というのが六カ所にあり、日に四回の時間をきめて、笛を吹く。それにつれて湯揉の音が起り、唄が聞えて来る。

たぎり沸《わ》くいで湯のたぎりしづめむと病人《やまうど》つどひ揉めりその湯を
湯を揉むとうたへる唄は病人《やまうど》がいのちをかけしひとすぢの唄
上野《かみつけ》の草津に来り誰も聞く湯揉《ゆもみ》の唄を聞けばかなしも

十月十九日

降れば馬を雇って沢渡《さわたり》温泉まで行こうと決めていた。起きてみれば案外な上天気である。大喜びで草鞋《わらじ》を穿《は》く。

六里ヶ原と呼ばれている浅間火山の大きな裾野に相対して、白根火山の裾野が南面して起っている。これは六里ヶ原ほど広くないだけに傾斜はそれより急である。その嶮《けわ》しく起って来た高原の中腹のちょっとした窪みに草津温泉はあるのである。で、宿から出ると直ぐ坂道にかかり、五、六町もとろとろと登った所が白根火山の裾野の引く傾斜の一点に当るのである。其処《そこ》の眺めは誠に大きい。

正面に浅間山が方六里に渡るという裾野を前にその全体を露《あら》わして聳《そび》えている。聳ゆるというよりいかにもおっとりと双方に大きな尾を引いて静かに鎮座しているのである。朝あがりのさやかな空を背景に、その頂上からは純白な煙が微かに立ってやがて湯気のように消えている。空といい煙といい、山といい野原といい、すべてが濡れたように静かであった。湿った地《つち》をぴたぴたと踏みながら我ら二人は、いま漸く旅の第一歩を踏み出す心躍りを感じたのである。地図を見ると丁度その地点が一二〇八米突《メートル》の高さだと記してあった。

とりどりに紅葉した雑木林の山を一里半ほども降《くだ》って来ると急に嶮《けわ》しい坂に出会った。

信濃の晩秋

私たちが十一月六日の朝星野温泉を立って沓掛《くつかけ》駅から乗った汽車は軽井沢発新潟行という極めて

小さな汽車であった。小型な車室が四つ五つ連結されたままで、がたがたと揺れながら黒い小犬のように浅間の裾野を馳《か》け下るのである。

日はここちよく晴れていた。初め私は朝日のあたる左手の窓に席を取っていたが、小春日にしては少し強すぎる位《くら》いの光線なので、やがて右手に移った。浅間山が近々と仰がる。二、三日前薄く積っていた頂上の雪は今朝はもう解けて見えない。湯気のような噴煙が穏かに真直ぐに立昇っている。まったく静かな天気だ。

軽井沢から小諸《こもろ》まで一時間あまり、この線路の汽車は全然浅間火山の裾野の林のなかを走るようなものである。時に細い小さな田があり、畑が見ゆるが、それとても極めて稀《まれ》である。林は多く広々した落葉松《からまつ》林で、間に雑木林を混えている。それらが少しもう褪《あ》せてはいるが一面の紅葉の世界を作っているのだ。雑木の中に立つ白樺の雪白《せっぱく》な幹なども我らの眼を惹《ひ》く。車窓から続いてそれら紅葉の原にうららかに日のさしているのを見渡しながら、明るい静かな何という事なく酔ったような気持になっていると、その裾野のはて、遙かに南から西へかけて連《つらな》り渡った山脈の雄々しい姿も自《おの》ずと眼に映って来る。中でも蓼科山《たてしなやま》と想わるる秀《すぐ》れて高い一角には真白に雪の輝いているのが見ゆる。ほどなく小諸駅に着いた。

小諸町は私にとって追懐の深い所である。二十四か五歳早稲田の学校を出て初めて勤めた新聞社の為事《しごと》も面白くなく、一、二年が間夫婦のようにして暮していた女との間も段々気拙《きまず》い事ばかりになり、それと共に生れつき強かった空想癖は次第に強くなって、はてはそうした間に於ける自暴自棄的に荒《すさ》んだ生活が当然齎《もたら》す身体の不健康、そうした種々から到頭《とうとう》東京にいるのが厭《いや》になって、諸国に歌の上の知合《しりあい》の多いのを便宜に三、四年間の計画であてのない旅行に出てしまった。そして第一に足を留めたのが小諸であった。幸い其処《そこ》の知合の一人は医者であった。土地にしては割に大

き い或る病院に勤めて、熱心に歌を作っていた。私はまず彼によって身体に浸み込んでいる不快な病毒を除いてもらい、それから更に楽しい寂しい長途の旅に上ろうと思ったのである。かれこれ四カ月も其処にはいたであろう。そんな場合のことで、見るもの、聞くもの、すべてが心を傷《いた》ましめないものはないといっていい位いであった。その小諸駅を通るごとに、その甘いような酸《す》いような昔恋しい記憶は必ずのように心の底から出て来るのが常であった。ことにその朝のように落ちついた、静かな心地の場合、一層それを感じないわけに行かなかった。

其処《そこ》へ小柄な洋服姿の男が惶《あわただ》しく車室へ入って来た。一度入って席を取っておくと同時にまた惶しく身をかえして飛び出した。その顔を見て私はハッと思った。立ち上って窓ガラスをあけながら見廻したが、何処《どこ》に行ったかもう影も見えない。ときめく心に私は思わず微笑《ほほえ》んだ。きっと彼に相違ない、当時其処《そこ》の病院に私が訪ねて行った岩崎君に酷似《そっくり》だと思ったからである。ほどなく彼は手に大きな荷物を提《さ》げて転ぶようにブリッジを降りて来た。その惶《あわ》てた顔！　まさしく彼は医師岩崎樫郎に相違なかった。昔も今も彼の惶て癖は直らぬものと見える。

彼のあとから八、九歳の少年と白髪の老婆とが、これも急いで降りて来た。見送りらしい人たちも二、三引続いた。荷物の世話や惶《あわただ》しい別れの挨拶などが交されている間に汽車は動き出した。発車しても彼はなお何か惶《あわ》てていた。そしてそれこれとポケットを探していたが、舌打をすると共に、

「しまった、切符を落して来た！」

と呟《つぶや》いた。私は立ち上って彼の前に行った。まだ席に着く事もせずにいた彼はツイ眼の前に思いもかけぬ男が笑いながら立っているので、ひどく驚いた。

「やア、どうしたんです？」

彼は私の行っていた頃から少し経《た》って小諸の病院を辞し、郷里の静岡へ帰って開業したが、思う

ように行かぬのでまた小諸へ戻り、やがて今度諏訪《すわ》郡の或る山村に単独で開業し、ずっと其処《そこ》にいるのだという事を人づてに私は聞いて知っていた。で、小諸で彼を見ようとは私には意外であった。聞けば慈恵医院卒業生で信州に開業している者の懇親会が一昨日上田で開かれ、その帰りを小諸に廻って以前の病院を訪問し、今日諏訪の方へ帰るところなのだそうだ。

「随分久しぶりですねえ、何年になりますかネ、そうだ、十一年、もうそうなりますか、それでもよく一目で僕だと解りましたね」

「だって一向変っていないじアありませんか」

「真実《まったく》そうだ、あなただって変ってはしませんよ」

立ったまま相共に大きな声で笑った。変っていない事もない、彼は私より一つ歳上であったと思うが、スルトいま三十六歳、惶《あわ》てることを除いては何処《どこ》にかそれだけの面影を宿して来た。

「阿母《おかあ》さんですか？」

「そうです。これが長男です、コラ、お辞儀をせんか、もうこれで二年生です」

私は老人に挨拶した。痩せた、利《き》かぬ気《き》らしい老女と対しながら、彼が二度目の小諸時代に迎えた妻とこの人との間がうまく行かなくて困っているという噂を聞いた事など自ずと思い出されたりした。

小諸を離れると汽車は直ちに千曲川に沿うようになる。今までの森や林とも離れるが、引続いて裾野の穏かな傾斜を降《くだ》ってゆくのだ。日はますます澄んで、まるで酒にも似た熱と匂《におい》とを包んで来た。千曲《ちくま》の岸や流《ながれ》を眺めていると、一層しみじみと当時の事が思い出されて来る。四カ月の間あたかも夏の末から秋にかけてであった、病院に寝ていなければ、私は多くこの千曲の岸に出ていた。さなくば町の裏手を登って無限に広い落葉松林の中に入って行った。疲労と、悔恨と、失望と、空想と、それらで五体を満しながら殆《ほと》んど毎日のようにふらふらと出て歩いていたものであった。やがてなつかしい布引山《ぬのびき》が眼の前に見えて来た。飛沫をあげながら深碧《しんぺき》に流れている千曲の岸から急にそそり立った断崖の山には、真黒な岩壁と、黄葉との配合が誠に鮮《あざや》かに眺められた。

二、三の思い出話が続いて出たが、どうも気がそぐわない。この若いドクトルは一分の手も休めないで見失った切符を探しているのだ。はては老人も手伝って探すことになった。あたかもこの小さい車室全体がその気分で動かされているようにも見ゆるまでに。その間に田中を過ぎ、大屋を過ぎ、上田を過ぎた。どの土地にも私の追懐の残っていない処はない。考えてみれば私はまったくよくこの近所をば彷徨したものだ。切符は終《つい》に出なかったが、上田を過ぎてからは彼もやや落ちついて談話の裡《うち》に入って来た。話していれば十一年の間に当時其処《そこ》で知り合いになった幾人もない中の二人の若い人が死んでいる事などが解った。二人とも肺で倒れたという。

篠ノ井駅乗換、其処《そこ》で私は酒を買って乗ったが彼は昔の通り殆んど一滴も飲まなかった。私一人でちびちびと重ねながら姨捨《おばすて》の山を登る。いつ見ても見飽かぬ風景だが、今日はこの天気だけに一層趣が深い。うち渡す田も川も遠くを囲んだ山々も皆しんみりと光り煙っている。岩崎君は写真機を取出してあれこれと写していた。

「もう歌は止《や》めて今はこれですよ、この方が僕のような気の短い者には手取早くていい」

長い隧道《トンネル》を越えて麻績《おみ》、それから西条、明科《あかしな》、田沢と過ぎて午後三時過ぎ松本駅着、私は其処《そこ》でこの旧友とその家族とに別れて同伴の学生門林君と共に下車した。門林君は関西生れで今度一緒に信州に来てみて彼は初めて山らしい山を見たと言って喜んでいたのであった。星野あたりで見る山もいいにはいいが、松本市の在にある浅間温泉から眺むる日本アルプスは更に雄大なものである、ぜひ其処の山を見ておおきなさいと勧めて此処《ここ》へ降りたのである。

松本停車場から浅間温泉へ行くには駅前の乗合自動車に乗るのを常としていたので、のこのこ改札口を出てその発着所へ歩いて行くと既に大勢の人が其処《そこ》に集っている、何かの団体客らしい。そして自動車は一台も見えない。幾度にも往復してこの団体を送り込もうというのであろう。オヤオヤと思いながらとにかく駅の待合室に入って、見るともなく時間表を見ているうちにふと或る事を私は考えついた。そして門林君を顧みた。

「ねエ君、君はアルプスの山を遠くから望むのがいいか、それとも直《す》ぐその麓から見上ぐるのがいいか」

けげんな顔をしていた彼は、

「それは麓からの方がよさそうに思われます」という。

「では君これからいい処へ行こう、浅間よりその方がよさそうだ」

惶《あわ》てて私は切符を買うと、とある汽車に乗り移った。此処《ここ》からこの軽便鉄道によって終点に当っている北安曇《きたあずみ》郡の大町まで行こうと思いついたのだ。山を見るにもよく、ことに其処《そこ》には親しい友人もいるので、急に逢いたくもなったのであった。

今朝沓掛《くつかけ》から篠ノ井まで乗ったのより更に小さい車室の汽車がごとごとと走り出すと、私は急に身体の疲労を感じた。今までは珍しく会った友人に気を取られて忘れていたのであろうがとにかくもう六時間あまり坂路ばかりの汽車に乗り続けて来ているのである。昨今の自分の身体の疲れるのも無理はないなどと思い出すと、やはり浅間まで一里あまり、俥《くるま》ででも行ってゆっくりと綺麗な温泉に入る方がよかったかしれぬと、心細い愚痴《ぐち》が出て来たが、もう追い附かなかった。これから大町まで二時間ほどかかる、どうかして眠ってでも行きたいと努めたが、車体の動揺の烈《はげ》しいのと、これも急に身に浸みて来た寒さとで到底眠れそうもない。ただ眼を瞑《つむ》って小さくなっていた。

山国の事で、暮れるとなると瞬《またた》く間に日は落ちてしまう。何という山だか、豊かに雪を被《かぶ》った上にうす赤く夕日が残っていたがほどなくそれも消え去ると忽《たちま》ちのうちに夜が襲って来た。近々と其《そ》処《こ》らに迫って聳《そび》えているとりどりの山の峰にはいつの間にか雲が深く降りて来た。麓から麓にかけては暮靄《ぼあい》が長く長く棚引いて、芥火《あくたび》でもあるか諸所に赤い炎の上っている所も見ゆる。軽鉄《けいてつ》の事で、駅々の停車時間も極めて区々《まちまち》である。ある所では十分も二十分も停っているように思われた。車室から出てみると今まで気がつかなかったが、月が出ていた。仰げば眼上《まうえ》に迫って幾重にも重《かさな》りながら雲を帯びているアルプス連山の一列前に確かに有明山《ありあけ》だと思わるる富士型の峰が孤立したように半面に月を受け、半面は墨絵の色ふかく高々と聳えている。この山にのみ雲がいない。しかし、何という寒さだろう、永くは立ってもいられない。

寒さと心細さに小さくなっている間に午後六時何分、漸《よう》く大町に着いた。友人中村柊花はこの町の郡役所に勤めているのだが、この頃引き移ったその下宿をばすっかり私は忘れていた。とにかく彼に逢っておきたいと思ったので停車場とは反対の位置に町を突き抜けた所にあるという郡役所まで まず行ってみる事に決めた。九時間近くの汽車で筋張《すじば》り果てた脚には寧《むし》ろ歩くことが快かったが、山下しの風がひしひしと耳の辺を刺すには弱った。片割月《かたわれづき》が冬枯れ果てた町の上に森《しん》として照っている。郡役所には灯が明るく点《とも》って宿直の人らしいのが為事《しごと》をしていた。中村君の下宿を聞いて更に其処《そこ》に行く。老婆が二人、囲炉裡《いろり》に寄って茶を飲んでいたが当《とう》の友人はいなかった。多分何処《どこ》ぞの茶屋で宴会でもあるらしいという事であった。多分そんな事になりはせぬかと心配して来たのであったが、運悪く的中した。附近の宿屋の名を老婆に訊《たず》ねて、名刺を置きながら、其処を出た。

宿は対山館といった。思い出せばかねてから折々聞いていたその名である。アルプスに登る人で、というより広く登山に興味を持つ人でこの名を知らぬ人は少なかろう位いに思われるまでその道の人のために有名な宿なのだ。通されたのは三階の馬鹿に広い部屋であった。やれやれと手足を投げて長くなった。とにかくまず風呂に行く。指先一つ動かさず、ただ茫然と温《あたたま》っている所へ、女中が来て、「中村さんって方がいらっしゃいました」という。

「えッ！」と思わず湯の中で立上った。もしかすると、という希望で心当りの料理屋に電話をかけてもらうように女中に頼んでおいたのであったが、それがうまく的中したのであった。

急に周章《うろた》えて湯から出た。既に真赤に酔っている中村柊花は坐りもやらず広い部屋の真中に突立っていた。

固く手を握り合ったまま、二、三語も発せぬうちに私は彼に引張られて宿を出た。驚いている門林君も一緒であった。今まで彼らが飲んでいたというのの隣の料理屋に上って、早速《さっそく》酒が始った。肴《さかな》は土地名物の焼鳥である。疲れと心細さで凍っていた五体を焼きながら廻ってゆく酒の味は全く何にたとえようもなかった。其処《そこ》へ同じく旧知の榛葉胡鬼子君も中村君の注進によって馳《か》けつけて来た。一別以来の挨拶や噂話が混雑しながら一渡《ひとわた》り取り交わされると漸く座も落ち着いて、改めて歌の話や我らの間で出している雑誌の話などがしんみりと出て来た。その頃にはもういち早く酒の酔《よい》も廻っていた。やがて一人二人と加《くわわ》っていつの間にか五、六人にもなっていた芸者たちの踊が始まるようになると大男同志の中村君も榛葉君もよろよろと立上って一緒になって踊り出した。

木曾のおん嶽《たけ》、夏でも寒い、袷《あわせ》やりたや、足袋《たび》添えて、
袷ばかりは、やられもせまい、襦袢《じゅばん》したてて、帯そえて、
木曾へ木曾へと、皆行きたがる、木曾は居《い》よいか、住みよいか、

宿屋に帰って床についたは二時か三時、水を飲みたさに眼を覚すと荒らかに屋根に雨らしい音が聞ゆる。昨夜料理屋の三階から見た月の山岳の眺めはまだ心に残っているものをと不思議に思いながら、起き上って雨戸を細目にあけてみると、夜はいつやら明け離れて、四顧茫々とただ雲か霧かが立て罩《こ》めたなかに、これはまた大粒の雨がしゅっしゅっと矢のように降り注いでいるのであった。

若山牧水（一八八五年～一九二八年）

歌人。旅と酒、そして自然を愛し、多くの短歌や小説のモチーフとしている。「みなかみ紀行」は一九二四年に刊行された紀行作品（書房マウンテン）で、静岡県沼津に居を構えていた一九二二年の旅を元に描かれた、日本の紀行文学の古典。本書収録部分のおもな行程は沼津（東海道・高崎・信越本線〈一部は現・しなの鉄道〉）→御代田（自動車）→岩村田（佐久鉄道〈現・小海線〉）→小諸（信越本線〈現・しなの鉄道〉）→軽井沢（草津軽便鉄道〈のち草軽電気鉄道、一九六二年廃止〉）→嬬恋（自動車）→草津→沢渡→沓掛〈現・中軽井沢〉（信越本線〈現・しなの鉄道〉）→小諸（信越本線〈現・しなの鉄道〉）→篠ノ井（篠ノ井線）→松本（信濃鉄道〈現・大糸線〉）→大町。高原の軽便鉄道として人気のあった、今はなき草軽電鉄の情景なども読み取れる。なお本文は『みなかみ紀行』（岩波文庫、二〇〇二年）によった。

古川ロッパ昭和日記

東海道本線ほか

1948年〜1952年

古川ロッパ

一九四八年七月六日（木曜）曇晴

帰京。

七時半すぎに起される。さあ帰京だと思ふと、嬉しい。入浴、朝食。いろ〳〵な勘定を済ませる（今回は足を出してゐない、心附は一万円）。九時に迎への車、花柳のマヽと娘が同車で送り、女中たちも後から来る、ハデな宿だ。京都駅へ着くと、駅長室へ案内される。エノケン夫妻が入って来る。と、そこへ恐るべき物（者ならず）が出現した。宮川町の女郎が二人、それに、やり手婆。一目でそれと分る姿で、エノケン送り。エノケンは、夫人をこれら三人に引き合はせてゐる、何といふ珍景。とてもわれらに分る神経ではない。九時四十五分、つばめは出た。寄りかゝり式椅子の特別二等、滝村和男と並ぶ。すぐ後にエノケン夫妻。暑い、靴下ぬいで跣足でスリッパ。十時すぎに食堂へ、エノケン・滝村と行く。エノケンは酒をやり出す、こっちはサイダー、そして、タン・シチュウとオムレツ、トースト、バナヽ二本。かうして置いて又一時の昼食を申し込む。エノケンほろ酔、何うにも話がつまらず、滝村も弱ってゐる。一時、再び食堂へ、四人で。定食は、二百四十円だからしようがないが、海老フライ、ローストビーフ、それに丸パン一つぢゃあ食ひしんぼでなくっても腹は張るまい、あとチキンカツレッと、タン・シチュウ。エノケンは酒、僕はアイスウォーター何杯飲んだか。ボーイが呼びに来て、展望車へ来いとのこと。展望車へ入ると、スーッと涼しい、今月一日より一等は冷房。「いゝなア、こいつはいゝ」と大喜びする。エノケン、ウイスキーをやり出し、フラ〳〵。そのうち、一寸小便と言ったかと思ふとドアを開けて展望車のデッキから小便。〈略〉やがて東京駅着。駅頭で、此のいゝ土方は「今回はいろ〳〵ありがたう」と、僕の手を握る。「いや、こっちこそ」全くさういふ気持になる。八重洲口へ歩き、車を拾ふ。家へ帰る。風呂へ入り、皆で食事。わが家のアイスティーの味よ。十時すぎ又風呂へ入り、蚊帳の中、風なくて、むし暑し。十二時すぎ、眠る。

一九五〇年七月十一日（火曜）晴

名古屋へ。

七時四十五分起き。川上の迎へ、新しいスーツケースとブリーフケースを持たせ、西野も蹤いて、バスへ歩く。バスで東京駅。十時にホーム、十時半の鹿児島行き。小島が席とっといて呉れたのはいゝが、海側だ、ずーっと陽が当る。一寸考へて呉れりゃあいゝのに。同行、根岸正一・川上・小島。動き出すと、直ぐ、中島といふ秘書来り、一等寝台に米本社長がゐるから来い、で、行ってみる。米本社長いきなり「やア、おかげで東宝は黒字になって来ました。何ヶ月ぶりで私も旅行が出来る」と大したごきげん。首切りが成功、松竹の半分の人間になったから、これからは楽だと言ふ。僕に、プロデューサーをやれ、誰も入れず、社長とロッパで行かう、と言ひ、「ロッパのおもちゃ屋さん」を覚えてゝ話に出たのは嬉しかった。席へ戻る。二時頃、弁当。浜松で、アイスクリーム、うまいので三つ食ふ。〈後略〉

八月一日（火曜）晴

青森松竹。

青森へ向ふ連絡船。船中の眠り、ほんの二時間、四時すぎに起される。青森着、長い〱プラットホーム、この歩きで参った。小型電気自動車、内海旅館と書いてあるのへ乗る。その旅館へ着いてみると覚えがある、一昨年一泊してゐる。風呂を浴び、早速床とらせ、蚊帳つらせて、寝る。涼しいのが何より、北海道が暑くて、青森が涼しい、可笑しなもの。十時半迄よく眠れた。朝食運ばれる、ウーン、まるでひどい、生卵貰って海苔で食ふ。十二時頃、宿の近くのコロンバンといふコーヒー店へ入り、石田と二人冷コーヒー。菓子、中々よろし。又電気車で、青森松竹へ。楽屋狭くて、渋面。今日は三回走って、九時にアゲたいといふので、一回目は「ネクタイ屋」のみ歌ふ。二回三回は、ヴァラへ出ないでいゝことゝなった。ステージの暑さ激し、かほなどする気しない。「スタヂオ」は東北弁でやる。これが受けるので可笑しい。了ると、根岸とこの地できいた洋食屋栄作堂へ。熱があるのかと思ふ程の暑さ。そのため食欲なくなり、ポタージュ、チキン・シチュウ、トーストとやり、プレーン・オムレツが来たのが食へなくなり、根岸に食ってくれと言ふ、珍しいことだと驚かれる。座へ戻る。入り頗るよし、ぎっちり。洋食屋の姐さんに津軽ことばの「カッチャクチャネ」といふのを習ったので、これを舞台で言はうと、たのしみ。「スタヂオ」二景でヒゲを描いて出て、「カチャクチャネ」を言ったら大受け。八時半すぎ宿へ帰り、九時半、小型で駅へ。青森発十時の汽車、一等寝台。ホームにファン沢山わい〱。三亀松・勝太郎・はま子・森川同車、シミキンは、別のコムパートメントに。シミキン、すっかり元気失せ、いやに丁寧に挨拶する。僕のみならず皆に反感買ひ、淋しくなったらしい。十時発車、一等寝台、冷房車なのだが破損して水が天井から洩るさわぎ。扇風機の下で、勝・はま子・森川とで、ビールを飲みつゝ話す、三亀松が加はると話の見当が狂ふ。十一時半頃、ボーイ来り「もう夜ですから寝て下さい」と言ふ。「もう夜ですから」に食はれて、皆寝台へ入る。アドルム二服み、寝ようとつとめる。下段だから、まだいゝ。上段の森川、大分苦悩してゐるらしい。

八月二日（水曜）曇

帰京。

一等寝台も、冷房破損ではまるで値打なし。窓を開けといたから生ぬるい風が入るが、シーツの上、ザラ〳〵の煤煙。九時半に起きる。平だ。さて朝食だが、食堂車無し。売店の女の子にたのみ、飯を呉れることに話つく。おかずは、いわしのカン詰と、鯛みそ。上野着。駅頭、三亀松夫人、勝太郎・はま子のハズ出迎へ。前川と松本常さんも来り、淡路島行は定ったさうだが、これから勝太郎とはま子を交渉するんだと言ってゐる。宣伝など何うするのか、実に呆れる。タクシー拾って、石田と共に、わが家へ。メーター八百円と出る。千円やったが、タクシーは安くなった。二時すぎに帰ると、女房は買ものて不在、風呂は沸いてゐず、いきなりきげん悪し。風呂沸き、入る。女房、帰り、腹の立つことをきく。前川が、税の申告につき西村とのレンラクを怠り自分だけでやったこと、それもギリ〳〵の三十一日に。西村は、前川のレンラクなきためあはてゝ当日別に申告したので、ダブってしまひ、これについては前川「私が、うまくやります」と言ってゐる由。女房も腹立ち、電話で「あんた、やめなさい」と怒鳴りし由。こんなめちゃくちゃな目に遭はされては、もう〳〵前川にはつく〴〵あいそが尽きた。三時半、パンと冷紅茶。女房と前川の話から、仕事のこと、税のこと、話す、溜息まぢり。夕食、食欲なく飯二杯。根岸来、トーマスも来る。そこへ、前川より電話、四日朝出発のこときく、淡路島六日間、それから神戸——結局二十日間まとまるか否か怪しい。ふと思ひついてエノケン邸訪問しようと、根岸と共に行く。石田、エノケンは嫌と言って来ない。エノケン、もう大分酔ひ、いきなり「弥次喜多」後篇が、ネガもろとも焼失の話。くやしいぢゃないか、後篇はずっと面白かったんだと、何十度かくり返し、残念だ、二人であんなに苦労して撮ったものを！と涙を浮べる。僕は、シミキンとのいきさつを報告、然し、もう酔ってるからよく分らないらしい。十時すぎ迄ゐて辞し、トーマスに家へ送らせる。十一時半、雨の音。アイフ、胃健錠しきりに服む。暑し。アド一服む。

八月四日（金曜）晴

京都へ。

六時半に起され、入浴、食事、少々雨。石田と共に歩いて、バス。東京駅迄。ホームへの入口、入らうとすると、改札の男「こゝは、ラッシュ・アワーは入口ぢゃない、あっちへ廻りなさい」と言ふ。「でもちゃんと入口と書いてあるぢゃないか」と言っても、「鋏が無い」と言って改札しない。「この看板下す迄は、何うしても動かん。そっちが間違ってるのに、生意気な口きくなら駅長に会はう」と段々声が大きくなる、ラッシュ・アワーの人々たかって見てる、「いゝとこあるぞ」と叫ぶ奴あり。駅員も弱ったらしく、つひには隣りの改札口の鋏を借りて切った。でも、こっちは治まらない「帽子脱ってあやまれ」。つひに彼脱帽す。「そんなら、よし」と通る。かういふ不合理にぶつかっては怒らざるを得ない。九時発のツバメ、石田と二人通路をはさんで並ぶ、窓ぎわぢゃないから、気に入らない。前川の見送り、例によってギリ〳〵の時間、金は未だ届かないと言ふ、心細し。発車後間もなく、食堂へ。コーヒーなど飲み、席へ戻る。久しぶり二出川延明に逢ふ、又野球に戻りましたと、岐阜行の由。一時食堂へ行く。定食二皿の後、タン・シチュウとチキン・カツレツと外食券出して飯をとる。京都に五時二十分頃着。松本・国友出迎へ。車で花柳旅館へ。なじみの床屋へ浴衣がけで行く。さっぱりして帰ると入浴。藤田潤一が来合せ、エノケン劇団を辞めたい話きく。再び映画界へ戻りたい腹。松本・国友は、ゐるのだが、全くの落目らしく飯食はうとも言はない、藤田潤一を誘ひ、宿のシーちゃんとお君どんを連れて、西石垣の鳥岩楼へ。サントリー買はせ、鳥のすきやき、こゝのも亦、うまい。飯も食って、何と安い、千八百円といふ勘定。出ると不二家で、アイスクリーム飲み、マキノ正博がすっかり健康になり、マキノ満男邸にゐるといふので、藤田と行く。正博、意外に健康さうになり、裸身を見せる。言ふことも大分まともになり、これなら大丈夫だと思った。こゝを辞し、外へ出ると、藤田に五千円借金申し込まれ、貸す。宿へ帰り、蚊帳へ入る、暑いぞ、アドー、明朝早い。

八月二十一日（月曜）曇

帰京。

桔梗家旅館も今朝を限り、ドロボーの想出の部屋よ、さらば。七時前に起され、朝食。ケチだが、女中に千円だけ。七時すぎタクシー来、神戸駅。省線に乗る、今日は僕と川上のみ。大阪で、九時発つばめ。列車着いて乗り込む。一等、ヒヤーッと冷房利いてゐる。あゝホッとする。寄っかゝりの椅子、すぐ眠くなり、トロ〳〵。眼が覚めて食堂へ行く。定食、魚とタンシチューの紙の如き。他に、チキン・カツレツとビーフ・シチュウ、各々哀しき味なれどこれで満腹。久保田万太郎「市井人」を読み始める。一等車、かなり空いてゐるが、四つ位の娘が、アメリカ生れのセルロイドから、オッサン〳〵コレナンボと笠置シヅ子迄一人でさへづり、くさらせる。両親がついてゝまるで野放し。この親父、浜松で駅売りのハーモニカを買ひその子にあてがふ。あゝ！　何たる奴、さあその子が、ブーカ〳〵、ピー〳〵めちゃ〳〵を吹く。日本人は全く音ってものに対する道徳なし。東京駅、六時。迎へに小島、八重洲口へ出て車拾ふ。車も安くなりぬ、家迄六百二十円、メーター。八百円やると大喜び。久々のわが家、母上のみ在宅。小島・川上と、藤田の坊やも共に食事、枝豆、冷奴、ロール・キャベツで飯。あれこれ片付け、もう寝る気になり、アドルム二。十二時。さて、寝る段になって、ドロボーが心配。何処かに忍び込んで見られてるやうな気がする。即ち金を床の下に敷いて寝る。

一九五一年十二月四日（火曜）晴

大阪、京都。

六時半起き、朝起きってものふる〳〵苦手なり。朝食二杯、抹茶。七時四十五分出る。東京駅。ラッシュアワー（あゝつとめの人々よ、可哀さう）で実にめまぐるしき人の波。ツバメ、九時発。特別二等で席が定ってゝ安心。根岸と並んで座る。今回は、舟木・川上との四人連れ。石井亀次郎が名古屋行で乗ってるので、食堂へ共に行き、今、食ったばかりだのに、ハムエグス。ビールを飲み、少し酔ったところで席へ帰り、アドルム一、寝ようとつとめる。二時、又食堂へ。ビーフ・スティーク・ランチを食ふ。大阪駅着、駅頭、石田竹次郎出迎へ。石田守英も平井房人を伴って来てゐた。さてキャバレエの仕事は、八時頃からだ、五時だから十分時間あり、社長（キャバレエ花園の）のフォードが待ってゝ、これで羽衣とかいふ町のゲテ風呂といふのへ行くとのこと。羽衣町の七本木荘、料理旅館、箱根の関所だの新撰組の屯所などの立札、廊下には、骨董と迄は行かぬゲテ物いろ〳〵陳列、とても感じ悪し。ゲテ風呂といふが、たゞの岩屋風呂、つまらない。風呂から上ると、食事。関西風の味、豆腐と鳥の鍋やき、さしみ等。カツレツを追加して呉れる。実にヘンな旅館、こんなところへ泊らせられては嫌、喜多八へでも移らうか。〈後略〉

一九五二年九月十五日（月曜）雨

飯坂温泉。

七時に起される。馬鹿な涼しさ。今朝飯坂へ出発なり。まさか未だ袖の長いワイシャツでもあるまいと、シャークスキンの半袖。西野、車拾って迎へに来り、七時半すぎに出る。上野、八時五十分発の青葉。特二の窓ぎはが取れたが、隣りも客が来ちまった。今回は、根岸・川上の二人。ノートを出して、シナリオの箱書きにかゝる。十時半頃根岸を誘って、食堂へ。ハムエグス、トースト、コーヒー。それにチキンカツ。根岸、ビールのみ。席へ戻り、五時間、大して退屈もせず、福島着、二時。雨しきり、涼し。ハイヤで飯坂へ向ふ。雨の道々、電車の駅を見て「この駅がいゝ」とか、こゝの橋を使はうとか、監督、ロケハン気分なり。花水館へ着く。いつぞやの、さくらんぼ旅の時のなじみ、一階の角の八畳の間、根岸と川上が隣室。この前入った、大理石の三つ並んでる風呂の一つへ入る。ちと空腹なので、うどん卵とぢを言ひつける、中々うまい。この宿、女中、中々来ず、何事も三十分かゝると思はねばなるまい。四時、雨で薄暗し。シナリオの箱書き。大体の見通しがついて書き出す、ペラ二十枚位すら〳〵と行く。花月旅館主後藤寿二来訪、根岸と共に話す。四五十人の一週間から十日間のロケ宿泊代、並に自動車バス、人的の応援等は、此の人此地の観光協会理事なので引受けて呉れ、その他、電鉄とか色々な点でも、タイアップの実を挙げるよう努力するとのこと。さて、七時半迄書きつゞけ、夕食、隣りで三人で食ふ。部屋へ戻り、書きつゞけるうち、蚊が出て来て弱り。もうペラ七十枚迄来たから、この辺で今日は止めようか。五十枚目あたりから

自信なく、面白さが理攻めのやうになり、心配。〈後略〉

古川ロッパ（一九〇三〜一九六一）

東京生まれ。喜劇俳優・脚本家。華族の学者の家系に生まれる。早稲田大学中退。文筆業をへて喜劇役者に。日記にも登場する榎本健一（エノケン）と並び称される人気俳優。筆まめで、膨大な量の日記を残し、日本の芸能史を探る上で貴重な資料となっている。戦後は舞台のほか、「東京五人男」など多くの映画に出演した。本文は『古川ロッパ昭和日記　戦後篇』（晶文社、一九八八年）によった。

親不知、子不知

北陸本線　深田久弥
1958年

北陸から東京に遊学した経験を持つ人は、親不知《おやしらず》附近の孤独な風景が心に沁みているであろう。日本アルプスが北に尽きて日本海に落ちるところ、その断崖の裾を汽車はずっと海に沿って走って行く。窓の外は、片側は山の壁、片側は果てしなく続いた海岸線があるばかり、その渚に間断なく白い波が寄せては崩れている。十九歳の時、始めてここを通って東京に出て以来、私は何十回ここを往復したことか。私と同じ中学を出た中野重治君の若い頃の詩に「しらなみ」と題するのがある。

ここにあるのは細ながい磯だ
うねりは遙かな沖なかに湧いて
よりあいながら寄せて来る
そしてこの渚に
さびしい声をあげ
秋の姿でたおれかかる
そのひびきは奥ぶかく
せまった山の根にかなしく反響する

がんじょうな汽車さえもためらい勝ちに
しぶきは窓がらすに霧のようにまつわつて来る
ああ　越後のくに　親しらず市振の海岸
ひるがえる白浪のひまに
旅の心はひえびえとしめりをおびて来るのだ

中野重治君もまたその多感な青年時代、この寂しい海岸を通って東京へ遊学した組である。一高へ入った年の夏休みの終り、私は東京へ出る途中、一ぺんこの海岸を歩いてみたことがあった。それ以来三十余年、私はいつもここを汽車で過ぎるだけで、いつも中野君の詩を口ずさみ、裏日本という言葉の感じがこれほど切実に表現されている風景はないだろうと、思い返すのが常であった。

三年前の秋の末、石川県の郷里へ帰省した私は、昼の急行で東京へ戻る途中、あまりその日の天気が良かったので、ふと親不知海岸を歩いてみたくなって泊《とまり》駅で下車した。午近くで、次の市振《いちぶり》駅まで海沿いに走るバスに乗った。満員の乗客の大半は婆さん連中で、手に数珠を持っていた。途中で揃って下りて行ったから、きっとそのへんのお寺に報恩講でもあるのだろう。東京で暮していると殆んどお寺などに縁がないが、仏教の盛んな北陸では、日常生活が少なからずお寺につながっている。報恩講という行事も、私の少年時代の忘れることの出来ない印象であった。

バスの終点の市振は、街道の両側に古びた合掌作りの家が並んでいて、いかにも昔の北陸道の宿場のさまが残っている。村の出はずれようとする小高い所に寺があったので、そこに上ってみると、狭い境内のふちに柵をめぐらして託児所になっていた。珍らしい旅人を見つけた幼児たちは、雀のように柵に並んで、先生がオルガンで呼んでもそこを離れようとせず、私に向って、「小便垂れ、小便垂れ」とはやし立てた。それが彼等の挨拶なのだろう。境内の一隅に眼下に海を見おろせる所があって、そこに芭蕉の句碑が立っていた。

一つ家に遊女も寝たり萩と月

奥州の方から旅を重ねて、親不知の難所を越え、疲れて市振の宿に着いた芭蕉は、その宿で越後の遊女と泊り合わせた。その遊女の語る身の上のあまりの悲しさに、書き残したのがこの一句であった。

昔から有名な親知らず子知らずの難所は、市振を出た海辺から始まる。奥州に落ちて行く義経、弁慶の一行も、加賀百万石の前田の殿様も、奥のほそ道の芭蕉もここを通って行った。鷗外の「山椒大夫」の中の人買いは、こう言って旅の親子をおどかしている。「削り立てたような岩石の裾には荒波が打寄せる。旅人は横穴に入って、波の引くのを待っていて、狭い岩石の下の道を走り抜ける。その時は親は子を顧みることが出来ず、子も親を顧みることが出来ない。それは海辺の難所である」

しかし今は難所の遙か上方の山腹に、立派な道がついている。私は故郷で土産に貰った鴨と柿の荷を手拭でつないで振分けに肩にかけながら、その道を歩いて行った。北陸の市振と親不知の間、おそらくこんなに寂しい海岸も少なかろう。二里あまりの間、全く人家がない。往き来の人にも殆んど会わない。時たまトラックが走り抜けて行くくらいである。片手は絶壁をなす急峻な山、片手は深く落ちこんだ海。山の高い所には今を盛りの紅葉が華やかな色に燃えている。見おろす海は、沖の方が濃い紺青、それから浅緑になり、岸辺近くは打ち返しで濁っていた。白いレースのような縁飾りを持った波が代る代るやってきては、渚に山形の模様を残して行くのが絵のように美しい。おだやかなわりに波音の大きいのは、山壁に反響するからであった。

断崖から落ちたトラックが一台、波打ち際で波に洗われていた。しゃれこうべのような清潔な残骸であった。

海ばたへ下りる細い急な小道があった。私は昔の人の通ったその砂辺を歩いてみた。切り立った崖と波打ち際との間に、きれいな小砂利を敷いた浜が続いていた。狭い所は、波に追われて山の根の窪に逃げこまねばならなかった。大ふところ、小ふところなどという名がついている。

誰もいない。犬っ子一匹見えない。見渡す限り自分だけだ。時おり長々と車をつないだ貨物列車が、山腹のトンネルから出てきて、ホッと息をつくようにとぼけた反響を立てるが、すぐ又のろくさとその黒ずんだ胴体をトンネルに吸いこまれて行く。そしてあとは又もとの静寂に返って、聞えるものは波音だけ。沁み入るようなさみしさである。

そこが一番の難所なのであろう、突出した岩と打ち寄せる波とが戦って、丈余のしぶきをあげている。波のひるんだ時をねらって素早く通り越せないこともないが、遊覧派的服装の私はそこで引返した。

親不知駅は私の学生の頃は全く寂しい海岸の小駅だった。窓から覗くと、すぐ客車の下まで波が打寄せていた。しかしその後大仕掛けに鉱石を掘り出す工事が始まって、今はちょっとした近代工業地のようなさまを見せている。

その駅の近くまで歩いて来て、私はみじんの邪魔物もない日本海の入り陽を見た。水平線に燃える赤いかたまりが、完全な円形からきらめく一点となるまで、私は息をつめて眺めていた。北陸に珍しいのどかな晩秋の一日の、それがピリオドであった。

＊

直江津から北陸線に入って、筒石、能生《のう》、青海《おうみ》、市振、と汽車は海べを縫って行く。その能生の近くを過ぎる時、いつも私の心に触れてくる一つの風景があった。それは線路のすぐ脇に、ささやかな広場を持ったお宮があって、その一隅にお堂が立ち、形のいい老松が枝を張っていた。たったそれだけの景色だが、山の迫った海岸のしらなみと、その磯のところどころに、屋根に石を並べたひしゃげたような家々ばかり眺めてきた眼には、何かホッとするような眺めだった。がそれも束の間、汽車はすぐトンネルに入ってしまう。このほんの僅かの眺めは、しかし私の心に長い間深く刻みこまれていた。

この印象的な場所を私は思いがけなく訪れる機会を得た。それは長い年月ただ行き擦りに会っただけで何となくなつかしく思っていた女の人に、実際に面と向って話しあうような心のときめきであった。

晩秋の親不知海岸を歩いた翌年の陽春、上野を夜の急行で発った私は朝早く糸魚川で降りた。駅前の宿で一眠りしてから町へ出てみると、大勢の着飾った人々がバスの出る所で待っている。聞けば今日は一年にたった一日の能生《のう》の春祭だという。私は躊躇なしにバスの客になった。

汽車の窓からは、寒む寒むとした屋根の連なりに見えた能生の町も、実際に歩いてみると、いろいろの店の並んだ割合繁華な一筋町であった。今日はお祭りで、どの家も明け放って、表通りから突き抜けに海が見えたりした。長い通りを行き尽すと、人で一ぱいのお宮の境内が現われたが、それが私の長い間あこがれていた場所であった。

狭い境内のまわりの土手の斜面は、芝居の観客席のマスのように区画されて、そこに家々の家族が重詰《じゅう》めなど開きながら、催し物を見物していた。溢れた人々は線路を越えた丘の斜面にも群がっている。獅子舞その他の余興が行われていて、時々そのすぐそばを汽車が通って行くのも、何となく童画じみたのどかさであった。境内の一隅には、私にとってなつかしい見覚えのお堂があって、どこもここも人で埋っていた。まれに晴れたみごとな春の一日、海ばたのこの古いお宮は、あまりにうららかすぎて、却って旅人に哀愁を生じさえした。芭蕉の句碑があり、その句に詠まれた汐騒の鐘もあった。

お宮のすぐ裏は小高い丘になっていて、そこは白山神社社叢《しゃそう》として天然記念物に指定されていた。珍しい植物分布のさまが見られるからであった。またこの社叢にのみ生息する姫春蟬《ひめはるぜみ》は、特別な鳴き声で有名だそうだが、まだ時期には早くて聞けなかった。

祭礼の混雑をさけて一歩海辺へ出ると、形のいい弁天岩を中心に岩礁が点在し、それをコンクリートの壁でつないで、自然の入江が作られていた。波がその防壁にぶつかって、白いしぶきを空中に散らしている。いかにも日本海の荒波らしい壮観であった。

私は心に満足をおぼえて能生駅に引返し、それから汽車に乗って今度は青海《おうみ》駅に下りた。青海から親不知まで、約一里半のあいだ、汽車は殆んど地下にもぐって顔を出さないほど絶壁続きであった。開鑿《かいさく》してまだ土の色も生ま生ましい道路がその中腹に通じている。岩石が波打ち際までなだれ落ちて、海べの通過不可能に見える所もあった。「大宿雪遭難現場、大正十一年二月三日」という標木の立っている所もあった。親知らずに対してこちらの方は子知らずと呼ばれている。しかし今日はあたたかい天気で、私はずっと下の方に続いている細長い磯に、絵のように波の寄せるのを見ながら、たのしく歩いて行った。

親不知の駅を過ぎてから、小道を辿って海辺に降りた。そして磯伝いに歩き、この前通れなかった難所へ、今度は逆の方から近づいた。そこは大きな岩が打ち重なっていて、そこへ波が押し寄せてきている。私はしぶきに濡れながら、岩を攀じ、僅かの砂地を拾って、ようやくそこを通過した。

今度も海岸はひっそりかんとしていた。昨年の晩秋と、この春の酣《たけ》なわと季節の変りはあったが、同じ調子の波の音と、時々それにアクセントをつける汽車の響きとのほか、このひっそりかんを破るものは何もなかった。

本当に誰もこんな何にもない海べなどへやって来るものはないのだ。何にもないけれど私にはすべてがあるような気がする。名勝などと呼ばれるまとまったものはないけれど、名勝以上のものがあるような気がする。

中野重治君のやはり若い頃の詩に「浪」というのがある。やはりここをよんだもののように、私は受け取っている。その最初の一節――

人も犬もいなくて浪だけがある
浪は白浪でたえまなく崩れている
浪は走ってきてだまって崩れている
浪は再び走ってきてだまって崩れている
人も犬もいない
浪は朝からくずれている
夕がたになってもまだくずれている

親知らず子知らずは、本当に波だけのあるところだ。

深田久弥（一九〇三年～一九七一年）

作家、登山家。石川県大聖寺町〈現・加賀市〉に生まれ、東京帝国大学文学部哲学科中退。山をこよなく愛し、『日本百名山』で読売文学賞を受賞。「親不知、子不知」は一九五八（昭和三三）年に発表された随筆。親不知・子不知は富山県との県境近くにある新潟県の海岸地域。北アルプスの北端が日本海で浸食された断崖となり、古来交通の難所として知られている。この地を鉄道が抜けるようになったのは一九一二年で、翌年、米原～直江津間の北陸本線（現在、本編の区間はえちごトキめき鉄道）として全通している。深田久弥は第一高等学校入学のために上京する一九二二年以来、幾度となくこの鉄道を利用してきた。北陸本線沿線は急峻な地形が多く、全通後、数次にわたる改良が行われている。作品の親不知を含む市振～直江津間も一九六〇年代、新たなトンネルが掘削され多くの区間が新線へと切り替えられている。作品には難所となっていた往年の状況が描かれている。なお本文は「学燈」（一九五八年三月号、丸善出版）によった。

新幹線にて

東海道新幹線　1976年（単行本）　**伊丹十三**

その時僕は、東京駅の十八番フォームで、十四時十五分発のひかり五号が来るのを待っていた。発車の時刻までには、まだ三十分以上も間《ま》があったろう。僕はいつもやるように、後ろに廻した両手で丸めた週刊雑誌を持ち、トントン、トントン、と片足二回ずつの足踏みをしていたように思う。恐らく、これがなにかの暗号と合致してしまったものに違いない。突然隣りに人の気配がしたかと思うと、男の声が

「会員の人だね？」

と囁《ささや》きかけてきた。

振り返ると、真黒に陽灼《ひや》けした、鬚面《ひげづら》の男がじっと僕の顔を見凝《みつ》めている。

会員？　一体何の会員だろうか？　驚きながらも、僕は強い好奇心に捕われ、咄嗟《とっさ》の判断で、この謎《なぞ》の正体を追求してみようと決心した。

「いや、会員というわけでもないんだが——つまり、会員の紹介でね、ここでナニしてればアレだというから——今日はアッチの方はどうなってるのかしら？」

できるだけ当りさわりのないことを、すらすらと答えて反応を窺《うかが》った。

「品物は用意してある」

男は僕を信用したものか、鋭い目を周囲に配りながら答えた。品物？　一体何の品物だろうか、エロチックな写真であろうか、それともハシシかマリファナの類《たぐい》であろうか——

「利用するのは初めてだね？」

「そうそう」

「では、まだ会員券持ってないね？」

「まだです」

「じゃあ、悪いけどちょっとこれに記入してください。あくまでも会員制ということにしておかんと、当局が五月蠅《うるさ》いもんだから」

身分証明書のようなカードを差し出した。見ると「新幹線サーヴィス協会会員之《の》証」とある。してみると何かサーヴィスを受けられるのだろうか？　そうだ、これはなにか新手のコール・ガール組織なのかも知れんぞ。カードに住所氏名を記入しながら僕の胸は高鳴った。

「このカードはどうするの？」

「ああ、それはあんたが持っとってください。受け渡しの時文句いわれたら、これは商売じゃなくって、会の活動なんだということで云《い》い抜けられるからね」

「なるほど、そりゃそうだ。うまいこと考えたね、おじさん」

僕は、なにがなんだか皆目見当《かいもく》がつかなかったが、鬚の男に一と言でも余計に喋《しゃべ》らせて手懸りを掴《つか》もうと、熱心に相槌《あいづち》を打った。

「あんた座席は？」

男は僕の御世辞には答えず、別のことをいい出した。

「10号車の8のAだけど」

「じゃあ、品物はあとで席のほうへ届けるがね、なんせその場で金のやりとりってわけにもいかないんでね、悪いけど金のほうは今、前金で払っといて貰《もら》いたいんだな」

「いいよ、いくら？」

「入会金が五千円と、今日の分が三千円で、計八千円だね」

今日の分が三千円——ということは、これはコール・ガールの線ではありえない。してみると、やはりこれはポルノグラフィーの方向なのだろうか。しかし、それにしては、男の顔立ちや物腰に、全く卑《いや》しげなところが見当らぬ。それどころか、この男には、どこか超然と浮き世離れのした、哲人めいた風格さえ備わっているようだ。

僕は、金を払いながら、更に探りを入れてみた。

「どう？　儲《もう》かる？」

「ン？　ああ、まあ自分一人食って、好きなことするくらいは儲かるね。一人でやってるから人件費はいらないし、第一税金がかかんないからね」

「ふうん——で——大体なんだってこういう商売始めたわけ？」

「——」

男は突然ピタリと口を噤《つぐ》むと、新聞を目の高さに掲げて読み始めた。僕は、シマッタ！　これはよほどまずいことを云ってしまったのかと、一瞬ギクリとしたが、そうではなかった。僕たちの傍らを鉄道公安官が二人、油断のない顔付きで通りかかったのであった。

「なんでだろうかねえ、多分俺は人助けが好きなんだろうな」

公安官が通り過ぎるのを見送りながら男は澄まして答えた。

「俺はそもそもはね、医者なのよ」

「ヘエ、お医者さんですか」

「ウン、外科のほうなんだがね」

「それがどうして――」

「いや、まあ、医者の世界が性に合わなかったんだね。ありゃあ、あんたなんか知らないだろうけど、まあ、封建的というか、昔ながらの年功序列と派閥の世界でね、私みたいに地方の国立大学出なんてものは、あんた、古手の看護婦に顎《あご》で使われるからね、繃帯《ほうたい》巻きかなんかやらされてさ」

「繃帯巻き――」

「うん、洗濯機で洗った繃帯をこう、もつれを直して巻くわけなんだが――」

「ああ、その繃帯巻き。フーン、そんなもんですかねえ、お医者の世界って」

「ああ、そんなもんだよ。だから喧嘩《けんか》して飛び出しちゃった」

そういわれて見直すと案外若い男のようでもある。三十代の半ばというところだろうか。陽灼けと鬚面で十年は齢《とし》を取って見える。

「随分灼けてますね。それもやっぱり商売柄ですか？」

「いや、これは山よ」

「山？　登山ですか？」

「いや、登山ってんじゃなくってね、俺が、人生で一番やりたいのは書なのよ、書道。でね、俺は、今、雪山の中に立ってる枯木――というか、すっかり葉っぱを落して裸になった木ね、あれにすごく惹《ひ》かれてるんだな。あの、節くれ立って曲りくねっている幹ね、あるいはまた幹から分れて伸びている枝ね、それからまた、その枝から、箒《ほうき》みたいに生えている小さな枝の一本一本ね、このどれをとってみても実に力が籠《こも》ってるんだな。あれをなんとか自分の書にとりいれたい。あの力ね、緊張ね、あの、自然のあらゆる厳しさに打ち克《か》って伸びた、あの木の枝の線ね、あれはあんた、筆の先が、常に弾力を蓄えて活《い》きていないと出ない線なんだ」

「――」

「俺は、こうやって商売やって金を貯《た》めちゃあ、雪の山へそれを睨《にら》みに行く。あんたスキーはしないかね？」

「スキーは割によく行くほうだけど」

「じゃあ見てる筈《はず》だよ。リフトにでも乗りゃ、あたり一面に生えてるからね。あの筆勢なんだなあ。枯れていて、しかも力強い――」

男は、ここで言葉を切ると、暫《しば》し、空を見上げて、思いを遠く雪の山に馳《は》せる風情《ふぜい》であった。

僕は、今まで数え切れぬくらいスキー場へ行っていながら、一度もそのような脱俗的な感興に涵《ひた》ることもなく、ただただ遊び呆《ほう》けていた自分が、なんとなく恥ずかしく思われて、頭《こうべ》を垂れて足許《あしもと》を見凝めた。

やがて、列車の到着を知らせるアナウンスが始まり、男は「品物」を取りに行くと云いおいて、人混みの中へ大股《おおまた》に姿を消した。僕は結局、男の商売も、扱っている商品も判《わか》らぬままに車中の人となったのである。

席に着いて間もなく、男が戻ってきて僕に紙袋を手渡した。何か四角いものがはいっているらしく、手に持つとずしりと重い。

男が窓の外から目礼して立ち去ったあと、僕は早速袋を開いた。

中身は――

中身は、風雅な鳥の子紙に包まれた弁当であった。包み紙の意匠は、男の云っていた枯枝らしいものが、水墨画風に描かれている。

なるほど！　男は会員制の弁当屋であったのだ。新幹線の食事の不味《まず》さは四海に轟《とどろ》いている。そうして、旨《うま》い物さえ食えるなら、多少の出費は厭《いと》わぬという人士も世の中には寡《すくな》くないのであろう。

汽車が動き出して間もなく、僕は丁寧に包み紙を解《ほど》いた。京風の十二角折りの杉の折詰めに、男の蹟《て》なのであろう、毛筆で書いた献立てが添えられている。僕には書のことはまるで判らぬが、陸《りく》機《き》の平復帖《ちょう》を思わせるような、禿筆《とくひつ》を用いた渋い筆蹟《ひっせき》が紙一面に躍っていた。

折箱、盛付

青竹筒入、さより細作り。焼抜蒲鉾《やきぬきかまぼこ》。春日小鯛鹽燒《かすがこだいしおやき》。車海老《えび》、獨活《うど》煮合せ。若狭《わかさ》ぐじ、木《き》の芽《め》壽《ず》し。雁《がん》もどき、竹の子、木の芽。鰻《うま》巻き玉子、芽生姜《しょうが》。西瓜《すいか》奈良漬。

僕は、折箱の蓋《ふた》を取って、その美しい弁当を暫し目で愉《たの》しみ、やがて、一と箸《はし》ずつ、心を籠《こ》めて噛《か》みしめていった。

伊丹十三（一九三三年～一九九七年）

京都生まれ。俳優、映画監督、エッセイスト。父は映画監督・脚本家の伊丹万作。商業デザイナーを経て俳優となる。映画・ドラマに出演、独特の存在感で好評を博したほか、テレビドキュメンタリーやCMにも携わる。映画監督としては『お葬式』、『タンポポ』、『マルサの女』など、社会性と娯楽性を兼ね備えた作品で注目を集めた。その類いまれな才能は文章でも発揮され、『ヨーロッパ退屈日記』、『女たちよ！』などエッセイの名編として読み継がれている。本作は著者には珍しい鉄道についての、フィクションともとれる一編。一九七六年文藝春秋から刊行された『日本世間噺大系』に収録された。

なお本文は新潮文庫版（二〇〇五年）によっている。

中野のライオン

中央線　向田邦子
1979年

朝、まだ郵便局があくかあかないかというときに、大きく口を開けた横手の門から、何十台という郵便配達の自転車が一斉に街に出てゆくのを見たことがある。

自転車はお馴染みの赤い自転車である。ふくらんだ黒皮の大蝦蟇《がま》口を前に提げている。乗っているユニフォームは濃紺である。

もと郵政局と呼ばれていた麻布郵便局の、くろずんだ石造りの建物から、五台十台二十台と吐き出され、正面の大通りを、赤と黒の噴水のように左右に分かれて流れてゆく光景は、そこだけ外国の風景画に見えた。

風の強いのが難だったが、春先にしては暖かな、みごとに晴れ上った朝であった。そのせいか赤い自転車の大群には、これから仕事に行くというより、自転車レースに出走するような弾んだものがあった。乗り手はみな競輪選手のように大袈裟に肩を左右にゆすり半分ふざけているように見えたが、それは前に提げた大蝦蟇口が重たいためだと気がついた。蝦蟇口はいずれも呑めるだけ郵便物を呑みこんで、大きく口をあけているのもある。

突然、自動車の急ブレーキが聞えた。

郵便局の右正面に黒い乗用車が急停車し、少し離れたところに赤い自転車が一台、横倒しになっている。その横に濃紺のユニフォームのひとが、くの字に折れ曲った格好で倒れていた。その人は、のろのろと仰向けに体を伸ばし、片足を曲げて二度三度馬がひづめで地面を掻くようなしぐさをしたが、そこまでで動かなくなった。黒い乗用車の運転席から、血の気が引いて真白い顔をした中年の男が飛び下りて、倒れたひとを助け起した。

二人のうしろから、紙吹雪が起った。

口を開けた大蝦蟇口から、郵便物が突風にあおられて舞い上ったのである。

大判の紙吹雪は、嘘のように高く舞い上った。うしろにつながった車から二つ三つ警笛は聞えたが、すべてはほとんど音のない静かな出来ごとであった。

私は、ポカンとしながら郵便局の前に立っていた。この頃になると、反対側の車道に運ばれてゆく怪我人のまわりに人垣が出来た。舞い下りて車道に散らばる郵便物を拾いに飛び出す人もあり、郵便局からも数人の職員が駆け出してきた。

ところがただひとり、私の見る限りではただひとり、そんな光景には目もくれず歩いてゆく人がいた。

五十がらみの女性である。

ごく普通の洋服を着た、ごく普通の主婦といった感じのその人は、大声で叫びかわしている職員や、人垣や、街路樹に引っかかり落葉のように足許《あしもと》に舞い下りてくる郵便物が全く目に入らないかのように、まっすぐ前を見つめ、ゆっくりとした歩調で六本木方面へ歩み去った。

知っていながら黙殺する、といった頑《かたく》なな後姿ではなかった。目か耳が不自由なのかとも疑ったが、そうでもないらしかった。考えごとでもしていたのか、路傍の交通事故など目に入らぬほどのなにかを抱えているのか、すれ違った程度の人間には見当もつかなかったが、いずれにしても、そのひとのまわりだけは空気が別であった。

飯倉方向から救急車のサイレンが聞こえてきたが、その人はやはり振りかえりもしなかった。七、八年前の出来ごとだが、現代百人一首にでも詠みたいような光のどけき春の日に、陽気に繰り出した赤い自転車の流れと時ならぬ紙吹雪は、今思い出しても嘘のように思える。しかし、一番嘘みたいなのは、まっすぐ前だけを見て歩み去った人である。

あれは一体、どういうことなのであろう。


これは二年ほど前のことだが、歩いている私の横に人間が落ちてきたことがあった。

季節は忘れてしまった。時刻は、私が夕方の買物に出掛ける時間だから、四時頃であろうか。はっきりしない曇りの午後だったような気がする。

買物袋を提げて、街路樹のそばを歩いていた私の横に、ヒョイとと言うか、ストンというか、グレイの作業服を着た男が降ってきた。

腰のまわりの太いベルトに、さまざまな工具を差し込んだ三十位のその人は、つつじかなにかの灌木《かんぼく》の上に尻餅をついた格好で、私の顔を見て、

「エヘ、エヘ」

どこかこわれたような、おかしな笑い方をして見せた。

電線工事をしていて、墜落したらしい。三メートルばかり上に同僚がブラ下っていて、

「おう、大丈夫か」

とどなっている。

すぐには立てないようだが、大したこともないらしく、しっかりした受け答えをしているので、

ほっとしたが、この時私の横をすり抜けて行った二人連れの男たちがいた。

後姿の具合では、かなり若いようだったが、この二人が、何か仕事の話をしながら振り返りもせずに足早に通り過ぎてゆくのである。たった今、自分たちの目の前に男が降ってきたのが見えなかったのであろうか。

私は、人間が落ちてきたことよりも、むしろそのことにびっくりして、あたりを見廻した。子供の手を引いて歩いてくる主婦や、オート三輪が目に入ったが、誰ひとり上を見たりこちらを注目する人はいなかった。

誰も気のつかない一瞬というものがある。

見えて不思議がないのに、見えないことがあるのである。

それが、ほんのまたたきをする間の出来ごとであったりすると、まさか十人が十人、一緒にまたたきをするわけでもあるまいが、十人いても、見逃すことがあるらしい。

この時も、私は何やら白昼夢を見た思いで、少しポカンとしながら帰ってきた。


つい先頃、『父の詫び状』と題する初めてのエッセイ集を出した。

その中の一章で三十四年前の、東京大空襲にあった夜のことに触れている。

まわりから火が迫った時、我が家の生垣は、お正月の七草が終った頃の裏白《うらじろ》のように白く乾いて、裏を見せて巻き上り、そこに火のついた鼠《ねずみ》が駆け廻るように、火が走った。まつ毛も眉毛も焦がしながら水を浸した火叩きで叩き廻って消したと書いたのだが、弟は、そんなものは見なかったというのである。

あぶなくなってから、弟は末の妹と、元競馬場という空地に避難したが、それまでは一緒であった。

裏庭にむしろを掛けて埋めてあったごぼうが、あたたまって腐ってしまうというので、防火用水用のコンクリートの桶にほうり込み、

「水が汲《く》めないじゃないか。馬鹿！」

父に姉弟揃って頭をゴツンとやられ、あわてて取り出して地面に置き、二人並んでその上に腰をおろして、火で熱くなったモンペのお尻を冷やしたのである。その目の前の生垣で、赤い火のついた鼠が走ったのに、と言いかけたが、どうやら弟は、別のものを見たらしい。

縁側の角にトタンの雨樋《あまどい》があった。

防腐剤として茶色の塗料を塗ってあるのだが、そこに火が走ったというのである。塗料の濃いところが、チョロチョロ青く燃えた、あ、綺麗だな、と思ったというのである。

二つ年下の弟は、当時中学一年である。

私は、この青い火を見ていない。

二人並んで坐っていたのに、別のものを見ていたのである。

家族というのはおかしなもので、一家があやうく命を拾ったこの夜の空襲について、まじめに思い出ばなしをしたことは一度もなかった。次の日の昼、どうせ死ぬなら、とやけ気味で食べたさつまいもの天ぷらのことを、冗談半分で笑いながら話し合ったことはあったが、生き死にのかかった或る時間のことは、どことなくテレ臭くて、口に出さないままで三十幾年が過ぎたのである。

記憶や思い出というのは、一人称である。

単眼である。

この出来ごとだけは生涯忘れまいと、随分気張って、しっかり目配りをしたつもりでいても、衝撃が大きければ大きいほど、それひとつだけを強く見つめてしまうのであろう。

今の住まいは青山だが、二十代は杉並に住んでいた。日本橋にある出版社に勤め、通勤は中央線を利用していたのだが、夏の夕方の窓から不思議なものを見た。

場所は、中野駅から高円寺寄りの下り電車の右側である。今は堂々たるビルが立ち並んでいるが、二十何年か昔は、電車と目と鼻のところに木造二階建てのアパートや住宅が立ち並び、夕方などスリップやステテコひとつになってくつろぐ男女の姿や、へたすると夕餉のおかずまで覗けるという按配であった。

編集者稼業は夜が遅い。女だてらに酒の味を覚え、強いとおだてられていい気になっていた頃で、滅多にうちで夕食をすることはなかったのだが、その日は、どうした加減か人並みの時間に吉祥寺行きの電車に乗っていた。

当時のラッシュ・アワーは、クーラーなど無かったから車内は蒸し風呂であった。吊皮にブラ下り、大きく開け放った窓から夕暮の景色を眺めていた。

気の早い人間は電灯をつけて夕刊に目を走らせ、のんびりした人間は薄暗がりの中でぼんやりしている——あの時刻である。

私が見たのは、一頭のライオンであった。

お粗末な木造アパートの、これも大きく開け放した窓の手すりのところに、一人の男が坐っている。三十歳位のやせた貧相な男で、何度も乱暴に水をくぐらせたらしいダランと伸びてしまったアンダー・シャツ一枚で、ぼんやり外を見ていた。

その隣りにライオンがいる。たてがみの立派な、かなり大きい雄のライオンで、男とならんで、外を見ていた。

すべてはまたたく間の出来ごとに見えたが、この瞬間の自分とまわりを正確に描くことはすこぶるむつかしい。

私は、びっくりして息が詰まったようになった。当然のように、まわりの、少くとも私とならんで、吊皮にブラ下り、外を見ていた乗客が、

「あ、ライオンがいる！」

と騒ぎ出すに違いないと思ったが、誰も何ともいわないのである。

両隣りのサラリーマンは、半分茹で上ったような顔で、口を利くのも大儀といった風で揺られている。その顔を見ると、

「いま、ライオンがいましたね」

とは言えなかった。

私は、ねぼけていたのだろうか。

幻を見たのであろうか。

そんなことは、絶対にない。あれは、たしかにライオンであった。

縫いぐるみ、といわれそうだが、それは、現在の感覚である。二十何年前には、いまほど精巧な縫いぐるみはなかった。

この時も私は少しぼんやりしてしまい、駅前の古びた喫茶店でコーヒーを二はい飲んでから、うちに帰った。

この時ほど寡黙な人を羨しいと思ったことはなかった。口下手で、すこしども、、ったり、誠実そう

な地方なまりの持主なら、

「中野にライオンがいるわよ」

「中央線の窓からライオンを見たのよ」

と言っても信じてもらえるに違いない。

ところが私ときたら、早口の東京弁で、おしゃべりで、おまけに気が弱いものだから、少しでも他人さまによく思われたい一心で、時々はなしを面白くしてしゃべる癖がある。

寺山修司氏や無着成恭先生がおっしゃれば信じていただけるであろうが、私ではいつもの嘘ばなしか、暑気当りと片づけられるのがオチである。

「ルネ・マグリットの絵でも見過ぎたんじゃないの」

とからかわれて、証明出来ない一瞬の出来ごとを大汗かいて説明するのもさびしくて、私は今日まで誰にも話したことはない。

そのあとも、私は、中央線に乗り、例の場所が近づくと、身を乗り出すようにして外をのぞいたが、同じような窓が並んでいるだけで、アンダー・シャツの男もライオンの姿も見えず、その後中野方面でライオンが逃げたというニュースも聞いていない。

――しかし――

いまだに、あれはほんもののライオンとしか思えないのである。

人にしゃべると、まるで嘘みたい、と言われそうな光景が、現に起っている。それを五十人だか百人だかの人間が見ているのに、その中にいて、見なかった人間が、一人はいたのである。

屁理屈を言うようだが、百人見て一人見ないこともあるのなら、一人が見て百人が見なかったことだって、絶対にあり得ないとは言えないじゃないか。

歳月というフィルターを通して考えると、私のすぐ横にストンと落ちて来た工事人も、赤い自転車の噴水も、春の光の中のハガキの紙吹雪も、そして中野のライオンも、同じ景色の中にいる。東京大空襲の夜の、チロチロと赤く走った火のついた鼠も、同じ顔をしてならんでいるのである。ここまで来たら、もうどっちでもいいや、という気持もある。記憶の証人は所詮自分ひとりである。他人さまにはどう増幅したり脚色したりして売りつけようと、自分ひとりの胸の中で、ほんものと偽物の区別さえつけて仕舞って置けば構いはしない、というところもある。

そう思って居直りながら、気持のどこかで待っているものがある。

実は、二十年ほど前に、中野のアパートでライオンを飼っていました、という人があらわれないかな、という夢である。絶対に帰ってこない、くる筈《はず》のない息子を待つ「岸壁の母」みたいだな、と思いながら、つい最近も中央線の同じ場所を通り、同じように窓の外に身を乗り出して眺めて来たばかりである。

向田邦子（一九二九年～一九八一年）

東京生まれ。作家、脚本家。テレビドラマ「寺内貫太郎一家」「阿修羅のごとく」など数多くの脚本を執筆する。一九八〇年「花の名前」などで直木賞受賞。都会の生活や家族をテーマに感性豊かに描く作品は多くの共感を得た。本編は「別冊小説新潮」一九七九年春季号に掲載された。なお、本編の続編、「新宿のライオン」が同じ著書『眠る盃』にある。それによれば、この作品に登場するライオンを飼っていた人から連絡があり、当人に会ったという。ライオンは実在したのである。著書には『思い出トランプ』、『父の詫び状』、『男どき女どき』、『向田邦子全集』ほかがある。一九八一年八月二十二日、台湾旅行中、飛行機事故で死去。本文は『眠る盃』（講談社文庫、二〇一六年）によった。

ヤドカリ（『自然と労働――哲学の旅から』より）

1986年（単行本）

内山節

ヤドカリをはなつ

十年ぐらい前の、僕にとってはひどく暇な夏の夜、道を歩いていく一匹のヤドカリをみつけたことがあった。道路の隅をセカセカと歩いてはたちどまり、溜息をつくような素振りをみせてはまた歩みを速めた。

多分デパートか夜店で売られたヤドカリが、飼われていた狭い水槽から逃げ出したのであろう。大通りを横切り路地を曲がり、目的地にむかって一心に急いでいるようであった。どこに行こうとしているのだろう。後をついていった。

午前零時に東京の本郷を歩いていたヤドカリは、二時間後には湯島にさしかかっていた。その方角で歩いて行けばまもなく上野、その先が浅草、そして東京湾に入る。そうか、ヤドカリは歩いて海に帰るつもりなのか。アスファルトの上で溜息をつきながら、しかしその歩みは速かった。むかえ入れてくれる海をめざして、迷うことなく道を急いでいた。それはヤドカリの自由への逃走であった。

あの汚れた東京湾より、もう少しマシな海に連れていってやりたいと僕は思いはじめていた。何度か躊躇《ちゅうちょ》した後で、そのヤドカリを拾いあげた。家に連れて帰った。自由への逃走を挫折させられたヤドカリは、ひどく落胆してしまったようであった。餌も食べずに箱の隅でしょんぼりしてきた。

翌朝、朝一番の特急に僕はそのヤドカリを連れて乗った。千葉の館山で下車して洲崎行のバスに乗る。以前によく行ったことのあった房総半島の突先の海岸にむかった。汽車が海岸線に出てきて潮風が伝わってくると、まだ気落ちしていたヤドカリは、俄《にわか》にさわがしくなってきた。ありったけの力で僕に抵抗をした。

海岸に立つと夏の太平洋の香の強い浜風が、僕の衣服をバタつかせた。かつてよくサザエ取りに訪れた岩場まで来ると、ヤドカリは渾身の力をふりしぼって僕の手を押しひろげた。そうして岩の上へと飛び降りていった。体中に波を浴びて、岩陰に隠れ去っていった。

＊

僕は砂浜の落花生畑を横切り松林を歩いて、国道にと戻ってきた。バスに乗り、汽車に乗って東京に帰る。もしかすると重い殻を背負って海へと急いでいたヤドカリの健康な走りに、生きることへの迷うことなき逃走に、僕は少しだけ羨望の思いを持っていたのかもしれなかった。

むかえ入れてくれる海をめざして走っていく、それは僕たちがすでに失ってしまった逞《たくま》しさであるように思えた。僕たちはいつ頃から、生きようとする衝動をこれほどまでに失ってしまったのであろうか。まるで生きることが憧れではなくなってしまったようだ。

現代の僕たちには、生きるという問題が、精神のなかでブラックボックスのように、あるいは空白の円のように広がっているような気がする。ドーナツの輪の上を回るように生活をしているうちに、次第に真ん中の空白は大きくなってきて、いまではドーナッツのような輪も、人がやっと歩けるだけの幅に狭まってしまったような気がする。

そうして、どんなに追いつめられた精神を持っていたとしても、それでも人は生きていけるという単純な事実に僕は落胆するのである。それは人間のもつ本質的な悲しさであるような気がする。戦争のなかで敵を殺したときに喜びを感じるような悲しさを、人はどこかに持っているのである。

人間が肉体的に生きている、それは自分の生命のバランスがまだ保たれているということである。しかしそれもまた人間の悲しさであった。僕の体に与えられた様々な出来事が、体を狂わしていく。しかし人間の体は狂っているなりに、それでも生きようとする自然の力が働いて、体のなかに錘をつくり骨をまげて、生きるためのバランスをとりつづけていくのである。屈折を重ねながら、どんなにみじめな状態でも人の体は生きていこうとする。

きっと人間の精神も同じことをしているのだろう。どこまで誇りを失っても、どんなにみじめな精神を持っていても、屈折したバランスを保ちながら人は生きていけるのである。

海にむかってアスファルトの道を歩いていったヤドカリの姿を、僕は時々思い出す。彼は生きることへの憧れを、体一杯に表現していた。そんなありふれたことに、なぜ僕たちは感動しなければならないのだろうか。

故郷

この十年ぐらいの変化であろうが、東京生まれの僕たちは田舎を持たないことを寂しく思うようになってきた。釣りからの帰り道、東京の灯がみえてくるとまたいつもの生活に引き戻されたという気持ちがわき起こってくる。故郷を持たない人間たちは、しょせんこの東京という街でこれからも暮らし死んでいかなければならないのかという絶望感のような感傷に襲われるのである。

友人のTさんの夢はなるべく若いうちに山奥に引っ越すことであり、Kさんは二十代の終わりにそのための土地まで購入した。そういえばSさんも信州のある地に場所を定めている。といっても生活とはそんなに小回りのきくものではないことがわかっているから、ただ東京を離れる夢だけが一方的にひろがっていくのである。

＊

多分大都市というものは、そこに入ってきた者ともとからそこに住んでいる者とでは、全く異なった像を映し出すのであろう。それでも（一九）六〇年代まではこれほど鬱陶しくはなかった。都市なりの文化の多様性がきちっと残っていた。それが七〇年代に入って情報誌が出現した頃から、あるいはそれまでは陰に身をひそめていた企業のスポンサーつき文化活動が表面に躍り出てきた頃から、この街は多様性という名の画一性を強制する街に変わった。僕たちは要するに東京のつくりだした模範生、平均的市民になることを要求されているのである。

昨年首都圏のある大学の学園祭に講演に行ったとき、十八歳の青年がこんな質問をしたことがあった。「僕は子供の頃から哲学者になりたいと思っていたのですが、哲学者になって老後の生活は大丈夫でしょうか。」誰もが平均的な模範生の生活からはずれることをおそれ、それが文化の画一化を拡大しながらこの街をいっそう鬱陶しいところにしていっているようである。

だから東京人の心情は、かつて田舎に生まれた青年が、自分はこの閉鎖的な村のなかで一生を終えていくのかと嘆いた気持ちに似ている。東京が非文化的な画一性の支配する閉鎖的な街にみえるのは、この街に住むかぎり、しょせん自分はなにもできずに死んでいくのだろうという無力感がその底にあるからである。

＊

今年フランスにいたとき、パリから汽車で二時間程離れたアンジェという街に出かけたことがあった。自動車レースで有名なルマン駅を過ぎてロワール河にさしかかったところにある日本風に表現すれば小京都といった街である。中心部に建つアンジェ城にのぼると狭い道にそって教会や中世以来の石造りの家並みが城を囲み、その先にロワール河が流れてはるかかなたまで田園の風景が連なっていくのが見える。

帰り道、僕の乗ったボルドー発の急行列車はスゼというさびれた駅を通り過ぎた。僕はジェラール・スゼーというバリトン歌手を思い出していた。スゼーといえば三年に一度くらい日本にも来ているし、いまでは世界で一番うまい歌曲の歌い手といってもよいであろう。

彼はアンジェの近くで生まれている。本名をティスランという。父は軍人であったらしいが、高校はアンジェよりずっとパリに近づいたベルサイユの学校を卒業している。その後パリ大学の哲学科にすすんだが歌手となり現在六十歳を過ぎた。本人の語っているところによれば、少年であったティスランを乗せた列車は、故郷を離れてパリにむかう途中スゼという美しく小さな駅に停車した。駅の辺りには花が咲きみだれ、これからパリに出ていく一人の少年を包み込んだ。後に歌曲を歌うようになったとき、彼はその駅の名を自分の名前に使おうと思った。

僕の通過したスゼ駅がそこであったのかどうかはわからないが、その駅は没落した内陸工業都市のさびれきった玄関先のように僕には映った。ちがう駅なのかもしれない。あるいは故郷を離れることが日本よりはるかに重大な事件であるフランスで、一人でパリに行く決意を固めた一人の少年の目には、この駅が美しい幻想の世界に仕立てあげられてしまっていたのかもしれない。

＊

いまスゼーはパリ十六区というセーヌ川とブーローニュの森にはさまれたいわゆる上流階級街の一室に暮らしている。その彼が多分唯一だと思うが日本語の歌を一曲レコードに吹き込んでいる。三好達治作詞、中田喜直作曲の「木菟《みみずく》」という曲である。その曲はスゼーが歌うとこんなふうに聞こえる。初老の紳士が自分の住みなれた街に戻ってきた。都会を離れていろいろなことをしてみたけれど結局僕はこの都会に帰ってくるしかなかった。夜部屋に座っていると以前と同じように木菟の鳴く声が聞こえてくる。それを聴きながら、僕は自分の過ぎ去った歳の数を数えている。なにもなしえなかった人生を思いながら。

内山節

一九五〇年東京生まれ。哲学者。一九七〇年代から東京と群馬県の上野村との二重生活で、労働、自然、思想について著作をし、また立教大学で教鞭を振るった。本編はヤドカリをはなちに房総に向かったとあるが、具体的な路線名はない。内房線とも推測される。著書に、『労働過程論ノート』、『森にかよう道――知床から屋久島まで』、『「里」という思想』、『怯えの時代』、『清浄なる精神』、『文明の災禍』、『内山節著作集』ほか多数がある。本編は一九八二年より「信濃毎日新聞」に連載されたエッセイ「現代の旅から」の中の一編で、『自然と労働――哲学の旅から』（農山漁村文化協会、一九八六年）に収録された。

豊前香春《ぶぜんかわら》

私達は丘の下で待つて居た自動車で香春《かわら》の町を一めぐりした。これも古めかしい町のやうに感じたのは吾々が強ひて万葉集に引きつけて感じるためであらうか。

——土屋文明

日田彦山線　**池内紀**

２０１７年

福岡で仕事をすませ、小倉で一泊。翌朝、早めにホテルを出た。ＪＲ日田彦山線《ひたひこさん》は福岡県小倉と大分県の日田《ひた》を結んでいる。駅でもらった時刻表兼沿線情報マップはカラーの絵入りで、沿線の店や名物の紹介に加えて「ひたひこ共通クーポン」がついていた。「日田彦山線活性化推進沿線自治体連絡会」という長い名前の会の発行で、三市三町一村の名前があげてある。ローカル線維持のための涙ぐましい努力が見てとれる。

はじめて乗る路線はこころ踊るものだ。窓に両肱《りょうひじ》ついて、熱心に沿線の風景をながめていた。鉱石を掘り出したのか、山並みの一角がガクリと切り取られている。線路は国道３２２号と寄りそってのびており、おおかたの人は車かバスなのか、乗客の大半は通学の生徒で、制服姿がいなくなると、ガランとして車内に朝の陽ざしが射しおちていた。

こちらの目的は香春町といって、所要時間五十分ばかり。金辺峠《きべ》という山あいを抜けると、微妙に風景が変化した。白壁の集落、段差のある地形、目のとどくかぎりくまなく耕され、道路と畦《あぜ》とが絵地図のように美しい。

駅名を「採銅所」というのは銅山の名ごりと言われる。「つぎは香春」のアナウンスで降り支度をした。

町のことは歌人土屋文明《つちやぶんめい》のエッセイ「豊前鏡山《ぶぜんかがみやま》」で知った。戦前のことだが、小倉でアララギ派の歌会が催されるに際して、先に香春で泊り、翌日小倉の会に出るつもりでいたところ、鉄道の時間が合わず中止した。それでも思いがつのったので、歌会のあと世話人の車で峠を越えていった。そんなに執着したのは万葉集に香春郊外の鏡山がうたわれており、歌人にして万葉学者でもある文明としては、「是非一見したい」と久しく念じていたからである。万葉集の歌というのは、「河内王を豊前国鏡山に葬りし時手持女王の作れる歌」として掲げられた次の三首である。

大君《おほきみ》の和魂《にきたま》あへや豊国の鏡の山を宮と定むる（巻三、四一七）
豊国の鏡の山の石戸《いはと》立て隠《かく》りにけらし待てど来まさず（巻三、四一八）
岩戸割《わ》る手力《たぢから》もがも手弱《たよわ》き女《をみな》にしあればすべの知らなく（巻三、四一九）

河内王という貴人が豊前鏡山に葬られ、ゆかりの女性が歌を詠んだ。文明たちが訪れたころ、そんな大昔の由来はとっくに忘れられていて、「香春の町が前方にみえてきたので車を止めて附近の人家で河内王の御墓はと尋ねたがどうも分からない」といったふうに訪問記はつづられていく。

やがて鏡山は山ではなく集落名であることが判明。ようやく探し当てたところ、「河内王御墓参考地」というへんな標示板が立てられている。宮内省（当時）としては、ここを墓所と決定しかねる理由があって、それで「参考地」などと曖昧な標示にしたらしい。河内王という宮びとが紀元七世紀の持統天皇のころ大宰府に任じられ、赴任して五年後に死去した。詠み手の「手持女王」は妃のようだが、身分その他一切不詳。あとでわかったことだが、御墓参考地の近くにもう一つ社《やしろ》があって、そちらが本来の鏡山だったかもしれない。万葉集にはほかにも当地をうたったものがあって、その一つは次のとおり。

豊国の香春《かはる》は我家《わぎへ》紐児《ひものこ》にい交《つが》り居《を》れば香春は我家（巻九、一七六七）

とはいえ私は遠い昔の万葉びとよりも、町自体に興味があった。背後に香春嶽という山があり、石灰岩が採掘されていて、文明たちが訪れたころ、すでに「平面を殺《そ》ぎ取られた断崖が白々と立って居る」状態だった。麓に勾金《まがりがね》という古い集落がある。採銅所――鏡山――勾金――香春、地名をたどるだけで山国特有のイメージがわいてきて夢をそそられるではないか。

小さな駅に広い駅前広場があり、正面の大きな石に貝原益軒《かいばらえきけん》の『豊国紀行』の一節が刻んであった。『養生訓』で有名な益軒先生はもともと福岡の人だが、延宝二年（一六七四）、はじめて当地を訪れた。

「香春は豊前田河郡なり。香春は名所也。萬葉九巻に哥あり。又此他の事神社考にあり。香春嶽とて高山あり……」

本業が医者だったせいか、紀行文はなんとも味けない。地名を羅列しただけであって、立派な大理石がもったいないぐらいのものである。

石から目を上げて辺りを見まわしたとたん、おもわず目をみはった。町並みの背後に見えるのが香春嶽だろう。山というよりも「半面を殺《そ》ぎ取られた断崖」そのものであって、年々山そのものが殺ぎ取られているとみえる。白っぽい断崖に目を据えたまま、ゆるやかな坂道を下って金辺川のほとりに出ると、正面に全景がひろがった。こまかくいうと香春嶽は一の岳、二の岳、三の岳のつらなりで、町から見えるのは一の岳にあたり、切り取られ、露出した岩壁が幻景のように大空に浮かんでいる。山腹に砕石場があって、砕かれた鉱石が屋根つきのベルトコンベアで川沿いの工場に運ばれてくる。

町の入口に風格のある店がまえの建物があって、「名菓千鳥饅頭」の看板がのっていた。創業寛永七年（一六三〇）とあるから益軒先生よりもさらに古い。人のけはいがしないが、ショーケースに饅頭入りの紙箱が並べてあって営業中なのだろう。町の入口で味のある店と出くわすのはいい町にきた予兆であって、前途を祝福されたようにうれしいものだ。

少し先で道が二手に分かれていて、「従是南豊後日田道」の白い小さな石柱が立っていた。香春はながらく小倉街道の宿駅であって、この道をたどると豊前から豊後へ入っていく。

つづいて大きな寺の大きな甍《いらか》。山門わきの左右の石柱に「国富民安」「丘文来月」と、風雅な字体で刻まれている。古木が枝をのばした下に、自然石を敷きつめた石畳が奥へのびている。朽ち葉がきれいに掃きよせてあってチリ一つない。おもわず石畳をたどっていくと本堂の前に出た。無《む》住《じゅう》とは思えないが人のけはいがなく、辺りいちめん、静けさを煮つめたように静まり返っている。

またもや道が二手に分かれ、まっすぐが石柱のあった旧日田道で、界隈の町名は山下町。右に折れこむと店舗の並ぶ生活道で、魚町と標示されている。さしあたり旧日田道を行くと、山下町はその名のとおり香春嶽一の岳の山の裾にあたり、寺が一つ、また一つとあらわれた。空き地の前で

「伊能忠敬《いのうただたか》測量記念碑」と往き合わせた。文化九年（一八一二）七月、測量隊を率いて彦山より香春にきた。山下町の年寄の屋敷に泊り、翌日、おりからの日食観測のため、先に小倉へ向かった。測量隊メンバーは寺に分宿して実測にあたった。
少し行くと、古い町におなじみだが通りがカギ形に折れ、「札の辻」と石柱があって、指さした手が二方を指示している。
呼野　石原町　香春
大隈　秋月　久留米

地名を掲げただけなのに、詩の一節のようにもとれる。
石組みの上に赤レンガを積み、その上に瓦をのせた重厚な塀の前に「御茶屋香春藩庁跡」の石柱
があった。とにかく石柱の多い町である。説明板によると、江戸時代は小倉藩に属し、藩主の領内
巡見に際しての宿泊所としてお茶屋がもうけられていた。さらに幕末の混乱期に小倉藩の藩庁をつ
とめたことがあって、二度のお役目を一つにしたのでわかりにくい標示になったようだ。
さらに行くと、ひろびろとした更地で、中央の奥まったところに三段式の石柱が見える。切りた
ての白い御影石《みかげ》で、これまでとちがってごく新しい。

田河郡役所跡
香春町役場跡

明治末年に田川郡の郡役所が置かれ、群制廃止のためその建物が町役場として使われた。それが壊されて更地になり、売り払われた。

更地には点々とハデな色の旗が立ち並び、奥の高い塀ぎわに、目をむくような大きな文字の不動産広告が立ててあった。

「旧香春町役場跡地　宅地分譲開始！」

新しい石柱のある小区画だけをのこして、全十五画。売り出しの名称が「プラチナタウン香春」。裏山から吹き下ろす風に、「分譲中」の旗がハタハタとはためいていた。――

一つ一つ克明に覚えているのにもかかわらず、現実のこととは思えず、夢のなかを歩いたようである。一つには、ここにくるまで、まるきり人に会わなかったせいだった。人の姿がなく、軽トラックが一台、すっとぶように走り通っただけで、無人の町に、古い家々が黒い影を落としているような気がした。むろん、家ごとに住人がいて、いつもの日常があるはずだが、人の声がしない。テレビの音も聞こえてこない。犬も鳴かない。コトリとも音がしない。

山側の塀は町役場の名ごりで、やたらに高く、立派である。その塀の上部がモコモコと動く。よく見るとサルがひしめくように並んでいる。親子ザルらしく、背に乗った子ザルもいる。おもわず一歩近づくと、いっせいに立ち上がり、顔は下に向けたまま、ゆっくりと塀づたいに裏手へ消えていった。まるで白昼夢を見ているようなここちがした。

町役場跡の一帯は「本町」と標示されていて、町の中心エリアだったのだろう。大きな家並みの一角に「竹本津大夫誕生の地」とあって、旧家の倅が義太夫に親しみ、長じてその道の名人といわれる人になったという。古い町には、思いがけないところに物語がひそんでいる。

まわれ右をして、きた道をもどりかけると、角は広大な空き地で、年代物の門と塀だけがのこされている。そこに古木が一本、白い敷石が謎の通路のように奥へのびていた。

生活エリアの魚町は低い二階屋が軒を接している。「肉のまつかわ」「仕出し鉢盛」「長谷川療術院」「鮮魚　刺身」「宝石　時計」……看板も、シャッターも、ガラス戸に引きまわしたカーテンも古びているのは、廃業して久しいのだろう。

「お客様各位　ご挨拶申し上げます」

もっとも新しいのは二〇一四年三月吉日の日付で、理髪店閉店のお知らせ。「病気療養のため」とあって、病をおしてやってきたが、もはや限度と思い定めてのことのようだ。

どんなにさびれた町でも理髪店と美容院は健在なものだが、最後の砦が落ちたぐあいだ。ゆるやかにうねった通りにお昼の陽ざしがさし落ちて、建物の黒い影がギザギザ模様の影絵をつくっていた。

本通りにもどって気がついたが、山裾の少し高いところに石仏が立っている。一体だけがじっとこちらを見つめている。不審に思いながらながめていると、孫のお守りらしい年配の人がやってきた。孫は三輪車をこいでいる。はじめて人に会い、懐かしい気がして、おもわず挨拶をすると、丁重な挨拶が返ってきた。石仏は光源寺という由緒深い寺のあったところで、山崩れのため廃寺になったとか。

斜面の一角に天を覆うような大木がそびえていた。根回り一五メートル、枝張り東西二九メートル、南北二〇メートル。樹齢約八百年、県でも有数の大樟《くす》で、県文化財指定木だそうだ。山崩れの際にもよくもちこたえて、境内の半分がたを救ったという。

「上がってみますか？」

すすめられるままに、半分がた草に埋もれた石段をのぼっていった。石仏は等身大で、お地蔵様のつくりである。樟は太い幹に大きな空洞があるが、悠然と枝をのばして、たくましい。植物はいったん根を張ってしまえば、急斜面であろうとちゃんと平衡を保っていられるらしい。

遠慮がちに町のさびれぐあいを言うと、その人は無言のままうなずいた。旧道が整備され、小倉がグンと近くなり、とたんに町から若い人がいなくなった。近くに「道の駅」ができて、商店がつぎつぎ廃業していった。畳屋、薬局、すし屋、洋品店。青果店、スナック、カメラ屋、写真館が二軒、自転車屋、文房具店、豆腐屋……歌うようにかぞえていく。

「醤油工場もありました」

近くに行くと、モロミのにおいがした。何代もつづいた味噌づくりの工場もあった。すべてが店じまいして、髪を刈るにも車で出かけなくてはならない。

「いい町なんですがねぇ」

ひとりごとのように言うと、ぐずりだした孫を片手で抱き上げ、片手で三輪車をぶらさげて石段を下っていく。その背に礼を述べると、「ああ」といったくぐもった声がもどってきた。

地方都市、農山村の疲弊ぶりが言われて随分になる。香春町の場合はどうなのだろう。なぜこうなったのか、どうすればよかったのか、いろいろ問題があるにちがいない。

旧郡役所、元町役場の建物にしても、数は多くないが、全国に点々とのこっており、いずれ劣らず明治の和洋折衷の美しい建物である。それが修復・復元されて歴史資料館などにあてられ、新しい観光資源になっている。

新築のモダンビルは一日ごとに古びていくが、古い時代の様式をとどめたものは、その古さがむしろ現代には新鮮で、新しいのだ。取り壊し売り払った結果が、全十五区画のプラチナタウンというのは、あまりにもさみしい話である。町の財政が、そこまで追い詰められているのか。それとも、古くさいものは売っちまえの判断なのか。

横丁の一角に供養塔があった。幕末に起きた事件の経過がしるされていた。日本の近代化のなかで、この小さな町にも歴史の嵐が吹き抜けた。

「香春『鍋屋騒動』」

文化遺産、歴史遺産、生活資産――小さな町に、いいぐあいに揃っている。白亜の断崖のような山の景観、原型をそっくりのこしたような旧市のたたずまい、サルと共存できる自然、郊外には万葉なごりの遺跡。ほんの少し手をかすだけで、現代人が求めている貴重な資産として甦るのではあるまいか。忙しい現代を追いかけない、静かなやすらかな町。あまりに日常的で、住んでいると気づかないかもしれないが、ステキな宝物がひそんでいる。掘り起こし、現代的な価値を見つけ、それを基本にして地域づくりをする。そんな町があちこちに生まれている。大都会に負けない魅力を提示している。朝食つきの安い宿が旧市を急に明るくしたり、古い写真館をリノベーションして、おシャレなカフェをつくったところもある。ちょっとした工夫と知恵、それに夢があると、てきめんに若い人がもどってくる。

川添いの石灰工場は黒い巨人がうずくまったように大きい。ベルトコンベアが三角の大屋根にのびていて、支柱の赤い鉄塔が黒い巨人の二本足のように見える。一方は切りあけた白い山、もう一方は黒い産業資産、まるで異質の二つを長いベルトが結んでいる。

現代芸術にインスタレーションと呼ばれる表現方法がある。自然のなかに現物を配置して、現場そのものを楽しんでもらう。二十世紀が終わりになって、必然的に生み出された表現方法である。額ぶちのチマチマした美ではなく、風と雨と大気のなかに全身で体験してもらう。豊前香春は町全体が一つのインスタレーションさながらであって、人工ではなく歳月が巧みに選別してつくり出した。

黒い工場と川をへだてて向き合ったところに小学校があった。六角形の塔を持った校舎が楽しい。校門にプラスチックの人形が立っていた。黄色い帽子と赤いランドセル、クリクリした大きな目。頬をふくらまして、右手をスックと差し上げている。

「ハーイ、名案があります」

自分たちの町の再生プランを思いついたぐあいである。

池内紀

一九四〇年、兵庫県姫路市生まれ。ドイツ文学者・エッセイスト。訳書に『カフカ短篇集』（一九八七）、ゲーテ『ファウスト』（一九九九〜二〇〇〇）、『カフカ小説全集』（二〇〇〇〜二〇〇二）などがあり、『諷刺の文学』（一九七八）、『ウィーンの世紀末』（一九八一）、『ぼくのドイツ文学講義』（一九九六）などの海外文学研究書を多数刊行する。編注に森鷗外『椋鳥通信』（上・中・下）、また、『ちくま文学の森』（一九八八〜一九八九）、『日本文学１００年の名作』（二〇一四〜二〇一五）などの編纂でも知られる。旅と生活を綴った著作も人気が高く、『海山のあいだ』（一九九四）、『森の紳士録』（二〇〇五）、『ひとり旅は楽し』（二〇〇四）、『旅の食卓』（二〇一六）など多数がある。多彩な仕事は『池内紀の仕事場・全八巻』（二〇〇四〜二〇〇五）にまとめられた。本編は「豊前のグランド・キャニオン」（『ニッポン旅みやげ』（二〇一五、青土社）所収）を大幅に書き直したもの。

映画に描かれた東京と電車——『珈琲《コーヒー》時光《じこう》』

都電荒川線・中央線　**片岡義男**
２０１７年

『珈琲時光』

『珈琲時光』という映画は二〇〇四年九月十一日に日本で公開された。二〇〇三年に製作された作品だ。侯孝賢《ホウシャオシェン》が監督した。小津安二郎生誕百年記念作品、だそうだ。市販されているDVDのパッケージには、「小津に捧げる二十一世紀の『東京物語』」とある。主人公の若い女性のとりとめのない日常という現実から、何本もの電車の可能なかぎり時刻表どおりの運行という、まったなしの現実の複雑きわまりないからみ合いまでの範囲で、いまからおよそ十五年前の東京をとらえた、東京物語としか言いようのない、したがってその意味では、きわめて高度な東京の理解と提示だ。

　主人公の女性は井上陽子といい、独身で二十六歳くらいの、日本女性だ。都電荒川線の鬼子母神《きしぼじん》前停留場の近くにある鉄筋アパートの二階の部屋にひとり住んでいる。「ライターをしてます」と取材相手に電話で言っているとおり、彼女はフリーランスのライターだ。しかしじつに不思議なライターだ。少なくともこの映画に描かれた物語の時間のなかでは、彼女は原稿をまったく書かない。締切りはひとつもない。打ち合わせもしない。監督が彼女を意図的にこのように造形したのだ、と理解するなら、この映画ぜんたいをつらぬく論理と、そのことはきれいに整合する。彼女というひとりの女性は、彼女がかかえている日常のリアリティの範囲内での、東京の具現なのだ。

原稿の締切りが予定表のなかにいくつもつらなり、少なくともひとつは今日じゅうに書いて送らなくてはいけない原稿があり、打ち合わせは午後から夕方にかけて、そして相手の都合によっては夜に何件もあり、いくつかのレイアウトが夕方までにPDFで上がってくる、というような毎日を連続的にこなして、若い女性ひとりの経済は、フリーランスのライターとして、なんとか維持できる。このようなことが、陽子さんの場合、まったくない。監督がそのように意図したからだ。

二十六歳くらいかな、と僕が思う井上陽子は、東京で生活している。いまは東京の人だ。なんらかの物語が彼女にもあるとするなら、それはまぎれもなく東京の物語だ。彼女は、ほんの一例として、しかしものの見事に、東京を体現している。彼女のような人が、じつにとりとめなく、東京では生きていける様子を、彼女の仕事仲間すら登場させることなく、東京物語として監督はこの映画のなかに描いている。

井上陽子は妊娠三か月だ。かつてタイで日本語を教えていたことがあり、そのとき彼女のクラスにいた男性の子供だ。「結婚はしない」と彼女は両親に言う。「自分でちゃんと育てる。心配しなくてもいいよ」とも言う。なぜ結婚しないのか。彼が母親べったりの人だからだ。母親による強力な支配の力が、彼をとおして自分にもおよぶにきまってる、と彼女は考えているはずだ。

タイへ来い、と彼はしきりに言っているそうだ。タイへはいかない、と陽子は言う。彼の家族は一家総出で傘を作っていて、自分がタイへいけば手伝わされるにきまってる、とも彼女は言う。いまの彼はチェンマイで姉とともに工場の管理をしているという。

ほんのちょっとした、あるかなきかのごく小さな成りゆきから始まったことが、たとえば一年後の彼女の身の上では、いまの片仮名日本語で言うところの、シングル・マザーという深刻きわまりない事態へと発展する。

東京でシングル・マザーとして生きるのがいかに大変かについて、陽子には自覚がまったくないように思える。自覚がもしあるとすれば、それはいまの彼女の自覚としか言いようのないものであり、他者との共存のきざしすらないという種類の自覚が、二十六歳の女性の身にあり得るのが、東京だ。『珈琲時光』を観るのは、彼女が一身に体現しているさまざまな東京物語の、ひとつひとつを観ていくことだ。

彼女がいま住んでいるアパートは築五十年くらいではないか。それを超えているかもしれない。おなじ敷地の手前に大家の住む家があり、アパートの建物はその奥だ。側面からとらえた画面があるけれど、すべてが見えるわけではない。想定したとおりに現実に存在しているわけではかならずしもないから、撮りたくても撮れないという現実を差し引いても、この位置関係の描写に過不足はない。これで充分なのだが、ぜんたいが具体的に見えきれているわけではない、という感触がたいそう好ましい。

彼女が住んでいる部屋はセットですよ、と友人は言う。ふたつの方向からのみ撮影されているから、友人が言うとおり、二面セットなのかもしれない。この部屋は、しかし、スクリーンの上に一見する価値は確かにある。彼女の膝あたりまでの高さの二面の窓が、この部屋にある唯一の窓だ。彼女が自分で吊った、ということがはっきり伝わるような出来ばえの、しかもどうでもいいような布が、その窓のカーテンだ。部屋に帰って来た彼女が、カーテン・レールに吊ってあるこのカーテンを、向かって右側の窓だけ、つまり半分だけ、開くテクニックが二度、披露される。彼女が自覚などまったくなしに体現している東京物語のひとつが、このカーテンにある。

東京の部屋

井上陽子は群馬県高崎の出身だ。映画のなかの季節は夏だから彼女は墓参りに帰省する。そこには父母がいる。ただし母親は父親が再婚した女性であり、「生んでくれたほう」と彼女が言う母親は、彼女がまだ幼い頃に他界したようだ。

夏の晴れた日のおそらく午前中、一家で墓参りをする様子が、距離を充分にとった全景として描かれる。このような墓参りの一員である彼女にとって、墓参りという一家全員にとっての出来事と対になる、個人的な出来事がきっとあるはずだ、と観客の僕は思った。そしてそれは、墓参りのすぐあとにあった。

陽子は自転車で駅へいく。吉井という駅だ。この駅は彼女が地元で高校生だった日々の、通学路だった。その頃からこの駅では一匹の猫が飼われていた。その猫を彼女は見に来た。猫は画面にあらわれない。駅の人も出ては来ない。中年の女性との会話だけで画面は成立している。猫は少し太ったか、と陽子は訊く。みんなから食べるものをもらってるから、と中年の女性は答える。いまは東京物語を体現している陽子の、東京ではない場所での、過去の体験がこうして語られる。東京ではない場所に生まれ育った人が、いまは東京で東京物語をひとつずつ体現する。

陽子と両親との関係は、いまのところなにも問題はない、という意味で、うまくいっている。帰省した陽子は、肉じゃがを食べたい、と言う。実家の居心地は良い。そこは東京ではない。したがって東京のストレスは、そこにはない。陽子が東京へ戻ると、入れ違いのように、両親が東京へ出て来る。父がかつてたいへん世話になった人の葬儀が明日だ。夫婦で出て来て娘の部屋に泊まる。荒川線の鬼子母神前停留場で陽子が父親と落ち合う場面は素晴らしい。画面のなかでの電車の車両の扱いかたが、じつに良い。お母さんはせっかくだからすぐ近くの鬼子母神へお参りにいった、もう来るよ、と父親は陽子に言う。この映画での小林稔侍の数少ない台詞のうち、これが最高のものだ。

母親はアパートの大家に挨拶する。陽子はついでに酒を借りる。グラスも添えて。いつもあんなふうに借りるの、と訊く母親に、うん、お醬油とか、と陽子は屈託がない。小津安二郎の『東京物語』のなかで、原節子が演じた紀子という女性が、アパートの隣の部屋の女性から借りるのが、確か醬油だった。少なくとも一九五〇年代の東京では、よくあることだったようだ。

日本が戦争への急坂を転げ落ちていた昭和十五年、一九四〇年の春から、「隣組」という歌が当時の日本人に広く親しまれた。国民の生活の末端で、相互監視の網の目をかぶせようという国家による試みで、この体制を普及させるため、「隣組」という歌が作られた。この歌の歌詞に、「あれこれ面倒　味噌醬油」という部分がある。この文脈での「面倒」とは、あれこれ面倒をかける、つまり味噌や醬油を借りたり貸したりすることであり、一九五〇年代の東京では戦前戦中の困窮と耐乏の生活がそのまま延長されていた。

母親は陽子のために肉じゃがを持って来た。「自分で作るとこういう味にならないんだよね」と言いながら、彼女は盛んに食べる。東京の姿がここにもある。陽子という高崎出身の女性にとって、東京でのみ可能になる種類の、日常という現実だ。この現実がきわみに達したような象徴が、すでに書いたとおり、フリーランスのライター、といういまの彼女のありかたないしは現状だ。それは、なかば以上、現在の彼女の気持ちのようなもの、と言ってもいい。

中央線・御茶ノ水駅

フリーランス・ライターの井上陽子は、彼女が「コー・ブンヤ」と呼んでいる人物の足跡を取材している。実在した台湾出身の作曲家で、東京音楽学校でピアノを勉強し、自作曲の録音を残している。江文也と書くその人が東京にいたのは六十年ほど前のことだ。

中央線・高円寺駅のすぐ近くにいまもある都丸書房という古書店へ彼女は取材に来る。頭上の高架を走る電車の音が都丸書房に満ちる。取材とは言っても、アポイントメントもなにもなしに、彼女はふらっとあらわれたようだ。

彼女はいきなり店員に訊ねる。いまから六十年、七十年前に、コー・ブンヤという人がよくこの店へ来たということですが、なにかご存じですか、と彼女は店員に言う。だいぶ前のことですね、と店員は答える。さあ、ここではちょっとわかりません、という店員の言葉を陽子は受け取る。取材はそこで終わらざるを得ない。外に出た彼女は都丸書房の看板を写真に撮る。

このあと彼女は肇《はじめ》という名の男性に電話をかける。彼は彼女より三、四歳は年上だろうか。彼女は彼のことを「肇ちゃん」と呼んでいる。昔ふうの言いかたをするなら、彼女は彼に想いを寄せている、という状態だろうか。彼の気持ちはわからないが、ごく穏やかに、誠実に、彼女とつきあっている。彼は神保町にある古書店で働いている。彼はその店の経営者ではないか。白山通りの西側にいまもある誠心書店という古書店でロケーション撮影がおこなわれた。肇を演じている浅野忠信のサインをもらうため、その日はそこに長蛇の列が出来たという。

JRの高円寺駅へ向かいながら、彼女は肇に電話をかける。彼女はこれから彼と有楽町で待ち合わせをする。中央線・御茶ノ水駅のプラットフォームで待ち合わせよう、と彼女は言い、次のようにつけ加える。

「いま高円寺だから、十五分くらいかな。私はいちばん先頭の車両に乗る」

中央線・御茶ノ水駅の上りプラットフォームの、いちばん先端で待ち合わせだ。これはたいへんいい、と僕は思う。東京でこそあり得る、なにげない日常のひとこま、というものだろう。それをこの映画の監督は発見した。発見したからには使いたかったのだろう。だから彼はそれを使った。陽子は中央線の上り電車に乗る。男の車掌のアナウンスがある。「ご乗車ありがとうございます。まもなく新宿です」という音声が、観客の聴覚に訴えるものは、なにか。東京で電車が運行されるにあたって、さまざまな音や音声が日夜を問わず発せられている。奇妙と言うならこれほどに奇妙な音声はないだろう、と僕がいま思う車掌のアナウンスのごく一部分が、待ち合わせに向かう陽子に重ねてある。

電車は新宿に到着する。電車が止まり、ドアが開く。陽子は降りる。なぜだろう、と観客は思う。「8番線、ドアが閉まります」という駅員のアナウンス音声がPAをとおして、プラットフォームぜんたいに放たれる。それを観客は画面から聴覚で受けとめる。降りてすぐに、四角な太い柱の前に、陽子はしゃがむ。中央線上り電車は発車していく。陽子は肇に電話をかける。「ちょっとだけ気持ち悪くなって。いま新宿。待ってもらっていい?」と彼女は言う。

このあと、素晴らしいショットが画面にあらわれる。御茶の水の聖橋《ひじりばし》からの視点で、とここでは言っておこうか。昌平橋の上にある鉄道鉄橋の、あの色とかたちが、画面のなかの景色ぜんたいをなんの無理もなく引き締めるなかに、東京の生命線である鉄道の線路が何本もある。総武線の上りと下りが鉄橋を越えていく、そしてこちらに向けて渡って来る。中央線が総武線から右カーヴで離れていき、起点の東京駅へと向かう。いちばん低いところに地下鉄・丸ノ内線があり、神田川を渡る部分だけ地上に出るから、その姿を見ることができる。その神田川から大深度と呼ばれる地点まで地下に潜ったところに地下鉄・千代田線の上下線があり、それは丸ノ内線が川にかかる鉄橋を渡っていくあたりで、交差しているはずだ。

神田川は江戸時代の前期に人力で掘削されてできた川だ。川の流れを人為的に変えるために掘削された。その結果として出来上がった川の流れはいまもあり、それを江戸の遺産と呼ぶなら、それ以外の現在のすべてが、そのときどきの場当たりで作られた現実であり、場当たりの現実はすでに無数に重なり合い、おたがいにのっぴきならない関連を持ってしまっているから、もはやどうにもならない。多数の人によってそれら無数の現実は維持され続けるほかなく、そのような現実の頂点にあるのが、東京の電車だ。監督は、東京を、このようなショットで、見せてくれている。東京を舞台にして、多くの映画監督たちによって、何本とも知れぬ数の映画が作られた。聖橋から見たあの鉄橋の景色を見せてくれた監督は、この映画の監督が最初だ。

東京を探す

陽子は待ち合わせた肇と会えたようだ。有楽町駅の中央口をふたりは出てくる。歩いている途中で陽子はふとしゃがむ。気分が悪いのだ。気持ちが悪くなったので新宿で休んでた、妊娠してるからだろう、と彼女は言う。妊娠してるの、と肇は言う。彼女の妊娠を、彼はここで、初めて知ったようだ。

かつて有楽町にあった、ももや、という喫茶店にふたりは入る。二階へ上がったところの小さな店だった。この店の窓を背にして彼女は座り、彼は壁を背にする。彼女はホット・ミルクを注文し、コーヒーでいいや、と彼は言う。コーヒーとホット・ミルク、そして水のグラスを、彼女がカウンターまで取りにいく。

彼らはテーブルに地図を広げる。ダットという喫茶店がかつて近くにあり、コー・ブンヤという人はしばしばその店の客となったという。どのへんだろうか、と彼は言って地図を見る。六十年前の有楽町にあったダットという喫茶店を、いま探す。探すにあたって、彼らにはテーブルに広げた一枚の地図しか、手がかりはない。それ以外の用意はまったくない。なんという取材のしかただろうか、と僕は思う。ここでも彼女は店員に訊いてみるのだが店員は知らない。銀座二丁目にあったらしい、と彼女は言う。銀座二丁目の方向へのいきかたを、店員は彼女に教える。そのあたりへふたりはいってみる。ダットという喫茶店が、そこにあるわけない。

ふたりは、最初から、ももやで待ち合わせればよかったのではないか、と僕は思う。待ち合わせの場所をももやにすることに、なにか不都合はあるだろうか。中央線上りのいちばん先頭の車両に私は乗るから、という台詞を監督は彼女に言わせたかった。御茶ノ水駅の中央線プラットフォームの、東京駅側の先端にひとりいる彼女の姿を取り込んで、あの鉄橋とその周囲の景色で、監督はひとつの場面を作りたかった。

なぜか。鉄橋を中心にしたその周辺の景色とそこを走る電車とが、この映画にとってたいそう重要だからだ。東京がかかえる究極の現実として維持され続けるさまざまな電車の運行を、井上陽子を取り込んだひとつの景色として、監督は象徴的に見せたかった。そしてこのショットは素晴らしい。これを観るだけでも、『珈琲時光』を観る価値がある。おなじ景色のなかを走る電車の本数を変えて、ほぼおなじ視点からのショットが、さらに二度、あらわれる。監督が理解した東京が、この場面のなかにある。その理解は完璧に正しいだけではなく、この上なく美しくもある。

コー・ブンヤを直接に知っている年配の女性にレストランのようなところで陽子が会い、話を聞く場面がある。昔の写真を見ながら、そう、これは軽井沢の頃ね、というような話を女性はするのだが、陽子はごく一般的な相槌《あいづち》を打つだけで、それ以上のことはしない。メモも取らない。コー・ブンヤという人の足跡を、ただなんとなくたどるだけで充分な取材なのだろうか。

この映画が始まってすぐに、夢で見た怖いことを、陽子は古書店の肇に電話で語る。赤ちゃんが取り替えられるのだという。チェンジリングという言葉を陽子は使っている。自分がその赤ちゃんなのか、あるいは、取り替えられる現場をすぐ近くで見ていたのか、はっきりしない。

肇が働いている古書店を陽子は訪れる。電話で聞いた話にいちばん近いのはこの本だと言って、肇は外国の絵本を一冊、彼女に差し出す。モーリス・センダックの実在する絵本だ。ページを繰ってみる陽子は、この絵本は幼い頃に読んだ気がする、と言う。足跡を取材しているコー・ブンヤのピアノ曲の、当人による演奏の録音音源がCDになっている。肇はそれも彼女に見せる。あ、聞きたい、と彼女は言う。ごく小さな機器を使って、肇はそのCDを再生する。陽子はさほど興味がないように見える。

このモーリス・センダックの絵本の一節を、のちほど陽子は英語で朗読する。映画の最後に、画面はなしで、陽子のナレーションがある。夢に見た怖い話とセンダックの絵本の朗読、そして最後のナレーションは、ひとつにつながったものだと僕は理解している。彼女が内部にかかえているなんらかの問題を、ここで監督は提示したはずだ。

古書店の肇も、じつは東京に取り込まれている。彼は絵を描く人だ。なにかのためにではなく、自分のこととして。いまの彼の絵は、そのような段階にある。その絵を肇は陽子に見せるため、彼女のアパートを訪ねる。具合の悪い陽子は畳に布団を敷いて寝ている。彼はチャイムのボタンを何度も押す。彼女はやっと目を覚ます。

ちゃぶ台でマックのラップトップを開いて、彼は彼女に自分が描いた絵を見せる。抽象画だと言っていい。山手線の車両の、絵というよりも側面図のような出来ばえのおなじものが、いくつも重なり合って輪になり、そのまんなかのわずかなスペースに、胎児を少しだけ大きくしたようなものが、裸で横たわっている。山手線の側面図はどれも、黄緑6号というあの色だ。かつての山手線は車体のぜんたいが、あの色だった。

まんなかに裸で横たわる胎児のようなものを指さして、これは誰？　と陽子は訊く。僕かな、と彼は答える。肇ちゃん、なんとなく可哀相、と彼女は言う。僕かな、と彼が言うなら、それは彼女でもあるのだが、そのことに彼女は気づいていない。肇の描いた絵をＰＣのモニターで見る場面に、音を集めているのはこのためか、というような台詞が陽子にある。

アパートの部屋でのこの場面のすぐあと、御茶の水の聖橋から総武線の鉄橋を中心にとらえた景色の画面の、二度目があらわれる。丸ノ内線の上下二本が神田川の上ですれ違う。アーチの鉄橋を渡っていく総武線が絶妙な位置にいる。そしてその下を中央線の特急列車が東京駅のほうへと右カーヴを越えていく。素晴らしい、としか言いようがない。

肇は時間を作っては、電車や駅構内の音を録音している。ごく簡単な機材を使って、駅に入ってくる電車の音、あるいは発車していく電車の走行音、駅構内でのアナウンスの音声などを、彼は録音する。走る電車のなかで音を録音しているとき、座席にすわって居眠りをしている陽子に遭遇する。陽子は音を集める彼につきあう。興味はほとんどなさそうに見える。ふたりが降りた電車が発車していくとき、「13番線、ドアが閉まります、ご注意ください」という男性のアナウンス音声を肇は録音する。最近の駅のなかのように、電光掲示板、各種の標識文字や数字、矢印その他の記号など、視覚による情報の収拾と判断に慣れていると、人々は聴覚をほとんど意識しないのではないか。意識するときがあるとすれば、音声がうるさい、という反応をするときだけだろう。鉄道は、じつは、きわめて聴覚的なものであり、電車が基本的な骨格である東京では、鉄道に関する聴覚的なものは、無尽蔵にある。それにどう反応するかは、その人の普段のありかたがきめる。

昌平橋の上にある高架の鉄橋を中心にした鉄道とその周辺の景色は、東京の基本のすべてを端的にあらわすことにおいて、聖地のような存在だ。三度目のこの景色で『珈琲時光』は終わる。最後は丸ノ内線が渡ったあとの神田川の川面のアップだ。この川は海が逆上《さかのぼ》ってくる川でもある。時間によっては川の水は下流から上流へ逆行する。映画の最後でアップになる川面は、そのような状態にあるのではないか。

東京の電車の描写、つまり画面での見せかたには、抑制が効いている。井上陽子というひとりの女性の持つスケールに合わせた結果だろう。描写はその範囲をけっして出ない。発車していく電車。その運転席。その電車の左をいく別の電車。“The next station is Akihabara”という外国人女性によるアナウンス。“The doors on the left side will open”ドアのところに立っている彼女。別の電車が伴走する。ふたつの電車はごく短い時間、至近距離にある。

都電荒川線

東京の電車に関するこうした抑制の効いた描写は、荒川線という路面電車をおだやかに際立たせている。荒川線はしばしば画面にあらわれる。彼女が住んでいるアパートは荒川線の鬼子母神前という停留場の近くにある。どこかへ出向くとき、あるいは帰って来るとき、彼女は荒川線の電車に乗る。彼女の日常は荒川線によって支えられている。鬼子母神前から大塚へ出て、山手線でひと駅の池袋へいき、そこから電車でいろんなところへ向う、という日常だ。彼女というひとりの女性のスケールに、荒川線はふさわしい。それは彼女のすぐ外にある東京の現実であると同時に、それによって彼女の現実が維持されてもいる。

映画が始まると同時に聞こえてくるのは、踏切の警報音だ。荒川線の電車の走行音がそれに重なり、同時に電車の映像が画面にあらわれる。三ノ輪橋行きの荒川線が大塚駅前の停留場に入ってきて停まる。陽子が降りる。夏の陽ざしのなかを彼女は歩く。荒川線の電車の運転手の、手ぶくろをした右手がコントローラーの上にある様子を、画面で見ることができる。

陽子のアパートに泊まる両親は、荒川線の早稲田行きで鬼子母神前の停留場へ来る。両親が泊まった次の日、駅の前にある寿司の店へ、彼女は器を返しにいく。そして荒川線に乗る。すれ違う電車が画面にとらえられている。走る荒川線の窓の前に陽子が立っている。三ノ輪橋行きのその電車は大塚駅に入って停まる。運転手の姿が窓ごしにとらえられている。

このような荒川線はすべて井上陽子の現実だ。夢や幻ではない。彼女がかかえている現実に対して、しかし、当の彼女は無頓着であり、気づいてもいない。これが自分の毎日だということを、なんら疑うことなく受けとめている。このようなありかたの日々をいまの彼女は東京で送っている。

その彼女の、とりとめなさ、曖昧さ、手応えのなさなどと均衡しているのは、なにに対しても彼女がさほど興味を示さない風情だ。なんの無理もなしに、ごく穏やかに、彼女はへっちゃらであり、中空に浮かんでいる。このような日々が、東京で可能になっている。その東京は、すでに書いたとおり、ありとあらゆる種類と次元の、もはやどうなるものでもない、まったなしの現実が、無数に重なり合って機能している場所だ。その機能ぶりは、長いあいだにわたって一年三百六十五日維持され続けて、とっくに頂点に達している。

映画に描かれた東京と電車――『珈琲時光』／片岡義男

片岡義男

一九三九生まれ。作家。多くの小説のほか、アメリカ文学、音楽、映画などをテーマにしたエッセイや論考で知られる。ロードムーヴィ、ロードノヴェルについての言及のほか、日本語表現についての著作も多い。作品には『スローなブギにしてくれ』、『彼のオートバイ、彼女の島』、『ロンサム・カウボーイ』、『いい旅を、と誰もが言った』、『最終夜行寝台』、『湾岸道路』、『七月の水玉』、『洋食屋から歩いて5分』、『ジャックはここで飲んでいる』、『片岡義男31STORIES』、『言葉を生きる』、『コーヒーにドーナツ盤、黒いニットのタイ』、『万年筆インク紙』、写真集『東京を記憶する』、翻訳『チャーリー・パーカーの伝説』ほか多数がある。本編は本書のための書き下ろしである。

娼婦たちと野郎ども（『深夜特急』より）

マレー鉄道　**沢木耕太郎**
１９８６年（単行本）

1

二日後、私は宿を引き払い、バンコクの中央駅に向かった。鉄道でシンガポールまで行くつもりだった。

バンコクからシンガポールまで、タイ、マレーシア、シンガポールの三国を走る国際列車があることは知っていたが、念のため駅の構内にあるツーリスト・インフォメーションで訊《たず》ねてみた。

応対に出た係員は、私の風体《ふうてい》を見て、国際列車では行かない方がいい、と忠告してくれた。確かに速いが、高くて、ある意味で不便だというのである。シンガポールまでの通し切符を買うと、タイで二日、他の国の二駅に二日ずつの計六日しか途中下車できないらしい。途中で気に入った村や町があったら少しは滞在してみたい。三カ所しか降りられず、どこも二日しかいられないというのはつまらなさすぎる。

「普通で行きな、安いから」

私が迷っていると、係員がそう言った。

だが、普通の切符で行くにしても、とりあえずどこまでの切符を買えばいいのかわからない。国境まで買って、好きなところで途中下車しても構わないのかと訊《き》くと、それはできないと言う。

「どんなところに寄りたいんだい？」

「そうだなあ……バンコクとは違った、ただの田舎の町がいいなあ」

私が答えると、彼は地図の二つの町を指で押さえて言った。

「ここら辺りまで買ったら」

「いいところ？」

「何もないところさ」

「それはいいや」

何もないただの田舎町。それはむしろこちらの望むところだ。私はその二つから、チュムポーンという町を選んだ。

彼が駅名を書いてくれた紙を窓口に差し出して切符を買うと、四十六バーツ、六百九十円だった。

出発は五時ということだった。

発車時刻まで三時間以上もあった。私は駅前のマーケットへ行き、汽車の中で腹が空いた時のために食料を少し買い込んだ。そして、そのついでに、食べそこなった昼食をどこかでとろうと思い、マーケットの周辺をうろついていると、まるで火事に遭って焼け残ったようなバラックの前で、六、七歳のいかにもはしっこそうな男の子に、いらっしゃい、と呼びかけられた。

バラックは黒焦《こ》げの柱に古びたトタンが屋根としてのっているだけで、その中にいくつかの食物屋が寄り合い所帯のように入っている。私を呼びとめた男の子は、その片隅《かたすみ》でテーブル三台分のそば屋をしている父親の、手伝いをしているらしかった。香港でもそうだったが、このバンコクでも子供たちがよく働いていた。十歳以上にもなれば一人前に仕事をしていたし、それより小さくてもなんらかの手助けをしていた。しかし、この男の子くらいの幼なさで一人前に店員としての仕事をこなしているのは、やはり相当に珍らしかった。

　私は男の子の態度にいくらか人ずれしたものを感じないではなかったが、その健気《けなげ》さに打たれ、勧められるままにテーブルについた。注文したのはクェッティオ・ナム。ひもかわうどんによく似たその麺《めん》は、私の昼の常食となっていた。

　出されたクェッティオ・ナムは麺もスープもおいしそうだったが、一口食べてみて塩味がさっぱりきいていないことに気がついた。スープに塩を入れるのをうっかり忘れてしまったらしい。テーブルには、タイ独特の調味料であるナムプラーや醬油《しょうゆ》は置いてあるのだが、塩がない。

　塩がほしい。親父《おやじ》にいくらそう言っても通じない。風貌《ふうぼう》から彼らは華僑《かきょう》ではないかと思えたので、香港でよくやった筆談を試みることにした。紙に《塩》と書いてみたが、親父は首をかしげるばかりだ。どうしてわからないのだろう。しばらく考えて、それが略字であったことに気がついた。しかし正字を思い出そうとしても難かしすぎて出てこない。そこで私は、まず《白》と書き、次に《辛》と書いてみた。

　すると親父はわかったらしく、ハンというように頷《うなず》いて、小皿に白いものをのせて持ってきてくれた。指で舐《な》めてみると、間違いなく塩だった。

　塩を加えたスープはおいしかった。一滴も余さず飲み干すと、さすがに喉《のど》が渇《かわ》いてきた。冷たいコーラが飲みたくなり、注文すると、その店には置いてないらしく、男の子が走り出し、どこからか買ってきてくれた。

「タウ・ライ？」

　いくら、と訊ねると、六バーツという答が返ってきた。相場は四バーツだからかなり高い。

ボラれたな、と思った。

このようないかにも生存競争が激しそうな駅前食堂で手伝いをしているうちに、この男の子にも妙な知恵がついてしまったのだろう。私は苦笑いしながら男の子に六バーツを渡し、麵の代金はいくらだと訊ねると、親父が怪訝《けげん》そうな顔をする。どうやらコーラだけでなく、全部ひっくるめて六バーツだったらしいのだ。それならむしろ安すぎるくらいである。私は男の子に対してまったく無礼な考えを抱いたことへの侘《わ》びのつもりで、ポケットにあった五十サタンをチップとして渡そうとした。しかし男の子はいらないと首を振る。そうか、少なすぎるのか。私が一バーツを取り出すと、男の子ははっきりした声を上げて言った。

「ノー！」

それは幼ない子供とも思えないほど毅然《きぜん》たる拒絶だった。私はバンコクに来てはじめてといえるほどの感動を受けた。その男の子は、チップなどいらない、あるいは貰《もら》ういわれなどないということを、全身で表わそうとしていた。私は自分が受けた感動をどう表現していいかわからず、ただその利発そうな顔を見つめているばかりだった。

ふと、ザックの中の本に和紙でできたしおり人形がはさまっているのを思い出し、底の方から引っ張り出して男の子に手渡すと、珍らしそうに裏や表を眺《なが》めていたが、私がそれをプレゼントしたいと身振りで伝えると、恥ずかしそうな、それでいて嬉《うれ》しそうな笑いを浮かべながら受け取ってくれた。

私は私で、バンコクにおける最後の日に、子供とはいえこんな気持のいいバンコクっ子に会えたことで、大いに気をよくしていた。これからマレー半島を縦断するが、この旅は存外ついているかもしれないな、と思った。もっとも、そう思うことで、マレー半島という皆目見当もつかない土地を縦断しようとしている自分を、どうにか励まそうとしていたのかもしれないのだが。

しばらく駅前をうろついたあとで、少し早目にプラットホームへ行き、すでに入線していた列車に乗り込んだ。

車輛《しゃりょう》は古く、車内はなんとなく薄暗かった。座席は硬い木でできており、片側が二人ずつ向かい合っての四人掛け、通路をはさんで反対の側が三人ずつの六人掛けになっている。普通列車にもかかわらず座席は指定されており、私は三人並びの真ん中に坐《すわ》ることになった。

発車の一時間前にはあらかた席は埋まり、それからも続々と客が乗ってくる。通路が狭いために立っている人はいかにも辛《つら》そうだ。どうしてこんなに混《こ》んでいるのだろう。周囲の乗客に手真似《てまね》とカタコトのタイ語で訊ね、どうにか理解できたところによれば、この日がタイの大連休の前日に当たるためであるらしかった。あるいは、私は悪い時にバンコクを出てきてしまったのかもしれない。

汽車がバンコクを離れると、すぐに農村地帯を走るようになる。

駅といっても周囲の農地や農道と地つづきのところにプラットホームがあるだけで、ふだんは子供たちの遊び場にでもなっていそうなところがほとんどだった。

汽車が着くと大人や子供が群らがり集まってくる。出迎えの人もいたし、ただの暇つぶしの人もいたが、その多くは物売りだった。籠《かご》の中にウゴという果物をつめて売りにくる女もいたし、片手に一房だけモンキー・バナナを握りしめて売りにくる少年もいた。

売られている物は実に多彩だった。ウゴ、バナナ、リンチーなどという果物ばかりではなく、アメやビスケットのような駄菓子《だがし》、イカの丸焼きや焼鳥、それに大きな緑の葉にまぜ御飯を包んだ駅弁のようなものもあった。

発車して少し時間がたって、満員の車輛の中にもある安定した状況が生まれてきた。ところがその安定も、隣の車輌から子供二人を引き連れて移ってきた見るからに厚かましそうなオバサンに、いとも簡単に打ち破られてしまった。

オバサンはどうにかして坐る席を見つけようとしているらしく、ぐいぐいと車輌の中央に割り込んでくる。そして、私の坐っている座席の横で不意に立ち止まった。私は厭《いや》な予感がして、オバサンがどうするつもりなのか見守っていると、すぐ横の四人掛けの席に坐っている少年たちに何事かきくどきはじめた。四人は仲間らしく、困惑したように顔を見合わせていたが、やがてひとりが諦《あきら》めたように前の席に移っていった。オバサンは空いた席に二人の子供を坐らせ、四人掛けのその席は一瞬にして六人掛けとなってしまった。きっと、この少年たちは休みの前から切符を買い、四人一緒の席で楽しく旅行しようと思っていただろうに、オバサンの厚かましさに台なしにされてしまった。私は隣の四人組の少年に同情したくなった。子供とはいえ、幼児とは違い中学生並の体をしているのだから、立たせておけばいいのだ。この連休前の汽車に、席がないのを承知で子供連れで乗ってくるのは、少々強引すぎる。

だが、オバサンの図々《ずうずう》しさはそれだけにとどまらなかった。子供の心配がなくなると、いかにも今度は自分の番とでもいうように、周囲の座席の様子をうかがいはじめた。しかし、もちろん空いている席などありはしない。

おあいにくさま、と私がいささか意地の悪い気持で見ていると、なんと、私の席の前で三人掛けの通路側に坐っている若い女性が、隣の人に頼んで少しずつ腰をつめ、僅《わず》かでも隙間《すきま》を作ろうと努力しはじめるではないか。ようやく幼児ひとり分くらいの隙間ができると、その女性はオバサンにお坐りなさいと声を掛けた。

オバサンは短かく礼を言うと、当然といった態度でどっかり腰を下ろした。

オバサンを横に坐らせてやったその若い女性は、小柄《こがら》ないかにも気《き》っ風《ぷ》のよさそうな人物で、すべてにテキパキして面倒見がよかった。オバサンの前にも、席がわからなくてうろうろしている人に席を探してやったり、大きな荷物を持って困っている人には置き場所を作ってやったりと、誰に対しても親切だった。女ではあるが、日本風に言えば侠気《おとこぎ》のある人、ということになるのだろう。

しかし、三人掛けの席に大人が四人坐っているのだからさすがにきついらしく、どうしてもひとりは腰を浮かし気味にしていなくてはならない。そしてその役割を引き受けているのは、あとから坐ったオバサンではなく、席をつめてやった若い女性の方だった。いかにも窮屈そうで、見ていてかわいそうになってきた。

おまけに、列車は遅々として進まない。単線のため、対向の列車が来るたびに停《と》まって待たなければならないということもあったが、それ以上に貨車の切り離しに時間を食った。この普通列車には、客車ばかりでなく、大量の貨車が連結されていたのだ。走っているより停まっている時間の方がはるかに長い。まさに鈍行だ。

ツーリスト・インフォメーションで時刻表を見ている時、列車の種類として「エクスプレス」の次に「ラピッド」とあるのが眼《め》に留まった。ラピッドというのは普通列車よりどの程度速いのか。私が訊ねると、インフォメーションの係員は、とにかく走る、と極めて簡潔に答えてくれた。私はその言葉を、かなりのスピードで疾走する、という意味に受け取り、別に一時間を急ぐ旅でもなし、それならと普通列車で行くことにしたのだ。しかし、ラピッドとは、彼の言葉の通り、鈍行に比べれば停まっているより走っている時間の方が長い、つまり、とにかく走る、という列車だったのだ。

私はしばらく様子を眺めていたが、若い女性がその親切さの故《ゆえ》に貧乏籤《びんぼうくじ》を引かされているというのに、知らぬふりをしているわけにはいかない、という気分になってきた。それこそこちらの侠気が許さない。

この列車に食堂車がついていることは知っていた。昼食が遅かったのでさほど腹は減っていなかったが、彼女の意気に感じてしばらく食堂車に行っていることにした。その間だけでもこちらの席に坐っていれば、彼女もいくらか楽だろう。坐りませんか。身振りを混じえてそう言うと、彼女ばかりでなく、その席の全員がホッとしたような顔をした。ただ、問題のオバサンだけは、関係ないわとでもいうように顔をそむけていた。

食堂車も大混雑で、テーブルはどこもふさがっていた。坐れないからといってすぐに自分の席に戻るわけにはいかないし、どうしたものだろうとその場に立ちつくしていると、背後から英語で声を掛けられた。

「来なよ、ここが空いてるよ」

振り向くと、二人連れの男性が彼らのテーブルの空いている席を指さしている。四十から五十にかけての、なかなか渋い感じのタイ人だった。私は礼を言ってその席に坐らせてもらうことにした。

席についたものの、注文の仕方がわからずキョロキョロしていると、それを看《み》て取ったひとりが私に訊ねかけてくれた。

「何が食べたいんだい？」

タイの食堂車にどのようなメニューがあるのか見当もつかなかった。だが、彼らのテーブルの前にのっているタイ風チャーハンはいかにもおいしそうだった。横に玉子焼と生の胡瓜《きゆうり》もついている。

「それと同じ物がほしいんですけど」

私が言うと、彼らは少し驚いたようだったが、すぐに嬉しそうな顔になり、そうか、これを食べたいのか、それはいい、と口々に言いながら、ウェイターを呼んで注文してくれた。金を払おうとすると、二人は口を揃《そろ》えて、ノー、と言い、自分たちで勝手に払ってしまった。私は素直に感謝して、彼らに奢《おご》ってもらうことにした。

食べながら、いろいろ質問をされた。齢《とし》はいくつだ、どこから来た、タイは気に入ったか、バンコクはどうだった……。

「バンコクは、とにかくやかましい街でした」

私が答えると、二人は笑いながら大きく頷《うなず》いた。彼らは南部の農村の出身とかで、バンコクに住む現在も、あの騒音には慣れることができないという。

「これからどこに行くんだい？」

ひとりが訊ねてきた。

「チュムポーン」

「どうしてまたそんなところに？」

「別に目的はないんですけど……」

うまくこちらの気持を伝えるのは難かしそうだったので、逆に彼らの目的地を訊ねてみた。ハジャイ、ということだった。ハジャイはマレーシアの国境に近い、南部タイの中心地で、バンコクやチェンマイと並ぶ大きな町だという。

「仕事ですか？」

「そうだな」

「どんな？」

「ハジャイから少し奥に入ったところに行って、売り込みと買い付けを同時にしてくるのさ」

「何の、ですか」

しかし、彼らはそれに対しては口を濁し、どんな物であるのか教えてくれなかった。見ると、煙草《たばこ》を吸いはじめたひとりの手の甲にタイ文字の刺青《いれずみ》が彫られている。あるいは、あまり大っぴらにはできない物なのかもしれない。しかし深く穿鑿《せんさく》する気にはなれなかった。私に食事を奢ってくれたセールスマン兼バイヤー。それで充分だった。

「チュムポーンの次はどこへ行くんだい？」

手の甲に刺青のある男が言った。

「まだ決めていないんですけど……」

「それなら、ソンクラーに行くといい」

「ソンクラー？」

私が訊《き》き返すと、もうひとりの男が引き取って答えた。

「ハジャイの近くの港町さ」

私が中途半端に頷くと、刺青のある男が付け加えるように言った。

「綺麗《きれい》な海岸があるんだ。パタヤなんかより、ずっといい」

そういえば、旅に出てから、まだ一度も泳ぎに行ったことがない。海もいいな、と思った。

「ソンクラーはいいぞ……」

刺青のある男が夢を見るような調子で呟《つぶや》いた。それを聞いた瞬間、私はソンクラーに行ってみたくなった。チュムポーンの次はソンクラーだ。私は目的地がひとつできたことを喜んだ。

食事が終り、彼らと話し込んでいると、客がテーブルの横に立って、空くのを待ちはじめる。もっと長居をしたかったが、仕方なく彼らと別れ、自分の席に戻った。

再び前の席は四人掛けとなり、私の席から移っていった若い女性は、以前よりさらに窮屈そうに体を小さくしている。見るに見かねてまた声を掛けた。

時計を指さし、三十分ほど立っていますからこちらにお坐りなさい、三十分したら替わってください、と言った。私としては、あの席はもう諦《あきら》めて、こちらの席を三十分ずつ交替に坐っていきませんか、と提案したつもりだった。

若い女性は感謝深い眼差《まなざ》しで私を見つめると、何度も礼を言いながらこちらの席に移ってきた。あとから来たオバサンがソッポを向いているのが癪《しゃく》だったが、彼女の眼差しに免じて許してやろう、と私はかなり寛大な気持になっていた。

立っている三十分は長かったが、ようやく過ぎた。ところが、いつまで待っても替わろうと言ってこない。彼女がうっかりしているのなら、他の誰かが教えてくれてもよさそうなものだが、ひとりとしてそれに気がつこうとしない。あまり格好がいい行為とは思えなかったが、さりげなく、しかしいくらか目立つように腕時計を見たりしてみた。だが誰も反応してくれない。さらに十分が過ぎ、二十分が過ぎ、三十分が過ぎても、替わろうという気配はまるで見えない。どうしたというのだろう。

不吉な予感がしはじめた。もしかしたら、あの席は彼女に譲ったと誤解されてしまったのではあるまいか。だからこそ、あのように深く感謝され、礼を言われたのではないだろうか。恐らくそうだ、そうに違いない。三十分たったら替わってくれ、という部分がうまく伝わらなかったのだ。

この列車がチュムポーンに着くのは深夜二時を過ぎるはずだ。ということは、これから六時間以上も満員の列車の中で立っていなければならないことになる。私はいささか絶望的な気分になってきた。だからといって、今更それは誤解ですから替わってくださいとは言い出しにくい。その分の感謝と礼の言葉はすでに受けてしまっているのだ。

私は途方にくれて、ぼんやりと立ちつくしていた。ふと、誰かがこちらを見ているような気がした。眼をやると、斜め前の席に坐っている若者たちが、心配そうに私を見つめている。四人掛けの席に坐っているその五人の中に、ひとりだけ少女がいた。眼があったので何気なく笑いかけると、たどたどしい英語で話し掛けてきた。

「私、言おうか、あの人に」

彼らは私が困惑している理由をわかってくれていたようなのだ。しかし、少女がそう言ってくれると、急に席などどうでもいいような気がしてきた。同情を示されたことで私は充分に満足してしまったらしい。

「ありがとう。でも、いいんだ。この席はもう譲ったんだ」

言ってしまってから、少し粋《いき》がりすぎたかなとは思ったが、後悔はしなかった。

「どこ、あなた、行く?」

その中のひとりが少女と同じ程度の英語で訊《たず》ねてきた。

「チュムポーン」

私が答えると、彼らがワッと歓声を上げた。僕たちもそうなんだ、チュムポーンへ行くんだ、と口々に言う。

「何、あなた、行く?」

少女が言った。何をしに行くのか、と訊ねたかったのだろう。それを彼女に説明をするのは食堂車の二人連れにする以上に難かしそうだった。

「観光さ」

私が簡単に言うと、全員が怪訝《けげん》そうな表情を浮かべた。バンコクのツーリスト・インフォメーションで勧められたのさ、と付け加えると、さらに不思議そうな顔になった。

「君たちは？」

「家に帰るの」

少女が嬉しそうに言った。

「バンコクで働いているの？」

私の質問に少女が代表して説明してくれたところによれば、彼女は衣料関係の工場で働いているが、一緒にいる兄とその友達の三人はバンコクで勉強をしているのだという。この連休でみんな揃《そろ》って故郷に帰ることにしたのだという。それで男四人に女一人という組み合わせの理由がわかった。

話しつづけていると、ひとりの若者が床に腰を下ろし、空いたところに坐れと手で合図する。一度は遠慮したが、みんながあまり熱心に勧めるので、しばらく坐らせてもらうことにした。

私がチュムポーンの若者たちの席に坐ってからの数時間というものは、まるで「日泰親善の夕べ」かなにかのようになってしまった。

彼らは、ザボンはくれるわ、メンソレータムのような匂《にお》いのするアメはくれるわ、カリン糖はくれるわ、大変だった。持っているものをくれるだけでなく、深夜になっても群らがってくる駅の物売りから、ジュースやイカの丸焼きを買ってくれたりもした。こちらも、汽車の中で腹が空いた時のために買っておいた、チョコレートやラスクを配った。彼らがタイの流行歌を何曲か歌えば、こちらも負けじと日本の演歌を歌う。歌い終ると周囲から大拍手を受け、そんなことは日本でも滅多になく、つい調子に乗って三曲も歌ってしまった。

そんなことをしているうちに、時間はまたたく間に過ぎていった。

2

列車は一時間ほど遅れて午前三時にチュムポーンに着いた。

暗いプラットホームに降り立つと、いくつかあるベンチは野宿をする人に占領されているのが見えた。バンコクのツーリスト・インフォメーションで、列車が深夜の二時に着くと聞かされて、宿はどうしたらいいか訊ねると、寝るところくらいすぐに見つかるさ、という答が返ってきた。なるほど、それは駅前に安ホテルがいくつもあるというのではなく、文字通りベンチをはじめとして寝る場所ならあるということだったのだ。確かに、バンコクを十時間もかけて南に下ってきただけのことはあって、夜とはいえ野宿をしても困らないくらいに暖かかった。ラピッドの説明といい、この寝る場所のことといい、タイでは言われたことを深く読み直したりせず、そのまま素直に受け取った方が誤まらないのかもしれない。

プラットホームから駅の周辺を眺《なが》め渡したが、月明かりに背の高い椰子《やし》の木が照らされているばかりで、およそ商店街などと呼べるようなところはありそうもない。いったい宿屋があるのかどうかさえも覚つかない。

「どこ、寝る？」

私の戸惑いがわかったらしく、少女が心配そうに訊ねてくれた。

「決めてないんだ」

私が言うと、彼らは五人で何事か相談しはじめた。そして、結論が出たらしく、少女の兄が、

「寝る、僕の家」

と言った。うちに来ないかと誘ってくれたのだ。野宿をしてもいいが、知らぬ土地の駅の構内で

いものだった。

寝るというのには、いささか不安がないこともなかった。彼の申し出はまさに渡りに舟のありがたいものだった。

駅のホームから月明かりを頼りに五分ほど歩き、細いドブ川を渡ると、兄妹《きょうだい》の家に着いた。道だか庭だかわからない小さな空地の向こうに、木造の粗末な家屋がある。兄が戸を叩《たた》くと、中から母親らしい年配の女性が、眠そうな顔をして出てきた。

兄が小声で何事か告げると、母親は私の方に眼《め》を向けた。暗くてはっきりとは見えないが、あまり機嫌《きげん》のよさそうな顔ではない。そのうちに低いが鋭い叱声《しっせい》が聞こえてきた。兄はしだいにうなだれ、やがて済まなそうに戻ってきた。

無理はない。深夜、子供が行きずりの異邦人を連れて帰って、いきなり泊めてくれ、などと言い出したら、その母親でなくとも叱《しか》り飛ばしたくなるだろう。非常識だと思わないではなかったが、もしかしたらこの南の地ではそのようなことが許されているのかもしれない、と甘い期待を持ってしまったこちらが悪いのだ。

若者たちはまた額を寄せて相談していたが、この兄妹の家にかわる所はないらしく、面目なさそうに首を振る。

「どこかに……安いホテルはないだろうか」

私が呟くと、彼らはホッとしたように息をつき、それならこっちに、とさっき歩いてきた道を元気に引き返しはじめた。

駅に戻り、さらにそこを通り過ぎ、二百メートルほど行くと、彼らは薄汚れた建物の前で立ち止まった。どうやら、そこが彼らの選んでくれた安ホテルのようだった。何度か扉《とびら》をノックすると、中から起きぬけの不機嫌そうな顔をした男が出てきた。しかし、私の姿を見ると犬を追い払うような手つきをし、若者たちが何かを言う前に早口でまくしたて、荒々しく扉を閉めてしまった。

「ルーム、ノー」

ひとりがそう言って慰めてくれたが、実際に部屋が空いてなかったのか、異邦人を泊まらせるのが面倒だったのか、それとも私の風体を胡散臭《うさんくさ》く思ったのか、確かなことはわからなかった。

若者たちは途方に暮れたようだった。もう午前四時だ。彼らも眠いに違いない。ありがとう、朝まで駅で過ごすから、ここで別れよう。私が言うと、彼らはまた相談をしはじめた。タイ語のため内容はわからないが、珍らしく意見が割れているらしい。とりわけ、少女が強く反対しているようだった。しかし、やがてみんなに説得され、仕方ないというように頷いた。

彼らが次に連れていってくれたのは、前よりはるかに駅寄りに位置しているホテルだった。だが、建物はさらにくたびれている。扉を叩くと、小さな覗《のぞ》き窓から、眼つきのあまりよくない男が顔を出した。若者たちが口々に事情を説明すると、男の表情から少しずつ警戒の色が消えていった。そして扉を開け、中に入れという仕草をした。

「ルーム、オーケー」

若者のひとりが嬉《うれ》しそうに言った。彼らは部屋代の交渉をしてくれ、三十バーツ、四百五十円にまで値切ってくれた。

その間に暗い内部を見ていたが、いかにもいわくがありそうな宿だった。少女が反対した理由もわかりそうな気がする。

真っ当な宿ではないだろうが、駅で野宿するより危険ということもあるまい。そのうえ、三十バーツと格安だ。とにかく泊めてもらうことにしよう。

明日の再会を約し、若者たちが帰っていったあとで、男が部屋を案内してくれた。

部屋は三階にあった。三階といっても、二階の屋上の半分にバラックを建て増しただけのことで、二階から三階への階段を登り切ると月と星が見えるくらいだった。それでも、そのバラックには廊下があり、左右に二つずつの部屋が並んでいる。

私の部屋は左側の奥にあった。中央にダブルベッドがあり、その真上に裸電球がぶら下がっている。部屋にあるのはそれだけで、洗面所もなければトイレもついてない。鍵《かぎ》などはなく、内側から簡単な止め金をかけるだけだった。

男が出ていくと、私は寝心地を試すためにベッドの上に横になってみた。一度か二度、クッションの具合をみるために体を動かした記憶はあるが、よほど疲れていたらしく、靴《くつ》をはき洋服を着たままの格好でいつの間にか深い眠りに落ちていた。

遠くから楽器の音が聞こえてくる。夢かなと思っているうちにも、その音はしだいに近づいてくる。バンドがマーチを演奏しながら行進しているらしい。そういえば、今日はタイの祝日だとかいっていた。そのパレードでもあるのだろうか……。

そこまで頭の中で考えた時、ようやく眼が覚めた。時計を見ると、午前十一時をすでに廻《まわ》っている。六時間以上もこんな姿で寝ていたのかとびっくりした。

とにかく、顔を洗い、歯を磨《みが》きたかった。洗面道具を持って部屋を出ると、前の部屋の戸が開け放たれている。覗《のぞ》くつもりはなかったが、ベッドに若い女がひとり横になっているのが見えた。慌《あわ》てて眼をそらし、バラックの入り口にある便所兼洗面所に向かった。

ヒゲを剃《そ》り、歯を磨き、さっぱりした気持で部屋に戻りかけると、廊下にさっきの女が立っている。明かるい光の中で見てみると、女は少しも若くなく、四十はとうに超えていそうだった。髪が長く小柄《こがら》なため、錯覚を起こしてしまったらしい。その女が、胸にバスタオルのような布を巻きつけただけの格好で立っている。眼が合うと、顔をくしゃくしゃにして笑いかけてきた。鼻の大きくつぶれた不美人だったが、善良そうなその笑い顔につられて、思わず私も笑ってしまった。

「スリープ？」

笑いながら女が言った。スリープ？　意味がわからず、彼女の口元を見つめていると、部屋の中のベッドを指さし、また同じ言葉を繰り返した。

「スリープ？」

寝ないか、と言っているつもりなのだ。

女は娼婦《しょうふ》のようだった。朝だというのに、寝ないかと言う。その誘いの唐突さに、どう応じていいものかまごついていると、部屋の奥から二、三歳の男の子が走り出してきた。手にプラスチックの自動車を持っている。上にランニングシャツのようなものは着ているが、下半身には何もつけていない。その子が廊下でひとり遊びをしはじめた。

このホテルも真っ当な宿だとは思っていなかったが、子持ちの娼婦が居ついているとは想像もしていなかった。

「スリープ？」

三度同じ言葉を繰り返した。私は毒気を抜かれ呆然《ぼうぜん》としてしまった。子供がいるというのに、どのように商売をするつもりなのだろう。もちろん寝る気はなかったが、余計なことまで心配してしまった。

「ノー」

私は首を振って部屋に入った。

窓を開けると、ちょうど表の通りを楽隊が行進しているところだった。小学校の鼓笛隊に毛がはえたようなものだったが、みんな一生懸命に演奏していた。

突然、ドアがノックされた。昨夜の若者たちかな、と私は思った。昼頃《ひるごろ》ここに来てくれると言っていたからだ。

ドアを開けると、女が立って笑っている。

「スリープ？」

商売熱心なのはけっこうだが、少々しつこい。

「ノー、ノー」

と私は強く首を振った。だが、女は依然として笑っている。その時、彼女の笑いには、ただの愛《あい》嬌《きょう》のよさばかりでない、しまりのなさがあることに気がついた。どこか一本ネジがゆるんでいる。

よく見ると、皮膚にはおよそ艶《つや》がなく、鼻翼から頬《ほお》にかけてはただれたような跡がある。これでは、客もつきはしまい。昨日ばかりでなく、ここ何日と客を取れなかった。だから必死なのかもしれない。俺《おれ》には女を買うというような余分な金の持ち合わせはない。そのことを先に言っておいてやった方が親切というものだろう。

「ノー・マネー」

私はそう言い、ジーパンのポケットを裏返して見せた。すると、女は妙にはっきりした声で言った。

「マネー、ノー」

金はいらないだって？　それも手管《てくだ》のひとつなのだろう。私がドアのノブに手を掛けると、女がまた言った。

「アイ・ラヴ・ユー」

恐らく、彼女の知っている英語は、スリープとマネーとアイ・ラヴ・ユーの三つしかないのだろう。ただ知っている英語をただ言ってみただけだ。そうは思うのだが、彼女の言葉の中にこもっている不思議に優しい響きが、私を混乱させた。

不意に、女が首にかかっているペンダントをはずしにかかった。動きが鈍く、なかなかはずれなかったが、ようやく取ると、私にそれを見せようと差し出した。

その瞬間、胸の上で留めていた布きれの結び目がほどけ、床に落ちた。女の裸が眼の前にあった。しなびて垂れ下がった乳房、何人も子供を生んだらしい皺《しわ》だらけの下腹、肉がそげ抉《えぐ》れたようになっている内股《うちまた》。体は顔以上に無惨《むざん》だった。

しかし、顔をそむけるわけにはいかなかった。布きれを拾い上げ、差し出されたものを受け取った。それは銀メッキもはげかかった十字架のペンダントだった。別に珍らしいものでもない。なぜこんなものを見せようとするのか。

ゆっくりと眺め、ありがとうと返すと、女は右足を引きずるようにして自分の部屋に戻り、紙切れを持ってきた。手渡されたものを見ると、それは小さなマリア像の絵の切り抜きだった。

「アイ・ラヴ・ユー」

女がまた言った。前よりさらに優しく暖かく響いた。マリア像の絵を眺め、彼女のアイ・ラヴ・ユーという言葉を聞いているうちに、私は奇妙な気分になってきた。齢《とし》を取り、子を連れ、体を朽ちさせてしまった娼婦。病気のせいか片足を引きずり、顔にはひどいただれがある娼婦。しかし、だからこそ拒んではならないのではあるまいか……。

それがひどく倒錯した考えであることは自分でもわかっていたが、ひとたび捉《とら》われはじめると頭から容易に離れていかなかった。

欲望はなかった。しかし、奇妙な使命感が体を熱くした。

私は女に声を掛けようとした。しかし、それより早く、男の子がプラスチックの自動車と共に、かわいい声を上げて私の部屋に入り込んできた。床に自動車を走らせ、這《は》い廻っている。その姿を見ているうちに、妙に昂揚《こうよう》した気分がゆっくりと消えていった。助かった、と私は思った。

階下で若者たちがホテルの男と話をしている声がする。部屋の場所でも訊《き》いているのだろう。やがて、少女を除いた四人が姿を現わした。部屋に入ろうとして、そこに女がいるのを見て、びっくりしたようだった。

誤解されるかもしれないと思ったが、気配から何も起きていないと察したらしく、若者のひとりが鋭い言葉つきで女を追い払おうとした。いや、いいんだ、と言いかけたが、他のひとりが私を制し、頭がおかしいんだという仕草をした。

女はまたしまりのない笑顔に戻り、足を引きずりながら部屋に戻っていった。男の子もしばらく私たちの顔を見廻していたが、やがて母親のあとを追うようにして走り去った。

若者たちは、今日一日、私の相手をしてくれるつもりだったらしい。だが、よく考えてみれば、久し振りに故郷に帰ってきた彼らに、そのようなことで無駄《むだ》に休日を使わせてしまうのはあまりにも申し訳なさすぎる。私にしたところで、このチュムポーンで特別にしたいことや見たいものがあるわけではなかった。それに、子連れの娼婦の姿が、私の気分をどことなく沈んだものにさせていた。彼女のいるこの町で、若者たちと陽気に遊ぶということが、なぜかためらわれるように思えた。

「これから、すぐにソンクラーへ行こうと思うんだ」

私が告げると、彼らは残念がったが、強く引き留めようとはしなかった。彼らもどう相手をしていいかわからないところがあったのだろう。

ホテルに金を払い、駅に向かった。若者たちも一緒についてきてくれ、列車の時刻を調べてくれた。

この時間にはハジャイまでの直行便はなく、スラタニーという町で乗り換えなくてはならないとのことだった。チュムポーンからスラタニーまで、急行なら三時間足らずの距離だが、鈍行だと八時間以上もかかるという。しかし、どうせここまで鈍行できたのだ。ついでだから鈍行で行くことにしよう。そう決めて、正午発のスラタニー行きの普通列車の切符を買った。プラットホームで彼らと別れる時、彼らと会うことは二度とないのだろうなと思い、いくらか感傷的になった。

列車は昨夜の混《こ》みようが信じられないくらい空いていた。私はザックの中から本を引っ張り出し、足を伸ばして読みはじめた。

本は岩波版中国詩人選集の『李賀《りが》』の巻だった。どうしてこの旅にそのような本を持ってきたのか。それは私がとりわけ漢詩を愛好していたからというわけではなかった。ただ、当たり前の小説や紀行文だとかいったものだと一日もすれば読み終ってしまうが、漢詩なら読み終るということがないような気がしたのだ。たとえ読み終っても、そこに出ている漢字を眺めていれば、どんなふうにでも想像が広がっていく。『李賀』は薄い本だったが、どんな厚い推理小説より長く保《も》ちそうに思えた。あるいは、私は辞書を持っていってもよかったのかもしれない。辞書の替わりに漢詩集をザックに詰めた。

だから、漢詩であれば誰の詩集であってもかまわなかった。李白でも杜甫《とほ》でも、白居易でも陶淵《とうえん》明《めい》でもよかった。李賀を選んだのはほとんど偶然にすぎない。出発の何日か前に本屋へ行き、中国詩人選集の棚《たな》から一冊を抜き取ったのだ。しかしただ、『李賀』の巻に指が掛かった理由のひとつに、彼が二十七歳で死んだということがあったのは確かである。私もまた、間もなく二十七歳になろうとしていた。

李賀は唐代としては珍らしく幻想的な詩を多く書いた詩人である。『李賀』の注を施している荒井健によれば、李賀は死後「鬼才」と呼ばれるようになるが、それは彼のためだけにできた言葉だという。すなわち、李白を天才、白居易を人才、李賀を鬼才と呼び、中国においては、李賀以外の文学者に鬼才という言葉を冠することはないのだという。

鬼才というにふさわしく、李賀の詩は夢と現《うつつ》を往き来する。それだけに、とにかく難解だった。他の詩人の作品なら、字を眺めているとぼんやり詩の意味がわかってくることがある。しかし、李賀の詩にかぎってはそのようなことはほとんどありえない。訓読されたものを読み、注を参照してもまだわからない。訳を読み、もういちど原詩に戻って、ようやく少し理解できるという程度なのだ。

李賀は、その心の底に深い虚無を抱いていたらしく、どの詩を読んでも昏《くら》く陰鬱《いんうつ》な印象を受ける。白昼を舞台にしていてさえも、常に薄い闇《やみ》に覆《おお》われている。しかし、その闇を斬《き》り裂いて、閃光《せんこう》のような激情がほとばしる瞬間がある。それが幽鬼と死霊の跋扈《ばっこ》する夢魔の世界を一瞬にして純一な青年の悲哀で満たすのだ。

私はその李賀を読んだり、窓の外の景色に眼を向けたり、駅の物売りから果物を買って食べたりしながら、ゆったりした気分でスラタニー行きの鈍行に乗っていた。

やがて夕方から夜に入り、陽《ひ》が完全に沈み切ると、ゆっくり月が登ってくる。満月だ。椰子《やしこ》の木蔭《かげ》には小さな沼が散在する。その沼に、月が美しく映る。

閉じた本を拡《ひろ》げると、こんな一節が眼に留まる。

月午樹無影　月午にして　樹に影無く
一山唯白暁　一山　唯だ白暁
漆炬迎新人　漆炬　新人を迎え
幽壙蛍擾擾　幽壙　蛍　擾々たり

月が中天にかかって、樹《き》に影はなく、山はすべて、青白い暁の光。鬼火《おにび》が死者の花嫁を迎え、奥深い墓穴にはほたるが群らがり飛ぶ——という訳を読み終え、ふっと眼を上げると、窓の外に美しく煌《きら》めくものがある。ガラス窓に顔をつけ、外を見ると、それは線路脇《わき》の藪《やぶ》にまとわりついている蛍の光だった。私はその不思議な符合に心を動かされ、何百、何千のクリスマス・ツリーが続いているような窓の外の光景を、飽きずに眺《なが》めつづけた。

沢木耕太郎
一九四七年、東京生まれ。横浜国立大卒業。初期はスポーツノンフィクションを中心に発表、緻密な取材と自身の体験を重ねあわせた斬新な筆致は、その後の新しいノンフィクション作家・作品に非常に大きな影響を与えた。一九八六年から刊行が始まった『深夜特急』三部作は、横浜から香港、マレーシア、インド、そしてロンドンまでの自身の旅を基に描いた紀行で、予算の都合から主にバスを利用しており、バックパッカーという、新しい旅の仕方にも大きな影響を与えた。本編は貴重な鉄道利用のシーンである。「産経新聞」に一九八四年から連載され、一九八六年から新潮社で書下ろし部分を加え刊行開始。なおタイトルの「娼婦たちと野郎ども」とは、本編の後、マレーシアのバターワースでの人たちのことである。著書には『敗れざる者たち』、『テロルの決算』（大宅壮一ノンフィクション賞）、『一瞬の夏』（新田次郎文学賞）、『バーボン・ストリート』（講談社エッセイ賞）、『檀』、『凍』（講談社ノンフィクション賞）、『キャパの十字架』（司馬遼太郎賞）ほかがある。近年は小説を発表、『血の味』、『波の音が消えるまで』、『春に散る』ほかを刊行。『沢木耕太郎ノンフィクション』が刊行されている。本文は『深夜特急2』（新潮文庫、一九九四年）によった。

油断もスキもない列車

イギリス国有鉄道　土屋守
1994年

先に、ペッツウッド駅の手前から車窓には森や牧場が広がると書いたが、最初の頃は毎日のようにそれをうっとりと眺めていたものである。なにしろ毎日がちょっとした旅行のような気分であったのだから。

難をいえば列車の本数が少ない（一時間に二本）ことであったが、それでも朝夕のラッシュ時には一時間に四本も（!!）あり、しかもラッシュといっても、一度も立って通勤するようなことはなかった。

だからもし、イギリスの国鉄が時刻表通りに列車を走らせてくれさえすれば、それは世界でもっとも快適な通勤生活であったと、自信を持って断言できただろう。

しかし、そうはならなかったのである。

イギリスの列車ダイヤのひどさについては、いくつかの書物で読んで知っていたので、五分や一〇分の遅れはこんなものかとあまり気にもならなかった。ところが何の予告もなしに突然列車が運休《キャンセル》されてしまうことが、しょっちゅう起こるのである。これには本当に参ってしまった。

雑誌の仕事をしていると取材等で人に会うことがけっこう多い。そんな時、列車がキャンセルされると約束の時刻に間に合わないことになる。そうでなくとも一時間に二、三本しか列車は来ないのである。何度かその手の失敗をくり返したあとで、自衛策として、仕方なく、アポイントのある時は必ずひとつ前の列車に乗るようにした。

また、イギリスでは毎年、春と秋の列車ダイヤ改正の時期になると、

「いっそのこと、時刻表を発行するのを止めにしてはどうか」

という声があがる。そうすれば「列車は遅れなくて済む」というのである。時刻表があるから乗客は期待するのであって、なければ誰も文句はいわない……そんなことが、いたって真面目に議論されたものだ。

ところで一本か二本前の列車に乗るというこのクセは、日本に帰ってからも、しばらくは直らなかった。日本ではそれこそ頻繁に列車は来るし、キャンセルされることもまずありえない。と、頭ではわかっているのだが、気がつくと約束の時間の二〇〜三〇分前に到着して、そのたびにうろたえてしまうということが、よく起こった。

列車といえば、イギリスでは時に信じられないことが起きる。次に述べるのは、実際に私が体験したふたつの〝事件〟である。

ひとつはチャリング・クロス駅のことで、帰宅の途につこうとプラットフォームに停車中の、オーピントン行き（オーピントンはペッツウッドの隣の駅であった）始発電車に乗り込んでいた。夕方のラッシュアワーをちょっと過ぎた頃で車内は立っている人もほとんどなく、それはいつもと変わらぬ帰宅風景であった。

私は例によって駅の売店で買ったばかりの釣り雑誌を取り出し、それを眺めていた。ところが列車はいっこうに出発する気配を見せないのである。五分や一〇分の遅れはあたりまえのことなので

誰も気にとめる者もいなかったが、二〇分たっても三〇分が過ぎても列車はプラットフォームに停車したままであった。

さすがにこの頃になると乗客もソワソワし始め、なかには座席の横のドアを開けて（手で簡単に開くのである）改札口の方に身をのり出し、駅員をつかまえようとしている者もいた。

と、その時であった。雑音混じりのスピーカーの声が、間延びしたように列車の方に響いてきた。

「エー、まことに申し訳ありませんが、運転手がただいま行方不明……ということでありまして、誠心誠意、捜索中でございますので、もうしばらくのお待ちを……えっ、あハイ、今そちらにむかっています！　えっ、パブに居たって？　エヘン、お待たせしました、ただいますぐに出発いたします」

もちろん、私にはすべての内容が聞き取れたわけではないのだが、「パブ？　パブで一杯やっていたというのか」という、何人かの乗客の笑い声はよくわかった。中には、「なんてケシカラン！」といった感じに表情をこわ張らせる老婦人もいたが、車内の空気はそれまでの重苦しい雰囲気から、いっぺんにくつろいだものになっていた。

クスクス笑いながら乗客全員が注視する中を、運転手とおぼしき中年のオジサンが、同僚の駅員と肩を組みながら愉快そうに、プラットフォームの先端の方に歩いてゆく姿が見えた。まだあちこちで、「パブ、パブ……」という失笑があがっていたが、しばらくすると列車は突然、ガタンという大きな音とともに動きだしたのである。

それはスムーズさとはほど遠く、まるでイヤイヤをするような動き方であったが、二〇〜三〇メートルも走ったかと思ったら、動きだした時と同じように、突然ガクンと止まってしまった。

こんどはいったい何が起こったのかと乗客がたがいに顔を見合わせる中、ふたたび例のアナウンスの声が流れてきた。

もうおわかりかと思うが、この運転手は列車の操縦がままならないほど酔っぱらっていたのである。そのことに自分で気づいたのか、それとも同僚が見かねて止めさせたのか、たぶん後者だと思うが、列車はプラットフォームを二〇〜三〇メートル走ったところで運転をストップしてしまったのだ。

この時のアナウンスは、そういう「事情」にはいっさい触れることなく、まるで当然のことというように、こういったものである。

「お知らせいたします。この列車はただいまキャンセルされました」


しかし、これで驚いてはいけない。

それは、夕暮れ時ではなかったので日曜日のことだったと思う。チャリング・クロス駅から乗って、やはり家にむかう途中であった。

私はちょうど日本から送ってもらった推理小説に読みふけっていて、いつ列車が出発したのかも気がつかなかった。三〇分くらいしてふと顔を上げ、窓の外を見た時、なんだかいつもと様子が違うなという気がした。どうもそれまでに見たことがない風景が車窓に広がっているのだ。

思わず窓ガラスに額を押しつけ、目を凝らして外の景色をくい入るように見つめた。てっきり乗り過ごしてしまったかと思ったのだ。しかし、それにしては時間が早すぎる。

休日の昼間ということもあり乗客はまばらにしかいなかったが、そのうちの一人となんとなく眼が合った。私と同じようにどことなく落ちつかない様子で、しきりに窓の外をのぞいている。

いったい何ごとが起こったのだろうかと思った矢先、列車はゆっくりと停車してしまった。そこは駅でも信号のある所でもなく、荒地が広がるだけのこれといった特徴のない淋しいところだった。

私は必死で、こんなところを列車はいつも通っていたのかしらんと思案をめぐらせてみたが、どう考えてもそんな記憶はない。もしかして、列車を間違えてしまったのかとも思った。

ところが五分くらいすると、何を思ったのか列車はゆっくりと反対方向に動きだしたのである。つまり始発駅であるチャリング・クロス駅の方に逆戻りを始めたのだ。

うっかり間違いを犯した（？）のは私の方ではなく、あろうことか列車の方だったのである。

そのときになってはじめてこの「異変」に気づいた乗客もいるらしく、まるで信じられないものを見ているといった顔つきで、たがいに何か囁きあっていた。

私はその段階になってもまだ進行中の事態がよくのみこめず（だれが列車が逆戻りすることもあるということを想像できようか！）、また、そうした車内の空気にどう対処してよいかもわからず、とりあえず眼の前に座っている紳士に、

「ホントに《リアリィ》……」

と、きいてみた。

「たぶんね《クッビー》……」

休日だというのにネクタイをしめたそのビジネスマンふうの男はそういうと、窓の外の景色に一《いち》瞥《べつ》を与えただけでふたたび読みかけの『サンデー・タイムス』紙に視線を戻し、あとはいっさい我関せず、といった風情であった。

結局列車は一〇分くらいかけて来た道（？）を戻ったあげく、大きなジャンクションの所でふたたび進行方向を改め、本来進むべきペッツウッド方面に走りだしたのである。

まるで何ごともなかったかのように……。

今想い返してみると、よくまあ、あれで事故が起こらなかったものだと思う。もし反対方向から列車が走ってきていたらどうなったことか。

しかし私は、そんなイギリスの郊外電車が嫌いではなかった。いや、むしろ愛着を抱いていたくらいだ。

床も座席もどこもかしこも木でできていて、照明といっても申しわけ程度に裸電球があるだけの、古くて汚くて薄暗い客車も好きであったし、窓の外に展開する田園風景も悪くはなかった。そして何よりも、運転手が酔っぱらってキャンセルになったり、道を間違えるような妙に「人間くさい」ところも気に入っていた。

時刻表通りに列車は走ったためしはなかったが（そんなことが何になるというのだ！）、駅のアナウンスはユーモアがあって気がきいているし、それよりも何よりも、どんなことがあっても慌てず騒がず、まるで何ごともなかったかのように悠然としているイギリス人が大好きであった。

だいいち、今日はどんなことが起こるのだろうという楽しみがあったし、さすがに道を間違えたことはそれ以来一度もなかったが、私はどんなに夜遅く帰る時でも、たとえどんなに酔っぱらっていようとも、列車がどこを走っているのか、とりあえず確認する習慣を身につけることになった。

なにしろ列車は決まった道をいつも走るとは限らず、油断もスキもなかったのだから。

夜のしじまの中で聞いた夏の汽笛——白山郷《バイシャンシャン》まで

中華人民共和国・浜洲線　沢野ひとし

2017年

1

夏休みを利用して中国・内蒙古《モンゴル》のハイラル（海拉爾）を訪れた。

北京空港から国内線に乗り換える。ハイラル空港のゲートを出て、欧冬梅《オウトンメイ》の姿を見、やっと一人旅の不安から逃れられた。これまでの中国の旅では、トランジットや荷物の受け渡しなどで何度かトラブルを経験していた。

タクシーの窓から夜のハイラルの町を見つめる。初めて目に入った風景が、後に残像として長く記憶に残る。

薄暗い大通りの両側に、病院や行政機関のビルが華やかなネオンで飾られている。ロシア国境に近い町だからか、丸い帽子をかぶせたような建物が多い。街並みも東欧風だった。大きな橋もネオンで縁《ふち》取りされている。日本では見たことのないきらびやかな光の装飾に、中国地方都市の繁栄ぶりを見せつけられる思いがした。

中国の駅はどこもまるで空港のように広く、人の多さに圧倒される。駅舎の玄関には時計台と、左右対称の格式ばった角楼《かくろう》があり、厳かな雰囲気には社会主義国家の威圧感を覚える。待合室も重厚に仕上げられ、天井にはシャンデリアが華やかに飾られている。これもロシア建築の影響だろう。駅前の広場の大きさも尋常ではない。バス停留所の数の多さ。タクシー乗り場と、駅施設は途方に暮れるほどどこまでも続く。

日本でいう汽車、機関車は「火車」と表示される。薪《まき》や石炭で走る車の意味だ。「汽車」は自動車のことだ。ソーダ水は「汽水」と書く。「汽」は白い蒸気を指し、中国語の試験でよく出題される単語である。

欧冬梅が住むハイラルは、北緯五十度に近い。樺太とほぼ同じ緯度で、この季節は夜遅くまで明るい。ホテルの窓からは地平線が見える。明日はハイラル駅から、欧冬梅の生まれ故郷、黒竜江省白山郷《バイシャンシャン》へ列車で行くことになっていた。彼女は中学までそこで育ったのだ。

人は過ごした時代や風土から離れて生きることはできない。その人の形成に、生まれた土地が大きな働きかけをしている。気になる人のことを知りたければ、郷里に行ってみるのが一番かもしれない。

翌日の午後まで彼女は仕事があるので、私は一人で町を散歩することにした。

ハイラルの町は北海道の旭川の町のつくりや空気が似ているところがある。道路がやけに広い。人口は三十四万人という。地平線が見えるだだっ広い草原に、デパート、ホテルなどのある繁華街は市街地にかたまっている。

六ケ月前、雲南省麗江《リージアン》から上海に向かう飛行機の中で欧冬梅と知り合った。

普段は、機内ではたとえ気にかかるような美女と隣り合わせになっても、軽い会釈をかわす程度だ。その後再会することなどない。それが世の習わし、無常というものだ。

ましてこちらは怪しげな中国語しかできない。離陸すれば沈黙状態に入り、窓の外を眺めるか、日程表の確認などをしてあとは眠りこむ。

離陸してしばらくたつと軽食が出てきた。箱を開くとミートソースのパスタと蜜柑《みかん》だった。すっかり冷めてみるからに不味《まず》そうだ。二、三口食してフォークを置いた。硬いうどんのような麺に不審感を持った。

隣の女性と目が合うと、彼女も眉をしかめている。これまで中国の各都市で洋食を何度か食べたが、イタリア料理はピザ以外評価の対象にならなかった。

上の荷物入れからショルダーバッグを取りだし、上海までの時間をスケッチ帖の手直しで潰すことにした。

中国旅行を始めてから、ある用紙メーカーのスケッチブックを愛用するようになった。布製の薄い作りはまことに使いやすい。自分にぴったりしたスケッチ帖を見つけてからは、旅もぐっと実になるものになった。

麗江の町には四百年前とほとんど変わらずに残された地区がある。木造の街並み、レンガの壁、古い石舗装の道と、すべてが絵になる。家々の周りには飲めるほどに澄んだ用水があり、野菜を洗っていたりする。水面に人物が揺れていた。

旅情を誘うのが、雪をかぶった高山、玉龍雪山だ。忘れてならないのは、かの「トンパ文字」である。絵のような謎めいた象形文字の故郷がここ麗江だ。文字、絵、レタリングに興味を持つ者なら、一度は行ってみたいと望むだろう。トンパ文字を理解するのは難しくない。小学生が描く絵文字そのものである。人が水瓶から水を飲んでいる姿の字が「飲む」という意味の字である。

人は見かけで判断するものだ。とくに中国人はわかりやすい。服装や身に着けているもので一瞬で素性が判明する。金持ちの親父は決まってギラついた高級時計や金色のスマートフォンを持ち、腹が出ている。女性は赤い色の服を好み、光り物のバッグを抱え、全身全霊にアジア的高級金持ち志向を漂わせている。控えめの服を着る者はすなわち競争社会から脱落した負け組と見られているようだ。

飛行機の隣の席の女性は白いベージュのセーター姿で、いたって地味な飾りけのない服装だった。そこに品性がほのかに感じられる。

彼女は、私の座席前の小さなテーブルに置かれたスケッチ帖を指差し、中国語で「見てもいいですか」と言ってきた。彼女に渡すと、神聖なる玉龍雪山やミモザの咲いた公園のページで手を止め、「私もここに行きました」と、五層の楼閣のスケッチを見つめていた。

こちらが日本人とわかると、ためらうように「お仕事は」と聞いてきた。

「我是挿図画家」（私はさし絵画家）と、おぼつかない中国語で応えると、「本当？　そうなの？」と目を大きく輝かせた。

二年ほど前から私が中国各地を旅するようになった理由は、煮詰まったかわり映えしない絵や思考法を、少しでも変えたかったからだ。とくにテーマがあるわけではない。見知らぬ土地や風俗に会って帰ってくる、ただの物見遊山の旅である。いわゆる「旅のための旅」といったところが本音の、六十歳過ぎの、のほほんとした観光旅行である。

憧れは、中国・アジアを放浪した作家、金子光晴である。しかし私は上海ゴロには到底なれなかった。高級ホテルで酒を手に文庫本を開き、その気分だけで十分満足した。夜に下町に行けば身ぐるみをはがされるのでないかと、ありもしない不安にかられ、痛い目にあいそうな場所には近づかない。飲んだくれる場所もなるべくホテルに近い所、常に逃げられる店を選び、夜遊びする勇気も意気地もない。気分だけは中国放浪者になる時もあるが、それは昼間だけで、夜は早目にほんわりしたベッドにもぐりこんでいる。

私が東京に住んでいると言うと、彼女は「東京はきれいな街ね」と、九年前に訪れた時のことを話してくれた。ディズニーランドと銀座が素敵だった。お金が無かったので小型のカメラを土産に買っただけだという。

東京の話になると感情がたかぶってくるのか、私がことばを理解しているかどうかにはかまわず、銀座を歩いていた和服姿の女性と一緒に会社の同僚と写真を撮ったことを、身振りをまじえて話してくれた。

彼女は内蒙古のハイラルに住んでおり、哈爾浜《ハルビン》、上海と乗り継ぎ、雲南省のシーサンパンナ（西双版納）をまわり、麗江に来たという。

南の雲南省は、二月でも半袖で過ごせる暖かい地方だが、ハイラルは零下二十度の日が四月まで続くという。

「すごく寒いのよ」と言って彼女は体を揺すった。

上海空港に近づくと、乗客がざわつきはじめ、身の周りを片付けだした。彼女とは何かもっと大切なことを話したかったが、私の中国語がお粗末すぎて、肝心なことは何も伝えることができなかった。中国語電子辞書をしまおうとすると、彼女は私のメモ用紙に中国語で「名片」と書いた。名刺のことである。私の携帯電話では海外からのメールは受け取れない。せめてもと手帳にはさんだ名刺を渡すと、そこにあったメールアドレスを指差し、彼女はうなずいた。

上海空港で乗り換え、夕方の便で日本へ向かう。彼女は上海にもう一泊して哈爾浜まで飛び、空港で三時間待ち、そしてハイラルと、まだ長い旅が続くのだ。
立ち上がると、彼女はブーツを穿いているせいか思ったより背が高かった。
「再見」（さようなら）
「一路平安」（よい旅を）
そう言って飛行機を降りる時、思わず彼女の腰を「またね」といった気持で触れた。彼女は二度ほどうなずいてみせた。
到着してトランクを受けとり、成田空港行きの国際線ターミナルに慌ただしく移動して、再度手続きが終る頃には、彼女への思いは消えていた。駅や空港が変わるごとに、旅の想いは終焉に近づき、日常生活に回帰して行く。

2

中国に頻繁に行くようになったのは、中国の河川を研究する学術団体と一緒に旅をしてからである。春に長江こと揚子江上流、秋に黄河に同行して、まったく名を知らぬ小さな町に泊まり、歴史の深さに触れた。この時初めて中国の鉄道を体験した。また中国の旅の仕方を専門の旅行社から学んだ。

今は無くなったが、神戸港から天津までの二泊三日の船旅も忘れ難い。見知らぬ中国人と昼間から酒盛りをし、ことばもわからないまま戯れあい笑いあった。中国人は壁を作らない人が多い。一度気心が知れると、ぐっと距離を近づけてくる。嬉しいが、日本人にとっては疎ましく感じられる時もある。

雲南省の旅から十日程たったある日、パソコンを開けると中国簡体字で書かれた長文のメールが

画／沢野ひとし

あった。迷惑メールと思い消そうとした瞬間、飛行機の中で会った欧冬梅の名が目に入った。電子辞書を横におき、まるで暗号を解くかのように読んでいくと、私のスケッチ帖の絵が心に残った、素朴で愛らしい絵だと、有頂天にさせるようなことばが記されていた。

彼女は毎月「文芸」という雑誌を読んでおり、高校時代は魯迅《ろじん》に魅かれていたという。

「あなたは五月の初旬に北京に行くと言っていたが、もし迷惑でないなら北京でぜひ会いたい」

メールにはそう記されていた。

その夜中国で購入した分厚い地図帳をめくって、ハイラル周辺をじっくりと見た。中国東北地方を横断する鉄道が走る、ロシア国境に近い町であった。モンゴル草原と青い空の風景を想像した。

「私の住む内蒙古のハイラルは、まだ零下十度の日が続いている。雲南省の暖かい気候が懐かしい。氷で覆われたこの町は本当にさびしい」。メールにはそうあった。

しばらくして中国関係に詳しい友人と神保町で飲んだ。その前に中国専門書の書店に寄り、中国東北地方や満洲関係の本を、肩のザックいっぱいに買った。

自分の知らない、中国の歴史や文化についてページを開くのは至福の時である。

酔いがほんのりと回ってきた時に、欧冬梅からのメールを友人に見せた。友人は読み終るとすぐさま「こいつ危ない女だな」とひとこと言った。「北京なんぞで絶対に会ってはダメだよ」と言う。昔から男から金をせびる連中が多いと彼は断言した。

私が、彼女は魯迅が好きなのだと言い淀んだように言うと、

「相手はお前さんの心をすでに読んでいるんだよ。したたかなのはそういうところなんだ。あんたが、中国が好き、絵や文学が好きとくれば、魯迅の名を口にすればころりとくるのをすでに計算ずくなのだ」と応えた。

その居酒屋は中国人客も多く、本場の白酒《バイチュウ》もあり、友人と私は五十度を越す強い酒を小さなグラスで何倍も飲んだ。

「会えばぜったい金をせびられる。父親が病気とかの常套手段をつかうから」と、友人はまるで本人が過去に中国の女性に金銭をせびられて困ったことがあるような口調で言うのだった。

「でもあんたはきっと会うだろうな」と友人は巨体をゆらして笑った。


北京の五月は、長い冬から一気に初夏へと駆け足で移ってゆく。海棠、すもも、牡丹《ぼたん》の花が咲き乱れ、新緑が眩しい。どの公園にも暖かい陽ざしが溢れている。

「こんな時期に雪が降っている」

白いフワフワしたものが空中に舞う。北京の春の風物詩、柳絮《りょうじょ》である。見た目は白く美しい柳の種子だが、これを吸うとやっかいなことになるので、マスクを付けている人が多い。

今回の旅では、外文出版社をはじめ、画廊の主人や日本の文化を紹介している作家にも会うつもりだった。

北京では地下鉄永安里のフェイヤモントホテルを定宿にしている。アクセスが便利な上に客室がシックで落ち着く。レストランにも満足している。大型のホテルと違ってサービスが細やかなところも、中国語に弱い自分には助かった。

約束どおりに午後二時過ぎに欧冬梅がロビーにやってきた。白いパンツルックに白と青いボーダーのサマーセーターを着て、手には大きな袋を二つもぶらさげている。笑顔が懐かしい。

私の絵ととてもよく似ているという画家、豊子愷《ほうしがい》の画集に、お茶、ハイラル産の大きな干し肉とチーズと、盛り沢山の土産品である。

部屋に案内すると、「ここは広くていいわね」と、子どものように両手をあげ体をくるくるとさせた。彼女が泊まるホテルは地下鉄を二つ先の駅裏の古い宿で、窓もないと嘆いた。

ハイラルから北京の距離は、東京から北海道の稚内《わっかない》とほぼ同じである。「近いから」と彼女は言うが、距離感のスケールが日本人とは異なる。

夕方に、北京に住む日本人の出版関係者と会うことになっていた。浙江料理と錫《すず》のポットに入った紹興酒で有名な店で、落ち着いた店構えは日本人にも人気が高い。

ホテルから出て、地下鉄に向かって彼女と歩きはじめると、欧冬梅は足をとめ、首を少しかしげ私の腕に手をからめてきた。まだ素性の良くわからない女性のしぐさに戸惑ったが、悪い気はしなかった。

魯迅の小説にも登場するような雰囲気の店に連れていくと、彼女は店に入るなり胸の前で手を合わせて喜びを表わした。

席にはすでに中国語が堪能な日本人が三人と、中国人のカメラマンが待っていた。

定番のソラマメのウイキョウ煮、豚の角煮、龍井茶《ロンジン》の香りのエビ、タケノコ料理とテーブルの上に次々と並ぶ。瓶から移した紹興酒を手にすると席はとたんに活気づく。

私が欧冬梅にわかるようにと中国語で日本人の知人に紹介すると、それまで寡黙な人と思っていた彼女が、

「飛行機の中で偶然に会って、それから三ヶ月して今日ここに来ました」

と倚子から立ち上がり大きな声で挨拶した。

私のことを良く知っている翻訳家は、「この人は昔から美人に弱いから」と、はしゃぐように中国語で言った。

欧冬梅は紹興酒を一口飲んで火照《ほて》ったような顔をして、深くうなずいていた。お酒はその土地で、その風土に合った料理と飲むのが一番おいしい。北京は日本より空気が乾燥している。夕方にぐっと冷えてきたので、あたたかい紹興酒が体にしみてくる。

いささか酔った宴会が終り、タクシーで欧冬梅に私のホテルまで送ってもらうことにした。後ろの席に腰を下ろすと、ぴったりと体を寄せ、「料理がおいしくて楽しかったね」と、そっと手を重ねてきた。

「ありがとう」と私は言い、ホテルの前でタクシー代を渡し私だけ降りた。

「部屋に寄っていけば」と手を伸ばして言うと、「結婚してくれるならね」と手を振り払ってタクシーは遠ざかっていった。

翌日の午後、彼女は空港に行かなくてはならず、ホテル近くの日壇公園で時間をつぶすことにした。庭園には赤、白、紫の花が咲きみだれ、欧冬梅は「なんてきれいな花」と花壇を横切るたびにうっとりとしていた。ハイラルはまだ雪が残り、六月にならないと花が咲かないと寂しそうな顔をした。

閑静な園内のベンチに座り、彼女は淡々と身の上を話しはじめた。髪が短くほっそりとしているので若く見られるが、四十二歳という歳を聞いていささか驚いた。

八年前に離婚をしたが、その理由は「思想的に合わなかった」といかにも中国人らしい返事だった。一番聞きたかった職業は、ごく普通の会社の事務員だといった。

母は元気だが、父親が食道癌の手術をした。兄と弟がいるが弟の子どもが病院に通っていると、なにやら複雑な家族のことまで話すのだった。

逆に私の年収はどのくらいで絵は一枚いくらで売っているのか、車は持っているか、家は持ち家なのかと、金銭にからむ話を矢継ぎ早に質問し、最後に妻とうまくいっているのかと目をそらすことなく聞いてきた。

空港に直結する地下鉄の駅まで送って行き、最後の別れをする時、「いつかかならずハイラルに来てください」と肩を落とし、私の手に手をかさね見送った。

旅はまだ見たことのない風景への憧憬、新たな美との出会いが大切かもしれないが、人とのふれあいもないと、ただの色褪せた写真のような風景の中で終ってしまうものだ。北京にしても、紫禁城や天安門広場、万里の長城といったところも何度も行くことはない。各所旧跡といわれても、年取った者が一人で歩けば切なくなるだけだ。

たとえ何もない寒々しい荒涼たる風景の地であっても、愛する人と旅をすれば輝いて見えるものだ。

3

どこの国に行っても私はまず書店で地図を買うことにしているが、ハイラルの中国国営の書店の棚にはめぼしい地図類が何もない。しかたがないので遊牧民について紹介した薄い絵本を買った。

ハイラル駅は数年前に大きく建て替えられ、高速新線（高速動車組列車）に対応できるよう整備されていた。やはり屋根には丸い帽子を載せて、玄関まわりもロシア風にまとめられている。

ここから欧冬梅の故郷、白山《バイシャンシャン》郷に列車で向かう。ハイラルから白山郷まで約三〇〇キロ。七時間がかかり、夜八時に到着する。駅には彼女の父親が車で迎えに来ているはずだ。

午後に駅で待ち合わせをすると、欧冬梅は紺のズボンに一泊用の小さな布製のバッグをたすきがけにしてやってきた。列車を待つ改札のまわりには麻の大きな袋をかついだ集団が現れ、あたりの空気がざわつき、緊張感が漂った。

駅の構内で、雪の花びらのような泡が立つ、東北地方で人気の高いよく冷えた雪花缶《シュエホア》ビールを飲む。彼女が買ってきたヒマワリやスイカのタネの入った袋に手をのばすと、彼女はもう一袋私に渡してきた。

鉄道の切符を中国で買ったことがあればわかると思うが、体力的にも精神的にも強くないと座席にたどりつけない。インターネットで便利になったといっても、変更や当日発売の切符の場合は、窓口に行くのがやはり確実である。

窓口の混雑は、まるでセミが一斉に鳴くようにやかましい。中国のすべてを象徴している。客は列を崩さないように整列することができないうえに、かならず割りこみしてくる輩がいる。それを阻止するために前後にぴったりと体を寄せて並ぶ。これが嫌で離れると、一瞬の間にズタ袋が足元におかれ、ニンニクくさい男が列に入ってくる。

切符購入には証明書かパスポートを提出する。切符に自分の名が印字され、駅の構内に入る時に名前のチェックがおこなわれる。二十分前にしか改札ゲートを開けないから、列車の案内表示が点滅すると慌ててホームに下りて行く。席は予約してあるから走らなくてもよいが、まわりがあせっているのでつられてしまう。中国の列車は何十両と引っぱるので、長いホームを行くのに汗だくになる。

列車に乗り込む。異常な荷の多さにいつもたじろぐ。背に巨大なザック、両手に布袋と家財道具を四人がかりで運んでいる親子づれ。布団には縄《なわ》を結んでいる者もいる。テレビを箱に入れず抱えた人もいた。

そういえば上海から蘇州に行った時、自分の席にやっとたどり着いたら、靴を脱いだ男が腕組みをして寝ていたことがあった。声をかけてもあえて無視するように目をかたく閉ざしている。こんな時にはつくづく中国の列車の旅に嫌気がさしてくる。

ともかく発車時刻の三十分前には改札口の前の広場の倚子に座っているのが鉄則である。

欧冬梅と私はぼんやりと出発の時間を待っていた。その時売店が並ぶ片隅からビートルズの「ヘイ・ジュード」が流れてきた。ポール・マッカートニーの声とピアノの音が切ない。こんな場所で、と一瞬不意をつかれ、思わず立ち上がってしまった。ここが上海のバーだったらそのまま知らん顔していたことだろう。しかしここは中国のもっとも北の大地、ハイラルである。だがその曲に違和感はない。

彼女にはこの曲はおそらく耳に入っていないはずだ。座っている人の中の何人がビートルズの曲を知っているだろうか。私は長く続く「ナーナナ、ナナナッナー」というハミングに目頭が熱くなった。若い頃から何十回、何百回とバンド仲間と演奏した曲であった。歌は「すべては好転するだろう」と励ましている。

午後一時過ぎに列車はホームを出発した。

浜洲線は内蒙古満州里《マンチューリ》より黒竜江省哈爾浜駅を結ぶ全長約九三五キロの路線で、ロシアが建設した当初は東清鉄道と呼ばれ、その後時代が塗り変えられるたびに名称を変えた。私たちが乗った列車は瀋陽を越え北朝鮮の国境近くの丹東まで何十時間も走る。浜洲線は中国最北端を横断する鉄道として、中国列車の愛好者の憧れでもある。

車窓からは夏の青々とした草原の風景がたんたんと流れて行く。「ハイラル」とはモンゴル語で野生のニラの意味だ。ハイラル河の両岸には白い花をつけた大きな茎のニラが密生しているという。

列車の旅は旅情を誘う。森や海や山や川を渡っても、ポツンと小さな人家を見ても、それだけで和み、また切なくなる。飛行機は移動だけのもので旅の範中には入らない。車は脇見運転は許されない。さらに旅の途中で運転するのが面倒になっても放置するわけにもいかない。

一面に緑を敷き詰めたフルンボイル草原は日本の本州と同じほどの広さだという。白樺の林がかたまりのように見えだしてきた。

満洲について何冊も本を読んだ。この地を日本人開拓団がソ連軍に追われて逃げまどったという。戦前日本が満州に乗り込んだことは批判されるべきだが、日本人が失ったものも多い。加害者と被害者とが重なる。しばらく沈黙が続く。

地平線の見える大地が延々と続いている。この大地に赤い夕陽がぶるぶると音をたてるように落ちてゆくのだ。

欧冬梅もじっと窓の外を見ている。「夜行列車で本当によく哈爾浜に出張に行ったわ」と窓側に頬杖をついてポツンと言った。

私はぬるくなったお茶を口にして、スケッチ帖に日本の列車では見ることがない、トイレの横の湯の出るボイラーの絵を描いた。中国人はどこに行っても湯を足すために小さな魔法瓶を持ち歩いている。

私たちのA寝台軟座は日本のグリーン車クラスで、クーラーも効いていて快適そのものである。重いドアーで外部と仕切られ、コンパートメントの中は上下二段のベッドになっている。昼間は下のベッドに腰掛ける。この路線は距離が長いためすべての車両が寝台仕様となっている。昼でも毛布をかぶって眠れる。

退屈すると体をほぐすように通路をうろつき、小さな折り畳みの倚子に座り、また風景を眺める。車内販売のワゴンの、軽食や飲み物や酒類が通るたびに覗きこむ。

満洲国時代には別名スパイ列車と呼ばれていた。日本とロシア、ヨーロッパを結ぶ最短の列車であった。外交官や商社マン、医師を装ったスパイたちが、日夜敵方の情報を求めて乗り込んでいた。私も欧冬梅に探りを入れる。

「ずいぶん大きい会社に勤めているんだね」と、電子辞書を取りだし、さらに筆談をしながらもしっかり目を合わせる。

案内してくれた会社の中で見た彼女の姿は、紺一色の服装のためかやけに冷たく感じた。いわゆるツンデレの人なのだ。会社の中では誰でもいくらか無愛想になるものだが。

驚いたのは欧冬梅が秘書として働いていたことだった。同行する秘書とは違い、要職の人の文書事務を取り扱う部署である。半官半民の会社は北京を本拠に東北各地に大型のホテルや、スーパーマーケットを展開している。ホテルは町の中心地にあり、スーパーマーケットを隣接して人気が高い。

「職場もきれいで広くて働きやすそうだね」

部署は天井が高く、三人分の大きな机があり、何台ものパソコンが置かれていた。彼女の机の前の本棚には私が送った絵本が立て掛けられていた。

列車の外には、牛や馬のいる牧場が見えてきた。草原の果てしない広さにあきれてしまう。欧冬梅は私の方に両足をのせ、リスのように前歯でヒマワリの種を器用に齧《かじ》っている。日本人にはこの簡単そうな作業がうまくできない。

大興安嶺山脈の約三キロの長いトンネルが終わり、坂を下るようにして走って行く。トウモロコシ畑が途切れることなく続いている。一千五百キロにおよぶ巨大な山脈は頭の中で描くことができない。日本列島がすっぽり入る大きさだ。

あたりの景色がしだいに暮れかかっていく。あと一時間で白山郷駅に着く。

欧冬梅はヒマワリの種のカスを手で集め、袋に入れた。

これから彼女の父親に会うことになるが、なんと中国語で挨拶したらいいのか何度も考えた。しかし、もし「何をしに来たのだ」と言われたらどう答えたらいいのか。

「あなたの両親に会うのが、なんか怖いなあ」

と思わず本音を口にする。

「なぜなの？　村の絵を描きたいんでしょう」

「ハイ」

「それでいいんじゃない」

墨を流したような風景を眺めていたら、やがて彼女は「あっ白山郷の駅が見えた」と立ち上がり、鳥が羽を広げるようにバタバタさせて、服に付いた種のカスを落とした。

世間では老人といわれるような年齢の男が、いったいこんな場所まで何をしに来ているのだろうか。

列車のスピードが次第に緩やかになって、電灯が寂しげな白山郷駅に着く。

あたりの静寂を破るように汽笛が鳴る。ホームを歩いているのは私たち二人だけであった。

沢野ひとし

一九四四年生まれ。イラストレーター、エッセイスト。山と旅と人生を中心とした、抒情的なエッセイ、小説と画によって知られる。近年は中国に関する著作も多い。著書には『一枚の絵葉書』（一九九五）、『鳥のいる空』（二〇〇一）、『紫陽花の頃』（二〇〇一）、『北京の自転車おじさん』（二〇〇五）、『山の時間』（二〇〇九）、『北京食堂の夕暮れ』（二〇一四）、『人生のことはすべて山に学んだ』（二〇一五）などのほか、詩集『十八歳』（谷川俊太郎・詩、一九九三）がある。創刊以来の「本の雑誌」の挿し絵などでも知られる。講談社出版文化賞さしえ賞受賞。本編は本書のための書き下ろしである。

Ⅳ　旅と人生

帰郷

昭和四年の冬、妻と離別し二児を抱へて故郷に帰る

萩原朔太郎

わが故郷に帰れる日
汽車は烈風の中を突き行けり。
ひとり車窓に目醒《めざ》むれば
汽笛は闇に吠え叫び
火焔《ほのほ》は平野を明るくせり。
まだ上州の山は見えずや。
夜汽車の仄暗《ほのぐら》き車燈の影に
母なき子供等は眠り泣き
ひそかに皆わが憂愁を探《さぐ》れるなり。
嗚呼《ああ》また都を逃れ来て
何所《いづこ》の家郷に行かむとするぞ。

過去は寂寥《せきれう》の谷に連なり
未来は絶望の岸に向へり。
砂礫《されき》のごとき人生かな!
われ既に勇気おとろへ
暗憺《あんたん》として長《とこし》なへに生きるに倦《う》みたり。
いかんぞ故郷に独り帰り
さびしくまた利根川の岸に立たんや。
汽車は曠野を走り行き
自然の荒寥たる意志の彼岸《ひがん》に
人の憤怒《いきどほり》を烈しくせり。

『氷島』(『日本の詩集5　萩原朔太郎集』角川書店)より

蜜《み》柑《かん》

横須賀線　芥川龍之介
1919年

　或《ある》曇った冬の日暮である。私《わたくし》は横須賀《よこすか》発上り二等客車の隅に腰を下して、ぼんやり発車の笛を待っていた。とうに電燈のついた客車の中には、珍らしく私の外に一人も乗客はいなかった。外を覗《のぞ》くと、うす暗いプラットフォオムにも、今日は珍しく見送りの人影さえ跡を絶って、唯《ただ》、檻《おり》に入れられた小犬が一匹、時々悲しそうに、吠え立てていた。これらはその時の私の心もちと、不思議な位似つかわしい景色だった。私の頭の中には云いようのない疲労と倦怠とが、まるで雪曇りの空のようなどんよりした影を落していた。私は外套《がいとう》のポッケットへじっと両手をつっこんだまま、そこにはいっている夕刊を出して見ようと云う元気さえ起らなかった。

　が、やがて発車の笛が鳴った。私はかすかな心の寛《くつろ》ぎを感じながら、後《うしろ》の窓枠へ頭をもたせて、眼の前の停車場がずるずると後ずさりを始めるのを待つともなく待ちかまえていた。ところがそれよりも先にけたたましい日和下駄《ひよりげた》の音が、改札口の方から聞え出したと思うと、間もなく車掌の何か云い罵《ののし》る声と共に、私の乗っている二等室の戸ががらりと開いて、十三四の小娘が一人、慌《あわただ》しく中へはいって来た、と同時に一つずしりと揺れて、徐《おもむろ》に汽車は動き出した。一本ずつ眼をくぎって行くプラットフォオムの柱、置き忘れたような運水車、それから車内の誰かに祝儀の礼を云っている赤帽――そう云うすべては、窓へ吹きつける煤煙《ばいえん》の中に、未練がましく後《うしろ》へ倒れて行った。私は漸《ようや》くほっとした心もちになって、巻煙草に火をつけながら、始めて懶《ものう》い瞼《まぶた》をあげて、前の席に腰を下していた小娘の顔を一瞥《いちべつ》した。

それは油気のない髪をひっつめの銀杏返《いちょうがえ》しに結って、横なでの痕《あと》のある皸《ひび》だらけの両頬を気持の悪い程赤く火照《ほて》らせた、如何《いか》にも田舎者《いなかもの》らしい娘だった。しかも垢《あか》じみた萌黄色《もえぎいろ》の毛糸の襟巻《えりまき》がだらりと垂れ下った膝《ひざ》の上には、大きな風呂敷《ふろしき》包みがあった。その又包みを抱いた霜焼けの手の中には、三等の赤切符が大事そうにしっかり握られていた。私はこの小娘の下品な顔だちを好まなかった。それから彼女の服装が不潔なのもやはり不快だった。最後にその二等と三等との区別さへも弁《わきま》えない愚鈍な心が腹立たしかった。だから巻煙草に火をつけた私は、一つにはこの小娘の存在を忘れたいと云う心もちもあって、今度はポッケットの夕刊を漫然と膝の上へひろげて見た。するとその時夕刊の紙面に落ちていた外光が、突然電燈の光に変って、刷《すり》の悪い何欄かの活字が意外な位鮮《あざやか》に私の眼の前へ浮んで来た。云うまでもなく汽車は今、横須賀線に多い隧道《トンネル》の最初のそれへはいったのである。

しかしその電燈の光に照らされた夕刊の紙面を見渡しても、やはり私の憂鬱を慰むべく、世間は余りに平凡な出来事ばかりで持ち切っていた。講和問題、新婦新郎、瀆職《とくしょく》事件、死亡広告――私は隧道へはいった一瞬間、汽車の走っている方向が逆になったような錯覚を感じながら、それらの索漠《さくばく》とした記事から記事へ殆《ほとんど》機械的に眼を通した。が、その間も勿論あの小娘が、あたかも卑俗な現実を人間にしたような面持《おももち》で、私の前に坐《すわ》っている事を絶えず意識せずにはいられなかった。この隧道の中の汽車と、この田舎者の小娘と、そうして又この平凡な記事に埋《うずま》っている夕刊と、――これが象徴でなくて何であろう。不可解な、下等な、退屈な人生の象徴でなくて何であろう。私は一切がくだらなくなって、読みかけた夕刊を抛《ほう》り出すと、又窓枠に頭を靠《もた》せながら、死んだように眼をつぶって、うつらうつらし始めた。

　それから幾分か過ぎた後であった。ふと何かに脅《おびやか》されたような心もちがして、思わずあたりを見まわすと、何時《いつ》の間にか例の小娘が、向う側から席を私の隣へ移して、頻《しきり》に窓を開けようとしている。が、重い硝子《ガラス》戸は中々思うようにあがらないらしい。あの皸《ひび》だらけの頬は愈《いよいよ》赤くなって、時々鼻洟《はな》をすすりこむ音が、小さな息の切れる声と一しょに、せわしなく耳へはいって来る。これは勿論私にも、幾分ながら同情を惹《ひ》くに足るものには相違なかった。しかし汽車が今将《まさ》に隧道の口へさしかかろうとしている事は、暮色の中に枯草ばかり明《あかる》い両側の山腹が、間近く窓側に迫って来たのでも、すぐに合点の行く事であった。にも関らずこの小娘は、わざわざしめてある窓の戸を下そうとする、――その理由が私には呑みこめなかった。いや、それが私には、単にこの小娘の気まぐれだとしか考えられなかった。だから私は腹の底に依然として険しい感情を蓄《たくわ》えながら、あの霜焼けの手が硝子戸を擡《もた》げようとして悪戦苦闘する容子《ようす》を、まるでそれが永久に成功しない事でも祈るような冷酷な眼で眺めていた。すると間もなく凄《すさま》じい音をはためかせて、汽車が隧道へなだれこむと同時に、小娘の開けようとした硝子戸は、とうとうばたりと下へ落ちた。そうしてその四角な穴の中から、煤《すす》を溶《とか》したようなどす黒い空気が、俄《にわか》に息苦しい煙になって、濛々《もうもう》と車内へ漲《みなぎ》り出した。元来咽喉《のど》を害していた私は、手巾《ハンケチ》を顔に当てる暇さえなく、この煙を満面に浴びせられたおかげで、殆《ほとんど》息もつけない程咳《せ》きこまなければならなかった。が、小娘は私に頓着《とんじゃく》する気色も見えず、窓から外へ首をのばして、闇《やみ》を吹く風に銀杏返しの鬢《びん》の毛を戦《そよ》がせながら、じっと汽車の進む方向を見やっている。その姿を煤煙と電燈の光との中に眺めた時、もう窓の外が見る見る明くなって、そこから土の匂や枯草の匂や水の匂が冷《ひやや》かに流れこんで来なかったなら、漸《ようや》く咳きやんだ私は、この見知らない小娘を頭ごなしに叱《しか》りつけてでも、又元の通り窓の戸をしめさせたのに相違なかったのである。

しかし汽車はその時分には、もう安々と隧道を辷《すべ》りぬけて、枯草の山と山との間に挟まれた、或貧しい町はずれの踏切りに通りかかっていた。踏切りの近くには、いずれも見すぼらしい藁屋根《わらやね》や瓦《かわら》屋根がごみごみと狭苦しく建てこんで、踏切り番が振るのであろう、唯一旒《いちりゅう》のうす白い旗が懶《ものう》げに暮色を揺《ゆす》っていた。やっと隧道を出たと思う——その時その蕭索《しょうさく》とした踏切りの柵《さく》の向うに、私は頬の赤い三人の男の子が、目白押しに並んで立っているのを見た。彼等は皆、この曇天に押しすくめられたかと思う程、揃《そろ》って背が低かった。そうして又この町はずれの陰惨たる風物と同じような色の着物を着ていた。それが汽車の通るのを仰ぎ見ながら、一斉に手を挙げるが早いか、いたいけな喉《のど》を高く反《そ》らせて、何とも意味の分らない喊声《かんせい》を一生懸命に迸《ほとばし》らせた。するとその瞬間である。窓から半身を乗り出していた例の娘が、あの霜焼けの手をつとのばして、勢よく左右に振ったと思うと、忽ち心を躍らすばかり暖な日の色に染まっている蜜柑が凡《およ》そ五つ六つ、汽車を見送った子供たちの上へばらばらと空から降って来た。私は思わず息を呑んだ。そうして刹那に一切を了解した。小娘は、恐らくはこれから奉公先へ赴《おもむ》こうとしている小娘は、その懐《ふところ》に蔵していた幾顆《いくか》の蜜柑を窓から投げて、わざわざ踏切りまで見送りに来た弟たちの労に報いたのである。

暮色を帯びた町はずれの踏切りと、小鳥のように声を挙げた三人の子供たちと、そうしてその上に乱落《らんらく》する鮮な蜜柑の色と——すべては汽車の窓の外に、瞬く暇もなく通り過ぎた。が、私の心の上には、切ない程はっきりと、この光景が焼きつけられた。そうしてそこから、或得体の知れない朗《ほがらか》な心もちが湧き上って来るのを意識した。私は昂然《こうぜん》と頭を挙げて、まるで別人を見るようにあの小娘を注視した。小娘は何時かもう私の前の席に返って、不相変《あいかわらず》皹《ひび》だらけの頬を萌黄色の毛糸の襟巻に埋めながら、大きな風呂敷包みを抱えた手に、しっかりと三等切符を握っている。…………

私はこの時始めて、云いようのない疲労と倦怠とを、そうして又不可解な、下等な、退屈な人生を僅《わずか》に忘れる事が出来たのである。

芥川龍之介（一八九二年〜一九二七年）

小説家。「蜜柑」は芥川龍之介が横須賀の海軍機関学校教官時代、鎌倉への帰路に横須賀線内でたまたま出会った出来事を題材としている。この路線の成り立ちは国防上の要衝・横須賀への陸上交通手段だった。三浦半島の地形は険しく、鉄道を通すには多くのトンネルを穿《うが》たねばならなかった。トンネルの様子は作品にも表れている。軍事路線ということもあり、国鉄線としては早い一九二五年には電化され、東京駅から横須賀駅へ電気機関車による直通運転も始まった。作品では隧道（トンネル）で窓から「どす黒い空気」が流れ込むことから、蒸気機関車時代の情景と知ることができる。横須賀線は芥川の随筆に散見される。本文は新潮文庫版によった。

雨

東海道本線

幸田文

1956年

東京駅、発車まへの沼津行のなかにゐた。粒のこまかな雨がまつすぐに降りてゐて穏かなのだが、さすがにもうまつたく冬の雨だつた。からだのなかでいちばんもとでの薄く細いところは、やはり手足の指と耳だ、などとおもふ。そこが冷たかつた。十二月だといふのにのんきらしく熱海の温泉《ゆ》へ行かうとしてゐた。

芒《すすき》の穂がつやをなくしかけたころに引いたかぜがはじめで、いゝかと思ふと又、いゝかと思ふと又と、かぜの引きがさねをやつた。かぜのぬけきらないうちに黄いろい小菊は咲いてすがれたし、山茶花《さざんか》も咲きつぎ咲きつぎたうとう花がなくなつてしまつたのだから、かなり長々としたかぜだつた。二度ほど床に就いた。すこし高く熱が出て一度、咳があまりうるさくて臥たのだが、それもぢきにをさまつた。病気といふほどの大したことではないので、その二度のほかは起きて通したが、やつと喉・鼻に故障がなくなり、微熱の感じも息苦しさも取れてみると、かへつてへんにくたびれてゐた。大した苦痛がないので起きて通したことが、知らないうちにマイナス勘定にまはつてゐて、直つたあとがかうした疲れかたをしてゐるやうにおもへた。これははじめての経験だつた。

これまでにも二度や三度は大きな病気をして、起きかへつても疲れ、髪を梳いても疲れを感じたおぼえはある。でも、それはすつかり直りきらないうちのこと、病気の延長の疲れであり、病気期間内の疲れだとおもつてゐた。それが今度は長かつたとは云へたかゞかぜなのだし、しかもすつかり直つたあとの疲れだつた。直つたあとになぜ疲れがのこつてゐるのか不思議な気がする。医師は、「四五日温泉へでもいらしたらいかゞです。だん〴〵と劬《いたは》りのいるからだになつてきたといふわけですな」と云ふ。一ツ一ツおもひがけなく、眼新しく思ひつゝ老いて行くものなのだらうか。とすれば、老いはまた新しいものなのだとも云へる。新しがらせつゝ老いが来るとは、なんといふ油断のならなさだ。今度のこれに懲りて、たとへかぜでもこれからは、早いうちからからだを楽に臥かして直すことだ。医師は職業的な礼儀から、老いとか衰へとかいふことばは避けてゐたけれど、それだけにはつきりと老の疲労も老の気の衰へも感じさせられた。熱海へ行つて休んで来ようと思つたのだつた。

それはとき〴〵遊びに行くのだが、友だちの経営してゐる小旅館だつた。普通の客室からはまるで離れて、裏に小部屋が一ツできてゐて、一人用の小浴槽がついてゐた。半分客扱ひの、半分うちのもの扱ひの訪問者を入れるための部屋だつた。思ひたつとその半客扱ひの小部屋の気楽さは、ひどく懐しいものだつた。行き当りばつたりに出かけて、沼津行が著いてゐた。劬りが必要だと聴かされて疲れを休めるつもりだのに、無理を平気でやつてのける長い習慣が出て、この雨のなかでもかまふことはない、出かけて来る劬りのなさである。入口の風を遠くよけて、まんなかに席を取ると、爪さきを寄せて縮みながら発車を待つた。

発車すると暖房が通つてきた。横浜へ著くまでに男の人はコートを脱ぎ、上著も取つたりした。筋向ひにゐた小さい姉妹を連れた母親が、二人を薄著にしてゐる。母親自身は羽織を著たなり赤く上気してゐる。私は深く懸けて背をもたせ、足をなゝめに無理のない体位をとつて、楽々としてゐた。降りたときの急な温度の差を思つてといふよりは、熱すぎるスチームに閉口して、著てゐるものはできるだけ薄くした。コート・襟巻はもちろん、羽織も羽織下の袖なしも、襦袢のあひだへ入れてゐた真綿さへ身八口《みやつくち》から抜きだしてしまつてゐた。急に今までのぎごちなさが半分に軽くなつた。春のやうに皮膚が若やいで、節々《ふし〴〵》に寄つてゐた冷たさがほどける。こはぜを一ッはづしても足袋が多少窮屈に、足は脹らんでゐるし、埋まつてゐた頸も襟を抜いてすつと起きたやうな気がする。

窓ガラスは車内の湿気と温気で湯気をあてたやうに、内側が曇つてゐる。よく見ると、針で突いたほどの小さな水滴がいちめんに貼りついてゐた。雫になつて時折つうと流れ降りるのは外側に当る雨なのだが、それが内側からか外側からかちよつと見にはわからない。曇つた窓の外には平凡な田園風景がぼや〳〵とぼやけて走る。ちり紙で拭いて眺めると、雨の糸は見えず、たゞ人は傘をさして行く。耕した土が黒く、大根は青く、かと思ふと線路沿ひの街道から折れこむ小路には孟宗がぐつとしなつてゐる。あの下を行けばきつと雨の音はなくて、雫の音がするだらうとおもふ。ところ〴〵の町並は濡れた瓦が正しい波がたを畳んでゐる。濡れてゐるせいだらう、波がたは膨らんで見える。雨はものの色を鮮かにし、その鮮かさはガラスの曇りににじんで柔かくなる。いゝ窓だつた。晴れた日には思ひも設けない楽しさである。寛いで乗つてゐた。平安な秒が進み分が進んでゐる。

それだのに、さつきから胸の底がなんとなくおちついてゐなかつた。なにか忘れものをしてゐるのに、その忘れものが何なのかさへ思ひつけないでゐる、といつたやうなおちつかなさなのだ。それに、それにはいくらかのてれくさゝや気恥しさもあるし、ちよつと得意なやうなところもある、こみいつたおちつきのなさである。けれども眼は色のにじんだ穏かな風景を見てゐるし、身は安楽に快く暖かい。忘れもの程度のかすかな気がゝりが不分明であるけれど、汽車のなかのつれ〴〵にはそのかすかな気がゝりは、あるいはクロスワード的な慰みでなくもない。――何だらう、とおもふ。ほとんどわからない。そのうち、浮くやうにふは〳〵と睡くなつた。「大船――」と云ふ呼び声をうつゝに聴くと、あとは知らず、ぐつと落ちて睡つた。

平塚で醒めた。平塚なら砂地の風景になつてゐるはずだが、雨は土の畠も砂の畠も一様に黒くして、寝入るまへまでと同じやうな風景がうしろへ走る。めづらしくなさばかりでなく、気もちはもう風景へついて行かず、寝て起きたらさつきのあの気がゝりが、をかしなことにもつと発展してゐたのである。さつきは何か思ひだすべきものを思ひだせないでゐるといふだけのことだつたのに、いまははつきりと、それがいのちの問題へ絡んでゐた不安だつたと承知させられてゐるのである。なぜさう発展したのか、寝てゐた間の知らない進行なのだ。よく気がゝりがあつて寝ると、夢のなかでそれを発展させて見てゐることがあるが、大船から平塚までの居睡りに夢のあとはなかつた。だのに、曖昧な気がゝりには、いのちのことといふ厄介なつけたしが新しく添はつてしまつたのである。いつたい何のことなのか、自然、クロスワードの網を締めようとかゝるが、浮きさうで浮いて来ない。――かぜは長びいたけれど、いのち云々のやうな大仰なものではなかつた、劬りが必要だと医師に云はれたが、それもさほど今すぐといふわけではない、身ぢかに亡くなつた老若や知人があるのでもなし、どこからそんないのちにつながる気がゝりなど大袈裟なことが出てくるだらう。変だつた。そんなことを気にするのは愚劣だつた。窓の内側は湯気の吹きつけといふより、今はもういちめんにびつしよりと濡れ、枠の裾には水のたまりが汽車の揺れにつれて動いてゐる。窓の外には町へはひるごとに瓦の波がたが重く膨らんで安定してゐるし、瓦のうへにひろがる空は斑《むら》のない鼠色にぼつてりとしてゐるし、粒のこまかい雨は微風に掃かれると弓なりに反《そ》つて降つたりしてゐる。からだぢゆうの皮膚が伸びて、関節が円滑で身が軽く、快いその底にあきらかに危険を感じるものがある。なんともちぐはぐなまゝ運ばれて行つた。

小田原を過ぎてしばらく行くと、蜜柑の樹が眼についてくる。小家の檐近くにも点々と明るく熟れた実がなつてゐる。筋向ひの席の女の子たちがしきりにほしがる。母親はしかたがなく湯河原で、びしよ〳〵の窓をあけ駅売りを呼ぶ。たちまち姉妹は静かになつてむさぼる。見てゐるとこちらもたべたくなつて、熱海はこのつぎだからなどと子供にかへつたやうな食欲のおさへかたをして、降りじたくに起ちあがる。起ちあがつたはずみに、この果物特有の清々しい匂ひが来た。おや？　と思ふ。なんだかこの匂ひがあのわけのわからない不安に関連してゐる、といふ気がする。汽車はトンネルをはひつたり出たり、昼と夜とが目まぐるしく交替する。脱いでゐたものをゆつくりと著重ねながら、いのちの影と蜜柑とどうつながるか、やはりわからないことをおもふ。あぐねてはふつてしまひたくても、さうもできかねるやうなしつこい気もちになつてゐるのである。ふといやなことを思つた。忘れたことを思ひださうとしてゐても、もしはじめから忘れたことではないのなら思ひだしやうがない。これは忘れたことでなくて、もしかしたらこれから起きることとの予感ではあるまいか、とおもつていやな心持だつた。トンネルを出る寸前のこの薄ぎたない車室のこの薄暗い灯の下で、蜜柑の皮の散乱したなかで、いのちにつながることが起きるとしたら、それは心臓の急変とか、どこかから血がどく〳〵と流れ出るとか、――そんなことがあるだらうか。トンネルへ反響する車輪の音がごう〳〵いつてゐる。濡れた窓ガラスから冷たい空気が透つてくる。気もちのいらつきからか、みんな脱いでゐてちやうどいゝものを著てしまつた暑さからか、頸から上へかつかとのぼせがあがつた。すこし胸が悪いなと思ふとき、ふはつと耳が軽くなつてごう〳〵が消え、汽車は熱海へ抜け出てゐ、愚劣な予期ははずれてばか〳〵しいまぬけさがたゆたつてゐた。

がや〳〵と人が起つた。まんなかにゐた私は降りる行列のしんがりへついた。風はない日だと思ひこんでゐたのに、通路には入口からいゝ加減ぞつとする風が吹きこんできた。海岸の土地だからだらうか。車内の通路にさへさうだから、ホームに降りるときには線路から冷たくさつと吹きあげられた。両足のあひだのぬくみがいちどに持つて行かれた感じである。和服で下から吹きあげられゝば、足は裸にひとしい。うはべから見れば著物の裾もさまで乱されてゐないが、足はまつたくの無防備状態で風にまかされてゐるのである。階段の降り口でまたひとつ吹かれた。汽車のなかの暖かさなどかけらも残さず、二本の足が一本一本、完全に他人みたやうにめい／＼の寒さで立ちどまつた。うしろからつつかけて降りる人たちを手すり際によけて二三段途中のへんなところで、右の足の膝小僧へ左のそれを寄せてこすつた。膝小僧がこはゞつてゐる気がしたからだつたが、両膝の皮膚が触れあふと、いかにも冷たくなつてゐる。冷たくされてしまつたといふ、どこから出てくるかわからない図々しい不服がましさがあつた。

あれだけ降りたのに雨の客は先急ぎをして行つてしまつたのだらう、私がのろくさと改札を出たとき車寄せは閑散で、タクシーは扉をあけて待つてゐた。小さいバッグひとつを先に押しこんでおいて、乗らうとからだを折りまげ頭をさげた姿勢になつて、――こくりと、胸の奥の遠いところから、納得が響きあがつてきた。――お産のことだつたんだ、と納得した。

「どうぞ。」運転手がきつい声をきかせた。ぎごちなく、もう一度からだを折れば、ぴしやつと扉が締められて車は出る。事後感といつた感じがあつた。してやられたときの、ぽかんとしたてれくさゝもあつた。

正しく数へれば二十七年の古い以前に経験したお産なのだつた。子どもの誕生日は毎年くりかへして祝ふけれど、子の誕生日をお産の日としておもつたことなどなくなつてゐる。殆どおもひださないことなのだが、かう焦点をきめて思へば、些細なはし／＼まで忘れてはゐない。季節もちやうどこんなころ、よく似て粒のこまかい雨の日だつた。夫が、「外は寒い」と云つてゐたが、産院の室は暖かく、暖房がいゝ頃合に加減されてゐた。大きな窓ガラスは湯気を吹きつけたやうに内側から曇つて、看護婦に云つてそれを拭いてもらふと、斑《むら》のない鼠色の空と、濡れた屋根瓦の波ががが見えてゐた。無事に産んだ、これで万事よかつた、といふ興奮やら疲労やらのなかで、厚い瓦の安定感が眼にしみた。床のなかのからだが久しぶりに軽くなつてゐたし、手足が楽々してゐた。室内の暖かさと薄い寝具のしなやかさ、――意識してお産の幸福を数へようとしてゐるうちに、うつ〳〵と睡くなつて行き、誰かが、「さうですよ、お休みになるのはいゝんですよ。睡るといちばんよくひだつんです」と云つてゐた。そして何程かを睡つて、急に手荒く揺りさまされ、気だるくだらんとした手足に、ぷす〳〵と痛みの感覚のない注射を打たれた。吐き気もあり、足が水漬けにされてゐるやうな錯覚が起きた。睡つてゐるうちに異常出血を起してへんてこなことになりさうだつたのだと、あとで聴かされた。やつとはつきりしたとき、まだ吐き気が口を衝いて臭くて気色が悪いと訴へ、夫が機転を利かし有りあはせの蜜柑の皮をむしつて嗅がせてくれた、――そんな小さな一ツ一ツの埒もないこともみな、手繰れば浮いてくる古い記憶のなかだつた。

宿は相変らず半客扱ひの気の置けなさである。清潔な一人風呂を勝手にうめて、過ぎないほどの長湯を楽しむ。自然の冷たい雨と人工のスチームの暖かさが醸して、途方もない昔のお産へ引つ張つて行かれたかと思ふと妙である。それにしても感情といふもののやりきれないしつこさはどうだらう。お産につながつて、沢山のいろんな感情があつたことはおそらく確かなのだが、そのいろんななかで気恥しさなどが根深く残つてゐたのは、生煮えのまゝを剝出しにして見せられたかたちである。三十年をふりかへることはたび〳〵あつても、けふのやうにぐるりの状況からじわ〳〵と押してきて、お産をめどにふりかへらせられたことはめづらしい。そのお産と思ひあたるきつかけが自動車へ乗らうとする身のかゞまりだつたのは、まぎれもない女の本能だとおもふ。胎児のかたちの反射としかおもへない。
浴室にはすでに灯が入つてゐて必要以上の明るさだ。不断は気づかずに過ぎてきてゐる老いも衰へも、隈なく曝されてゐるのをしほに、ことこまかにちやんと見極めてみた。知らないうちに劬りのいるやくたいもないからだになつてしまつたことは、とりかへしやうもないけれど、十二月だといふに奮発して出て来た二三日だ、気楽な宿と温泉がかぜの疲れくらゐは直してくれる気がする。目のまへ三寸のところから薄い煙がふうつとあがつて、ゆるく湯づらを離れた。

幸田文（一九〇四年～一九九〇年）
随筆家、小説家。父は幸田露伴。独特の深い情念を秘めた作品は人気が高い。「雨」は熱海湯治旅行の車中を記した随筆だ。東京駅から東海道本線に乗り、小田原を過ぎると沿線にはミカンの果樹園が増えてくる。同席となった家族は湯河原駅でミカンを求め、車内で皮を剝きだす。その清々しい香りに古い記憶を蘇らす。「中央公論」一九五六年二月号に掲載。著書には『黒い裾』（読売文学賞）『流れる』（日本芸術院賞）、『闘』（女流文学賞）、『崩れ』『包む』などがある。本文は『幸田文全集第六巻』（岩波書店、一九九五年）によった。

菜の花電車

平成筑豊鉄道　藤原新也
2003年

久しぶりで門司港に帰った時、ふと筑豊《ちくほう》鉄道に乗ってみたくなった。

高校時代の母校跡の前をバスで通ったとき、同級生のNのことを思い出したのだ。Nは長年親交を温め合ったというような関係ではないが、高校二年の半年間、互いの将来を暗示するような親密な関係を持った。

彼は関西方面からの転校生だった。色白で腺《せん》病質な中性的なところのある少年で、声は聞き取れないほど掠《かす》れたように小さく、はにかみ屋だった。休み時間になっても、いつも教室の目立たない場所でおとなしくしていた。当時クラスの男の子はほとんどが何かの運動部に入っていて、授業が終わるとさっそうと運動着に着替え、それぞれの部活に向かった。だが彼はいつも白い重そうな肩掛けカバンを担いで傾《かし》いだような後ろ姿を見せながら一人学校を後にした。当然運動神経も鈍く、修学旅行のとき、列車の開け放した窓のひっかかりが悪く、ガタガタと落ちてきたとき、窓の縁に手を出していた彼はぼんやりと窓の落ちてくるのを見つめたまま指を挟んでしまったことがある。

そんな鈍くさいNは皆からいじめにこそあわないが、ほとんど存在を無視されていた。だが転校してきて四ヵ月目のこと、不意に彼は小さな脚光を浴びることになる。国語の教科のときクラス全員に作文が課せられ、後日教師は優れた十編をガリ版刷りにして小冊子をつくり授業の折に配った。

その小冊子に普段は存在感のないNの作文がトップを飾っていたのだ。それも他の生徒の作文は自分の日常のことを書いたものに過ぎなかったが、彼は短編の小説を書いていたのである。

タイトルは「谷間の百合」。

のちになって思い返すにバルザックの小説の一編と同じタイトルだったが、一地方の高校生である私はバルザックのことは知らなかった。残念ながら、私はその小説の筋を忘れてしまっているが、えらく大人びた、官能と死のイメージに彩られた内容だったことだけは覚えている。クラブ活動のことを書いた私の作文は彼の小説の次に載せられていたが、そこには目も当てられないほど大きな才能の落差があるように思えた。私は当時、文章を書くことが得意とは思っていなかったし、国語の授業の作文など、他の生徒同様授業のノルマとして果たしていただけのことだった。しかし彼の小説が教師の朗読によって読み上げられたとき、なぜか少なからぬ嫉妬と尊慕を感じる自分がそこにいた。

Nとの親交がはじまったのは、その一件以来のことである。彼は、君の作文は腹からこみ上げるような笑いがあって面白かったと言ってきたのだ。つきあってみると彼はウィットに富んだ、そして情の深い少年で、何か心の奥底まで通じ合うことの出来る共通の感性を持っているように思えた。

しかしその後、私は自分の家の倒産に伴い、別府の鉄輪《かんなわ》に転居することになる。女性的なところのある彼はその別れのとき、門司港の山の方でわずかにちらほらと咲きはじめていた菜の花を摘んで小さな束をつくり「この花、別れ花っちゅうんよ」と言いながら私に手渡した。

それは彼一流の何かの文学の一節を摸した行動だったらしいが、彼ほどの読書をしていない私にはその出所は分からなかった。

別府に移ってからも手紙のやりとりは続いた。

だが私が東京に出てから彼とは連絡も途絶えがちとなった。そして私が日本を出て長い旅をするようになってからというもの、Nとの縁は切れた。

だが長年の旅を一休止し、二十三年ぶりに郷里に帰った折、私はNのことを思い出し、そして会いたいという思いを募らせた。

すでに二十三年の歳月が経っており、すぐに彼の居場所を突きとめることはできなかったが、人づてにやっと彼が筑豊地方の田川伊田に住んでいるという情報を得た。

私は北九州に生まれ育ちながら、この筑豊地方には足を踏み入れたことがない。筑豊は三井炭鉱で栄えた地方で、独特の泥臭い風土であるように子供のころから伝え聞いていた。私の父が営んでいた旅館でも宴会が催されると、必ずと言って良いほどこの地方の歌である「炭坑節」が歌われ、この歌が出ると一気に場が華やぎ、盛り上がったことを覚えている。

歌の文句は高い煙突から出る煙で、さぞお月さんは煙たかろう、という他愛のないものだが、昨今のような時代から振り返るに、公害を喜んでいるようなこの歌の中に高度成長黎明期の日本人の鷹揚《おうよう》さを見る思いがある。またこの地方の人々は遠賀川《おんががわ》の川筋にあたることから川すじ者と呼ばれ、それは荒っぽいということの代名詞でもあった。とくに女性は川すじ女と呼ばれ、深い情熱を湛え、それが故にいったん交わりを持つと抜き差しならぬ男と女の世界に陥るといういわれもある。

私はNがそのような地方に住んでいると聞いた時、はじめは違和感を持った。というのは彼には高校生にしてバルザックのもじり小説を書くほどバタ臭いイメージがあり、彼はきっと将来文筆方面に進み、作家になるだろうと思っていたからだ。

しかし私はさらに驚くべきことを聞くことになる。彼は田川伊田の町のキャバレーの支配人をしているというのである。人の運命の不測というものをこの時ほど痛感したことはない。

しかしその一方、彼の人生の選択は彼の性格と微妙に重なり合う部分も見られるような気もした。彼はあまり女性にはもてなかったが、男女のことには人一倍関心があった。また若くして当時から言動の端々に退廃的なものを愛《め》でるような大人びたところも見られたのである。


行橋から筑豊鉄道に乗って訪れた田川伊田というところは炭坑で栄えた地方にふさわしく、想像した通り庶民的な匂いのする町だった。

都市計画によって出来た整然とした町とは対極的に、人の生活が増殖するたびに様々な空間が有機的に結びついたといった風情がある。町並みは曲がりくねり、その方々に路地を擁し、営みの奥行きを感じさせた。そんな町を徘徊しているととつぜん目の前に、ゆったりとした遠賀川が現れ、人の目を癒した。おそらく全盛時には人間臭い変化に富んだこの町は、ムンムンとした人いきれに満ちていたに違いない。しかし炭坑という産業の衰退した今では、祭りの後のうら寂しさが町のそこかしこに漂っていた。


Nが勤務しているというキャバレーを捜すにはそれほど時間を要しなかった。この町は全盛時には数軒のキャバレーがあったらしいが、その時はすでにNの勤務するその一軒のキャバレーのみが細々と営業していたからである。訪ねてみるとそれは町のほぼ中心にあり、町と同様店構えもうらぶれた感が否めなかった。私は彼が出勤してくるはずの夕刻あたりにそこを訪ねたのだが、そこでちょうど店に出勤してきたらしい三十歳後半くらいの女性に出くわした。

「N君はもう出勤しているでしょうか。僕は彼の高校時代の友達のFと申します」

人付き合いに慣れているらしい彼女は笑顔を湛えながら「そりゃ珍しいお方やね、たぶんもう来てるやろうから言っとくわ」と言い、私の名前を再度確かめて店の奥に入った。

店の赤と青のネオンサインがあたりをぼんやりと照らしている通りには人影がなかった。よくこんなところでこのような商売がやっていけるものだなと、私はふとNのことを案じた。

Nはなかなか姿を現さなかった。

開店間際で忙しいのかも知れないと思いつつ、エントランス脇のサザンカの植え込みに腰を下ろすと、店の中から不意に楽器をチューニングする音が聞こえはじめた。このような寂しい状況の中で店はまだ生演奏を維持しているらしい。そのうちにとつぜんチューニングが曲に変わった。ちょっとテンポのゆるい「セントルイスブルース」だった。

このような町でジャズの音色を聞くのは不思議な感じがした。だがふとミシシッピー流域の工場町のセントルイスと遠賀川流域の炭坑町、田川伊田には似通った所があるのかも知れないとも思う。それにこういった舶来ものの曲をこのような田舎で演奏するということにNの匂いを嗅いだような気もした。曲はベースギターとトランペットとドラムという簡素な組み合わせで演奏されていた。しかしその寒々しさが、この町の雰囲気に似つかわしくもある。

曲に聴き入りながら無人の通りをぼんやり眺めていると、背後でドアが開く音がし、トランペットの音が外に向かってなだれ出た。振り向くと青い光の中に一人の男が立っていた。

「……N君？」

私は自信のないままつぶやく。

そこには蝶ネクタイに黒の上下、整髪料でオールバックにした頭の、かつてのNとはかけ離れた風体の男が立っていたからだ。さらにその醸《かも》し出す雰囲気に男が堅気《かたぎ》の者ではないことも見て取れた。しかし数瞬ののち、私はその切れ長の目や、中程でとんがった鼻骨の形にNの面影を見る。

「N君だよね……」

私は言う。彼はわずかに薄笑いを浮かべる。

「俺だよ。分かるだろ」

彼は薄笑いを浮かべたまま、ちょっと首をしゃくるようにしてうなずく。

点滅する青とピンクの灯りの中に立つその男の頬はげっそりとこけている。周辺の黒ずんだ彼の眼は売れ残って幾日も経った魚の目のように命の輝きを失っている。

「こっちの方はもうかなり長いのかな?」

私は変わり果てたNを前に、とりつく島もなく当たり障りのないことを訊いた。

彼は口を開いた。

あの小さな掠れたような懐かしい声だった。

しかし、そのせつな、再びエントランスのドアが開き、「セントルイスブルース」の終わりの一節を奏でるトランペットの音が声を掻き消す。彼の言葉を聞き返そうとした時、ドアの取っ手を握ったリーゼント頭の小僧が「マネージャー。点呼です!」と水商売風の空《から》元気な声を出した。

「……じゃ」

Nはひとこと別辞の言葉を残して店の奥へと消える。

「えーいらっしゃい、お客さん! もうほんのちょっと待っちょって下さい。はじまるのは七時なもんで。ご指名の子はいるんっすかね?」

Nが消えると小僧がドアから首だけを出し上目遣いに言う。

「いや、別にいないんだが……」

「じゃ、今度入った久留米の子でアトムちゃんって子がいるんですがね、若くてピチピチで、もうーそりゃ絶対おすすめってなもんですよ！」

「あぁ、そう……」

「だけどこれはマネージャーには内緒ですよ。従業員が特定の子をお客さんに勧めちゃいけんことになっちょりますから」

小僧はタバコの臭いをプンプン振りまきながら私の耳元に口を近づけ小声で言う。

私はただうなずく。

小僧はドアを閉めるせつなに前歯の折れた口元を大きく開け、目一杯の笑顔を私に投げかけ、消える。小僧が消えると同時に店の中から聞こえていた演奏が終わり、最後のシンバルの音の余韻だけがあたりに漂う。

二十三年の空白を埋めるには、古い曲たった一曲分の、それは儚《はかな》いまでに短い一瞬の出来事だった。


Nが肺炎で亡くなったと聞いたのはそれから四年後のことである。

その年の正月、筑豊の病院から出版社経由で一通の年賀状が届いた。Nからだった。Nは私がどのような仕事をしているか知っていたらしい。経由先の出版社は当時『少年の港』という門司港をテーマとした写文集を出版したところだった。

年賀状には、あの時は邪険にあしらいすまなかった、という簡単な言葉がしたためられていた。

自分は、お前の立場と俺の立場のあまりにも大きな隔たりを恥じ、一刻も早く君の前から消えたかったのだ、と。

私がその年賀状を読んだのは旅から帰った二カ月後のことであり、病院に電話を入れた時にはすでに彼は他界していた。

●

三月初旬、私はあのほろ苦い思い出を胸に十七年ぶりにかつての国鉄田川線、現在の平成筑豊鉄道田川線に乗った。

平成筑豊鉄道田川線はJR日豊本線の行橋から田川伊田までを走る、わずか全長二十六キロばかりの支線である。

田川伊田に着くと私は町を散策したのだが、かつて栄えた炭坑町の賑わいの名残をわずかに残した十七年前の町の面影さえなく、町は時間が止まっており、Nの勤めていたキャバレーも壊されて空き地になっていた。

それを確かめ、私はもうこの町に再びやって来ることもないだろうとの思いを胸に、帰りの道の平成筑豊鉄道田川線の連結線である道伊田線に乗った。

伊田線の小さな一両列車は運転席が左側に寄せられており、正面中央には大きな窓があった。私はその前に立ち、線路越しにやって来ては遠ざかる風景を眺め続けた。

そんなある一瞬、私の網膜と列車の窓とが真っ黄色の輝きに染まった。

線路ぎわの広大な土手一面に、早春の日差しを受けてまばゆいばかりに輝く菜の花の広がりが近づいて来たのだ。黄色い輝きの一帯は走馬燈のようにやって来て走り抜けようとする。

瞬間、カメラのシャッターを押す。
まるで天国からの贈りものみたいじゃないか……。
ふと、そう思った。
黄色い輝きは、瞬《また》く間にすれ違い、過去の方に向かって走る。
私は車内を振り返る。
生きとし生けるものは皆、
その早春の風にゆれる菜の花の淡い哀しみを心に秘めているものだと暗喩するかのように、
黄色い光は、
窓際に座る筑豊の人々の横顔をリズミカルに染めて行きながら、
遠く、
遠く、
……遠ざかる。

藤原新也

一九四四年、門司市（現北九州市）生まれ。写真家、作家。東京藝術大学を中退し、一九七二年「アサヒグラフ」で発表した写真集『印度放浪』を刊行。独特な情感のある作風によって大きな反響を得る。その後、『全東洋街道』（一九八二年）などで、インド、チベットなどアジア、アメリカなどを舞台に写真と文章を発表する。バスやヒッチハイクなどの旅のスタイルはその後の旅をテーマとする作家に大きな影響を与えた。また現代日本をテーマとした『東京漂流』、『黄泉の犬』、『渋谷』などを発表、常に現代日本の状況に対峙しつづけている。思索的なテーマを扱った『メメント・モリ』、『たとえ明日世界が滅びようとも』など、その深く真摯な筆致は多くの読者をひきつけている。近年は小説『コスモスの影にはいつも誰かが隠れている』、『大鮃』や、沖ノ島をテーマにした『沖ノ島――神坐す海の正倉院』（二〇一七年）を発表、写真展も大反響を呼んだ。木村伊兵衛写真賞、毎日芸術賞受賞。本編は自身の故郷での経験をもとに、『なにも願わない手を合わせる』（東京書籍、二〇〇三年）に書き下ろし収録された作品。

夏の終わる駅

常磐線　伊集院静
2002年

誰か、人の手で背中をやさしく押されたような感触で目覚めた。

寝ぼけまなこに、黄金色に光る田園が映っている。

電車はちいさな駅で停車していた。上りの電車の通過待ち、と車内にアナウンスが流れ、電車のブレーキで揺り動かされ、目を覚ましたのだとわかった。四輛編成の電車だから、停車するにしても、どこか運転手の手ざわりが伝わるのだろうか。

刈入れを待つ稲田のむこうに岬の突端が伸び、そこに海風に晒《さら》され陸方向に歪んだ松が二本見える。その松のてっぺんに太平洋の水平線が青くひろがり、一艘の貨物船が浮かんでいる。夏を見送るような雲は霞んで空の青を淡くさせている。海の青は、海流の汐の濃さか、群青色に近い。その青に、岬の松の緑と稲田の黄金色が美しいコントラストを見せている。風景に目が慣れると、プラットホームの柵のすぐ外には桜木があり、その根元に柵と並行してコスモスが咲いていた。桜木の幹の濡れたような黒色とコスモスのピンクがあざやかである。

なんとも美しい風景だ。ひと昔前まで、日本全国でよく見かけることができた晩夏、初秋の風景である。

上りの電車が通過し、車窓の風景が揺れた。もう少し見ていたかった。次の駅は〝夜《よ》ノ森《もり》〟と案内が見えた。初めて聞く駅の名前である。どんな所なのだろう?

八月、最後の日、常磐線に乗って仙台にむかった。東北新幹線に乗れば、電車によっては二時間足らずで上野―仙台は往来できるのだが、どうしても見ておきたい展覧会が茨城県近代美術館で開催されていた。

画家・熊谷守一《くまがいもりかず》の展覧会である。あと二日で終わるので、徹夜のまま常磐線に乗り込んだ。〈へたも絵のうち展覧会・熊谷守一ものがたり〉と題された展覧会で、子供たちやお母さんに守一の作品を見せようとしている点に好感が持てた。それ以上に寡作の画家の作品がよく揃っていた。

『陽の死んだ日』を初めて見た。倉敷の大原美術館にある、この作品を以前から一度見てみたかったが、今まで叶わなかった。守一の次男、陽が四歳で死んだ日、画家は突然絵筆を取って我が子の死顔を描く。当時、創作を中断していた画家は「この子が世に残すものが何もない」と思って筆を取るのだが、「描いている内に、〝絵〟を描いている自分に気付き、嫌になった」とやめる。激しい筆致だが、我が子の表情にはやわらかさがうかがえる。

私はこれと似た絵をフランスで見た。クロード・モネが妻のカミーユの死んだ直後に描いた、『死の床のカミーユ』だ。モネの作品も完成していない。しかも顔を描いた筆以外には激しさがあった。

近しい人、肉親の死は、人間に憤りを起こさせ、深い哀しみを与える。中でも我が子の死に遭遇した親の心情は計りしれないという。私は、その絵を見ていて、三十二年前の夏の、弟の通夜の顔を思い浮かべた。ちいさな毬のように背を丸めて、ぼんやりと弟を見つめる母がいた。

電車は田園の中を走っていた。

夏の日、日傘を差した若い母と並んで、私と弟は稲の穂を摑んでは口にし、笑って歩いていた。

夏の終わる駅／伊集院静

人は誰も哀しみと歩かねばならないのか。
今年の盆、母の寝所に弟は戻ってくれたのだろうか。

伊集院静

一九五〇年、山口県生まれ。作家。人生と死、美術などについて、深い情感を湛えながらも透徹した文章は、多くのファンを持つ。旅については、ヨーロッパやアフリカへの紀行が多いが、長編小説『いねむり先生』では、色川武大氏との「旅打ち」が思い出深く記されている。著作には『乳房』（吉川英治文学新人賞）、『受け月』（直木賞）、『機関車先生』（柴田錬三郎賞）、『ごろごろ』（吉川英治文学賞）、『ノボさん』（司馬遼太郎賞）、『琥珀の夢』のほか、『大人の流儀』シリーズなどエッセイも人気が高い。
本編は「日本経済新聞」夕刊二〇〇二年九月五日に掲載され、『ねむりねこ』（講談社、二〇〇三年）に収録された。なお本文は講談社文庫版による。

安全柵の内側で

羽越本線ほか　玉村豊男
２０１７年

安全柵《さく》の内側でお待ちください。

繰り返し、アナウンスの声が流れている。

最近は東京へ行くことが少なくなったが、それでも月に一度くらいは上田駅から新幹線に乗ることがある。

安全柵の内側でお待ちください。

北陸新幹線は新しいので、多くの駅に頑丈な安全柵がある。柵というにはあまりにも厳重な、よほどの意志がなければ乗り越えることができない構造物だから、わざわざ言われなくても柵の外で待つ奴はいないのだが、この無意味なアナウンスが、私の心をしばしばかき乱す……。

若い頃から、私は社会の埒外《らちがい》で生きたいと願ってきた。

小学生のときに母親から将来どうしたいかを訊かれ、天涯孤独になりたい、と答えてひどく叱られたことがあったが、あれはどこかで覚えた天涯孤独という言葉を使いたかっただけだろう。母親の過剰な愛や数多い兄弟の存在を鬱陶《うっとう》しいと思うことはあったが、高校の頃まではこれといった反抗を示すこともない、素直な優等生で通っていた。

社会に出てからも世間と深く関わることなく生きる方法はないものか……と具体的に考えはじめたのは、大学の入試が近づく頃からか。しかし、早熟な子供たちの多くはそんな考えに侵されたらドロップアウトする道を選ぶはずだが、私にはそんな勇気はなく、表向きは母親の期待にこたえて東大に進学した。文学部へ進むコースを選んだのは文学に関心があったからではなく、法律や経済を学んで社会の役に立つことだけは絶対にするまいという、せめてもの抵抗だった。

私はしきりに夢想した、ひとりで、見知らぬ町に私がやってくることを。ひとりで、まったくの無一物で……大学生のときの愛読書、ジャン・グルニエの『孤島』からの一節である。あるいは、ケルゲレン諸島はあらゆる航路から外れた位置にあり、船舶がこれらの島に近づくには厳重な注意が必要である。島は約三百の小島から成り、その海岸はしばしば霧に煙り、危険な暗礁に囲まれている……。

見知らぬ町で、それまでの人生を隠して暮らす。人に交じりながらも、自分の秘密だけは絶対に明かさない……私はグルニエと同じように夢想したが、そんな夢は叶えられるはずもなかった。私はいざ決心をする段になると怯《ひる》んでしまい、つねに現実と妥協する道を選んだからだ。

大学を出ても就職をせず、フリーターから物書きになれたのは幸運だったが、無頼な作家にはなれなかった。結婚は二度して、子供を持つことだけは拒んだものの、四十歳になる前に、妻に請《こ》われて軽井沢に家を建ててしまった。一生転々と借家住まいをして、そのうちに外国へでも逃げようかと思っていたのに、何十年も続く借金をして定住の地を求めるなど、二十代の私なら唾棄《だき》してやまない所業である。

軽井沢に住みはじめた頃、私は突き上げてくる出奔《しゅっぽん》の衝動に悩まされた。町を歩いている女の子の腕をつかんで、そのままどこかへ逃げてしまう……ことができれば本物の無頼派だが、私はその怖ろしい妄想を振り払うのが精一杯だった。

何回か、あてのない旅に出たことはある。ひょっとして、そのまま見知らぬ町に……という夢想を秘めた旅は、四十歳を少し過ぎた頃の東北の旅だった。

仙台で新幹線を降りて、ローカル線に乗り換える。窓口で路線図を見たら、愛子という名前の駅があったので、そこまで切符を買う。降りると、愛子美容室、愛子不動産……などの看板が目に入った。が、そこは私が出奔する相手のアイコの住む町ではなく、愛子と書いて「あやし」と読む古い地名だった。

愛子からは鈍行列車で山形まで行き、奥羽本線に乗り換えて北上する。天童、乱川《みだれがわ》、神町《じんまち》、蟹沢……私は東根《ひがしね》で降りて、できるだけ場末感の漂う酒場を探して入り、このあたりに安宿はないかと訊くと、辛うじて聞き取れる方言で、昔は女郎屋だったという侘《わび》しい旅館を女将が教えてくれた。

次の日は余目《あまるめ》で列車を乗り換え、日本海沿いに南下することにした。海岸の風景が見えはじめたのは、三瀬《さんぜ》を過ぎてからだった。トンネルを抜けると波が見えた。そして、ほどなく列車は小波《こ ば》渡《と》という駅に停まった。コバト。名前もきれいだが、停車した列車の窓から見える風景も素敵だった。

手前に鈍色《にびいろ》の瓦屋根が重なっていて、その向うに海がある。海の色は灰色で、ほとんど空と区別がつかない。波頭が繰り返し、幾重にも折れ、砕け、散る、荒涼とした日本海の風景。ただそれだけの風景が、妙に心に絡んでくるのはなぜだろう……私は、この風景をもっと見ていたい、と思った。が、停車時間はごくわずかで、荷物を取って腰を浮かしたときに列車は動きだした。

小波渡を過ぎると、海は見えるが風景は変わっていった。瓦屋根の家並みにコンクリートのビルが混じりはじめ、海岸沿いの国道には原色の看板が目立つようになった。

やはり、最初に見た海がいちばんよかったのだ。

列車はこの先ずっと海岸線を走るのだから、そのうちにもっと美しい港があるはずだ。そう思っているうちに、唯一無二のチャンスを逃す不決断。私はいつもこうなのだ。いまからでも遅くない。もう一度、小波渡へ戻ろう。いくつかの駅を過ぎた後、私は越後寒川《かんがわ》の駅でようやく決断して列車を降り、反対側のホームに渡って小波渡へ戻る便を待った。

小波渡では海岸を歩きまわり、海辺の呑み屋で酒を飲んで、また駅に戻った。やってきた列車は、小波渡から四つ先の鼠《ねず》ヶ関《せき》が終点の各駅停車だった。

どんよりと垂れ込めた厚い灰色の雲の下に、わずかに黄色い光の帯が見える。残照が雲の隙間から海を照らしているのだ。きょうは、この線路の上を往きつ戻りつしているうちに、日が暮れようとしている。一度下した決断を後悔し、もう一度過去が取り戻せたらと身勝手に思い、自分の優柔不断を呪いながら一日を終えるのだ。

私以外誰ひとりとして乗客のいない列車から見える風景の中に、墓場があった。海に面した土手の上に、いくつもの墓石が並んでいる。海辺の墓地……か。こういうところで眠るのも悪くない。

鼠ヶ関着、十七時十六分。駅から見えた牧野屋という旅館に宿を取り、六畳ほどの部屋で、コタツにあたりながら酒を二合とウィスキーの小瓶を飲んで、午前二時を過ぎた頃ふとんに入った。


あの旅のことは、いまでも思い出すことがある。このまま逗留してもよいと思う宿や、住んでみようかと思わせる見知らぬ町が、なかったわけではない。が、結局は逡巡しながらも出奔することなどできるわけもなく、私は、ただ当てがないというだけの、ごくふつうの旅を終え、妻の待つ家に帰っていった。しばらくのあいだ、一種の敗北感が、からだの底のほうに淀んでいたことを覚えている。

この旅の直後、私は血を吐いて倒れた。からだの中の血の半分を吐く大出血で、入院して輸血を繰り返したために肝炎ウィルスをもらい、それから三十年間、慢性肝炎を患うことになった。吐血の原因は不明だったが、私の人生前半の逃避願望に、否応なく決着をつける一撃になったことは間違いない。

物理的に土地に縛りつけられた私は、狩猟民族を夢見ながら農耕民族に身を定め、いまでは広いブドウ畑とワイナリーの持ち主になっている。

それが理想の暮らしだという人もいるが、私にはわからない。もちろん私はいまの生活に満足しているし、暗い鈍色の海を見つめる暮らしより、青い山と緑の畑を眺める毎日を心から幸福だと思っている。

が、それでもときどき、もしもあのとき、一瞬の衝動に身をまかせて、安全柵の外側に飛び出していたら……と、イフのない人生の歴史を、意味もなく振り返ってみたりすることがある。

安全柵の内側でお待ちください。

この言葉が、大胆な行動に出るように見えてもつねに慎重に安全策を選び、社会の埒内に居続けて今日に至った自分を、若い頃の自分が揶揄《やゆ》しているかのように聞こえることがある。

だから、私は新幹線に乗るのが、あまり好きではない。

玉村豊男
一九四五年、東京都生まれ。作家、画家。東京大学在学中にパリ大学言語学研究所に留学、卒業後はフランス文化を中心とした旅や食文化についての著作、水彩画作品で知られる。著作には『パリ旅の雑学ノート』（一九七七）、『田園の快楽』（一九九五）、『花摘む人』（二〇〇四）、『隠居志願』（二〇一二）、『旅の流儀』（二〇一五）ほか、画集として『FLOWERS』（二〇〇一）ほかがある。二〇〇四年には「ヴィラデスト・ガーデンファーム・アンド・ワイナリー」を開業、二〇〇七年「玉村豊男ライフアート・ミュージアム」開館、二〇一四年「日本ワイン農業研究所」を設立。本編は本書のための書き下ろしである。

あとがき

松本典久

この夏、たっぷりと汽車に乗った。

特急もあれば、普通もあったし、夜行列車もあった。新幹線や通勤電車もあった。自分は旅人ではあったが、時として機関士にもなり、また車内販売のパーサーにも心を託した。さらに汽車は時空を超え、明治や大正、昭和も駆け抜けていった。

作品に描かれた汽車に触れることは旅そのものだった。

雑踏の中から逃げるようにして旅立つと、そこには解放された思いと未知への不安が待っている。読み進めれば、レールを渡る車輪の響きが聞こえ、乗客のざわめきにも包まれた。さらに機関車の持つ熱気と機械油の匂いすら漂ってきた。

次々と素晴らしい情景がよみがえり、鉄道への思いが湧き上がってくる。

「乗鉄、撮鉄、録鉄があるなら、読鉄もありますよね」

夏の汽車旅のきっぷは、にこにこしながら鉄道への思いを語った東京書籍の編集者から手渡された。厚さ二五センチ、重量にして一〇・八キロにもなる、重いきっぷだった。

親しんだ作品もあれば、寡聞にして知らなかった作品もあった。しかし、どれもが汽車への思いで満ちていた。いつしか国境と時空を超える汽車から下車することはできなくなっていた。

今回、池内紀先生のおともをする形で素晴らしい汽車旅を体験することができた。阿房列車のヒマラヤ山系氏を気取りたい気分である。

次々と披露される作品を通じた汽車への思い。特に目的も持たず行き当たりバッタリの漫遊ものに汽車旅の面白さを語られた。純粋に汽車旅そのものを楽しんでいるのだ。

汽車には必ず終着駅がある。山手線のような環状運転でも一日が終われば、どこかの駅が終点となって運行は終わるのだ。

しかし、終着駅は始発駅でもある。ここから新しい旅の一日が始まるのだ。

今度はどの汽車に乗ってみようか。性懲《しょうこ》りもなく、新たな旅を夢想し始めた。

二〇一七年十二月

池内紀（いけうちおさむ）
1940年生まれ。ドイツ文学者、エッセイスト。訳書に『聖なる酔っぱらいの伝説』（ロート）、『ファウスト』（ゲーテ）、『カフカ小説全集』など。『諷刺の文学』、『ウィーンの世紀末』などの海外文学研究書のほか、旅や町歩き、暮らしを綴った著書も人気が高く、『海山のあいだ』、『ひとり旅は楽し』、『旅の食卓』、『すごいトシヨリBOOK』などがある。

松本典久（まつもとのりひさ）
1955年生まれ。幼少期より鉄道に魅せられ、鉄道関連の著作を生業とする。「鉄道ファン」「旅と鉄道」など鉄道趣味誌を中心に記事を執筆。近著は『JR山手線の謎2020』、『東京の鉄道名所さんぽ100』、『首都圏日帰り鉄道の旅』、『Nゲージ鉄道模型レイアウトの教科書』、『昭和の終着駅』（共著）ほかがある。

カバー写真　中井精也
ブックデザイン　スタジオ・ギブ

読鉄全書《よみてつぜんしょ》
平成三十年二月一日　第一刷発行
編　者　池内紀《いけうちおさむ》　松本典久《まつもとのりひさ》
発行者　千石雅仁
発行所　東京書籍株式会社
〒一一四―八五二四
東京都北区堀船二―一七―一
電話〇三（五三九〇）七五三一（営業）
〇三（五三九〇）七五〇七（編集）
印刷・製本　図書印刷株式会社

ISBN978-4-487-81088-8 C0095

https://www.tokyo-shoseki.co.jp